中国私募基金年鉴（2024）

中国私募基金年鉴编委会　编

黄运成　刘健钧　胡安泰　主编

中国财经出版传媒集团

经济科学出版社

Economic Science Press

·北京·

图书在版编目（CIP）数据

中国私募基金年鉴. 2024 / 中国私募基金年鉴编委
会编；黄运成，刘健钧，胡安泰主编. -- 北京 ： 经济
科学出版社，2024. 12. -- ISBN 978 - 7 - 5218 - 6552 - 3

Ⅰ. F832. 51 - 54

中国国家版本馆 CIP 数据核字第 202440FZ46 号

责任编辑：李 雪 袁 澂 刘 瑾
责任校对：靳玉环
责任印制：邱 天

中国私募基金年鉴 （2024）

ZHONGGUO SIMU JIJIN NIANJIAN （2024）

中国私募基金年鉴编委会 编

黄运成 刘健钧 胡安泰 主编

经济科学出版社出版、发行 新华书店经销

社址：北京市海淀区阜成路甲 28 号 邮编：100142

总编部电话：010 - 88191217 发行部电话：010 - 88191522

网址：www. esp. com. cn

电子邮箱：esp@ esp. com. cn

天猫网店：经济科学出版社旗舰店

网址：http：//jjkxcbs. tmall. com

固安华明印业有限公司印装

787×1092 16 开 23 印张 445000 字

2024 年 12 月第 1 版 2024 年 12 月第 1 次印刷

ISBN 978 - 7 - 5218 - 6552 - 3 定价：200. 00 元

（图书出现印装问题，本社负责调换。电话：010 - 88191545）

（版权所有 侵权必究 打击盗版 举报热线：010 - 88191661

QQ：2242791300 营销中心电话：010 - 88191537

电子邮箱：dbts@ esp. com. cn）

中国私募基金年鉴编委会

北京基金业协会

北京创业投资协会

青岛市市南区中鉴基金研究院

济南基金业协会

四川省股权与创业投资协会

湖南省股权投资协会

陕西省证券投资基金业协会

编委（个人 按姓氏笔画排序）

万　强　高级经济师、高级会计师，泰山基金发展研究院常务理事

石玉峰　山东省大数据研究会理事长、山东大学金融研究院副院长

冯美云　云通数科创始人、总经理

刘庆富　复旦－斯坦福中国金融科技与安全研究院执行院长、复旦大学经济
　　　　学院教授、博士生导师

刘洪国　北京市大地律师事务所私募基金和股权投资专业委员会主任

孙延辉　泰山基金发展研究院副院长、东阿阿胶原首席投资官

李梦欣　北京市盈科律师事务所商协会法律服务中心主任

李俊峰　中央财经大学私募投资基金研究中心主任、中央财经大学金融学院
　　　　教授、博士生导师

孟　一　CCTV证券资讯频道首任院长，资深主持人、制片人

肖阳阳　泰山基金发展研究院专家委员、原瑞达期货副总裁

杜　杨　泰山基金发展研究院理事

苏雪晶　青骊投资总经理、合伙人，中信建投证券研究发展部原负责人

张　胜　北京德恒（雄安）律师事务所顾问

罗　浩　金融学博士，北京市侨联金融专委会特聘专家

林健武　清华大学经管学院和深圳研究生院双聘教授

鹿　昊　山东省现代校友经济发展中心主任、山东大学校友创新创业联合会
　　　　秘书长

景　川　泰山基金发展研究院专家委员、西安交大经济金融学院客座教授

彭红枫　山东财经大学副校长、博士生导师

参与编纂人员

孙雅新　王白斌　吴　楷　周　颖　杨　沐　王燕嘉　钱　晨

王一萍　高晓东　李相林　王玉珏　冯一然　马舒妍

2

泰山基金发展研究院
Taishan Fund Development Institute

2024年8月23日，"首届中国私募基金数据发展论坛"在青岛顺利召开。论坛由中共青岛市委金融办指导，青岛市市南区财政局综合支持。中鉴基金研究院和泰山基金发展研究院在论坛上揭牌成立，与会行业专家和高管就数据赋能私募行业发展进行了充分探讨。

2024年12月8日，《中国私募基金年鉴(2024)》在"2024'百城千企'新质生产力发展交流研讨会"上重磅发布，此次研讨会由国家发展和改革委员会宏观经济杂志社与中国私募基金年鉴编委联合主办。同日下午，泰山基金发展研究院举办了私募基金助力上市公司高质量发展并购重组专题会议。

官方公众号　　　　　　　　　　　　联系我们

徽商期货:筑基创新 砥砺前行

2024年徽商期货与泰山基金发展研究院及中国私募基金年鉴共同举办了《上市公司风险管理专题闭门会议》，致力于打造集套期保值、套利、基差点价、场内场外期权、互换业务于一体的衍生品综合金融服务商。

徽商期货着力开展"保险+期货"业务，通过实地调研、知识培训、党建联盟、捐资捐物等系列举措，结合业务所在地区的经济结构定制项目方案，持续助力"三农"发展。

写在前面的话

自 2014 年中国证券投资基金业协会发布《私募投资基金管理人登记和基金备案办法（试行）》以来，已经走过了十个年头。这十年是中国私募基金行业加快发展的十年，也是私募基金不断成熟、跌宕起伏的十年。截至 2023 年 12 月 31 日，中国私募基金管理人存量总数达到 2.16 万家，其中，私募证券投资基金管理人 8469 家，私募股权、创业投资基金管理人 1.29 万家。私募基金产品数量达到 15.30 万只，基金总额存续规模达到 20.32 万亿元，分别是 2014 年私募基金产品数量的 19.97 倍，基金存续规模的 13.59 倍，年化增长率达到 39.47% 与 33.64%。

私募基金已成为推动我国经济增长和 A 股上市公司发展的重要力量。私募基金不仅为投资者提供了多样化的投资渠道，而且在支持实体经济、促进产业升级以及培育新兴产业方面发挥了不可替代的作用。2023 年以来，私募基金领域监管新规密集出台，对私募基金管理人登记、基金备案、私募基金行政自律管理等方面提出进一步要求，行业发展质量不断提高。伴随着监管政策的调整，私募基金的两极分化趋势愈加明显，中国私募基金行业步入进一步重组整合、扶优限劣、规范发展的新阶段。

为了推动中国私募基金行业的发展，中国私募基金年鉴编委会（以下简称"编委会"）在 2019 年编撰了第一部《中国私募基金年鉴（2018）》的基础上，进一步加强对私募基金从 2014 年以来十年的"募、投、管、退"情况进行深入研究，对十年来的关键数据进行系统、客观和专业的梳理，经过两年多的艰苦努力，克服了数据收集困难、撰写人员力量不足、研究缺乏经费支持等困难，最终完成《中国私募基金年鉴（2024）》的编纂工作。

年鉴编纂是个系统性的工程。在客观、全面、系统地梳理相关材料的同时，也植入了编委会的价值观。在编委会主任黄运成、联席主任刘健钧、执行主任胡安泰的共同领导下，在特邀顾问陈道富、李迅雷的宏观和专业指导下，编委会共召开了 14 次专业会议，期间，多次推翻了年鉴编写的大纲，对具体章节进行反复推敲和修改，有的章节甚至推翻重写，目的就是保证年鉴的专业性、客观性和生命力。编委会希望：（1）年鉴能够系统、全面、准确地描述行业发展状况；（2）年鉴能够为地方政府的决策和学界研究提供较全面的数据服务；（3）年鉴能够为私募基金及相关行业的交流与合作提供有价值的依据；（4）年鉴能够为优秀私募基金机构的形象展示提供一个权威客观的平台；（5）也期望经过未来一段时间努力，年鉴能够为监管机构、各级政府、投资者评估私募基金业安全状况和监测私募基金相关风险提供有力的手段。

年鉴共十章，第一章介绍了中国私募基金概况，在对私募基金进行分类简介后，对中国私募基金市场自 20 世纪 80 年代以来的发展历史沿革做了介绍，然后对私募基金发展现状以及在国内各辖区分布情况做了概况性分析。第二、第三、第四章主要介绍私募股权基金的发展情况，私募创业投资基金发展情况和私募证券基金产品发展情况。第五章主要介绍了中国私募基金投资者情况，这一章数据信息等资料的收集比较困难，但是，编委会还是尽了最大努力，依据法规，对投资者的发展情况、基金退出与净值情况、投资者权益保护等情况，做了客观分析。第六章主要介绍了私募基金管理人情况，包括私募基金管理人的总体情况及分类情况。第七章主要介绍了中国私募基金托管与服务机构情况。对基金托管机构以及主要私募基金服务机构从功能定位和基础发展情况等方面进行了梳理。第八章介绍了中国私募基金合规性状况，这一章是年鉴的亮点之一。从行政处罚、民事诉讼及刑事案件等维度，年鉴以实际案例为基础，对私募基金过去十年的合规性状况进行了系统梳理和分析。第九章为中国私募基金行业景气指数。从景气指数构造的背景、编制的方法入手，对私募股权投资基金和私募证券投资基金进行了指数分析，并基于该指数对私募基金行业发展提出了发展建议。第十章为中国私募发展近况。对 2023 年到 2024 年 9 月期间的行业发展现状，做了简单的客观总结。

年鉴以中国证券投资基金业协会历年年报为主要依据，整理出 200 余组数据，通过各类图表进行梳理，并进行客观的说明，以期给读者呈现一部全面了解中国私募基金行业发展情况的权威工具书和十年来发展演化动态的生动画卷，也期望为国家相关部门制定和优化行业发展政策提供参考；进而为建设有中国特色的现代化金融强国贡献一份微薄力量。因时间仓促，数据、信息繁多，撰写人员经验不足等原因，编委会在编撰过程中难免有疏漏之处，也可能有错误的地方，恳请广大读者、专家教授和相关机构给予批评指正，我们将在未来的编写中加以改正。

年鉴的编写得到了相关监管部门、政府机构、基金业协会、私募基金公司、基金服务机构和基金研究机构的大力支持，在此表示诚挚的感谢！年鉴不仅是一本书，编委会希望在以后的时间里，持续跟踪研究私募基金行业的发展动态，并通过不同形式回馈广大读者、研究人员和感兴趣的相关机构。我们希望通过年鉴，在此与大家握手，并在以后的时间里，与大家共同努力，一起成长。

中国私募基金年鉴编委会
2024 年 12 月

目　　录

第一章　中国私募基金发展概况

中国私募基金行业起步自 20 世纪 80 年代，历经 30 余年的发展，如今已成为推动我国经济增长和金融市场发展的重要力量。私募基金不仅为投资者提供了多样化的投资渠道，而且在支持实体经济、促进产业升级以及培育新兴产业方面发挥了不可替代的作用。近年来，随着中国经济转型升级的推进，私募基金行业更加注重长期价值投资和社会责任投资，通过参与和支持具有战略意义的产业项目，为中国经济的高质量发展作出了重要贡献。

第一节　中国私募基金分类

根据投资标的范围的不同，私募基金被划分为私募股权投资基金、创业投资基金、私募证券投资基金、私募资产配置基金、其他私募投资基金五大类。其中，私募股权投资基金、创业投资基金、私募证券投资基金为市场关注的主流类型，三者价值主张和市场定位有着明显区别。

所谓"私募股权投资基金"，按照中国证券投资基金业协会（以下简称中基协或基金业协会）基金从业资格考试统编教材和协会登记备案的定义，其准确称谓应该是"私募类私人股权投资基金"。而所谓"私人股权投资基金"（private equity fund），是指主要投资于"私人股权"（private equity）的投资基金。此类基金目前在中国尚只能私募，但是在国外也允许公募。前述"私人股权"特指各类非公开交易的股权，其不仅指未上市企业股权，还包括上市企业非公开发行和交易的普通股、依法可转换为普通股的优先股和可转换债券。

按照《私募投资基金监督管理条例》的规定，所谓"创业投资基金"，是指符合下列条件的私募基金：①投资范围限于未上市企业，但所投资企业上市后基金所持股份的未转让部分及其配售部分除外；②基金名称包含"创业投资基金"字样，或者在公司、合伙企业经营范围中包含"从事创业投资活动"字样；③基

1

金合同体现创业投资策略；④不使用杠杆融资，但国家另有规定的除外；⑤基金最低存续期限符合国家有关规定；⑥国家规定的其他条件。由此可见，创业投资基金所投资的"创业企业"特指未上市的处于早、中、后各个创业阶段的企业，在创业板已经上市的创业企业不包括在创业投资基金的投资范围之内。当将创业投资基金投资于未上市企业时，由于运作风险、道德风险、流动性风险均高，故只要限定其以财务性权益或准权益投资方式进行投资，其从覆盖多种高风险出发，就必然会自主选择高成长性未上市创业企业，特别是科技型高成长性未上市创业企业进行投资。

所谓"私募证券投资基金"，是指主要投资于公开交易证券及其衍生品的私募基金。其通过专家管理，有利于培育专业的机构投资者，避免中小散户直接投资容易引发的羊群效应；通过组合投资，有利于分散投资风险。

根据中基协的分类标准，私募基金管理人与私募基金分类详见表1-1。

表1-1　　　　　　　　　　　　　　私募基金类型

管理人类型	基金类型	基金类型（细分）
私募股权、创业投资基金管理人	私募股权投资基金	私募股权投资基金
		私募股权投资类FOF基金
	创业投资基金	创业投资基金
		创业投资类FOF基金
私募证券投资基金管理人	私募证券投资基金	私募证券投资基金
		私募证券投资类FOF基金
私募资产配置类管理人	私募资产配置基金	私募资产配置类基金
其他私募基金管理人	其他私募投资基金	其他私募投资基金
		其他私募投资类FOF基金

资料来源：《有关私募投资基金"业务类型/基金类型"和"产品类型"的说明》，由中国私募基金年鉴编委会整理。

第二节　中国私募基金市场发展沿革

中国私募基金的实际性发展受政府有关部门政策立法与监管的直接影响，并因此而呈现为三个大的发展阶段。

一、市场自发萌芽阶段（1985～1996年）

早期，由于在中国私募基金无规可循，其私下募集容易触碰"非法集资"红线，而最早被纳入立法和监管的是公募基金，故中国公募基金发展先于私募基金。由于中国私募基金的萌芽是和公募基金发展所营造的市场环境联系在一起的，因此考察中国私募基金业发展历史，需要和大投资基金业的发展联系起来考虑。

总体上看，中国投资基金业主要是在境外投资基金业发展的推动下，在自下而上的投、融资驱动下，自发发育起来的。

20世纪80年代末，已进入成熟繁荣时期的全球投资基金业纷纷看好东方世界尤其是中国，并创立了一系列东南亚基金、远东基金、东盟基金等，其中在境外设立的旨在投资中国的"中国概念投资基金"异军突起，构成了中国投资基金业发展的外在推动力。于是，在80年代末一批熟悉海外业务的中国金融机构开始与海外机构合作推出面向海外投资者的"中国投资基金"。如1985年12月，中国东方投资公司在香港、伦敦推出中国东方基金。1989年5月，香港新鸿基信托基金管理公司推出新鸿基中华基金。

进入90年代初，国内金融机构开始推出以国内投资者为发行对象的"国内基金"。1991年7月，"珠信基金"宣告成立，同年10月，"武汉基金"与"南山基金"宣告成立。尤其是1992年1月，由原中国农村发展信托投资公司等5家机构联合发起的第一家规范化的公司型封闭式基金——淄博乡镇企业投资基金——得到中国人民银行总行批准，标志着中国新兴的投资基金事业开始得到政府的支持。由此形成了在1992～1993年全国各地纷纷设立投资基金的局面，其中1992年一年之中就有57家基金和40家基金类证券设立和发行。

鉴于各地越权审批投资基金情况相当严重，中国人民银行总行于1993年5月19日下发了《中国人民银行关于立即制止不规范发行投资基金和信托受益债券做法的紧急通知》（以下简称《通知》），《通知》指出：为加强统一管理，今后投资基金证券和信托受益债券的发行和上市、投资基金管理公司的设立，以及中国的金融机构在境外设立投资基金和投资基金管理公司，一律由人民银行省（市）一级分行审查，报总行批准。未经总行批准，任何部门一律不得越权审批。对此前未经总行批准而擅自发行与上市的投资基金证券、信托受益债券及擅自设立的投资基金管理公司，要进行一次全面清查。今后再发生擅自审批的，按国务院关于制止乱集资和扰乱金融秩序的有关规定进行严肃处理。此后，越权审批基金的势头基本得到控制。但各地要求设立投资基金的压力仍然很大，个别地区甚至继续由当地政府擅自批准设立了一些基金。

为坚决杜绝地方政府擅自批准设立投资基金的现象，中国人民银行重申"设立和发行投资基金、成立投资基金管理机构一律报总行批准……未经总行核准，投资基金不得在证券交易所、证券交易中心挂牌交易"，并规定"今年不再审批设立和发行新的投资基金，过去经总行批准的投资基金，今年不再增加发行规模"。此后，较长一段时间中国境内再没有新的基金和基金类受益证券发起与设立，直到1997年中国证监会发布《证券投资基金管理暂行办法》，由中国证监会统一审批和监管证券投资基金。

至于非基金类的创业投资活动，则早在20世纪80年代上半叶即已开始探索。1984年，原国家科委"新技术革命和中国对策"课题组即首次提出发展创业投资。1985年3月，中共中央发布《中共中央关于科学技术体制改革的决定》，指出："对于变化迅速、风险较大的高技术开发工作，可以设立创业投资给予支持"，这是我国政府首次公开使用"创业投资"概念。同年9月，中国第一家带有探索性质的创业投资机构"中国新技术创业投资公司"（以下简称中创）由国家科委和财政部等部委联合筹建成立。但是，该公司还不能算是真正意义上的创业投资基金。一是该公司的资本来源是政府部门，不涉及向社会募集资金；二是由于当时对创业投资"适应支持创业企业的需要，宜采取权益投资"的运作方式缺乏深入理解，以为开展风险性贷款就可适应科技型创业企业的融资需求，所以中国人民银行当时批准中创可以从事的业务是吸收信托存款，然后再给科技型创业企业提供信托贷款。

由于对创业投资作为"支持创业的投资制度创新"的本质内涵，及其"与创业相联系"的风险特点缺乏深刻认识，在相当长的一段时间里，有关部门主要是通过鼓励增加风险性贷款的方式来促进"风险投资"发展。

从中创后来的运作实践看，主要通过吸收信托存款方式吸收短期资金，再以信托贷款方式支持科技型创业企业，无法满足科技型创业企业的长期股本投资要求。为了保持足够的现金流，以应付归还短期信托存款的需要，中创后来不得不改变其主要从事科技贷款的初衷，转而从事证券和房地产投机业务。

到1993年，为支持中创等金融机构增加对科技型创业企业的信贷投入，国家经贸委和财政部还成立了中国经济技术投资担保公司（以下简称中经担）。但由于风险性贷款本身并不符合科技型创业企业的需求，中经担很难实际开展业务，相应地也就没有科技型创业企业贷款可供中经担担保，故最终只能步中创后尘，改弦易辙。

为了贯彻国务院规定的精神，中国工商银行和中国农业银行还于 1989 年率先开办科技贷款业务；1990 年，中国人民银行在国家综合信贷计划中正式设立科技贷款项目；但由于风险—收益的高度不对称性，银行很少对真正处于创业期的科技企业提供贷款，而倾向于只是对已经发育成熟的科技企业进行贷款。虽然受行政干预，有时也不得不放些"首长贷款""条子贷款""人情贷款"，但有不少成了呆账、呆滞贷款。

尽管前些年的实践已经证明风险性贷款并不适合支持科技型创业企业，但其中的教训并没有得到及时总结。1995 年 5 月出台的《中共中央　国务院关于加速科学技术进步的决定》仍继续将科技贷款作为风险投资的主要手段加以强调，即在第 33 条"继续拓宽科技金融资金渠道，大幅度增加科技贷款规模"中，提出"金融机构要支持科技事业的发展。发展科技风险投资事业，建立科技风险投资机制"。尽管中创在此时已经暴露出严重的经营问题，但中央银行依然批准其发行 2 亿元的期限为 2 年的金融债券。然而，这种并不适应创业投资运作内在要求的政策扶持措施，无异于让中创饮鸩止渴，因而最终没能挽回其在 1998 年被宣布清算的命运。不久，中经担也遭遇此命运。

20 世纪 90 年代，伴随着海外机构对中国这一新兴经济体的投资，我国各地陆续出现中外合作和纯外资的创业投资公司。例如，1989 年，由香港招商局集团、国家科委和国防科工委联合发起成立"中国科招高技术有限公司"，这是中国第一家中外合资的创业投资公司。1992 年，第一家外资投资机构美国国际数据集团（International Data Group）进入中国，投资成立第一家外资创业投资公司——美国太平洋国际投资公司。但是，这些创业投资公司还均只是以自有资金开展创业投资业务，与真正意义上的创业投资基金相比，仍有本质区别。

当时，真正对国内创业投资政策立法和体制产生直接影响的，主要还是以下这两大事件。

一是国内第一只公司型创业投资基金"淄博乡镇企业投资基金"经中国人民银行批准于 1992 年 11 月 11 日成立，并于 1993 年 8 月 20 日在上海证券交易所挂牌上市。该基金作为一只公募型创业投资基金，曾有力支持了淄博地区的乡镇企业创业创新。但是，在 1997 年 11 月《证券投资基金管理暂行办法》发布以后，投资基金的监管职能很快从中国人民银行调整到中国证监会。当时，中国证监会刚刚成立不久，受人力和监管资源的限制，只监管证券投资基金，故在 1999 年 3 月发文对原有投资基金进行清理规范时，要求原有的各类投资基金包括股权与创业投资基金必须转型为证券投资基金，才能纳入证监会监管。在这种情况下，淄博乡镇企业投资基金只好将其所有的创业投资项目套现，转而仅从事二级市场证券投资。2000 年 6 月，其与通发基金、三峡基金合并为汉博证券投资基金；2007 年 4 月，其进一步由封闭式证券投资基金转为开放式证券投资基金（富国天博创新主题股票型证券投资基金）。淄博乡镇企业投资基金虽然后来被迫转型为证券投资基金，但是，其早期卓有成效地开展创业投资业务，对后来有关部委、专家研究创业投资基金提供了很好的实践素材。

二是 1995 年 9 月 6 日，中国人民银行发布《设立境外中国产业投资基金管理办法》。该办法中所称"境外中国产业投资基金"系指中资机构（包括中国境内非银行金融机构、非金融机构以及中资控股的境外机构）作为发起人，单独或者与境外机构共同发起设立，在中国境外注册，募集资金，主要投资中国境内产业项目的投资基金。当时，境外"创业投资"概念已经从狭义发展到广义，其外延包括各类对非公开交易私人股权的投资，而狭义"私人股权投资"尚未从广义"创业投资"概念中分化出来。在国内，当时创业投资被翻译成"风险投资"，容易导致误解。所以，取各类广义创业投资基金直接投资产业项目之义，而将广义创业投资基金称为"产业投资基金"。由此可见，该办法所称"产业投资基金"本质上是指各类广义创业投资基金，和后来广义私人股权投资基金相当，而非近年人们所理解的由政府出资因而带有一定产业政策导向的政策性产业投资基金。该办法发布以来，严格来讲，没有一只境外中国产业投资基金依据该办法设立。但是，其同样激发了相关部委的研究思考，特别是激发了不少境外机构自主设立针对中国进行投资的外资创业投资基金。

总体来看，在这一阶段，中国私募基金市场缺乏自上而下的体系化、规范化的制度引导，市场发展以各地方自行探索为主。一些针对中国进行投资的外资创业投资基金也通常是境外机构自主在境外注册，然后以外商直接投资（foreign direct investment，FDI）形式投资中国，并没有纳入中国政府监管部门监管。因为当时在境外设立针对任何国家进行投资的私募基金完全可以依据其本国法律自主设立，而无须中国人民银行批准。设立后，其可以投资中国，也可以投资别的国家，适用目的国直接投资管理规定即可。

二、各部门分头探索下的引导发展阶段（1996～2013 年）

（一）私募股权与创业投资基金

1996 年 6 月，曾经参与淄博基金早期管理的原国家计委专家刘健钧在总结淄博基金运作经验的基础上，通过内参《经济情况与建议》向国务院上报《关于发展产业投资基金的现实意义、可行性分析与政策建议》。该内参报告虽然沿袭了《设立境外中国产业投资基金管理办法》的"产业投资基金"概念，但开宗明义地将"产业投资基金"界定为"是一种借鉴西方市场经济发达国家创业投资基金运作机制，通过发行基金份额募集资金，交由专家组成的机构运作，基金资产分散投资于不同的实业项目，投资收益共享、投资风险共担的集合投资制度"。由此可见，其所称"产业投资基金"本质上属于广义创业投资基金范畴。该内参报告在论述"借鉴市场经济发达国家创业投资基金运作经验，发展有中国特色产业投资基金"现实意义和可行性的基础上，提出了一系列操作性政策建议。该内参报告被国务院领导批转中国人民银行（当时负责监管投资基金）研究后，中国人民银行责成时任金融机构监管司金融市场监管处处长的欧阳卫民同志进行专题研究。不久，中国人民银行在上报国务院的文件中，高度肯定了《关于发展产业投资基金的现实意义、可行性分析与政策建议》。随即，国务院召开专题会议，讨论发展产业投资基金有关问题，并责成原国家计委会同中国人民银行制定《产业投资基金管理暂行办法》。

1998 年 12 月，原国家计委为给创业投资拓展退出渠道，向国务院办公厅上报了《对发展创业投资及建立"哑铃式科技基地"的意见》，在国内首次提出"尽早研究设立创业板股票市场问题"建议。国务院领导原则同意工作报告所提思路，并责成中国证监会研究具体规则后，证监会即开始着手研究设立创业板市场的方案。对此，深交所创业板方案设计者隆武华在公开出版的《守望创业板》专著中作了专门陈述。

由于"产业投资基金"概念曾经引起诸多误解，导致自 1996 年 10 月即开始起草的《产业投资基金管理暂行办法》一直未能出台。但是，原国家计委专家所提建议受到国务院领导重视，其后的立法过程获得了国务院各有关部委、地方政府和市场机构的积极参与。特别是为了争取在办法发布后能尽早设立产业投资基金，原国家科委率先向原国家计委上报了成立"中国高新技术产业投资基金"的方案。在其带领下，其他部委和地方政府也上报了不少产业投资基金方案。在《产业投资基金管理暂行办法》后来迟迟未出台的情况下，北京、上海、深圳等地方政府后来还很快自主设立了虽然未取名为"基金"但本质上属于基金范畴的创业投资基金。

在原国家计委推动包括各类广义创业投资基金在内的"产业投资基金"的立法过程中，1997 年 12 月，科技部时任副部长邓楠早在 1998 年"政协一号提案"提出前，为积极推进发展创业投资，即经报国务院领导同意，牵头组建了由科技部、国家计委等七部委和中国社科院金融研究中心为主体的"国家创业投资课题组"。在历经近一年的研究后，于1998年10月形成了《关于建立我国创业投资机制的报告》。这是国内第一个最系统的研究创业投资机制的研究报告。只因后来权威人士要求将"创业投资"改成"风险投资"，导致1999年6月原本已经报请国务院原则批准的七部委《关于建立创业投资机制的若干意见》在1999年10月发布时被改成了《关于建立风险投资机制的若干意见》。

《关于建立创业投资机制的若干意见》在最终发布时被改成《关于建立风险投资机制的若干意见》后，因"风险投资"概念所导致的误解，其所明确的四方政策建议后来均无果而终。但是，《关于建立创业投资机制的若干意见》在起草过程中广泛吸引学界、业界人士参与，也极大地激发了市场设立创业投资机构的热情。

此外，1998年民建中央向当年全国政协会议提交了后来被称为"政协一号提案"的《关于加快发展我国风险投资事业的提案》。该提案对于促进社会各界对创业投资的关注和重视，也起到积极作用。

在多方推动下，到1997年，中国即开始进入创业投资机构积极设立的酝酿期。到1999年，已成立了近百家创业投资机构。但是，由于无规可循，创业投资机构随意炒作股票，并引起了媒体的关注。

2001年7月，新华社《国内动态清样》指出"创业投资机构过多过滥""随意炒作股票"等问题后，引起国务院领导高度关注。随后，国务院原经济专题办副主任陈耀先即率所部郑耀东、江冰，原国家发展计划委刘健钧，国务院体改委王信，证监会隆武华等，组成专题调查小组，先后赴深圳、上海、杭州等创业投资机构较多的地区作专题调查。

2001年8月，专题调查小组责令刘健钧执笔起草了题为《我国创业投资发展现状、问题与建议》的调研报告。在当时创业投资机构可能面临如信托投资公司那样的被清理整顿的紧要关头，调研报告经分析认为，从支持创业创新的需要看，创业投资机构不是多了而是严重不足。对于不少创业投资机构"随意炒作股票"的问题，主要是因为国家缺乏必要的政策引导，以及与政策引导相对应的投资运作规范。所以，当务之急是出台相应的扶持政策，并要求享受扶持政策的创业投资机构应当履行支持创业企业发展的义务。

为促进创业投资健康发展，调研报告提出了一系列政策建议：一是鉴于出台涵盖各类广义创业投资基金的《产业投资基金管理暂行办法》难以取得共识，而多方均在积极呼吁的创业投资基金主要适合以公司企业和合伙企业的形式设立，故建议尽快出台《创业投资企业管理暂行办法》。二是修订《中华人民共和国公司法》和《中华人民共和国合伙企业法》（以下简称《合伙企业法》），为公司型基金、合伙型基金提供坚实法律保障。三是出台财税优惠政策，构建多层次扶持体系。四是鉴于当时权威人士坚决反对开设创业板，国务院已暂停推进设立创业板，故重申"完善创业投资退出机制，促进创业资本良性循环"。五是鉴于当时科技部和权威人士同时向民政部申请成立中国创业投资协会、中国风险投资协会，全国性创业投资协会一时成立无望，故鼓励各地方成立创业投资行业自律组织。

调研报告受到国务院领导肯定后，自 2001 年 8 月起，原国家发展计划委即开始另行起草《创业投资企业管理暂行办法》。最终，在历经 5 次曲折、2 次中断后重启，于 2005 年 11 月以十部委名义联合发布，并于 2016 年 3 月实施。

十部委办法的发布实施，标志着我国创业投资（基金）企业发展步入了法治化轨道。随后，相关配套政策也陆续出台。包括：2007 年 2 月财政部和国家税务总局联合发布的《财政部 国家税务总局关于促进创业投资企业发展有关税收政策的通知》，2008 年 10 月由国家发展改革委、财政部和商务部三部委联合起草并报经国务院办公厅转发的《关于创业投资引导基金规范设立与运作的指导意见》，并于 2009 年 10 月推出创业板等。

值得关注的是，2007 年，受美国主要大型并购基金管理机构脱离美国创业投资协会并发起设立美国股权投资协会等事件的影响，"股权投资基金"概念开始在我国迅速流行开来，各类股权投资基金开始以股权投资公司和股权投资合伙企业的名义设立与运作。特别是随着 2007 年 6 月新修订的《合伙企业法》的发布实施，各级地方政府为鼓励设立合伙型股权投资基金出台了种类繁多的税收优惠政策，各类合伙型股权投资基金迅速发展起来。发展过程中，由于缺乏应有的规范，率先以税收优惠政策促进合伙型股权投资基金发展的天津爆发"合伙型基金非法集资潮"。

鉴于 2005 年发布的十部委《创业投资企业管理暂行办法》仅对各类创业投资（基金）企业采取自愿备案管理，需要申请相应财税扶持政策的才需要到国家发展和改革委员会（以下简称发改委）和省级备案管理部门（由省政府定）备案并接受相应监管，而一般股权投资（基金）企业享受不到创业投资企业扶持政策，故多数并不备案，发改委自 2008 年 6 月开始，先后在天津滨海新区、北京中关村科技园区、武汉东湖新技术产业开发区和长江三角洲地区，开展了股权投资企业备案管理先行先试工作。2011 年 1 月，为给试点地区的备案管理提供规则支持，发改委发布了《关于进一步规范试点地区股权投资企业发展和备案管理工作的通知》。2011 年 11 月，为将试点推广至全国，发改委发布了《国家发展改革委办公厅关于促进股权投资企业规范发展的通知》。这些规范性文件的出台对促进股权投资（基金）企业规范运作起到了积极作用。

（二）私募证券投资基金

与私募股权、创业投资基金有各部委从支持创业创新角度积极推动不同，私募证券投资基金在早期则只能靠市场需求推动。

1996～2004 年，国内股市赚钱效应明显，投资公司大热，私募证券投资基金顺势崛起，但由于制度条件缺失，彼时私募证券投资基金的存在形式多为私人契约，如集资单账户、代客理财等，无法受到法律保护，信息透明度无法获得保障。

到 2004 年，随着阳光私募基金的推出，私募基金行业在私募契约、资金募集、信息披露等方面开启规范化和公开化发展。当年，深圳国际信托投资公司推出我国首只证券类信托计划——"深国投·赤子之心（中国）集合资金信托计划"，其采用信托公司作为发行方、银行作为资金托管方、私募机构负责资金管理的模式，对我国私募基金行业的发展产生深远影响。

2007 年 1 月，银监会发布《信托公司集合资金信托计划管理办法》，为阳光私募基金提供了监管依据，进一步促进阳光私募基金的规范化发展。

2009 年 1 月，银监会发布《信托公司证券投资信托业务操作指引》，信托作为管理人、私募基金管理公司作为投资顾问的合作模式获得了认可。

伴随着私募证券投资基金的"阳光化"与新一轮股市的蓬勃发展，大量优秀人才涌入私募基金行业，拉开一场"公募转私募"的热潮，私募基金尤其是私募证券投资基金获得快速发展。

三、证监会统一监管下的规范发展阶段（2013 年至今）

到 2013 年，经中央编委协调，各类私募基金，包括股权与创业投资基金的监管职能被统一调整到中国证监会。自此，各类私募基金进入由中国证监会统一监管的新的发展时期。具体又可分为以下几个阶段。

（一）统一宽松监管下的快速发展阶段（2013～2016 年）

2013 年 6 月，修订后的《中华人民共和国证券投资基金法》实施，首次赋予私募基金合法地位，我国私募基金行业从此走上合法化发展道路。同期，中央编办印发《关于私募股权基金管理职责分工的通知》，对中国证监会监管职责进行调整，明确由中国证监会履行私募股权基金监管职责。2014 年 1 月，中基协发布《私募投资基金管理人登记和基金备案办法（试行）》，私募基金管理人登记和基金备案制度登上历史舞台。时至 2015 年底，据中基协数据，两年时间内在中基协登记备案的中国私募基金管理人数量达到 25005 家，发行基金 25369 只，总管理规模达到 4.16 万亿元，中国私募基金行业实现爆发式增长。

（二）从严监管下的稳步发展阶段（2016～2021 年）

由于场外配资等行为导致股市泡沫并引发股灾，自 2016 年起，中国证监会开始对市场乱象进行反思，并加强了对整个资本市场的监管。此后，中基协频频出台文件整顿市场，涉及收紧私募基金管理人和私募基金登记备案、强化内部控制、信息披露约束、风险揭示等各个方面。2016 年，据中基协数据，有超过 10000 家私募基金管理人宣布注销。

2018 年，随着中国人民银行、中国银行保险监督管理委员会、中国证券监督管理委员会、国家外汇管理局《关于规范金融机构资产管理业务的指导意见》的施行，资管行业统一监管的时代拉开序幕，通道与嵌套产品开始受到限制，通道业务快速萎缩。

2021 年底，据中基协数据，中国私募基金管理人总数达到 24610 家，发行基金 124098 只，总管理规模达到 20.27 万亿元，在严监管背景下，优秀私募基金依然保持高速增长，行业总规模进一步扩张。

（三）行业分化发展与调整阶段（2021～2023 年）

主要受经济从高速增长进入常态化中高速发展，以及证监会出台一系列扶优限劣政策的影响，自 2021 年始，私募基金行业的优胜劣汰发展趋势日益明显。特别是 2023 年，私募基金领域监管新规密集出台，在私募基金管理人的登记、基金备案等方面，提出了更高要求，行业门槛进一步提高。

2021～2023 年，私募基金行业规模在 20 万亿～21 万亿元持续波动，随着监管政策的加强与市场竞争的加剧，行业增速明显降低。

截至 2023 年底，据中基协数据，私募基金管理人累计注销数量超 20000 家，行业进入整合出清阶段。

概览中国私募基金行业的演进历程，其发展脉络可凝练为三个核心阶段：首先是需求驱动的初创萌芽期，彼时行业在相对自由的环境中自我孵化；其次是进入由多部门协作引领的成长期，此阶段见证了私募基金规模的初步扩张；最终行业迈入由中国证监会统一监管的规范发展阶段，该阶段中国私募基金行业在高速爆发式增长后增速逐渐放缓，标志着私募基金步入成熟与稳健的新纪元。可以预见，伴随着监管政策的扶优限劣，私募基金的两极分化将会越发明显，中国私募基金行业或将会迎来高质量发展的新阶段。

第三节　中国私募基金发展现状

自中国证监会统一监管私募基金以来，十年间中国私募基金行业在数量、规模和专业化方面均实现了显著提升，成为支持实体经济、促进创新和创业的重要力量。

一、私募基金管理人发展现状

如表1-2所示，截至2023年12月31日，中国私募基金管理人存量总数达到21625家，同比下降8.26%，其中私募股权、创业投资基金管理人为12893家，私募证券投资基金管理人为8469家，私募资产配置类基金管理人为9家，其他私募投资基金管理人为254家。具体来看，2023年全年新登记私募基金管理人仅494家，为十年来的最低点。2023年全年新注销管理人2536家，为除2016年外近十年的最大值。伴随着新登记管理人数量的降低与新注销管理人数量的抬升，私募基金管理人存量数量已经连续两年出现负增长。

表1-2　　　2014~2023年中国私募基金管理人年度存量变化情况　　　单位：家

年份	私募证券投资基金管理人	私募股权、创业投资基金管理人	私募资产配置类基金管理人	其他私募投资基金管理人	合计
2014	1438	3366	0	151	4955
2015	10965	13241	0	799	25005
2016	7996	9540	0	452	17988
2017	8467	13200	0	779	22446
2018	8989	14683	0	776	24448
2019	8857	14882	5	727	24471
2020	8908	14986	9	658	24561
2021	9069	15012	9	520	24610
2022	9023	14303	9	332	23667
2023	8469	12893	9	254	21625

注：存量指登记通过且当期末未注销机构数量。
资料来源：中国证券投资基金业协会，由中国私募基金年鉴编委会整理。

如图 1－1 所示，2014～2018 年是私募基金管理人数量快速增长的 5 年。随着中基协私募基金管理人登记的启动，大量成立年份早于中基协成立年份的管理人集中进行登记，这导致 2014～2015 年管理人登记数量出现井喷。2016 年，为解决大量登记下，行业鱼龙混杂、良莠不齐的问题，中基协出台《关于进一步规范私募基金管理人登记若干事项的公告》，注销了大量盲目登记但缺乏从事私募管理专业能力的管理人，导致 2016 年私募基金管理人注销数量大于登记数量，管理人存量数量明显减少。2017～2018 年私募基金管理人存量数量增长逐步放缓。

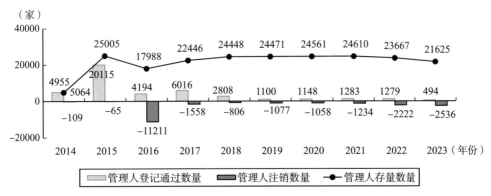

图 1－1　2014～2023 年私募基金管理人存量数量与注销情况

资料来源：中国证券投资基金业协会，由中国私募基金年鉴编委会整理。

2019～2021 年是私募基金管理人数量相对平稳的 3 年（见图 1－1），随着严监管政策的逐渐发酵与行业竞争烈度的加大，市场对私募基金管理人专业性的要求逐步提高，2019～2021 年新登记私募基金管理人数量自 2016～2018 年的年均 4000 家回落至 1100～1300 家区间，私募基金管理人数量年均复合增长率仅为 0.28%，中国私募基金管理人存量数量增长进一步放缓。2021 年，私募基金管理人存量数量达 24610 家，为 2016～2023 年的历史峰值。

2022～2023 年是私募基金管理人数量减少的两年，其中 2022 年私募基金管理人减少主要源自新注销管理人数量大幅上升至 2222 家，2023 年管理人数量减少则是新登记数量减少与新注销数量增加双重作用的结果。2023 年私募基金行业监管新规密集出台，行业准入门槛与监管力度明显提升，私募基金行业或将进入加速出清阶段。

随着监管加强，行业对管理人的要求更加严格，那些专业能力强的、能提供相应价值的私募基金管理人可能将会获得更多的机会。另外，随着监管的加强，投资者对私募基金的信任度也会提高，这将有利于行业的健康发展。

二、私募基金产品发展现状

如图 1-2 所示，截至 2023 年 12 月 31 日，中国私募基金产品数量达到 153032 只，存续规模达到 20.32 万亿元，分别是 2014 年私募基金产品数量的 19.97 倍，基金存续规模的 13.59 倍，年均复合增长率分别达到 39.47% 与 33.64%，十年间中国私募基金市场取得蓬勃发展，伴随着监管政策的扶优限劣，私募基金的两极分化将会越发明显，中国私募基金行业或将会迎来高质量发展的新阶段。

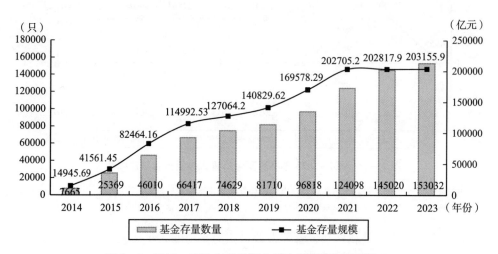

图 1-2 2014~2023 年私募基金的存量数量与规模情况

资料来源：中国证券投资基金业协会，由中国私募基金年鉴编委会整理。

分类别来看，如表 1-3 所示，私募证券投资基金产品数量增长最为突出，截至 2023 年底，其产品数量达 97215 只，较 2014 年增加 93449 只，年均复合增长率达 43.51%。私募股权投资基金产品数量增长次之，截至 2023 年底，其产品数量达 31255 只，较 2014 年增加了 28556 只，年均复合增长率 31.28%。创业投资基金产品数量增长最少，但增长速度最快，截至 2023 年底，其产品数量达 23389 只，而 2014 年仅有 718 只，年均复合增长率高达 47.26%。

产品规模方面，如表 1-4 所示，私募股权投资基金管理规模增长最为突出，截至 2023 年底，其规模为 11.07 万亿元，比 2014 年增加了 10.27 万亿元，年均复合增长率达 33.9%。同期创业投资基金管理规模为 3.24 万亿元，比 2014 年增加了3.13万亿元，年均复合增长率达45.63%。私募证券投资基金规模也实现了显著增长，截至2023年底，规模为5.51万亿元，比2014年增加了5.05万亿元，年均复合增长率为31.77%。

表1-3　　　　2014～2023年中国私募基金产品存量数量情况　　　　单位：只

年份	私募证券投资基金数量	私募股权投资基金数量	创业投资基金数量	私募资产配置类基金数量	其他私募投资基金数量	合计
2014	3766	2699	718	0	482	7665
2015	15182	6806	1481	0	1900	25369
2016	25578	14073	2206	0	4153	46010
2017	34097	21827	4372	0	6121	66417
2018	35675	27175	6508	0	5271	74629
2019	41392	28477	7978	5	3858	81710
2020	54324	29402	10398	10	2684	96818
2021	76818	30800	14511	24	1945	124098
2022	92578	31523	19353	28	1538	145020
2023	97215	31255	23389	27	1146	153032

资料来源：中国证券投资基金业协会，由中国私募基金年鉴编委会整理。

表1-4　　　　2014～2023年中国私募基金存量规模情况　　　　单位：万亿元

年份	私募证券投资基金规模	私募股权投资基金规模	创业投资基金规模	私募资产配置类基金规模	其他私募投资基金规模	合计
2014	0.46	0.80	0.11	—	0.12	1.49
2015	1.73	1.73	0.21	—	0.49	4.16
2016	2.55	3.76	0.36	—	1.58	8.25
2017	2.57	6.29	0.61	—	2.03	11.50
2018	2.14	7.80	0.91	—	1.86	12.71
2019	2.56	8.87	1.21	0.00055	1.44	14.08
2020	4.30	9.87	1.69	0.00098	1.10	16.96
2021	6.31	10.77	2.37	0.00482	0.81	20.27
2022	5.61	11.11	2.90	0.00536	0.65	20.28
2023	5.51	11.07	3.24	0.00543	0.49	20.32

资料来源：中国证券投资基金业协会，由中国私募基金年鉴编委会整理。

三、私募基金发展特点

私募基金管理人队伍持续优化。如表1-5和图1-3所示，根据中基协已注销私募基金管理人公示情况可知，自2015年起，私募基金行业陆续出现管理人注销情况。2016年依照《关于进一步规范私募基金管理人登记若干事项的公告》相关内容，10483家新登记的私募基金管理人，因在办结登记手续之日起6个月内仍未备案首只私募基金产品而被注销。截至2023年12月，私募基金管理人累计注销数达21706只，占自2014年以来所有备案私募基金管理人总数的50%。在过去十年间，主动注销、依公告注销、协会注销的私募基金管理人数量分别占注销总数的21.93%、56.7%、21.37%，当前协会注销成为私募基金管理人注销的主要方式。

表1-5　　　　2014~2023年中国私募基金管理人年度注销情况　　　　单位：家

年份	主动注销	依公告注销	协会注销	12个月无在管注销	累计注销数
2014	0	0	0	0	0
2015	50	0	1	0	51
2016	761	10483	5	0	11300
2017	163	1264	97	0	12824
2018	328	354	90	0	13596
2019	479	97	496	0	14668
2020	431	18	608	0	15725
2021	608	33	593	0	16959
2022	1356	11	843	0	19169
2023	584	48	1905	0	21706

资料来源：中国证券投资基金业协会，由中国私募基金年鉴编委会整理，统计时间为2024年6月。

私募基金行业全职从业人员数量止跌回升，高管学历背景稳步提高。如图1-4所示，2023年私募基金行业全职从业人员由2022年的18.05万人回升至18.86万人，与2021年相比，减少幅度缩窄至0.84%。2019~2023年，私募基金行业高管人数由6.25万人持续下滑至5.38万人，但拥有研究生及以上学历的高管人数占比却由43.11%逐年上升至48.26%。

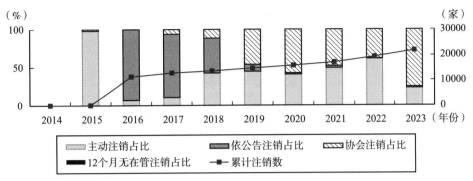

图 1-3 2014~2023 年中国私募基金管理人注销占比情况

资料来源：中国证券投资基金业协会，由中国私募基金年鉴编委会整理。

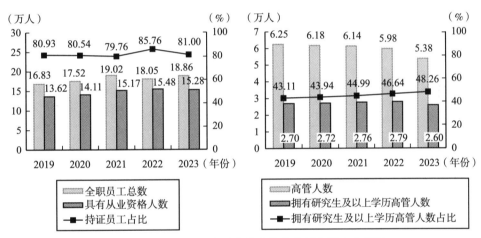

图 1-4 2019~2023 年私募基金从业人员规模变化情况

资料来源：中国证券投资基金业协会，由中国私募基金年鉴编委会整理。

不同类别私募基金发展趋势出现分化。不同于 2022 年以前的普遍增长，在 2022 年后，私募股权投资基金、创业投资基金、私募证券投资基金的发展趋势出现分化。如图 1-5 所示，随着投早、投小、投科技成为新的行业态势，创业投资基金依然维持着高速发展的态势，2021~2023 年，其数量与规模的年均复合增长率分别达到 26.96% 与 16.93%。而面对全球经济回调与企业经营承压等多重挑战，私募股权投资基金退出高速增长通道，其基金数量与规模保持相对稳定。最后，受二级市场下行压力，私募证券投资基金业绩承压，同时出现基金数量上升与总规模下跌，市场缩量明显，竞争进一步加剧。

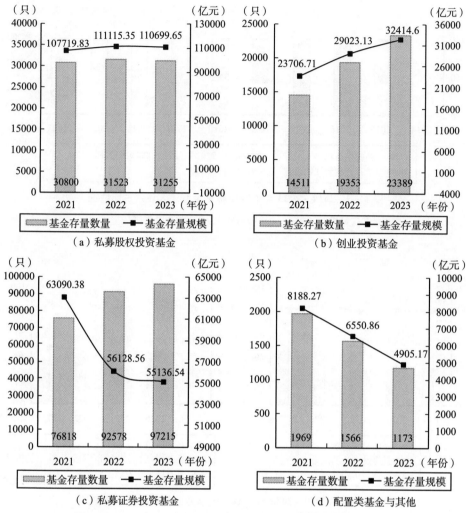

图 1-5　2021～2023 年各类型私募基金的存量数量与规模情况

资料来源：中国证券投资基金业协会，由中国私募基金年鉴编委会整理。

私募基金募资难度问题突出。"募"作为私募基金运行过程中的重要一环，是对市场情绪的最直观反映。如图 1-6 所示，2023 年私募股权投资基金的新备案数量维持减少态势，投资人出资相对谨慎，单只基金备案规模资金虽较 2022 年有所回升，但仍难重回 2021 年水平，投资人出资速度较 2021 年明显放缓；2023 年创业投资基金新备案数量在 2022 年激增后出现回撤，单只基金备案规模继续呈现减少态势；受证券市场下行的显著影响，2022 年私募证券投资基金的募集难度激增，投资人观望情绪严重，单只新备案基金备案规模同比减少 64%。

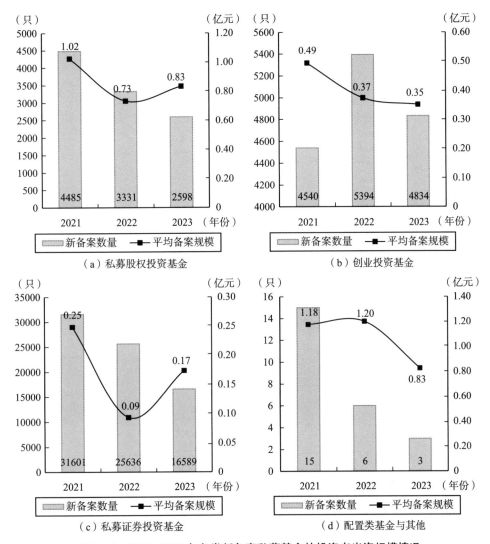

图 1-6　2019～2023 年各类新备案私募基金的投资者出资规模情况

注：备案规模指当期备案通过产品（含当期备案当期清盘的产品）初始备案时的募集规模（非契约型产品取实缴规模）。

资料来源：中国证券投资基金业协会，由中国私募基金年鉴编委会整理。

不同类型私募基金的募资来源结构呈现不同特点。不同类型的私募投资基金受到不同投资者群体的关注度存在差异，如图 1-7 所示，2019～2023 年，私募股权投资基金过半资金来自企业投资者，且比例呈上升态势，居民投资者与资管计划对私募股权投资基金的出资比例不断减少，企业投资者对私募股权投资基金的重要性正在加强。与股权投资基金不同的是，创业投资基金的资金虽近半年同样来自企业投资者，但居民投资者出资比例整体呈上升态势，这代表居民投资者对创业投资基金的关注度正在持续上升。而自主发行私募证券投资基金中企业投资者投资比例较低且呈明显减少的态势，伴随着资管计划的出资比例整体上升，当前自主发行私募证券投资基金已经形成资管计划与居民投资者双核心的资金来源结构。

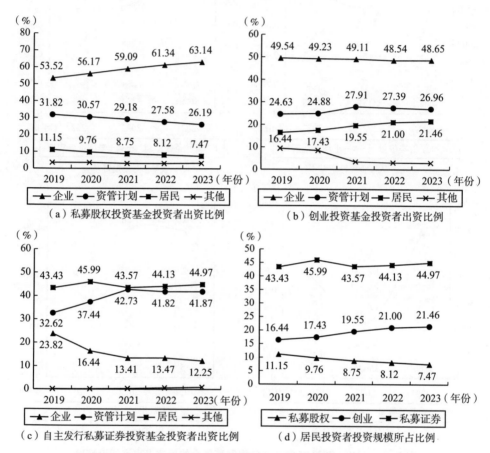

（a）私募股权投资基金投资者出资比例

（b）创业投资基金投资者出资比例

（c）自主发行私募证券投资基金投资者出资比例

（d）居民投资者投资规模所占比例

图 1-7　2019~2023 年各类型私募基金的投资者出资存量规模情况

资料来源：中国证券投资基金业协会，由中国私募基金年鉴编委会整理。

第四节　2023 年各辖区私募基金发展状况对比 *

根据中基协公开数据，按照 2023 年私募基金备案存续数量、管理人数量和管理规模 3 个维度，将 31 个省级行政区划单位（不含香港特别行政区、澳门特别行政区和台湾地区，省级数据不包含单列市数据）和 5 个计划单列市（深圳

---

　* 该辖区划分以中国证券投资基金业协会历年年报划分为准。

市、青岛市、宁波市、大连市和厦门市）进行排名，如图1-8所示。

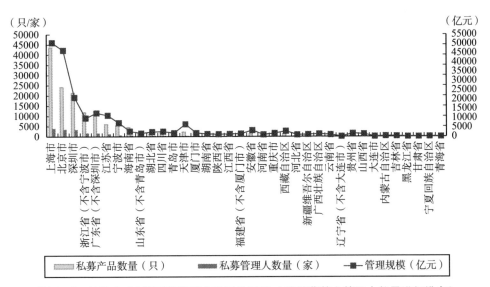

图1-8 2023年36辖区私募基金发展排行榜（按私募基金管理人数量进行排名）

资料来源：中国证券投资基金业协会，由中国私募基金年鉴编委会整理。

如表1-6和表1-7所示，各辖区的私募基金市场呈现出一定的地域分布特征。

表1-6 　　　　2023年末存量私募基金管理人地域分布情况（按注册地）

排名	辖区	管理人数量（家）	备案存续数量（只）	管理规模（亿元）	备注
1	上海市	3973	43690	50594.71	
2	北京市	3575	24170	46446.97	
3	深圳市	3400	21394	20999.63	计划单列市
4	浙江省（不含宁波市）	1703	11843	9883.42	
5	广东省（不含深圳市）	1679	12551	12698.70	
6	江苏省	1271	5969	11338.41	
7	宁波市	667	5398	7348.01	计划单列市
8	海南省	631	4549	2815.64	
9	山东省（不含青岛市）	393	1544	1775.29	
10	湖北省	393	1286	2459.37	

排名	辖区	管理人数量（家）	备案存续数量（只）	管理规模（亿元）	备注
11	四川省	383	1651	2658.79	
12	青岛市	375	2484	1910.94	计划单列市
13	天津市	356	2171	6647.61	
14	厦门市	339	2425	1912.08	计划单列市
15	湖南省	268	1309	1386.83	
16	陕西省	260	1195	1220.45	
17	江西省	249	1215	1383.88	
18	福建省（不含厦门市）	235	1813	1488.27	
19	安徽省	227	1206	3303.14	
20	河南省	159	540	1034.29	
21	重庆市	158	659	1748.35	
22	西藏自治区	154	1345	2930.69	
23	河北省	87	231	952.45	
24	新疆维吾尔自治区	83	348	1184.74	
25	广西壮族自治区	79	390	1414.57	
26	云南省	67	179	1042.23	
27	辽宁省（不含大连市）	63	168	105.19	
28	贵州省	63	260	1671.58	
29	山西省	59	200	1415.95	
30	大连市	52	263	90.77	计划单列市
31	内蒙古自治区	49	159	359.80	
32	吉林省	47	127	322.98	
33	黑龙江省	47	92	142.20	
34	甘肃省	36	69	139.36	
35	宁夏回族自治区	33	100	198.79	
36	青海省	12	39	129.89	
合计		21625	153032	203155.96	

资料来源：中国证券投资基金业协会，由中国私募基金年鉴编委会整理。

表 1-7　2023 年登记通过的私募基金管理人地域分布（按注册地）

排名	辖区	管理人数量（家）	备案存续数量（只）	管理规模（亿元）	备注
1	江苏省	75	97	27.25	
2	海南省	72	130	57.34	
3	北京市	57	73	35.64	
4	上海市	54	79	149.41	
5	广东省（不含深圳市）	47	53	16.92	
6	浙江省（不含宁波市）	44	86	34.27	
7	湖北省	22	26	6.21	
8	深圳市	21	18	39.88	计划单列市
9	厦门市	13	21	6.72	计划单列市
10	山东省（不含青岛市）	11	10	6.33	
11	湖南省	11	8	1.32	
12	福建省（不含厦门市）	10	10	18.06	
13	安徽省	10	12	5.38	
14	四川省	7	4	1.49	
15	陕西省	7	5	2.64	
16	天津市	5	20	9.88	
17	青岛市	5	8	2.90	计划单列市
18	江西省	4	10	1.64	
19	河南省	4	3	1.44	
20	宁波市	3	13	6.30	计划单列市
21	黑龙江省	2	0	0.00	
22	广西壮族自治区	2	0	0.00	
23	甘肃省	2	3	2.86	
24	云南省	1	2	0.20	
25	新疆维吾尔自治区	1	0	0.00	
26	青海省	1	1	14.97	
27	内蒙古自治区	1	0	0.00	
28	辽宁省（不含大连市）	1	0	0.00	
29	河北省	1	0	0.00	
30	重庆市	0	0	0.00	
31	西藏自治区	0	0	0.00	

排名	辖区	管理人数量（家）	备案存续数量（只）	管理规模（亿元）	备注
32	贵州省	0	0	0.00	
33	山西省	0	0	0.00	
34	大连市	0	0	0.00	计划单列市
35	吉林省	0	0	0.00	
36	宁夏回族自治区	0	0	0.00	
	合计	494	692	449.05	

资料来源：中国证券投资基金业协会，由中国私募基金年鉴编委会整理。

从存量视角来看，上海市、北京市和深圳市在私募基金管理人数量、基金产品数量和管理规模3个维度均位列36辖区前三。三座城市拥有我国50.62%的私募基金管理人、58.32%的私募基金产品、58.1%的私募基金管理规模。其中上海市以3973家私募基金管理人数量、43690只私募基金数量、50594.71亿元私募基金管理规模位居3大维度首位。

在其他辖区中，浙江省（不含宁波市）、广东省（不含深圳市）、江苏省的私募基金管理人数量均超过了1000家，管理规模均在万亿元左右，同样展示出了良好的私募基金发展态势。同时，一些辖区如贵州省、山西省、云南省、西藏自治区等，虽然私募产品数量和管理人数量相对较少，但其平均管理规模依然可观，反映出这些地区私募市场的发展潜力。

从2023年登记通过的管理人视角来看，新增管理人数量排名前六的地区为江苏省、海南省、北京市、上海市、广东省（不含深圳市）、浙江省（不含宁波市），合计备案通过管理人数量为349家，占2023年我国登记通过管理人数量的70.65%。

总体来看，中国私募市场在不同地区呈现出不同的发展态势，东部沿海地区和一些经济发达城市在数量和规模上占据优势，而中西部地区虽然起步较晚，但也在逐步发展并展现出其独特的市场潜力。

各辖区私募基金发展具体情况如表1-6和表1-7所示。

第二章 私募股权投资基金

第一节 私募股权投资基金基本情况

一、基金数量和规模变化情况

2014～2022年私募股权投资基金数量与规模同步扩张。2014年1月中基协发布《私募投资基金管理人登记和基金备案办法（试行）》后的9年间，私募股权投资基金的数量与规模整体呈现持续扩张态势。如图2-1所示，2022年末私募股权投资基金数量与存续规模达到观测区间内的峰值，其中基金数量达到31523只，存续规模达到11.11万亿元，分别是2014年私募股权投资基金数量和基金存续规模11.68倍和13.82倍。随着行业规模的显著扩张，私募股权投资基金已逐渐发展为金融支持实体、助力产业升级、构建多层次资本市场中不可或缺的重要力量。

2023年私募股权投资基金数量与规模首次减少。2023年私募股权投资基金行业调整步伐加速，准入门槛提高，行业监管趋严，市场首次出现存量下跌情况。如图2-2和图2-3所示，2023年私募股权投资基金存量减少268只，存续规模减少415.7亿元，行业发展趋势出现转变。

从年度变动角度来看，如图2-2和图2-3所示，2014～2018年为行业的高速扩张阶段，私募股权投资基金数量年均增长6119只，基金存量规模年均增长1.75万亿元。2019～2022年为行业的稳定增长阶段，私募股权投资基金数量与规模稳中有升，此阶段私募股权投资基金年均增长数量减少至1087只，年均增长规模减少至0.82万亿元。2023年为行业高质量发展阶段，行业准入门槛明显，新登记机构数量下降，质量明显提升，私募股权投资基金数量与规模首次出现减少。

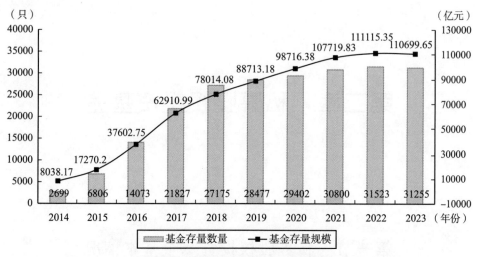

图 2 - 1　2014～2023 年私募股权投资基金存量数量与规模变化情况

资料来源：中国证券投资基金业协会，由中国私募基金年鉴编委会整理。

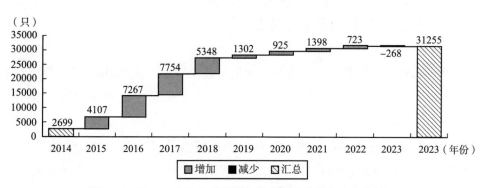

图 2 - 2　2014～2023 年私募股权投资基金数量年度变化情况

资料来源：中国证券投资基金业协会，由中国私募基金年鉴编委会整理。

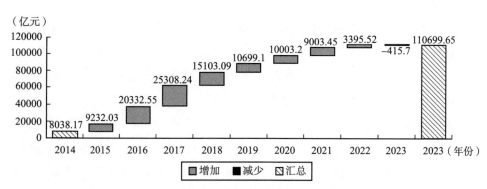

图 2 - 3　2014～2023 年私募股权投资基金规模年度变化情况

资料来源：中国证券投资基金业协会，由中国私募基金年鉴编委会整理。

二、基金规模分布情况

从单只基金规模角度来看，私募股权投资基金呈现橄榄型结构分布。如表2-1和图2-4所示，不同规模私募股权投资基金产品数量分布呈现"中间大、两头小"的橄榄型结构。近七成私募股权投资基金集中在0.1亿～5亿元规模区间，其中又以2000万～5000万元区间更为密集。

表2-1 **2019～2023年不同规模私募股权投资基金数量占比情况** 单位：%

年份	0.1 亿元以下	0.1 亿～1 亿元	1 亿～5 亿元	5 亿元以上	合计
2019	20.35	45.28	23.10	11.28	100.00
2020	19.54	45.43	23.13	11.90	100.00
2021	18.65	46.58	22.66	12.11	100.00
2022	18.85	46.68	22.31	12.16	100.00
2023	18.00	47.07	22.77	12.16	100.00

资料来源：中国证券投资基金业协会，由中国私募基金年鉴编委会整理。

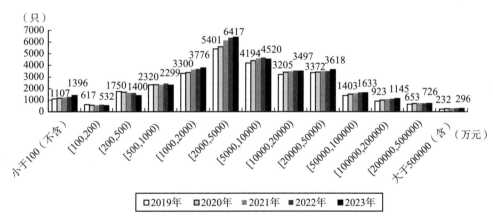

图2-4 **2019～2023年不同规模私募股权投资基金数量分布情况**

资料来源：中国证券投资基金业协会，由中国私募基金年鉴编委会整理。

1000万元以下规模的私募股权投资基金数量正在持续减少。如表2-1和图2-4所示，2019～2023年，1000万元以下规模基金的数量占比从20.35%下降至18.00%。

三、基金产品类型分布情况

2016 年，中基协通过对私募股权投资基金（不含 FOF 类）底层资产与投资领域的进一步细分，将私募股权投资基金（不含 FOF 类）按照产品类型划分为并购基金、房地产基金、基础设施基金、上市公司定增基金和其他类基金，2023 年又增加对不动产私募投资基金的数据统计。

私募股权投资基金（不含 FOF 类）各主要产品类型的规模占比呈现下降态势。如表 2-2、图 2-5 和图 2-6 所示，2019～2023 年，产品类型为"其他基金"的私募股权投资基金的市场规模占比过半且不断提升，而并购基金、房地产基金、基础设施基金、上市公司定增基金的市场规模占比皆在逐年下降，反映出不同产品类型基金在规模增速上存在明显差异。

表 2-2　　　　　2019～2023 年不同产品类型私募股权投资基金数量

与规模占比情况　　　　　　　　　　单位：%

年份	数量占比							
	不动产私募投资基金	并购基金	房地产基金	基础设施基金	上市公司定增基金	其他基金	产品类型信息缺失	合计
2019	—	20.40	4.59	5.19	3.10	66.23	0.49	100.00
2020	—	19.40	4.59	5.51	2.93	67.31	0.27	100.00
2021	—	18.22	3.77	5.36	2.59	69.93	0.13	100.00
2022	—	17.01	3.14	5.33	2.36	72.04	0.12	100.00
2023	0.03	15.87	2.70	5.55	2.12	73.73	0.04	100.00

年份	规模占比							
	不动产私募投资基金	并购基金	房地产基金	基础设施基金	上市公司定增基金	其他基金	产品类型信息缺失	合计
2019	—	22.48	5.11	16.22	1.65	54.36	0.18	100.00
2020	—	21.33	5.27	14.83	1.63	56.82	0.13	100.00
2021	—	20.11	4.76	12.98	1.40	60.65	0.11	100.00
2022	—	18.78	4.03	12.34	1.21	63.48	0.15	100.00
2023	—	17.73	3.50	11.90	1.02	65.68	0.17	100.00

资料来源：中国证券投资基金业协会，由中国私募基金年鉴编委会整理。

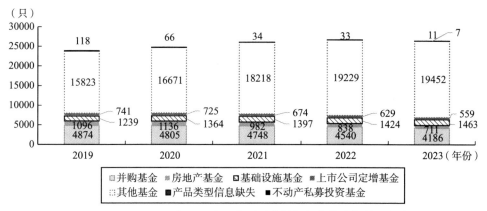

图2-5 2019~2023年不同产品类型私募股权投资基金数量分布情况

资料来源：中国证券投资基金业协会，由中国私募基金年鉴编委会整理。

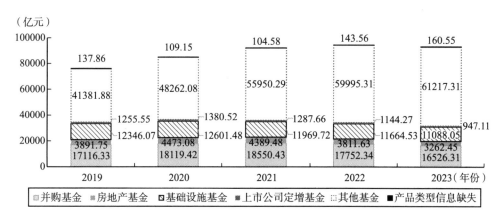

图2-6 2019~2023年不同产品类型私募股权投资基金规模分布情况

资料来源：中国证券投资基金业协会，由中国私募基金年鉴编委会整理。

四、基金组织形式分布情况

合伙型是私募股权投资基金的主流组织形式。私募股权投资基金按照组织形式被分为契约型、公司型、合伙型与其他。2019~2023年，合伙型私募股权投资基金的规模与数量占比稳步提升，如表2-3、图2-7和图2-8所示，2023年合伙型私募股权投资基金数量占比达85.35%，与2019年相比提升11.47个百分点，规模占比达81.30%，较2019年提升了2.91个百分点，合伙型组织形式正在被越来越多的基金所选择。同时，公司型私募股权投资基金规模占比逐年稳步提升，2023年公司型私募股权投资基金规模占比达12.72%，与2019年相比提升3.3个百分点，成为市场规模占比第二位的组织形式。

表2-3　2019～2023年不同组织形式的私募股权投资基金数量与规模占比情况　单位：%

年份	数量占比					规模占比				
	契约型	公司型	合伙型	其他	合计	契约型	公司型	合伙型	其他	合计
2019	24.30	1.77	73.88	0.05	100.00	12.06	9.42	78.39	0.13	100.00
2020	21.06	1.72	77.17	0.05	100.00	10.14	10.08	79.69	0.09	100.00
2021	17.04	1.68	81.24	0.04	100.00	8.18	10.63	81.15	0.04	100.00
2022	14.67	1.66	83.64	0.03	100.00	7.03	11.70	81.25	0.02	100.00
2023	12.93	1.69	85.35	0.03	100.00	5.96	12.72	81.30	0.02	100.00

资料来源：中国证券投资基金业协会，由中国私募基金年鉴编委会整理。

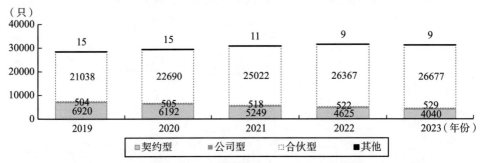

图2-7　2019～2023年不同组织形式的私募股权投资基金数量分布情况

资料来源：中国证券投资基金业协会，由中国私募基金年鉴编委会整理。

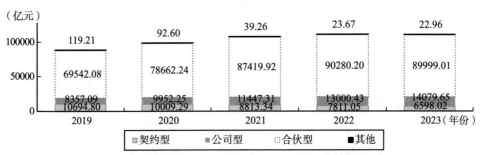

图2-8　2019～2023年不同组织形式的私募股权投资基金规模分布情况

资料来源：中国证券投资基金业协会，由中国私募基金年鉴编委会整理。

五、基金托管情况

2019～2022年，私募股权投资基金托管率稳步提升，新备案基金托管率创新高。基金托管作为私募基金信息披露体系的重要一环，对于提升基金运作的专业化水平、保障基金资产安全、保护基金投资人利益具有重要作用。为进一步规范私募基金的管理和运作，保护投资者的权益，证监会、中基协等行业监管部门陆续发布多项政策文件，对私募基金的托管行为进行了明确规定。《私募投资基金监督管理暂行办法》《私募投资基金监督管理条例》《私募投资基金监督管理办法（征求意见稿）》等相关文件中均明确表示，除基金合同另有约定外，私募基金财产应当由私募基金托管人托管。私募基金财产不进行托管的，应当明确保障私募基金财产安全的制度措施和纠纷解决机制。对私募股权投资基金而言，在当下托管也已逐渐成为行业共识。如图 2 - 9 所示，2019 ~ 2022 年，私募股权投资基金的托管率由 62.92% 上升至 67.61%，托管规模占比由 76.23% 上升至 82.95%。2022 年当年新备案的私募股权投资基金托管率已达 79.47%，托管规模占比已高达 92.72%。

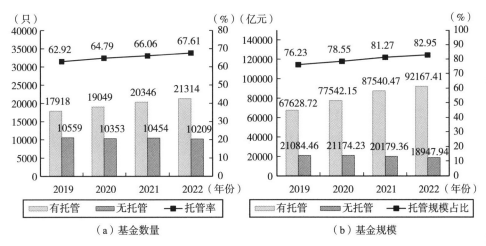

图 2 - 9　2019 ~ 2022 年私募股权投资基金托管情况

注：该公开数据统计时间截至 2022 年底。2023 年私募股权投资基金与创业投资基金数量总计 54644 只，基金规模总计 143114.25 亿元，其中进行托管的基金产品数量为 40026 只，资产规模为 130078.57 亿元，分别占到总量的 73.25% 与 90.89%。

资料来源：中国证券投资基金业协会，由中国私募基金年鉴编委会整理。

六、基金外包[①]情况

私募股权投资基金对外包服务的采用意愿正在衰退。如图 2 - 10 所示，整体来看，采用外包服务的私募股权投资基金数量并未随着基金总数量的增加而增加，这导致市场上采用外包服务的基金数量占比由 2019 年的 20.79% 下降至

―――――――

① 根据"资产管理业务综合报送平台"关于基金外包情况的填报说明，私募基金外包服务的类型主要包括份额登记、估值核算、信息技术系统服务等，同一基金可以选择多种类型的外包服务。

2023 年的 17.97%，规模占比由 8.62% 下降至 7.65%。2023 年采用外包服务的私募股权投资基金的平均规模为 1.51 亿元，未采用外包服务的平均规模是 3.99 亿元。规模偏小的私募股权投资基金采用外包服务的意愿更加强烈。

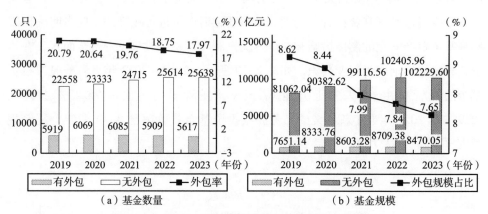

图 2 - 10　2019 ~ 2023 年私募股权投资基金外包情况

资料来源：中国证券投资基金业协会，由中国私募基金年鉴编委会整理。

份额登记服务与估值核算服务是私募股权投资基金常采用的外包服务形式。如图 2 - 11 所示，采用外包服务的私募股权投资基金中 90% 左右都会采用份额登记和估值核算服务。

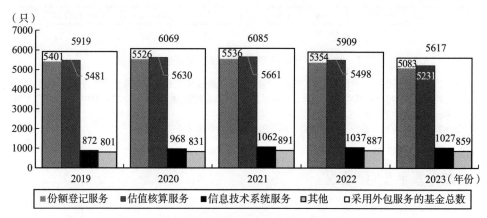

图 2 - 11　2019 ~ 2023 年私募股权投资基金外包服务类型数量分布情况

资料来源：中国证券投资基金业协会，由中国私募基金年鉴编委会整理。

七、私募股权投资类 FOF 情况

私募股权投资类 FOF 在私募股权投资基金中的规模占比持续提高。如图 2 - 12

所示，2023 年私募股权投资类 FOF 共 4866 只，占私募股权投资基金总数的 15.57%，基金规模为 1.75 万亿元，占私募股权投资基金总规模的 15.77%。与 2020 年相比，在基金数量占比相对稳定的背景下，私募股权投资类 FOF 规模占比由 13.95% 持续上升至 15.77%。

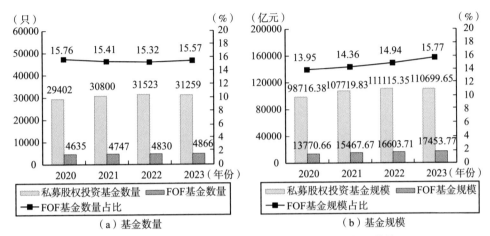

图 2-12　2020~2023 年私募股权类 FOF 基金数量与规模情况

资料来源：中国证券投资基金业协会，由中国私募基金年鉴编委会整理。

从基金种类来看，母基金数量和规模及其在私募股权类 FOF 中的占比同步提升。如表 2-4 所示，2020~2023 年，母基金数量和规模分别从 2400 只和 10433.12 亿元上升至 2638 只和 14426.83 亿元，占私募股权类 FOF 的比例分别从 51.78% 和 75.76% 上升至 54.21% 和 82.66%。投向单一资管计划基金的私募股权类 FOF 数量和规模虽然同样有所增长，但两者占比则都存在下降。这意味着对于私募股权类 FOF 基金而言，投向单一资管计划基金私募股权类 FOF 的数量与规模的增长速度低于母基金。同时从平均规模来看，2023 年母基金 5.47 亿元的平均规模远高于投向单一资管计划基金 1.36 亿元的平均规模。

表 2-4　　2020~2023 年不同种类的私募股权类 FOF 基金数量与基金规模情况

年份	基金数量（只）				基金数量占比（%）			
	母基金	投向单一资管计划基金	其他基金	合计	母基金	投向单一资管计划基金	其他基金	合计
2020	2400	2232	3	4635	51.78	48.16	0.06	100.00
2021	2438	2307	2	4747	51.36	48.60	0.04	100.00
2022	2520	2310	0	4830	52.17	47.83	0.00	100.00
2023	2638	2228	0	4866	54.21	45.79	0.00	100.00

续表

年份	基金规模（亿元）				基金规模占比（%）			
	母基金	投向单一资管计划基金	其他基金	合计	母基金	投向单一资管计划基金	其他基金	合计
2020	10433.12	3325.60	11.94	13770.66	75.76	24.15	0.09	100.00
2021	12261.37	3195.27	11.03	15467.67	79.27	20.66	0.07	100.00
2022	13451.42	3152.29	0.00	16603.71	81.01	18.99	0.00	100.00
2023	14426.83	3026.94	0.00	17453.77	82.66	17.34	0.00	100.00

资料来源：中国证券投资基金业协会，由中国私募基金年鉴编委会整理。

八、政府引导基金情况

政府引导基金是指政府出资设立并按照市场化方式运作的非营利性基金，旨在通过利用财政杠杆吸引社会资本投入实体经济，拉动地方经济发展和投资。由于中后期企业确定性高，风险相对较低，对当地税收、就业、GDP 的拉动作用更为明显，所以政府引导基金在早期更倾向于投资成熟企业。但随着各部委先后发布各类政策以鼓励支持企业创新创业，各地政府开始逐步"投早、投小、投科技"，政府引导基金也逐渐覆盖企业成长全周期。

属于私募股权投资基金的政府引导基金规模持续增长。如图 2－13 所示，2020～2023 年，主动申报为"政府引导基金"的私募股权投资基金数量从 1049 只

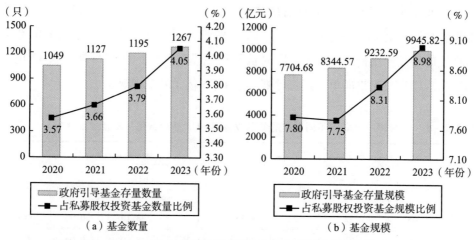

图 2－13　2020～2023 年勾选政府引导基金标签的私募股权投资基金数量
与规模分布情况

资料来源：中国证券投资基金业协会，由中国私募基金年鉴编委会整理。

增长至 1267 只，规模从 7704.68 亿元增长至 9945.82 亿元。2023 年政府引导基金在私募股权投资基金中的数量占比达到 4.05%，较上一年年末增长 0.26%，规模占比达到 8.98%，较上一年年末增长 0.67%。在大力培育战略性新兴产业的背景下，各级政府引导基金在整个私募股权投资市场中持续发力。

第二节　私募股权投资基金募集出资情况

私募股权投资基金新备案数量与备案规模持续减少。随着在市场准入、登记备案、资金募集等领域一系列制度安排的相继提出，私募股权投资基金的备案难度不断提高，历年新增备案数量持续下行。如图 2 – 14 所示，2023 年私募股权投资基金的新备案数量为 2598 只，较 2022 年的 3330 只下降 21.98%，较 2019 年的 4047 只下降 35.80%。同时，外部经济环境持续承压，优质赛道越发稀缺，投资人出资相对谨慎，私募股权投资基金募资总额明显减少。2023 年私募股权投资基金的备案规模为 2167 亿元，较 2022 年的 2446 亿元下降 11.41%，较 2019 年的 6058 亿元下降 64.23%。

私募股权投资基金平均备案规模出现回升。如图 2 – 14 所示，2019～2022 年私募股权投资基金平均备案规模由 1.50 亿元持续减少至 0.73 亿元，私募股权投资基金的募集难度持续加大。2023 年私募股权投资基金的平均初始募集金额回升至 0.83 亿元，较 2022 年的 0.73 亿元上升约 13.7%。

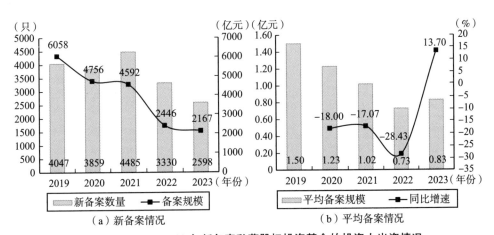

图 2 – 14　2019～2023 年新备案私募股权投资基金的投资人出资情况

注：备案规模指当期备案通过产品（含当期备案当期清盘的产品）初始备案时的募集规模（非契约型产品取实缴规模）。

资料来源：中国证券投资基金业协会，由中国私募基金年鉴编委会整理。

一、基金募集账户监督机构情况[①]

在基金募集环节，涉及违法违规行为较多，为加强对投资者合法权益的保护，进一步规范私募股权投资基金募资行为，中基协于2016年发布了《私募投资基金募集行为管理办法》，当前每只基金都必须具有募集账户监督机构。

商业银行是私募股权投资基金最主要的募集账户监督机构。如表2-5所示，绝大多数私募股权投资基金都选择取得基金销售业务资格的商业银行作为募集账户监督机构，相关基金规模占比在2020年至2023年间由92.20%提升至93.46%，选择中国证券登记结算有限公司、证券公司以及满足中基协规定的其他机构作为募集账户监督机构的基金规模占比皆整体呈下降态势。如图2-15所示，2023年，选择商业银行作为募集账户监督机构的私募股权投资基金平均规模在3.94亿元左右，远超选择其他三类募集监督机构的基金的平均规模。

表2-5 2020~2023年选择不同类型募集账户监督机构的私募股权投资
基金数量与规模分布情况

年份	基金数量（只）					基金数量占比（%）				
	中国证券登记结算	商业银行	证券公司	其他	合计	中国证券登记结算	商业银行	证券公司	其他	合计
2020	118	17480	4266	48	21912	0.54	79.77	19.47	0.22	100.00
2021	104	19341	4462	44	23951	0.43	80.75	18.63	0.18	100.00
2022	94	20767	4391	43	25295	0.37	82.10	17.36	0.17	100.00
2023	82	21524	4189	38	25833	0.32	83.32	16.22	0.15	100.00
年份	基金规模（亿元）					基金规模占比（%）				
	中国证券登记结算	商业银行	证券公司	其他	合计	中国证券登记结算	商业银行	证券公司	其他	合计
2020	266.71	66523.67	5172.23	189.82	72152.43	0.37	92.20	7.17	0.26	100.00
2021	226.23	76559.05	5474.47	164.02	82423.77	0.27	92.88	6.64	0.20	100.00
2022	192.91	82441.59	5505.37	116.65	88256.52	0.22	93.41	6.24	0.13	100.00
2023	186.18	84740.71	5611.76	129.05	90667.70	0.21	93.46	6.19	0.14	100.00

注：单只基金可同时选择多家募集账户监督机构。2016年7月15日之前成立的部分私募基金可能存在因选择"不适用"监督机构而未登记募集账户监督机构信息的情况。

资料来源：中国证券投资基金业协会，由中国私募基金年鉴编委会整理。

[①] 《私募投资基金募集行为管理办法》所称监督机构是指中国证券登记结算有限责任公司、取得基金销售业务资格的商业银行、证券公司以及中国基金业协会规定的其他机构。其中，其他机构主要包括招商基金管理有限公司、长安基金管理有限公司等8家已在协会登记为私募基金服务机构的公募基金公司。

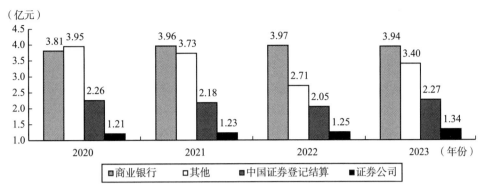

图 2-15　2020～2023 年选择不同募集账户监督机构的私募股权投资基金平均规模变化情况

资料来源：中国证券投资基金业协会，由中国私募基金年鉴编委会整理。

二、基金投资者①数量分布情况

过半数私募股权投资基金的投资者数量在 5 个以下。如表 2-6、图 2-16 和图 2-17 所示，2019～2023 年，过半数私募股权投资基金的投资者数量集中在 1～5（含）个。截至 2023 年末，投资者数量在 1～5（含）个的私募股权投资基金数量为 16889 只，占私募股权投资基金总数的 54.05%，基金规模为 56742.74 亿元，占基金总规模的 51.26%。

表 2-6　　　　2019～2023 年不同投资者数量的私募股权投资
基金数量与规模占比情况　　　　单位：%

| 年份 | 数量占比 | | | | | | | 规模占比 | | | | | | |
	0	1	(1, 5]	(5, 20]	(20, 50]	(50, 200]	合计	0	1	(1, 5]	(5, 20]	(20, 50]	(50, 200]	合计
2019	0.58	4.17	51.34	29.06	10.35	4.50	100.00	0.27	3.16	57.58	27.71	7.46	3.83	100.00
2020	0.33	4.05	52.22	29.51	10.15	3.74	100.00	0.16	3.05	56.33	29.57	7.89	3.01	100.00
2021	0.18	3.60	52.45	31.15	9.75	2.88	100.00	0.11	2.82	53.48	32.52	8.68	2.38	100.00
2022	0.11	3.33	53.35	31.63	9.17	2.40	100.00	0.08	2.98	52.15	33.01	9.72	2.05	100.00
2023	—	3.20	54.05	31.62	8.92	2.21	100.00	—	2.94	51.26	34.11	9.78	1.91	100.00

注：部分未进行信息补录或及时清算的私募股权投资基金投资者数量显示为"0"。

资料来源：中国证券投资基金业协会，由中国私募基金年鉴编委会整理。

---

① 投资者人数及出资额，基于基金直接投资者（一级投资者）统计。合伙型基金、公司型基金的投资者出资额取其实缴出资额，契约型基金的投资者出资额取其持有的基金份额乘以同期期末基金单位净值。

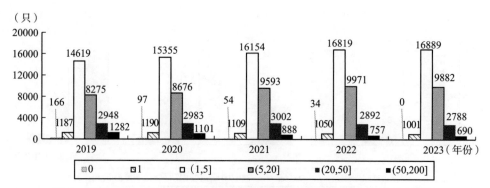

图 2 - 16　2019～2023 年不同投资者数量的私募股权投资基金数量分布情况

资料来源：中国证券投资基金业协会，由中国私募基金年鉴编委会整理。

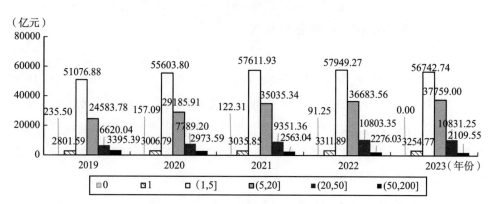

图 2 - 17　2019～2023 年不同投资者数量的私募股权投资基金规模分布情况

资料来源：中国证券投资基金业协会，由中国私募基金年鉴编委会整理。

三、基金投资者出资情况

企业投资是私募股权投资基金的主要资金来源。如表 2 - 7 和图 2 - 18 所示，私募股权投资基金中企业投资的出资规模由 2019 年的 4.68 万亿元稳步提升至 2023 年的 6.71 万亿元，对应占比由 2019 年的 53.52% 升至 2023 年的 63.14%。

表 2 - 7　　　2019～2023 年私募股权投资基金各类投资者存量出资变化情况　　　单位：亿元

年份	企业	资管计划	居民	其他				合计
				养老金及社保基金	境外资金	社会资金	财政资金	
2019	46750.24	27796.70	9736.65	554.71	450.01	31.33	2032.32	87351.96
2020	52906.54	28790.65	9193.18	535.23	479.48	36.30	2247.00	94188.38

续表

年份	企业	资管计划	居民	其他				合计
				养老金及社保基金	境外资金	社会资金	财政资金	
2021	59837.14	29551.88	8858.34	532.05	648.98	53.02	1782.09	101263.50
2022	63855.07	28714.48	8452.56	535.16	725.92	55.47	1760.82	104099.48
2023	67061.64	27813.62	7929.85	514.17	724.42	58.22	2107.53	106209.45

资料来源：中国证券投资基金业协会，由中国私募基金年鉴编委会整理。

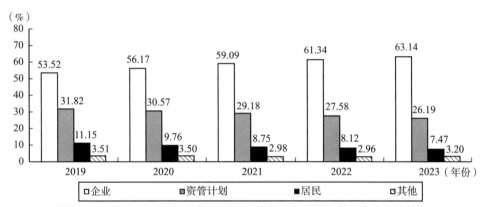

图 2 – 18　2019～2023 年私募股权投资基金各类投资人存量出资占比情况

注：居民包含自然人（非员工跟投）和自然人（员工跟投）；资管计划投资者包含私募基金、信托计划、证券公司及其子公司资管计划、基金公司及其子公司资管计划、期货公司及其子公司资管计划、保险资产管理计划、商业银行理财产品。企业投资者包含境内法人机构（公司等）、境内非法人机构（一般合伙企业等）、管理人跟投。

资料来源：中国证券投资基金业协会，由中国私募基金年鉴编委会整理。

　　各类资管计划与居民投资者对私募股权投资基金的投资力度出现相对下降。如图 2 – 18 所示，私募股权投资基金中各类资管计划的出资占比由 2019 年的 31.82% 下降至 2023 年的 26.19%，居民投资者的出资占比由 11.15% 下降至 7.47%。值得注意的是，如表 2 – 7 所示，与居民投资者出资规模持续减少不同，各类资管计划出资规模在 2019 年至 2021 年依然呈现上升态势，其在 2022 年后才出现出资规模减小的情况。

四、机构投资者[①]出资比例分布情况

　　纯自然人出资的私募股权投资基金数量正在快速减少。如表 2 – 8 所示，

---

　　①　机构投资者包含企业投资者和各类资管计划。

2019～2023年，所有资金均来自机构投资者的私募股权投资基金数量占比从38.48%稳步提升至46.28%，所有资金均来自自然人投资者的私募股权投资基金数量占比从18.48%下降至12.68%。

表2-8 2019～2023年不同机构出资比例的私募股权投资基金数量与规模变化情况

年份	基金数量（只）						
	0	(0, 20%]	(20%, 50%]	(50%, 80%]	(80%, 100%)	100%	合计
2019	5280	6353	2542	1891	1508	10993	28567
2020	4907	6469	2422	1908	1611	12085	29402
2021	4804	6761	2558	2021	1716	12940	30800
2022	4434	6806	2613	2051	1823	13796	31523
2023	3964	6447	2514	1997	1867	14466	31255

年份	基金数量占比（%）						
	0	(0, 20%]	(20%, 50%]	(50%, 80%]	(80%, 100%)	100%	合计
2019	18.48	22.24	8.90	6.62	5.28	38.48	100.00
2020	16.69	22.00	8.24	6.49	5.48	41.10	100.00
2021	15.60	21.95	8.31	6.56	5.57	42.01	100.00
2022	14.07	21.59	8.29	6.51	5.78	43.76	100.00
2023	12.68	20.63	8.04	6.39	5.97	46.28	100.00

年份	基金规模（亿元）						
	0	(0, 20%]	(20%, 50%]	(50%, 80%]	(80%, 100%)	100%	合计
2019	2568.52	4728.09	2227.33	2956.88	5217.43	71014.95	88713.20
2020	2187.45	4643.65	2168.36	2886.49	5944.92	80885.52	98716.39
2021	2052.38	4506.14	2220.74	2941.78	6469.78	89529.01	107719.83
2022	3222.15	4340.22	2203.67	2722.51	6474.10	92152.71	111115.36
2023	2924.30	3993.17	1992.48	2662.06	6339.05	92788.58	110699.64

年份	基金规模占比（%）						
	0	(0, 20%]	(20%, 50%]	(50%, 80%]	(80%, 100%)	100%	合计
2019	2.90	5.33	2.51	3.33	5.88	80.05	100.00
2020	2.22	4.70	2.20	2.92	6.02	81.94	100.00
2021	1.91	4.18	2.06	2.73	6.01	83.11	100.00
2022	2.90	3.91	1.98	2.45	5.83	82.93	100.00
2023	2.64	3.61	1.80	2.40	5.73	83.82	100.00

资料来源：中国证券投资基金业协会，由中国私募基金年鉴编委会整理。

从平均规模来看，机构投资者出资占比越高基金的规模往往也越大。如图 2 - 19 所示，2023 年机构投资者出资比例不同的私募股权投资基金的平均规模呈现明显差异，整体而言伴随着机构投资者出资比例的提升，基金平均规模也在增长。

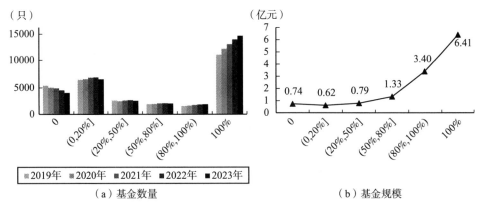

（a）基金数量　　　　　　　　（b）基金规模

图 2 - 19　2019 ~ 2023 年不同机构出资比例的私募股权投资基金数量与平均规模情况

资料来源：中国证券投资基金业协会，由中国私募基金年鉴编委会整理。

第三节　私募股权投资基金投资运作情况

一、基金实际投资方向分布情况

2019 ~ 2022 年，投向境内未上市、未挂牌公司股权的私募股权投资基金存量规模不断增长。如表 2 - 9 和图 2 - 20 所示，2019 ~ 2022 年，投向境内未上市公司股权的私募股权投资基金规模由 43550.16 亿元增长至 57855.59 亿元，其占比由 47.15% 上升至 50.10%。而与此相对的，投向现金类与资管计划的基金规模占比却大致保持稳定。

表 2 - 9　　2019 ~ 2022 年不同实际投向的私募股权投资基金规模分布情况　　单位：%

年份	现金类资产	境内未上市股权	资管计划投资	其他资产	合计
2019	7.24	47.15	21.20	24.41	100.00
2020	7.01	46.99	20.92	25.09	100.00

续表

年份	现金类资产	境内未上市股权	资管计划投资	其他资产	合计
2021	7.08	48.46	21.38	23.08	100.00
2022	7.13	50.10	22.16	20.61	100.00

注：1. 中国证券投资基金业协会在《中国证券投资基金业年报（2023）》中，将私募股权投资基金的实际投向分为现金类资产、境内未上市股权、资管计划投资、境内股票、境内债券、境内债权、其他资产以及尚无法分类资产。由于2019～2022年相关年报对于私募股权投资基金实际投向的划分方法存在差异，此处将除现金类资产、境内未上市股权和资管计划投资外的其他投向统一归于其他资产。

2. 该公开数据统计时间截至2022年底。

资料来源：中国证券投资基金业协会，由中国私募基金年鉴编委会整理。

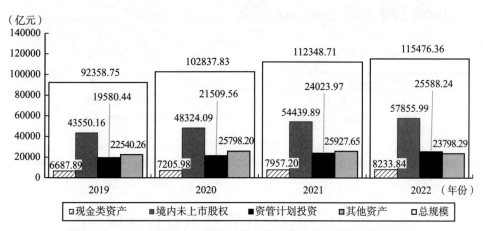

图2-20　2019～2022年不同实际投向的私募股权投资基金规模分布

注：该公开数据统计时间截至2022年底。

资料来源：中国证券投资基金业协会，由中国私募基金年鉴编委会整理。

二、基金投资案例情况

（一）基金投资案例特征情况

2019～2022年，中小型企业是私募股权投资基金投资次数最多的企业类型。如图2-21、图2-22所示，2019～2022年，私募股权投资基金所投案例中过半案例皆属于中小型企业，且针对中小型企业的投资案例数量仍在加速增长。

2019～2022年，私募股权投资基金"投科技"趋势明显。私募股权投资基金针对高新技术与初创科技型企业的投资案例数量占比持续增长，如表2-10所示，2019～2022年，两者投资数量占比由32.34%、8.01%提升至41.12%、14.02%，私募股权投资基金对科技型企业的支持力度不断加大。

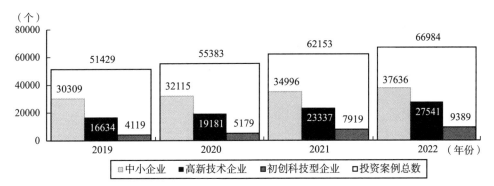

图 2-21　2019~2022 年私募股权投资基金对不同类型企业的投资次数情况

注：该公开数据统计时间截至 2022 年底。

资料来源：中国证券投资基金业协会，由中国私募基金年鉴编委会整理。

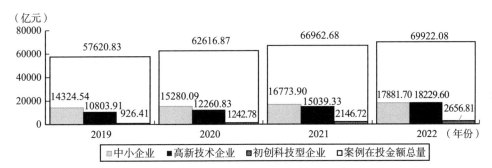

图 2-22　2019~2022 年私募股权投资基金对不同类型企业的投资规模情况

注：该公开数据统计时间截至 2022 年底。

资料来源：中国证券投资基金业协会，由中国私募基金年鉴编委会整理。

表 2-10　　　　　2019~2022 年私募股权投资基金对不同类型企业的

投资次数与规模占比情况

单位：%

年份	中小企业		高新技术企业		初创科技型企业	
	数量占比	规模占比	数量占比	规模占比	数量占比	规模占比
2019	58.93	24.86	32.34	18.75	8.01	1.61
2020	57.99	24.40	34.63	19.58	9.35	1.98
2021	56.31	25.05	37.55	22.46	12.74	3.21
2022	56.19	25.57	41.12	26.07	14.02	3.80

注：该公开数据统计时间截至 2022 年底。

资料来源：中国证券投资基金业协会，由中国私募基金年鉴编委会整理。

（二）基金投资案例地域分布情况

私募股权投资基金资金流向在空间上明显集中。如图 2-23 和图 2-24 所示，2019~2023年，私募股权投资基金65%以上的案例、50%以上的在投资金集中在北京、上海、广东、江苏、浙江五大地区，五大地区投资案例数是境内其他地区总数的2倍，被投金额超境内其他地区之和。

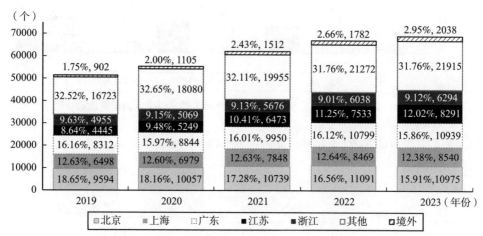

图2-23 2019~2023年私募股权投资基金对不同区域的投资案例数量分布情况

资料来源：中国证券投资基金业协会，由中国私募基金年鉴编委会整理。

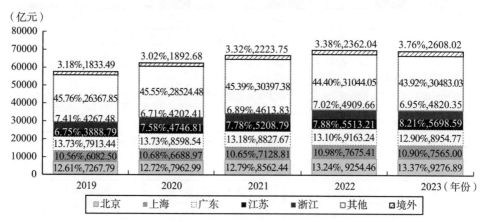

图2-24 2019~2023年私募股权投资基金对不同区域的投资案例规模分布情况

资料来源：中国证券投资基金业协会，由中国私募基金年鉴编委会整理。

私募股权投资基金境外投资数量与规模快速提升。如图2-23和图2-24所示，2019~2023年，私募股权投资基金境外投资案例的数量由902个增长至2038个，数量占比由1.75%提升至2.95%，境外投资案例的规模也由1833.49亿元提升至2608.02亿元，规模占比由3.18%提升至3.76%。五年间中国私募股权投资基金的境外投资以超过境内平均水平的速度加速增长，市场对境外投资的重视度也随之稳步提高。

（三）基金投资案例行业分布情况

从投资案例的行业分布来看，2019～2023 年，计算机运用、资本品、医药生物、半导体、医疗器械与服务和原材料都曾位列私募股权投资基金投资案例次数前五位。

从投资案例中在投金额的行业分布来看，2019～2023 年，资本品、房地产、半导体、计算机运用、交通运输和其他金融都曾位列私募股权投资基金投资规模前五位。

从单个投资案例在投金额的行业分布来看，截至 2023 年末，保险、银行、交通运输、房地产、公用事业是私募股权投资基金平均在投金额最多的五大行业，在投资额分别为 9.54 亿元、9.52 亿元、4.52 亿元、3.57 亿元和 2.99 亿元。

私募股权投资基金投向资本品、医药生物、半导体和医疗器械与服务行业的案例数量正以超 5%的增速快速增长。如表 2-11 所示，截至 2023 年末，私募股权投资基金对资本品、医药生物、半导体、医疗器械与服务的投资案例数量同比增速分别达到 7.50%、6.92%、18.53%、5.29%。其中，又以半导体行业的增速最为明显，2021 年半导体行业替代原材料行业成为私募股权投资基金投资案例第五大行业，2022 年半导体又超越医疗器械与服务行业成为案例数量的第四大行业。

表 2-11　　2019～2023 年私募股权投资基金投资案例数量前五大行业情况

	分类	2019 年	2020 年	2021 年	2022 年	2023 年
案例数量（个）	计算机运用	12476	13129	14195	14566	14402
	资本品	6196	6634	7326	8217	8833
	医药生物	3286	3919	5082	5826	6229
	半导体	—	—	3619	5197	6160
	医疗器械与服务	3231	3611	4279	4597	4840
	原材料	3010	3250	—	—	—
	合计	28199	30543	34501	38403	40464
案例数量排名	计算机运用	1	1	1	1	1
	资本品	2	2	2	2	2
	医药生物	3	3	3	3	3
	半导体	—	—	5	4	4
	医疗器械与服务	4	4	4	5	5
	原材料	5	5	—	—	—

资料来源：中国证券投资基金业协会，由中国私募基金年鉴编委会整理。

半导体行业正在成为私募股权投资基金规模最显著的增长点。如表 2 - 12 所示，与 2022 年相比，2023 年私募股权投资基金在半导体行业的在投金额增长544.37 亿元，同比增长 8.31%，远超同期计算机运用、资本品、其他金融、交通运输、房地产行业的在投金额规模增长。

表 2 - 12　　2019 ~ 2023 年私募股权投资基金投资案例规模前五大行业情况

分类		2019 年	2020 年	2021 年	2022 年	2023 年
案例规模（亿元）	计算机运用	5117.81	5725.58	6291.44	6494.09	6330.24
	资本品	8976.44	9404.85	8809.04	9097.88	9192.76
	半导体	—	—	4817.50	6554.72	7099.09
	其他金融	4236.95	4278.88	—	—	—
	交通运输	5090.57	5384.53	6071.49	6204.98	6361.67
	房地产	7916.44	8430.07	8139.87	7610.93	6664.63
	合计	31338.21	33223.91	34129.34	35962.60	35648.39
案例规模排名	计算机运用	3	3	3	4	5
	资本品	1	1	1	1	1
	半导体	—	—	5	3	2
	其他金融	5	5	—	—	—
	交通运输	4	4	4	5	4
	房地产	2	2	2	2	3

资料来源：中国证券投资基金业协会，由中国私募基金年鉴编委会整理。

第四节　私募股权投资基金投资案例退出情况

一、存续基金[①]投资案例退出方式分布情况

从退出次数来看，现有私募股权投资基金的退出方式中退出次数占比超10% 的退出方式主要为协议转让、企业回购、被投企业分红、融资人还款和新三板挂牌五种。2019 ~ 2023 年，上述五种方式合计退出次数占所有退出次数的比例分别为 89.30%、88.82%、87.53%、86.65%、85.49%。

---

①　存续基金是指那些已进行季度更新、完成运行检测表填报且正在运作的私募基金。

从退出本金的方式来看，协议转让与融资人还款是私募股权投资基金最主要的两种退出方式。2019~2023年，通过协议转让方式退出的本金规模占比分别为37.76%、35.82%、37.57%、36.46%、36.38%。通过融资人还款方式退出的本金规模分别占24.00%、23.70%、21.79%、19.32%、16.49%。其中，融资人还款是指现有私募基金将资产通过股东借款的方式纳入投资组合，并谋求债券类固定回报的行为。

从2023年新增退出项目来看，以协议转让和企业回购方式发生的退出行为较多，占所有退出数量的57.90%，退出本金占比达64.56%。其中，通过协议转让发生的退出行为达3335次，退出本金达2278.57亿元；通过企业回购发生的退出行为达2509次，退出本金达989.11亿元。

二、存续基金投资案例退出地域分布情况

如图2-25所示，私募股权投资基金投资案例中50%以上的退出规模集中在北京、上海、广东、江苏、浙江五大核心区域，这与投资案例的在投规模占比相近。五大核心区域私募股权投资基金退出本金规模增速低于行业均值。2022~2023年，五大核心区域存续案例退出本金累计规模占比皆呈现下降态势，这表明与我国其他区域以及境外项目相比，五大核心区域的退出规模增速相对较低。

私募股权投资基金境外投资退出本金规模增幅明显。如图2-25所示，2020~2023年，私募股权投资基金境外存续案例的退出本金累计规模以40.29%、20.79%、46.47%、24.28%的速度极速增长，其退出规模增长速度远超其在投规模增长速度，境外投资在退出角度可能具备一定优势。

从私募股权投资基金2023年新增退出项目的地域分布来看，退出项目数量排名前五的地区为广东、北京、上海、江苏和浙江，退出项目数量合计4321个，数量占比50.41%；项目退出本金排名前五的地区为北京、广东、上海、浙江和山东，退出本金合计2351.71亿元，退出本金占比46.46%。

三、存续基金投资案例退出行业分布情况

从退出案例数量的行业分布来看（见表2-13），2019~2023年，计算机运用、资本品、原材料、医药生物、医疗器械与服务和房地产都曾位列私募股权投资基金退出案例数量前五位。

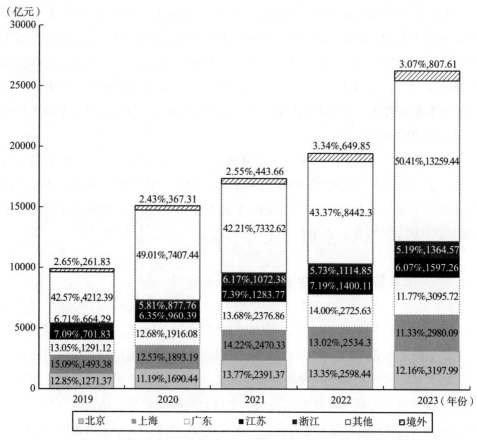

图 2-25　2019~2023 年存续私募股权投资基金各地域投资案例退出本金累计规模

注：2021 年其他区域数据可能存在一定缺失。

资料来源：中国证券投资基金业协会，由中国私募基金年鉴编委会整理。

表 2-13　　　　　2019~2023 年私募股权投资基金退出案例数量前五大行业情况

	分类	2019 年	2020 年	2021 年	2022 年	2023 年
案例数量（个）	计算机运用	2400	3312	4423	5219	5997
	资本品	1704	2074	2600	3062	3541
	医药生物	770	997	1454	1766	2088
	原材料	942	1137	1491	1791	2061
	医疗器械与服务	—	—	—	1466	1803
	房地产	973	1147	1287	—	—
	合计	6789	8667	11255	13304	15490
案例数量排名	计算机运用	1	1	1	1	1
	资本品	2	2	2	2	2
	医药生物	5	5	4	4	3

分类		2019 年	2020 年	2021 年	2022 年	2023 年
案例数量排名	原材料	4	4	3	3	4
	医疗器械与服务	—	—	—	5	5
	房地产	3	3	5	—	—

资料来源：中国证券投资基金业协会，由中国私募基金年鉴编委会整理。

从退出案例退出本金的行业分布来看（见表 2 - 14），2019 ~ 2023 年，房地产、资本品、计算机运用、其他金融、公共事业、原材料和交通运输都曾位列私募股权投资基金退出本金前五位。

表 2 - 14　　　　2019 ~ 2023 年私募股权投资基金退出案例本金规模前五大行业情况

分类		2019 年	2020 年	2021 年	2022 年	2023 年
退出规模（亿元）	计算机运用	843.21	1141.22	1589.30	1811.72	2238.48
	资本品	1104.15	1671.18	2181.23	2561.37	3120.32
	原材料	—	—	—	1177.05	—
	其他金融	864.18	1139.73	1364.19	1449.38	1604.56
	交通运输	536.44	663.70	1063.28	—	—
	公用事业	—	—	—	—	1485.43
	房地产	2323.39	2907.70	3526.67	3382.73	3291.64
	合计	4828.16	7523.53	9724.67	10382.25	11740.43
退出规模规名	计算机运用	4	3	3	3	3
	资本品	2	2	2	2	2
	原材料	—	—	—	5	—
	其他金融	3	4	4	4	4
	交通运输	5	5	5	—	—
	公用事业	—	—	—	—	5
	房地产	1	1	1	1	1

资料来源：中国证券投资基金业协会，由中国私募基金年鉴编委会整理。

第三章　创业投资基金

第一节　创业投资基金基本情况

一、基金数量和规模变化情况

2014~2023 年创业投资基金的数量与规模持续高速扩张。创业投资基金自 2014 年中基协管理人登记办法实施以来，持续保持着高速增长。如图 3-1 所示，2023 年末创业投资基金存续数量达到 23389 只，同比增长 20.85%，存续规模达到 32414.6 亿元，同比增长 11.69%。2023 年创业投资基金存续数量与规模分别是 2014 年的 32.58 倍与 30.58 倍。在经历 10 年的高速发展后，创业投资基金数量与规模仍能保持两位数的增长率，这显示出行业强劲的发展动力。值得关注的是，近年来随着国务院等有关部门对创业投资基金的越发重视以及行业相关扶持政策效果的逐步显现，更多的股权类基金在备案时选择成为创业投资基金，这也是近年来创业投资基金在数量与规模上快速增长的原因之一。

从年度变动角度来看，如图 3-2 和图 3-3 所示，与私募股权投资基金类似，在经历了 2014~2018 年的行业快速发展后，创业投资基金在 2019 年同样受到中美贸易摩擦与去杠杆大潮的持续性影响，基金数量与规模的增速放缓。但不同于私募股权投资基金的是，创业投资基金在经历短暂的调整后快速重回高增长通道。2020~2023 年创业投资基金年均增长数量为 3852 只，年均增长规模为 5081.59 亿元，远高于 2019 年之前增长速度。

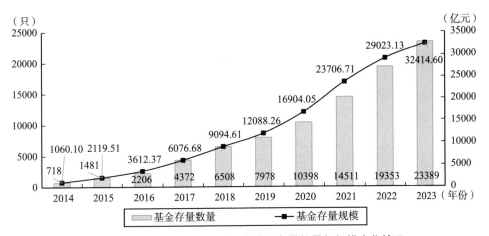

图 3 - 1　2014 ~ 2023 年创业投资基金存量数量与规模变化情况

资料来源：中国证券投资基金业协会，由中国私募基金年鉴编委会整理。

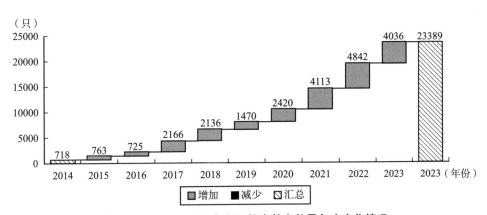

图 3 - 2　2014 ~ 2023 年创业投资基金数量年度变化情况

资料来源：中国证券投资基金业协会，由中国私募基金年鉴编委会整理。

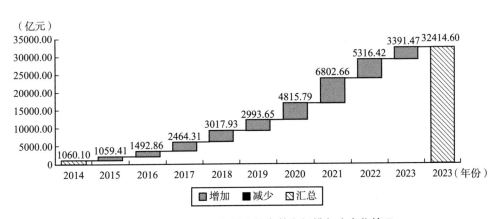

图 3 - 3　2014 ~ 2023 年创业投资基金规模年度变化情况

资料来源：中国证券投资基金业协会，由中国私募基金年鉴编委会整理。

二、基金规模分布情况

从单只基金规模角度来看，创业投资基金呈现橄榄型结构分布。如表 3 - 1 和图 3 - 4 所示，2019 ~ 2023 年，创业投资基金数量呈现出与私募股权投资基金类似的"中间大、两头小"的橄榄型结构。近八成创业投资基金集中在 0.1 亿 ~ 5 亿元规模区间，其中又以 2000 万 ~ 5000 万元区间更为密集，这与私募股权投资基金的规模分布具有相似性。同时，创业投资基金中大规模基金的数量相对较少，与私募股权投资基金相比，5 亿元规模以上的创业投资基金数量仅占总数的 5% 左右，明显低于私募股权投资基金 12% 左右的占比。

表 3 - 1 　　　　　2019 ~ 2023 年不同规模创业投资基金数量占比情况　　　　单位：%

年份	0.1 亿元以下	0.1 亿 ~ 1 亿元	1 亿 ~ 5 亿元	5 亿元以上	合计
2019	19.59	52.31	22.65	5.45	100.00
2020	16.70	53.67	23.77	5.87	100.00
2021	15.13	56.75	22.12	6.00	100.00
2022	15.94	58.59	20.04	5.43	100.00
2023	14.46	61.49	18.99	5.06	100.00

资料来源：中国证券投资基金业协会，由中国私募基金年鉴编委会整理。

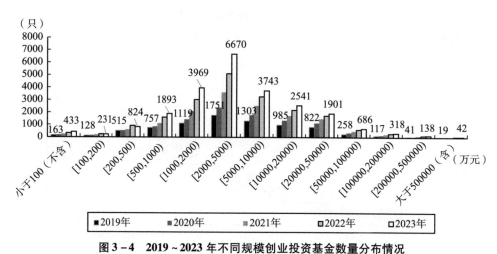

图 3 - 4　2019 ~ 2023 年不同规模创业投资基金数量分布情况

资料来源：中国证券投资基金业协会，由中国私募基金年鉴编委会整理。

三、基金组织形式分布情况

与私募股权投资基金类似，合伙型同样是创业投资基金的主流组织形式。如表3-2和图3-5所示，2019~2023年，合伙型创业投资基金规模与数量占比稳步提升，契约型、公司型与其他组织形式的创业投资基金规模占比则持续下降。截至2023年末，合伙型创业投资基金规模占比已达92.75%，与2019年相比提升9.63个百分点。值得注意的是，与私募股权投资基金不同，公司型创业投资基金的规模占比呈现持续下降趋势。

表3-2   2019~2023年不同组织形式的创业投资基金数量与规模占比情况   单位：%

年份	数量占比					规模占比				
	契约型	公司型	合伙型	其他	合计	契约型	公司型	合伙型	其他	合计
2019	6.47	6.87	86.34	0.33	100.00	3.99	12.13	83.12	0.76	100.00
2020	4.64	5.38	89.76	0.23	100.00	2.91	9.77	86.89	0.43	100.00
2021	3.07	3.76	93.03	0.15	100.00	1.93	7.40	90.38	0.29	100.00
2022	2.13	2.74	95.02	0.11	100.00	1.49	6.44	91.88	0.19	100.00
2023	1.50	2.14	96.27	0.09	100.00	1.30	5.87	92.75	0.08	100.00

资料来源：中国证券投资基金业协会，由中国私募基金年鉴编委会整理。

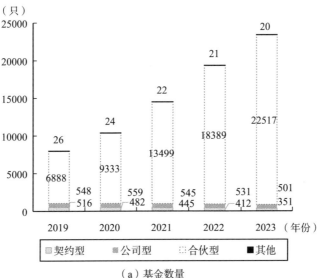

（a）基金数量

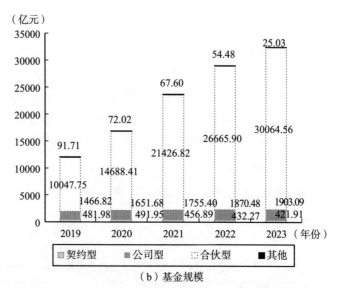

（b）基金规模

图3-5 2019～2023年不同组织形式的创业投资基金数量与规模分布情况

资料来源：中国证券投资基金业协会，由中国私募基金年鉴编委会整理。

四、基金托管情况

2019～2022年，创业投资基金托管率稳步提升。如图3-6所示，2019～2022年，创业投资基金的托管率由60.04%上升至62.25%，托管规模占比由73.77%上升至82.43%。与私募股权投资基金类似，虽然整体托管率受早期成立创业投资基金托管率不高的影响而相对较低，但随着相关部门对托管重视程度的日益提高，以及投资者对私募基金规范化管理和运作的重视，2022年新备案的创业投资基金托管率已达较高水平。

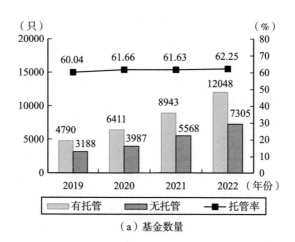

（a）基金数量

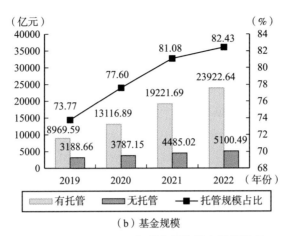

（b）基金规模

图 3－6　2019～2023 年创业投资基金托管情况

　　注：该公开数据统计时间截至 2022 年底。2023 年私募股权投资基金与创业投资基金数量总计 54644 只，基金规模总计 143114.25 亿元，其中进行托管的基金产品数量为 40026 只，资产规模为 130078.57 亿元，分别占到总量的 73.25% 与 90.89%。

　　资料来源：中国证券投资基金业协会，由中国私募基金年鉴编委会整理。

　　2019～2022 年，有托管的创业投资基金的平均规模正在增大。如图 3－6 所示，截至 2022 年，创业投资基金平均规模为 1.5 亿元，其中有托管的创业投资基金平均规模为 1.99 亿元，无托管的创业投资基金平均规模为 0.7 亿元。与 2019 年相比，在创业投资基金平均规模减小 0.02 亿元的背景下，有托管的创业投资基金平均规模增加 0.11 亿元，而无托管创业投资基金平均规模减小 0.3 亿元。

五、基金外包情况

　　采用外包服务的创业投资基金数量与规模持续增长。如图 3－7 所示，截至 2023 年末，创业投资基金中采用外包服务的基金数量达 2973 只，基金规模达 2013.52 亿元，分别实现 13.52% 和 11.46% 的同比增长。得益于创业投资基金数量与规模的快速增长，2019～2023 年，采用外包服务的创业投资基金数量与规模持续稳定增长。

　　采用外包服务的创业投资基金数量与规模占比出现下降。与私募股权投资基金相似，创业投资基金对外包服务的采用意愿开始出现下降。如图 3－7 所示，创业投资基金中采用外包服务的基金数量与规模占比分别自 2022 年与 2023 年开始出现下降趋势。

　　份额登记服务与估值核算服务是创业投资基金常采用的外包服务形式。如图 3－8 所示，有采用外包服务意愿的创业投资基金中 90% 左右都会采用份额登记服务和估值核算服务。

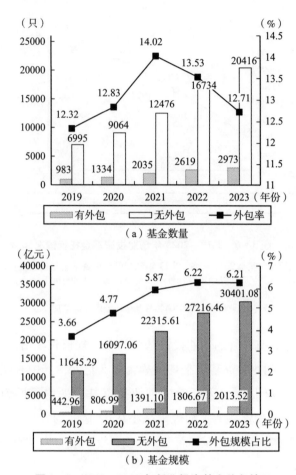

图 3 - 7   2019 ~ 2023 年创业投资基金外包情况

资料来源：中国证券投资基金业协会，由中国私募基金年鉴编委会整理。

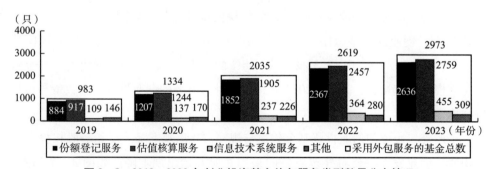

图 3 - 8   2019 ~ 2023 年创业投资基金外包服务类型数量分布情况

资料来源：中国证券投资基金业协会，由中国私募基金年鉴编委会整理。

六、创业投资类 FOF 情况

创业投资类 FOF 在创业投资基金中的数量与规模占比出现下降。如图 3 - 9

所示，从绝对值角度来看，2020～2023 年，创业投资类 FOF 数量由 833 只提升至 2064 只，规模由 2390.59 亿元提升至 4257.79 亿元，年均复合增长率分别达35.32% 与 21.21%。从数量占比角度来看，与 2022 年相比，创业投资类 FOF 的数量占比由 9.11% 下降至 8.82%，规模占比由 13.23% 下降至 13.14%。

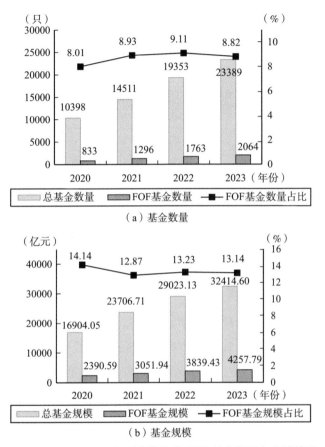

图 3－9　2020～2023 年创业投资类 FOF 基金数量与规模情况

资料来源：中国证券投资基金业协会，由中国私募基金年鉴编委会整理。

从基金种类来看，创业类 FOF 中母基金的数量与规模占比止跌回升。如表 3－3 所示，2022～2023 年，创业类 FOF 中母基金的数量和规模分别从 899 只和 3113.5 亿元提升至 1070 只和 3460.58 亿元，占创业投资类 FOF 的比例分别从50.99% 和 81.09% 增长至 51.84% 和 81.28%。这意味着，与 2020 年至 2022 年间不同，2023 年创业类 FOF 中母基金在数量和规模上的增长速度均高于投向单一资管计划基金。同时从平均规模来看，2023 年母基金的平均规模为 3.23 亿元，而投向单一资管计划基金的平均规模仅为 0.80 亿元，两者较 2022 年均有所下降，且投向单一资管计划基金的平均规模远小于母基金。

表3－3　　2020～2023年不同种类的创业类FOF基金数量与基金规模情况

年份	基金数量（只）			基金数量占比（％）		
	母基金	投向单一资管计划基金	合计	母基金	投向单一资管计划基金	合计
2020	496	336	832	59.54	40.34	99.88
2021	702	594	1296	54.17	45.83	100.00
2022	899	864	1763	50.99	49.01	100.00
2023	1070	994	2064	51.84	48.16	100.00

年份	基金规模（亿元）			基金规模占比（％）		
	母基金	投向单一资管计划基金	合计	母基金	投向单一资管计划基金	合计
2020	2072.99	307.55	2380.54	86.71	12.86	99.57
2021	2523.37	528.57	3051.94	82.68	17.32	100.00
2022	3113.50	725.92	3839.42	81.09	18.91	100.00
2023	3460.58	797.21	4257.79	81.28	18.72	100.00

注：2020年有1只创投FOF分类未明确。
资料来源：中国证券投资基金业协会，由中国私募基金年鉴编委会整理。

七、政府引导基金情况

归属于创业投资基金的政府引导基金数量及规模持续增长。如图3－10所示，2020～2023年，勾选了政府引导基金标签的创业投资基金数量从572只增长至632只，规模从2129.64亿元增长至2337.86亿元，但其在创业投资基金市场中的占比分别由5.50％与12.60％下降至2.70％与7.21％。这意味着，归属于政府引导基金的创业投资基金在数量与规模上的增速慢于其他类型的创业投资基金。

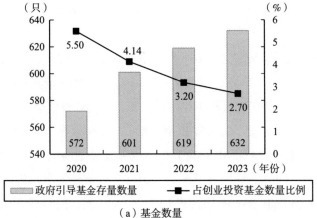

（a）基金数量

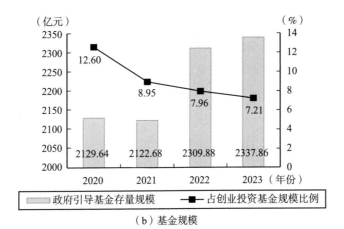

（b）基金规模

图 3-10 2020~2023 年勾选政府引导基金标签的创业投资基金数量与规模分布情况

资料来源：中国证券投资基金业协会，由中国私募基金年鉴编委会整理。

第二节 创业投资基金募集出资情况

2023 年创业投资基金新备案数量出现自 2019 年以来的首次萎缩。随着在市场准入、登记备案、资金募集等领域一系列制度安排的相继提出，私募基金的备案难度不断提高，2023 年创业投资基金新增备案数量首次出现减少。如图 3-11 所示，2023 年创业投资基金的新备案数量为 4834 只，较 2022 年的 5395 只减少 10.40%。

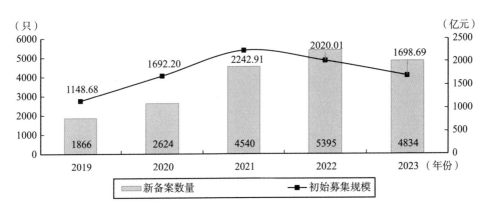

图 3-11 2019~2023 年新备案创业投资基金的投资人出资情况

注：备案规模指当期备案通过产品（含当期备案当期清盘的产品）初始备案时的募集规模（非契约型产品取实缴规模）。

资料来源：中国证券投资基金业协会，由中国私募基金年鉴编委会整理。

创业投资基金初始募集规模呈现下降态势。如图 3-11 所示，2022 年创业投资基金初始募集总额为 2020.01 亿元，较 2021 年同比下降 9.94%。2023 年创业投资基金初始募集总额减少至 1698.69 亿元，较 2022 年同比下降 15.91%。外部经济环境持续承压、优质赛道越发稀缺、投资人出资相对谨慎，都是导致创业投资基金募资总额减少的可能原因。

一、基金募集账户监督机构情况

商业银行是创业投资基金最主要的募集账户监督机构。创业投资基金的募集账户监督机构分布情况与私募股权投资基金类似。如表 3-4 所示，2020～2023年，超九成创业投资基金都选择取得基金销售业务资格的商业银行作为募集账户监督机构，选择证券公司作为募集监督机构的基金规模仅在 5.3%～6.4% 之间，选择中国证券登记结算以及满足中基协规定的其他机构作为募集监督机构的基金规模占比不足 0.2%。从单只基金平均规模来看，2023 年募集账户监督机构为商业银行的创业投资基金平均规模在 1.37 亿元，而募集账户监督机构为证券公司的平均规模仅为 0.66 亿元（见图 3-12）。

表 3-4　　　2020～2023 年选择不同类型募集账户监督机构的创业投资
基金数量与规模分布情况

年份	基金数量（只）					基金数量占比（%）				
	中国证券登记结算	商业银行	证券公司	其他	合计	中国证券登记结算	商业银行	证券公司	其他	合计
2020	22	7109	1116	9	8256	0.27	86.11	13.52	0.11	100.00
2021	23	10575	1830	10	12438	0.18	85.02	14.71	0.08	100.00
2022	22	15124	2228	10	17384	0.13	87.00	12.82	0.06	100.00
2023	21	19123	2405	9	21558	0.10	88.70	11.16	0.04	100.00

年份	基金规模（亿元）					基金规模占比（%）				
	中国证券登记结算	商业银行	证券公司	其他	合计	中国证券登记结算	商业银行	证券公司	其他	合计
2020	19.21	10914.56	611.87	8.46	11554.10	0.17	94.46	5.30	0.07	100.00
2021	19.34	16859.19	1156.08	21.17	18055.78	0.11	93.37	6.40	0.12	100.00
2022	17.55	22461.46	1421.94	22.16	23923.11	0.07	93.89	5.94	0.09	100.00
2023	30.32	26267.17	1580.18	19.23	27896.90	0.11	94.16	5.66	0.07	100.00

注：单只基金可同时选择多家募集账户监督机构。2016 年 7 月 15 日之前成立的部分私募基金可能存在因选择"不适用"监督机构而未登记募集账户监督机构信息的情况。
资料来源：中国证券投资基金业协会，由中国私募基金年鉴编委会整理。

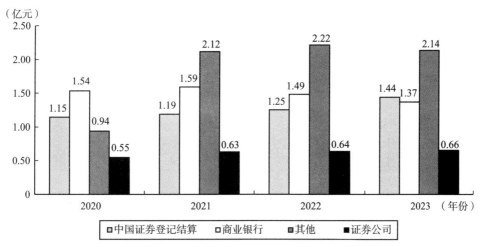

图 3 - 12　2020~2023 年选择不同募集监督机构的创业投资基金平均规模变化情况

资料来源：中国证券投资基金业协会，由中国私募基金年鉴编委会整理。

二、基金投资者数量分布情况

九成左右的创业投资基金的投资者数量在 20 个以下。如表 3 - 5、图 3 - 13 和图 3 - 14 所示，截至 2023 年末，投资者数量在 20（含）个以下的创业投资基金数量为 21439 只，占创业投资基金总数的 91.66%，基金规模为 26805.32 亿元，占基金总规模的 82.69%。仅有不到一成创业投资基金的投资者数量超过 20 个。

表 3 - 5　2019~2023 年不同投资者数量的创业投资基金数量与规模占比情况　　单位：%

年份	数量占比							规模占比						
	0	1	(1, 5]	(5, 20]	(20, 50]	(50, 200]	合计	0	1	(1, 5]	(5, 20]	(20, 50]	(50, 200]	合计
2019	0.24	2.16	49.84	40.31	7.13	0.33	100.00	0.10	6.89	36.23	40.53	15.90	0.35	100.00
2020	0.15	1.65	48.16	41.69	8.08	0.26	100.00	0.07	5.23	34.94	42.83	16.69	0.25	100.00
2021	0.09	1.10	45.98	43.84	8.83	0.16	100.00	0.05	3.90	33.18	43.87	18.87	0.13	100.00
2022	0.03	0.78	45.16	45.41	8.50	0.12	100.00	0.01	3.47	34.52	43.65	18.26	0.09	100.00
2023	—	0.60	44.65	46.41	8.24	0.09	100.00	—	3.07	35.82	43.80	17.22	0.08	100.00

注：部分未进行信息补录或及时清算的创业投资基金投资者数量显示为"0"。

资料来源：中国证券投资基金业协会，由中国私募基金年鉴编委会整理。

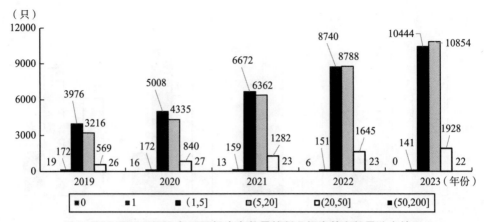

图 3 – 13　2019 ~ 2023 年不同投资者数量的创业投资基金数量分布情况

资料来源：中国证券投资基金业协会，由中国私募基金年鉴编委会整理。

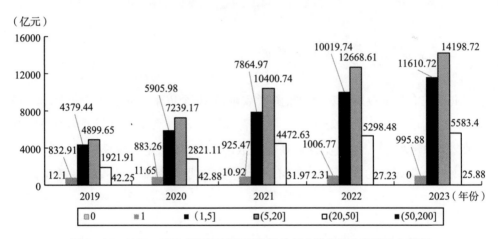

图 3 – 14　2019 ~ 2023 年不同投资者数量的创业投资基金规模分布情况

资料来源：中国证券投资基金业协会，由中国私募基金年鉴编委会整理。

三、基金投资者出资情况

企业投资是创业投资基金的主要资金来源。如表 3 – 6 和图 3 – 15 所示，创业投资基金中企业投资者的出资规模由 2019 年的 5428.22 亿元稳步提升至 2023 年的 13469.79 亿元。截至 2023 年末，企业投资出资金额占创业投资基金出资规模的 48.65%。

居民投资在创业投资基金中的出资占比不断提升。如图 3 – 15 所示，2019 ~ 2023 年，居民投资者出资规模占比由 16.44% 稳步提升至 21.46%。这表明在创业投资基金存量规模不断扩大、各类型投资者出资规模普遍增加的背景下，居民投资者出资规模的增速高于其他类型投资者。

表 3-6　　　　　　**2019～2023 年创业投资基金投资者出资比例明细**　　　　单位：亿元

年份	企业	资管计划	居民	其他				合计
				养老金及社保基金	境外资金	社会资金	财政资金	
2019	5428.22	2698.60	1801.10	43.89	55.65	8.96	921.35	10957.77
2020	7383.97	3730.85	2614.45	57.11	87.41	12.28	1111.66	14997.73
2021	9641.79	5480.13	3837.91	39.40	93.15	13.95	528.61	19634.94
2022	11639.26	6568.00	5035.02	42.96	104.75	20.10	567.12	23977.21
2023	13469.79	7463.46	5941.09	47.48	122.60	21.17	622.84	27688.43

资料来源：中国证券投资基金业协会，由中国私募基金年鉴编委会整理。

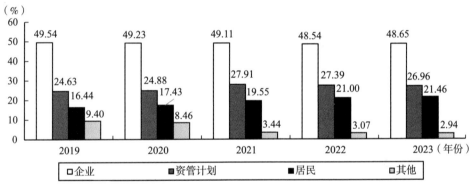

图 3-15　**2019～2023 年创业投资基金各类投资人存量出资占比情况**

资料来源：中国证券投资基金业协会，由中国私募基金年鉴编委会整理。

四、机构投资者出资比例分布情况

机构投资者出资比例较低的创业投资基金规模正在快速增长。伴随着创业投资基金的快速发展，各机构出资比例区间内的创业投资基金规模都实现了较快增长，但不同区间规模的增长幅度存在差异。如表 3-7、图 3-16 所示，2019～2023 年，由机构投资者出资 80% 以上的创业投资基金的规模占比由 77.21% 降至 72.85%，下降 4.36 个百分点。由自然人出资 80% 以上的创业投资基金的规模占比由 8.34% 升至 12.41%，上升 4.04 个百分点。

表 3 – 7   2019~2023 年不同机构出资比例的创业投资基金数量变化情况

年份	基金数量（只）						
	0	(0, 20%]	(20%, 50%]	(50%, 80%]	(80%, 100%)	100%	合计
2019	887	1870	903	748	783	2787	7978
2020	1008	2572	1232	1035	968	3583	10398
2021	1482	3965	1766	1463	1293	4542	14511
2022	1992	5757	2409	1947	1657	5591	19353
2023	2409	7189	2952	2320	1987	6532	23389

年份	基金数量占比（%）						
	0	(0, 20%]	(20%, 50%]	(50%, 80%]	(80%, 100%)	100%	合计
2019	11.12	23.44	11.32	9.38	9.81	34.93	100.00
2020	9.69	24.74	11.85	9.95	9.31	34.46	100.00
2021	10.21	27.32	12.17	10.08	8.91	31.30	100.00
2022	10.29	29.75	12.45	10.06	8.56	28.89	100.00
2023	10.30	30.74	12.62	9.92	8.50	27.93	100.00

年份	基金规模（亿元）						
	0	(0, 20%]	(20%, 50%]	(50%, 80%]	(80%, 100%)	100%	合计
2019	249.82	758.28	758.97	987.72	2431.93	6901.54	12088.26
2020	345.04	1252.39	1148.75	1457.82	3077.03	9623.03	16904.06
2021	517.95	2055.69	1500.18	2208.04	4437.5	12987.36	23706.72
2022	653.65	2738.28	1784.22	2554.5	5060.18	16232.3	29023.13
2023	787.18	3234.51	1985.01	2793.97	5433.15	18180.77	32414.59

年份	基金规模占比（%）						
	0	(0, 20%]	(20%, 50%]	(50%, 80%]	(80%, 100%)	100%	合计
2019	2.07	6.27	6.28	8.17	20.12	57.09	100.00
2020	2.04	7.41	6.80	8.62	18.20	56.93	100.00
2021	2.18	8.67	6.33	9.31	18.72	54.78	100.00
2022	2.25	9.43	6.15	8.80	17.43	55.93	100.00
2023	2.43	9.98	6.12	8.62	16.76	56.09	100.00

资料来源：中国证券投资基金业协会，由中国私募基金年鉴编委会整理。

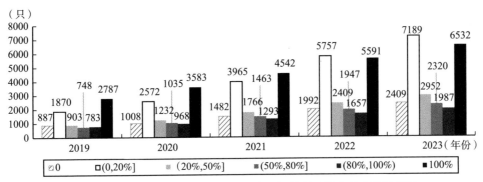

图 3 - 16   2019～2023 年不同机构出资比例的创业投资基金数量情况

资料来源：中国证券投资基金业协会，由中国私募基金年鉴编委会整理。

第三节   创业投资基金投资运作情况

一、基金实际投资方向分布情况

2019～2022 年，创业投资基金投向现金类产品的规模占比下降。如表 3 - 8 和图 3 - 17 所示，2019～2022 年，投向现金类产品的创业投资基金规模虽然由 1788 亿元增长至 2844 亿元，但在创业投资基金规模快速扩张的背景下，其在创业投资基金总规模中的占比却由 14.06% 下降至 9.41%，这与同期私募股权投资基金投向现金类的规模占比在 7.01%～7.24% 之间小幅度波动的情况有着明显差距。

表 3 - 8   　　　　2019～2022 年不同实际投向的创业投资基金规模分布情况　　　　单位：%

年份	现金类资产	境内未上市股权	资管计划投资	其他资产	合计
2019	14.06	48.80	17.30	19.84	100.00
2020	12.75	49.38	18.51	19.36	100.00
2021	10.54	52.66	18.87	17.94	100.00
2022	9.41	56.11	19.08	15.39	100.00

注：1. 中国证券投资基金业协会在《中国证券投资基金业年报（2023）》中，将创业投资基金的实际投向分为收益权类、现金类资产、境内未上市股权、境内股票、资管计划投资、境内债券、境内债权、其他资产以及尚无法分类资产。由于 2019 年至 2022 年相关中基协年报对于创业投资基金实际投向的划分方法存在差异，此处将除现金类资产、境内未上市股权和资管计划投资外的其他投向统一归于其他资产。

2. 该公开数据统计时间截至 2022 年底。

资料来源：中国证券投资基金业协会，由中国私募基金年鉴编委会整理。

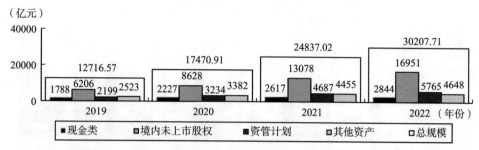

图 3 - 17　2019～2022 年不投实际投向的创业投资基金规模分布

注：该公开数据统计时间截至 2022 年底。
资料来源：中国证券投资基金业协会，由中国私募基金年鉴编委会整理。

2019～2022 年，创业投资基金投向境内未上市、未挂牌公司股权以及资管计划的基金规模持续增长。如表 3 - 8 和图 3 - 17 所示，2019～2022 年，投向境内未上市公司股权的创业投资基金规模由 6206 亿元增长至 16961 亿元，其占比由 48.80% 上升至 56.11%。投向资管计划的创业投资基金规模由 2199 亿元增长至 5765 亿元，其占比由 17.30% 增长至 19.08%。

二、基金投资案例情况

（一）基金投资案例特征情况

2019～2022 年，中小企业依然是创业投资基金的主要投资方向。如表 3 - 9、图 3 - 18 和图 3 - 19 所示，2019～2022 年，创业投资基金所投案例中超 70% 案例属于中小企业，且投向中小企业的案例规模占总案例规模的 50% 左右，创业投资基金"投早投小"的特征明显。

表 3 - 9　　　2019～2022 年创业投资基金对不同类型企业的投资次数
与规模占比情况

单位：%

年份	中小企业		高新技术企业		初创科技型企业	
	数量占比	规模占比	数量占比	规模占比	数量占比	规模占比
2019	77.59	52.77	37.95	40.87	20.22	11.60
2020	74.89	50.13	42.16	45.09	22.22	13.28
2021	72.45	49.67	44.81	48.07	25.80	15.98
2022	72.19	50.79	47.55	50.80	27.61	17.65

注：该公开数据统计时间截至 2022 年底。
资料来源：中国证券投资基金业协会，由中国私募基金年鉴编委会整理。

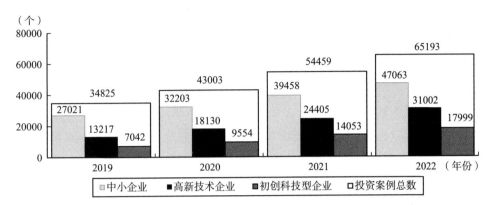

图 3 – 18　2019 ~ 2022 年创业投资基金对不同类型企业的投资次数情况

注：该公开数据统计时间截至 2022 年底。
资料来源：中国证券投资基金业协会，由中国私募基金年鉴编委会整理。

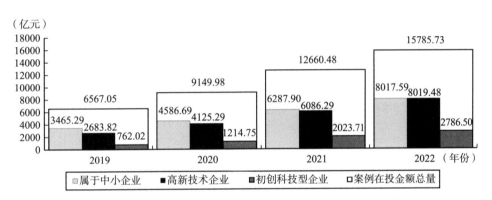

图 3 – 19　2019 ~ 2022 年创业投资基金对不同类型企业的投资规模情况

注：该公开数据统计时间截至 2022 年底。
资料来源：中国证券投资基金业协会，由中国私募基金年鉴编委会整理。

　　2019 ~ 2022 年，创业投资基金投向中小企业与初创科技型企业的案例数量与规模占比明显高于私募股权投资基金。如图 3 – 18 和图 3 – 19 所示，2022 年创业投资基金所投案例中属于中小型企业的案例数量为 47063 个，案例规模为 8017.59 亿元，占案例总数的 72.19%，占案例总规模的 50.79%，同期私募股权投资基金投向中小型企业的案例数量为 30309 个，案例规模为 17881.7 亿元，占案例总数的 56.19%，占案例总规模的 25.57%。2022 年创业投资基金所投案例中属于初创科技型企业的案例数量为 17999 个，案例规模为 2786.5 亿元，占案例总数的 27.61%，占案例总规模的 17.65%，同期私募股权投资基金投向初创科技型企业的案例数量为 9389 个，案例规模为 2656.81 亿元，占案例总数的 14.02%，占案例总规模的 3.80%。显然，与私募股权投资基金相比，创业投资基金对中小企业与初创型科技企业的投资热情更高。

2019～2022年，创业投资基金"投科技"趋势更为明显。创业投资基金针对高新技术与初创科技型企业的投资案例数量占比持续增长，且增速高于私募股权投资基金。如图3-18和图3-19所示，与2019年相比，2022年创业投资基金投向高新技术企业和初创科技企业的案例数量分别增长134.56%与155.60%，案例规模分别增长198.81%与265.67%，同期私募股权投资基金案例数量分别增长65.57%与127.94%，案例规模分别增长68.73%与186.79%。创业投资基金对科技型企业的支持力度正在不断加大。

（二）基金投资案例地域分布情况

创业投资基金资金流向在空间上明显集中，区域集群效应显著。如图3-20和图3-21所示，创业投资基金75%以上的案例、70%以上的在投资金集中在北京、上海、广东、江苏、浙江五大地区，五大地区投资案例数是境内其他地区总数的三倍，被投资金也超过境内其他地区之和的两倍。与私募股权投资基金相比，创业投资基金在空间上的分布更不均匀，东部沿海经济发达地区与我国其他区域之间在投案例数量与规模上的差距更为悬殊。

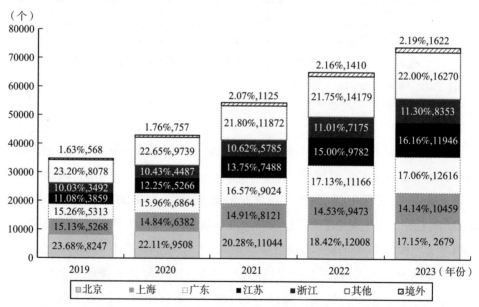

图3-20　2019～2023年创业投资基金对不同区域的投资案例数量分布情况

资料来源：中国证券投资基金业协会，由中国私募基金年鉴编委会整理。

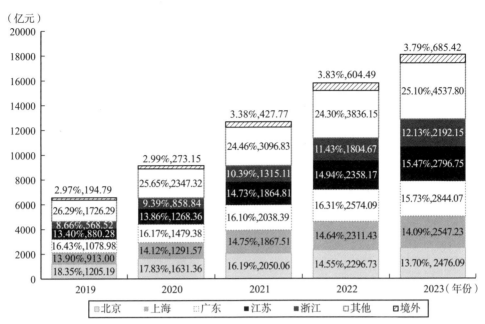

图 3 - 21　2019～2023 年创业投资基金对不同区域的投资案例规模分布情况

资料来源：中国证券投资基金业协会，由中国私募基金年鉴编委会整理。

创业投资基金境外投资数量与规模稳步提升。如图 3 - 20 和图 3 - 21 所示，2019～2022 年，境外投资案例的数量由 568 个增长至 1622 个，数量占比由 1.63% 提升至 2.19%，境外投资案例的规模也由 194.79 亿元提升至 685.42 亿元，规模占比由 2.97% 提升至 3.79%。

（三）基金投资案例行业分布情况

从投资案例数量的行业分布来看，2019～2023 年，计算机运用、资本品、医药生物、半导体、医疗器械与服务和计算机及电子设备行业都曾位列创业投资基金投资案例数量前五位。除计算机及电子设备行业外，其余行业皆与同期私募股权投资基金投资案例数量的行业分布情况表现出较高的相似性。

从投资案例在投金额的行业分布来看，2019～2023 年，计算机运用、资本品、医药生物、半导体、医疗器械与服务和原材料行业都曾位列创业投资基金投资规模前五位。与同期私募股权投资基金投向相比，房地产、交通运输、其他金额并未进入创业投资基金投资规模前五大行业名单。

从单个投资案例在投金额的行业分布来看，截至 2023 年末，其他金融、银行、房地产、公用事业和交通运输是创业投资基金平均在投金额最多的五大行业，在投资额分别为 6275.36 万元、5960.09 万元、5935.37 万元、5876.01 万元和 5724.45 万元。

创业投资基金投向资本品、医药生物、半导体和医疗器械与服务行业的案例数量保持两位数的高速增长。如表 3-10 所示，2023 年末，创业投资基金对资本品、医药生物、半导体、医疗器械与服务的投资案例数量同比增速分别达 20.21%、16.68%、37.43%、14.12%。其中，与私募股权投资基金类似，半导体行业同样是投资案例数量最多的前五大行业中增速最为明显的行业，2021 年，半导体行业替代计算机及电子设备行业成为创业投资基金投资案例第五大行业，2022 年，半导体行业又超越医疗器械与服务行业成为基金投资案例数量的第四大行业，2023 年，半导体行业进一步超越医药生物行业成为基金投资案例数量的第三大行业。

表 3-10　　　2019～2023 年创业投资基金投资案例数量前五大行业情况

分类		2019 年	2020 年	2021 年	2022 年	2023 年
案例数量（个）	计算机运用	12846	15009	17462	19165	19974
	资本品	3840	4794	5954	7500	9016
	医药生物	2333	3444	5302	6803	7938
	半导体	—	—	3843	6254	8595
	医疗器械与服务	2471	3171	4254	4985	5689
	计算机及电子设备	1908	2503	—	—	—
	合计	23398	28921	36815	44707	51212
案例数量排名	计算机运用	1	1	1	1	1
	资本品	2	2	2	2	2
	医药生物	4	3	3	3	4
	半导体	—	—	5	4	3
	医疗器械与服务	3	4	4	5	5
	计算机及电子设备	5	5	—	—	—

资料来源：中国证券投资基金业协会，由中国私募基金年鉴编委会整理。

表 3-11　　　2019～2023 年创业投资基金投资案例规模前五大行业情况

分类		2019 年	2020 年	2021 年	2022 年	2023 年
案例规模（亿元）	计算机运用	1633.59	2145.28	2811.13	3187.17	3392.91
	资本品	782.44	1101.05	1428.38	1903.00	2310.37
	医药生物	516.68	826.38	1323.08	1673.39	1901.52

	分类	2019 年	2020 年	2021 年	2022 年	2023 年
案例规模（亿元）	半导体	—	626.14	1295.52	2133.13	2751.38
	医疗器械与服务	467.34	678.99	957.57	1068.66	—
	原材料	382.58	—	—	—	1269.73
	合计	3782.63	5377.84	7815.68	9965.35	11625.91
案例规模排名	计算机运用	1	1	1	1	1
	资本品	2	2	2	3	3
	医药生物	3	3	3	4	4
	半导体	—	5	4	2	2
	医疗器械与服务	4	4	5	5	—
	原材料	5	—	—	—	5

资料来源：中国证券投资基金业协会，由中国私募基金年鉴编委会整理。

第四节　创业投资基金投资案例退出情况

一、存续基金投资案例退出方式分布情况

从退出次数来看，协议转让、企业回购、被投企业分红和新三板挂牌是创业投资基金最主要的四种退出方式，其各自退出次数占比均超过10%。2019~2023年，以上述四种方式退出的次数合计占所有退出次数的比例历年分别为78.13%、81.87%、75.91%、79.68%、79.86%。

从退出本金方式来看，协议转让、企业回购和境内IPO是创业投资基金最主要的三种退出方式。2019~2023年，以上述三种方式退出的本金合计占所有退出本金的比例分别为77.45%、62.52%、70.16%、81.78%、82.68%。

二、存续基金投资案例退出地域分布情况

近七成的存续创业投资基金退出本金规模集中在五大核心区域。如图3-22所示，2023年创业投资基金退出案例中68.42%的退出本金来自北京、上海、广东、江苏、浙江五大核心区域，这一比例略低于同期私募股权投资基金在该五大

区域71.12%的在投资金规模占比。

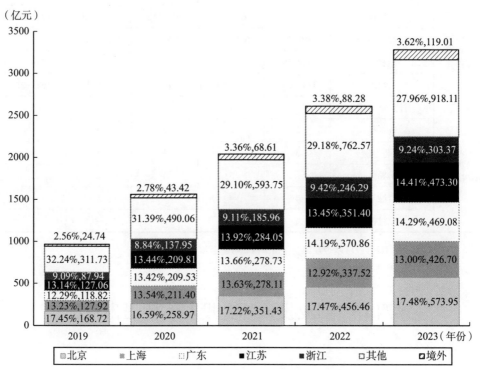

图3-22 2019~2023年存续创业投资基金各地域投资案例退出本金累计规模

资料来源：中国证券投资基金业协会，由中国私募基金年鉴编委会整理。

三、存续基金投资案例退出行业分布情况

从退出案例数量的行业分布来看，2019~2023年，计算机运用、资本品、医药生物、医疗器械与服务、计算机及电子设备和原材料都曾位列创业投资基金退出案例数量前五大行业（见表3-12），这与同期私募股权投资基金的情况完全一致。

表3-12 2019~2023年创业投资基金退出案例数量前五大行业情况

分类		2019年	2020年	2021年	2022年	2023年
案例数量（个）	计算机运用	2321	3440	4799	5815	6899
	资本品	1062	1468	1924	2401	2933
	医药生物	495	778	1091	1374	1678
	医疗器械与服务	—	618	878	1120	1416

续表

分类		2019 年	2020 年	2021 年	2022 年	2023 年
案例数量（个）	计算机及电子设备	393	—	—	—	—
	原材料	558	797	1008	1276	1513
	合计	4829	7101	9700	11986	14439
案例数量排名	计算机运用	1	1	1	1	1
	资本品	2	2	2	2	2
	医药生物	4	4	3	3	3
	医疗器械与服务	—	5	5	5	5
	计算机及电子设备	5	—	—	—	—
	原材料	3	3	4	4	4

资料来源：中国证券投资基金业协会，由中国私募基金年鉴编委会整理。

从退出本金的行业分布来看，计算机运用、资本品、医药生物、医疗器械与服务和原材料是 2019～2023 年创业投资基金退出本金最多的五大行业（见表 3-13）。

表 3-13 2019～2023 年创业投资基金退出案例本金规模前五大行业情况

分类		2019 年	2020 年	2021 年	2022 年	2023 年
退出规模（亿元）	计算机运用	187.64	298.20	440.55	545.91	677.77
	资本品	145.77	214.20	289.97	364.29	441.40
	医药生物	74.31	148.46	185.94	230.78	292.17
	医疗器械与服务	62.41	112.48	134.48	175.94	243.88
	原材料	79.49	127.27	150.09	202.13	242.28
	合计	549.62	900.61	1201.03	1519.05	1897.50
退出规模排名	计算机运用	1	1	1	1	1
	资本品	2	2	2	2	2
	医药生物	4	3	3	3	3
	医疗器械与服务	5	5	5	5	4
	原材料	3	4	4	4	5

资料来源：中国证券投资基金业协会，由中国私募基金年鉴编委会整理。

第四章 私募证券投资基金

第一节 私募证券投资基金基本情况

自 2014 年私募基金被纳入统一监管以来，我国私募证券投资基金在行业规模与制度条件上取得了丰硕的发展成果。如图 4 - 1 所示，截至 2023 年末，私募证券投资基金数量达到 97215 只，存续规模达到 55136.54 亿元，分别是 2014 年末私募证券投资基金数量的 25.81 倍，存续规模的 11.88 倍。十年间私募证券投资基金经受住了市场的考验，取得了长足的发展。

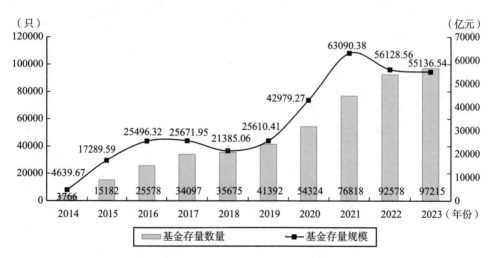

图 4 - 1 2014～2023 年私募证券投资基金数量与规模情况

资料来源：中国证券投资基金业协会，由中国私募基金年鉴编委会整理。

2014～2016 年，私募证券投资基金出现数量与规模同步扩张。2013 年 6 月经修订的《证券投资基金法》实施后，中国证监会正式对私募基金实施监管，

2014 年中基协私募备案制出台，行业开始在中基协的自律管理下有序发展，私募证券投资基金开启全面阳光化。这一阶段私募证券投资基金的专业性出现明显提升，发展路径逐渐清晰，行业规模迅猛发展，社会形象迎来大幅改善。如图 4 - 1 所示，2014 ～ 2016 年，私募证券投资基金数量由 3766 只提升至 25578 只，基金规模由 4639.67 亿元提升至 25496.32 亿元，年均复合增长率分别达到 160.61% 与 134.42%。伴随着各路资金的大量涌入，金融杠杆催生出大量财富泡沫，百亿私募名单频繁更迭。为促进行业稳定健康发展，2016 年证监会和中基协出台多项规范私募基金行业的法律法规和自律规则，加强了对私募基金的备案登记、信息披露、风险揭示等方面的监管要求。

2017 ～ 2018 年，私募证券投资基金规模呈现下降趋势。这一阶段资本市场特别是股市逐渐走弱，私募证券投资基金管理人出现明显分化，大量管理人缺乏面对投资周期后半段的有效方案，市场规模开始减少。与此同时，证监会与中基协先后出台《证券期货投资者适当性管理办法》《私募投资基金管理暂行条例（征求意见稿）》等严监管措施，伴随着行业规模回调，私募证券投资基金的制度条件也得到进一步完善。如图 4 - 1 所示，2017 ～ 2018 年，私募证券投资基金数量同比增速大幅收窄，基金规模出现负增长。私募证券投资基金存量数量同比增速由 2016 年的 68.48% 下降至 2017 年 33.31%，而后进一步下降至 2018 年的 4.63%，存量规模同比增速由 2016 年的 47.47% 下降至 2017 年 0.69%，而后进一步下降至 2018 年的 - 16.70%。截至 2018 年末，私募证券投资基金数量达 35675 只，存量规模达 21385.06 亿元。

2019 ～ 2021 年，私募证券投资基金迎来新一轮高速扩张。受益于业绩上涨和居民资产再配置向权益类资产倾斜的共同作用，私募证券投资基金行业的整体规模开始回升，千亿级在管规模私募证券投资基金管理人首次出现。如图 4 - 1 所示，截至 2021 年末，私募证券投资基金数量达 76818 只，存量规模达 63090.38 亿元，较 2018 年末分别上升 41143 只和 41705.32 亿元，年均复合增长率达到 29.13% 与 43.42%。值得注意的是，2019 年私募基金首次被纳入由国家发改委、商务部印发的《市场准入负面清单（2019 年版）》，这一举措明确了政府对私募基金行业市场准入管理的边界，公开了行业准入标准，破除了隐形壁垒，鼓励支持了优质私募基金管理人的充分发展。

2022 ～ 2023 年，私募证券投资基金进入新一轮调整阶段。2022 年，一方面，全球经济受俄乌冲突与美联储加息等事件的影响，下行压力加大；另一方面，国内市场在疫情修复与地产泡沫破裂等因素的综合影响下需求出现衰减。私募证券投资基金的稳定运营面临巨大挑战。如图 4 - 1 所示，2022 年私募证券投资基金规模为

56128.56亿元，较2021年同比下降11.03%。2023年，在行业"扶优限劣、进退有序"的背景下，伴随着《私募投资基金监督管理条例》《私募投资基金监督管理办法（征求意见稿）》《证券期货经营机构私募资产管理业务管理办法》《私募投资基金登记备案办法》等一系列法律法规的相继发布，行业整体合规意识得到进一步提升。私募基金开始从高速发展转向高质量发展，私募证券投资基金的准入门槛明显提升，新备案基金数量放缓，行业存量规模下降，如图4-1所示，2023年私募证券投资基金存量规模达55136.54亿元，与2022年相比同比下降1.77%。

一、自主发行类私募证券投资基金基本情况分析

（一）私募证券投资基金数量及规模趋势变化

自主发行类产品在私募证券投资基金中的占比逐年提高。如图4-2和图4-3所示，私募证券投资基金中自主发行类产品数量的占比由2019年的93.43%稳步增长至2023年的95.87%，产品规模的占比由80.38%稳步增长至90.86%。这也就意味着，私募证券投资基金行业数量与规模的增长绝大部分是由自主发行类基金贡献的。

2022~2023年，自主发行类产品规模出现负增长。如图4-2和图4-3所示，2020~2021年，自主发行类私募证券投资基金发展动力强劲，基金产品存量数量与规模呈现加速上升态势。时至2022年，自主发行类私募证券投资基金的加速发展趋势被打断，基金存量数量增速收窄，年度增加值由21701只下跌至15657只，同比下降27.85%，基金存量规模下降，年度增加值由19031.76亿元转为-5676.16亿元，增速由正转负。

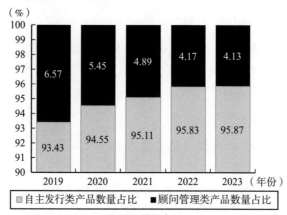

（a）基金数量占比

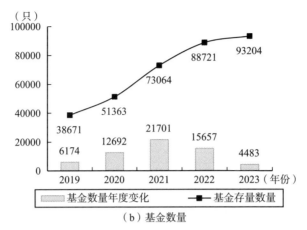

（b）基金数量

图 4 – 2 2019～2023 年私募证券投资基金数量及其占比变化情况

资料来源：中国证券投资基金业协会，由中国私募基金年鉴编委会整理。

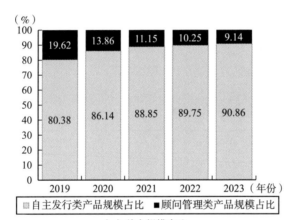

（a）基金规模占比

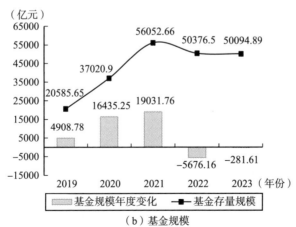

（b）基金规模

图 4 – 3 2019～2023 年私募证券投资基金规模及其占比变化情况

资料来源：中国证券投资基金业协会，由中国私募基金年鉴编委会整理。

自主发行类私募证券投资基金呈现出基金数量多，平均规模小的特点。如图4-2和图4-3所示，截至2023年末，自主发行类私募证券投资基金数量达93204只，基金规模达50094.89亿元，平均规模5374.76万元，同期私募股权投资基金数量仅为31255只，基金规模110699.65亿元，平均规模3.54亿元，同期创业投资基金数量仅为23389只，基金规模为32414.6亿元，平均规模1.39亿元。在2019~2021年的市场规模加速扩张阶段，自主发行类私募证券投资基金的平均规模由5323.28万元稳步提升至7671.72亿元，在2022~2023年的市场调整阶段，平均规模减小至5678.08万元而后进一步减少至5374.76万元。

（二）私募证券投资基金按规模分布情况

从单只基金规模角度，私募证券投资基金呈现金字塔结构分布。与私募股权、创业投资基金主要集中在中型规模区间不同，私募证券投资基金呈现出"小型基金数量占比高，大型基金数量占比低"的显著现象。如表4-1和图4-4所示，2019~2023年，近半数私募证券投资基金位于0.1亿元以下，近九成基金规模位于1亿元以下。

表4-1　　　　2019~2023年不同规模私募证券投资基金数量占比情况　　　单位：%

年份	0.1亿元以下	0.1亿~0.5亿元	0.5亿~1亿元	1亿~5亿元	5亿元以上	合计
2019	51.16	29.71	8.22	9.43	1.48	100.00
2020	47.04	28.97	8.86	13.07	2.06	100.00
2021	45.97	27.15	9.41	15.48	1.99	100.00
2022	50.55	26.98	9.11	12.01	1.35	100.00
2023	46.70	31.19	9.63	11.31	1.17	100.00

资料来源：中国证券投资基金业协会，由中国私募基金年鉴编委会整理。

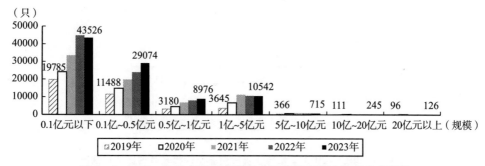

图4-4　2019~2023年不同规模私募证券投资基金数量分布情况

资料来源：中国证券投资基金业协会，由中国私募基金年鉴编委会整理。

少数头部私募证券投资基金占据较高的市场规模比重。如图4-4、表4-2和图4-5所示，1亿元规模以上的私募证券投资基金的数量占比仅为一成左右，但管理规模占比却超七成。截至2023年末，1亿~5亿元规模的私募证券投资基金数量占比为11.31%，管理规模占比为41.63%；5亿~10亿元规模基金的数量占比0.77%，管理规模占比9.75%；10亿~20亿元规模基金的数量占比0.26%，管理规模占比6.61%；20亿元以上规模基金的数量占比0.14%，管理规模占比12.84%。

表4-2 2019~2023年不同规模私募证券投资基金规模占比情况 单位：%

年份	0.1亿元以下	0.1亿~0.5亿元	0.5亿~1亿元	1亿~5亿元	5亿元以上	合计
2019	3.36	12.78	10.87	35.99	37.00	100.00
2020	2.23	9.43	8.64	39.72	39.98	100.00
2021	1.97	8.39	8.68	43.82	37.15	100.00
2022	2.80	11.36	11.35	42.51	31.97	100.00
2023	2.96	13.51	12.70	41.63	29.20	100.00

资料来源：中国证券投资基金业协会，由中国私募基金年鉴编委会整理。

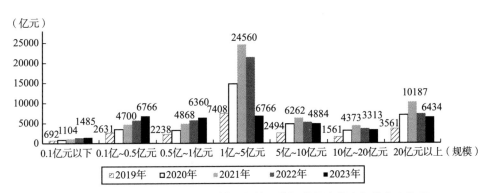

图4-5 2019~2023年不同规模区间的私募证券投资基金规模分布情况

资料来源：中国证券投资基金业协会，由中国私募基金年鉴编委会整理。

小型基金贡献了私募证券投资基金行业在调整期的主要增长。如图4-4和图4-5所示，2022~2023年，私募证券投资基金的基金数量与规模增长主要由1亿元以下的小规模基金贡献，1亿元以上规模基金数量与规模均较2021年有小幅下降。

（三）私募证券投资产品类型分布情况

混合类、股票类、固定收益类私募证券投资基金（不含 FOF 类）占据市场主导。如图 4-6 和图 4-7 所示，截至 2023 年末，混合类基金数量与规模占比最高，分别占市场的 53.63% 与 51.22%，股票类基金数量与规模占比次之，分别占市场的 36.51% 与 37.67%，固定收益类基金再次之，分别占市场的 4.44% 与 7.07%。

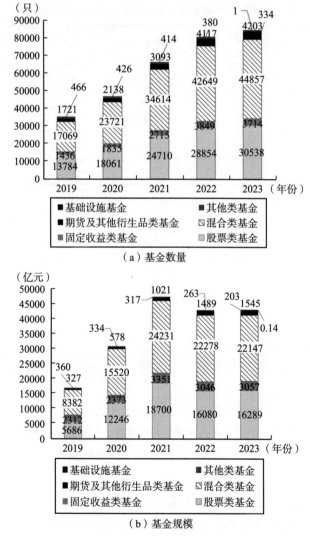

（a）基金数量

（b）基金规模

图 4-6　2019～2023 年不同产品类型私募证券投资基金数量和规模分布情况

资料来源：中国证券投资基金业协会，由中国私募基金年鉴编委会整理。

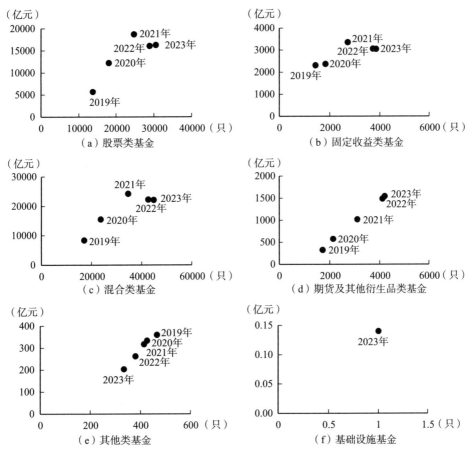

图 4-7 2019～2023 年不同产品类型私募证券投资基金数量与规模变化情况

资料来源：中国证券投资基金业协会，由中国私募基金年鉴编委会整理。

（四）私募证券投资基金组织形式分布情况

契约型私募证券投资基金在数量与规模上皆为绝对多数。如表 4-3、图 4-8 和图 4-9 所示，自 2019 年以来，私募证券投资基金中组织形式为契约型的基金数量与规模占比超 95% 且仍在持续稳步提升。与此相对，组织形式为公司型、合伙型以及其他类型的私募证券投资基金的数量与规模占比皆呈现出一定的下降趋势。

表 4-3 2019～2023 年不同组织形式的私募证券投资基金数量与规模占比情况 单位：%

年份	数量占比					规模占比				
	契约型	公司型	合伙型	其他	合计	契约型	公司型	合伙型	其他	合计
2019	98.12	0.05	1.82	0.01	100.00	95.95	0.27	3.78	0.00	100.00
2020	98.81	0.02	1.16	0.01	100.00	98.00	0.09	1.91	0.00	100.00

年份	数量占比					规模占比				
	契约型	公司型	合伙型	其他	合计	契约型	公司型	合伙型	其他	合计
2021	99.30	0.02	0.68	0.00	100.00	98.94	0.04	1.02	0.00	100.00
2022	99.49	0.01	0.50	0.00	100.00	99.05	0.02	0.92	0.00	100.00
2023	99.61	0.01	0.38	0.00	100.00	99.32	0.00	0.68	0.00	100.00

资料来源：中国证券投资基金业协会，由中国私募基金年鉴编委会整理。

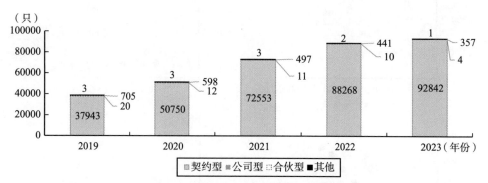

图4-8　2019~2023年不同组织形式的私募证券投资基金数量分布情况

资料来源：中国证券投资基金业协会，由中国私募基金年鉴编委会整理。

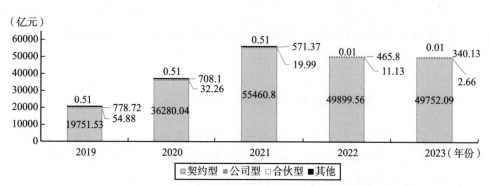

图4-9　2019~2023年不同组织形式的私募证券投资基金规模分布情况

资料来源：中国证券投资基金业协会，由中国私募基金年鉴编委会整理。

（五）私募证券投资基金托管情况

2019~2022年，私募证券投资基金托管率稳步提升。如图4-10所示，2019~2022年，私募证券投资基金的托管率由92.31%上升至98.59%，托管规模占比由92.99%上升至98.88%，显著高于同期私募股权、创业投资基金托管率。

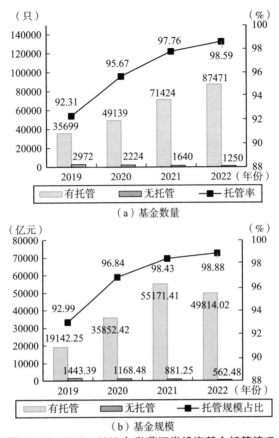

图 4 – 10　2019～2022 年私募证券投资基金托管情况

注：该公开数据统计时间截至 2022 年底。2023 年自主发行类和顾问管理类私募证券投资基金数量总计 97215 只，基金规模总计 55136.54 亿元，其中进行托管的基金产品数量为 96210 只，资产规模为 48673.71 亿元，分别占到总量的 98.97% 与 88.28%。

资料来源：中国证券投资基金业协会，由中国私募基金年鉴编委会整理。

（六）私募证券投资基金外包情况

私募证券投资基金对外包服务的采用意愿正在增强。如图 4 – 11 所示，采用外包服务的私募证券投资基金数量与规模持续稳定增长，截至 2023 年末，市场上采用外包服务的基金数量占比由 2019 年的 94.74% 上升至 2023 年的 99.09%，规模占比由 86.43% 上升至 97.91%。

份额登记服务与估值核算服务是私募证券投资基金常采用的外包服务形式。如图 4 – 12 所示，采用外包服务的私募证券投资基金中 99% 以上都会采用份额登记和估值核算服务。

采用信息技术系统服务的私募证券投资基金的数量正在快速增长。如图 4 – 12 所示，截至 2023 年末，采用信息技术系统服务的私募证券投资基金的数量达到 50924 只，与 2019 年末的 7542 只相比大增 43382 只，年均复合增长率达到 61.20%。

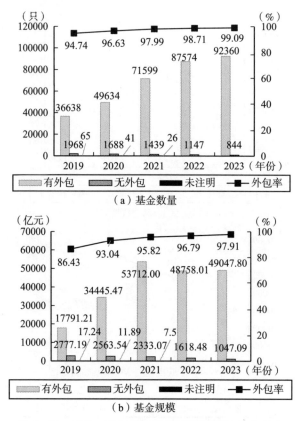

图 4 – 11　2019～2023 年私募证券投资基金外包情况

资料来源：中国证券投资基金业协会，由中国私募基金年鉴编委会整理。

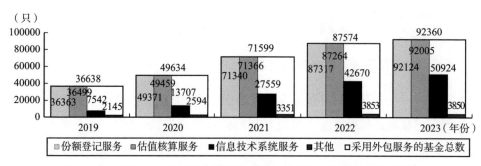

图 4 – 12　2019～2023 年私募证券投资基金外包服务类型数量分布情况

资料来源：中国证券投资基金业协会，由中国私募基金年鉴编委会整理。

（七）证券投资基金投资策略情况

2019～2022 年，正在运作的私募证券投资基金中，采用股票策略的基金数量最多。相对于公募基金，私募证券基金的投资策略较为多样。国内私募证券投资基金投资策略一般可分为套利策略、复合策略、股票策略、事件驱动和其他策略等①。截至 2022 年末，在私募证券投资基金中，采用股票策略、复合策略、套利策略、事件驱动策略的基金数量占比分别为 43.78%、32.81%、10.62%、8.83%。

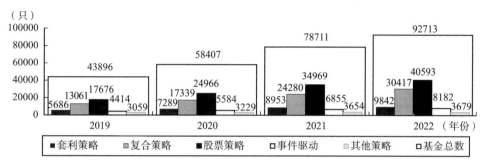

图 4 – 13 2019～2022 年不同投资策略的私募证券投资基金数量分布情况

注：该公开数据统计时间截至 2022 年底。
资料来源：中国证券投资基金业协会，由中国私募基金年鉴编委会整理。

表 4 – 4 2019～2022 年不同投资策略的私募证券投资基金数量与占比情况

年份	数量（只）						数量占比（%）					
	套利策略	复合策略	股票策略	事件驱动	其他策略	合计	套利策略	复合策略	股票策略	事件驱动	其他策略	合计
2019	5686	13061	17676	4414	3059	43896	12.95	29.75	40.27	10.06	6.97	100.00
2020	7289	17339	24966	5584	3229	58407	12.48	29.69	42.74	9.56	5.53	100.00
2021	8953	24280	34969	6855	3654	78711	11.37	30.85	44.43	8.71	4.64	100.00
2022	9842	30417	40593	8182	3679	92713	10.62	32.81	43.78	8.83	3.97	100.00
2023	5686	13061	17676	4414	3059	43896	12.95	29.75	40.27	10.06	6.97	100.00

注：该公开数据统计时间截至 2022 年底。
资料来源：中国证券投资基金业协会，由中国私募基金年鉴编委会整理。

2019～2022 年，采用量化/对冲策略的私募证券投资基金同时出现数量占比下降与规模占比增长的情况。如图 4 – 14 和图 4 – 15 所示，2019～2022 年，使用量化/对冲策略的私募证券投资基金数量由 10398 只增长至 22993 只，但其在私募证券投资基金总数量中的占比由 26.89% 持续下降至 25.92%，相关基金规模由 3959.95 亿元增长至 13119.31 亿元，其在私募证券投资基金总规模中的占比由 19.24% 提升至 26.04%。

---

① 该策略划分以中国证券投资基金业协会历年年报划分为准。

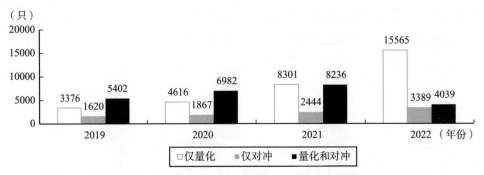

图 4 - 14　2019～2022 年不同量化/对冲策略的私募证券投资基金数量分布情况

注：该公开数据统计时间截至 2022 年底。
资料来源：中国证券投资基金业协会，由中国私募基金年鉴编委会整理。

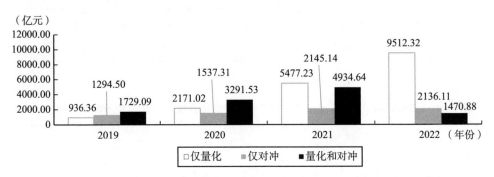

图 4 - 15　2019～2022 年不同量化/对冲策略的私募证券投资基金规模分布情况

注：该公开数据统计时间截至 2022 年底。
资料来源：中国证券投资基金业协会，由中国私募基金年鉴编委会整理。

（八）私募证券类 FOF 情况

私募证券类 FOF 在私募证券投资基金中的数量和规模占比整体呈下降态势。如图 4 - 16 所示，2019～2023 年，私募证券类 FOF 数量由 4195 只持续增长至 9556 只，但其在私募证券投资基金总数量中的占比由 10.85% 下降至 10.25%，相关基金规模由 3518.24 亿元增长至 6853.04 亿元，但其在私募证券投资基金总规模中的占比由 17.09% 下降至 13.68%。

私募证券类 FOF 中母基金的数量与规模占比同步提升，投向单一资管计划基金的数量和规模占比同步减少。如表 4 - 5 所示，2020～2023 年，产品种类为母基金的私募证券类 FOF 的数量和规模分别从 2331 只和 2167.43 亿元升至 4931 只和 3382.31 亿元，占私募证券类 FOF 的比例分别从 44.98% 和 36.30% 上升至 51.60% 和 49.35%。私募证券类 FOF 中投向单一资管计划基金的数量与规模占比则分别由 54.94% 和 63.69% 持续下降至 48.40% 和 50.65%。截至 2023 年底，虽然投向单一资管计划的基金在数量与规模两个方面仍占据市场半数以上份额，但其份额占比呈现持续下降态势。

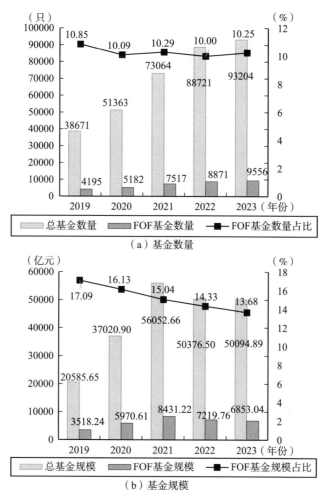

（a）基金数量

（b）基金规模

图 4 - 16　2019～2023 年私募证券类 FOF 数量与规模情况

资料来源：中国证券投资基金业协会，由中国私募基金年鉴编委会整理。

表 4 - 5　2020～2023 年不同种类的私募证券类 FOF 数量与规模及其占比情况

年份	基金数量（只）				基金数量占比（%）			
	母基金	投向单一资管计划基金	其他基金	合计	母基金	投向单一资管计划基金	其他基金	合计
2020	2331	2847	4	5182	44.98	54.94	0.08	100.00
2021	3556	3959	2	7517	47.31	52.67	0.03	100.00
2022	4433	4437	1	8871	49.97	50.02	0.01	100.00
2023	4931	4625	0	9556	51.60	48.40	0.00	100.00

续表

年份	基金规模（亿元）				基金规模占比（%）			
	母基金	投向单一资管计划基金	其他基金	合计	母基金	投向单一资管计划基金	其他基金	合计
2020	2167.43	3802.83	0.35	5970.61	36.30	63.69	0.01	100.00
2021	3505.47	4925.53	0.22	8431.22	41.58	58.42	0.00	100.00
2022	3251.74	3967.96	0.06	7219.76	45.04	54.96	0.00	100.00
2023	3382.31	3470.73	0.00	6853.04	49.35	50.65	0.00	100.00

资料来源：中国证券投资基金业协会，由中国私募基金年鉴编委会整理。

二、自主发行类私募证券投资基金募集出资及投资情况

（一）基金募集账户监督机构类型分布

证券公司是私募证券投资基金最主要的募集账户监督机构。如表4－6所示，2020～2023年，超九成私募证券投资基金选择证券公司作为募集账户监督机构，相关基金规模占私募证券投资基金总规模的85%以上。且选择证券公司作为基金募集账户监督机构的私募证券投资基金的数量与规模占比由2020年末的92.28%与85.21%持续上升至2023年末的93.73%与88.97%，中国证券登记结算有限公司、获取基金销售业务资格的商业银行以及满足中基协规定的其他机构作为募集账户监督机构的数量与规模占比均呈现持续下降态势。

表4－6　　2020～2023年选择不同类型募集账户监督机构的私募证券投资
基金数量与规模分布情况

年份	基金数量（只）					基金数量占比（%）				
	中国证券登记结算有限公司	商业银行	证券公司	其他	合计	中国证券登记结算有限公司	商业银行	证券公司	其他	合计
2020	263	3482	45805	87	49637	0.53	7.01	92.28	0.18	100.00
2021	232	4862	67183	80	72357	0.32	6.72	92.85	0.11	100.00
2022	203	5404	82991	74	88672	0.23	6.09	93.59	0.08	100.00
2023	163	5653	87883	60	93759	0.18	6.03	93.73	0.06	100.00

续表

年份	基金规模（亿元）					基金规模占比（%）				
	中国证券登记结算有限公司	商业银行	证券公司	其他	合计	中国证券登记结算有限公司	商业银行	证券公司	其他	合计
2020	97.04	5257.69	31087.84	43.02	36485.59	0.27	14.41	85.21	0.12	100.00
2021	101.06	7367.32	49045.48	30.83	56544.69	0.18	13.03	86.74	0.05	100.00
2022	61.83	6273.03	44900.60	30.05	51265.51	0.12	12.24	87.58	0.06	100.00
2023	39.94	5575.20	45487.44	23.89	51126.47	0.08	10.90	88.97	0.05	100.00

注：1.《私募投资基金募集行为管理办法》所称监督机构是指中国证券登记结算有限责任公司，取得基金销售业务资格的商业银行、证券公司以及中国基金业协会规定的其他机构。其中，其他机构主要包括招商基金管理有限公司、长安基金管理有限公司等8家已在协会登记为私募基金服务的基金管理公司。

2. 单只基金可同时选择多家募集账户监督机构。2016年7月15日之前成立的部分私募基金可能存在因选择"不适用"监督机构而未登记募集账户监督机构信息的情况。

资料来源：中国证券投资基金业协会，由中国私募基金年鉴编委会整理。

（二）基金投资者数量分布情况

单只私募证券投资基金的投资者数量主要集中在1~5（含）个。如图4-17所示，2019~2023年，七成私募证券投资基金的投资者数量集中在1~5（含）个。截至2023年末，投资者数量在1~5（含）个的私募证券投资基金数量为65839只，占私募证券投资基金总数的70.65%，基金规模为20988.61亿元，占基金总规模的41.90%。

表4-7　　　2019~2023年不同投资者数量的私募证券投资

基金数量与规模占比情况　　　　单位：%

年份	数量占比							规模占比						
	0	1	(1,5]	(5,20]	(20,50]	(50,200]	合计	0	1	(1,5]	(5,20]	(20,50]	(50,200]	合计
2019	0.23	29.70	44.75	17.37	4.42	3.53	100.00	0.11	19.50	30.73	20.40	10.63	18.63	100.00
2020	0.12	31.89	41.46	16.99	4.65	4.89	100.00	0.04	16.67	27.12	18.75	10.28	27.14	100.00
2021	0.05	34.30	37.64	16.18	5.31	6.51	100.00	0.02	16.98	24.63	18.80	11.40	28.17	100.00
2022	0.02	35.92	36.57	16.13	5.30	6.07	100.00	0.01	16.18	25.29	19.47	12.23	26.82	100.00
2023	0.00	32.77	37.87	17.70	5.91	5.75	100.00	0.00	17.35	24.55	19.88	12.38	25.84	100.00

注：部分在原私募基金登记备案系统完成备案的私募证券投资基金，暂未根据协会要求在"资产管理业务综合报送平台"补录投资者数据信息或未及时进行清算，投资者数量暂时显示为0。

资料来源：中国证券投资基金业协会，由中国私募基金年鉴编委会整理。

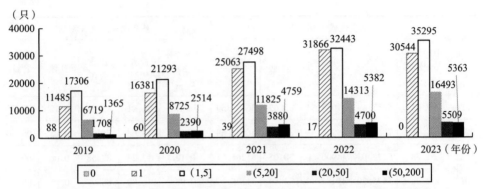

图 4-17　2019～2023 年不同投资者数量的私募证券投资基金数量分布情况

资料来源：中国证券投资基金业协会，由中国私募基金年鉴编委会整理。

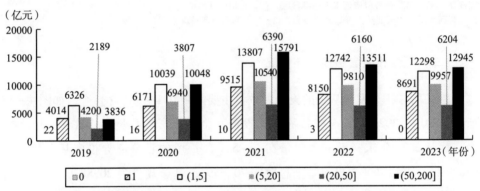

图 4-18　2019～2023 年不同投资者数量的私募证券投资基金规模分布情况

资料来源：中国证券投资基金业协会，由中国私募基金年鉴编委会整理。

（三）基金各类投资者出资情况

居民投资是私募证券投资基金的主要资金来源。如图 4-19 所示，2019～2023 年，私募证券投资基金四成以上的资金源自居民投资，其出资占比在 43.43% 至 45.99% 之间小幅波动。

资管计划对私募证券投资基金的投资力度相对增加。如图 4-19 所示，截至 2023 年末，私募证券投资基金中资管计划的出资占比达 41.87%，与 2019 年的 32.62% 相比，增长 9.25%，与 2021 年的 42.73% 相比，下降 0.86%。

企业投资者对私募证券投资基金的投资力度相对下降。如图 4-19 所示，截至 2023 年末私募证券投资基金中企业投资者的出资占比仅为 12.25%，与 2019 年的 23.82% 相比，下降 11.57%。

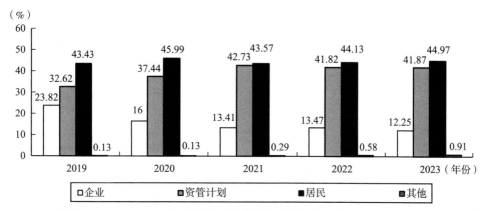

图4-19　2019~2023年私募证券投资基金各类投资人存量出资占比情况

注：居民包含自然人（非员工跟投）和自然人（员工跟投）；资管计划投资者包含私募基金、信托计划、证券公司及其子公司资管计划、基金公司及其子公司资管计划、期货公司及其子公司资管计划、保险资产管理计划、商业银行理财产品。企业投资者包含境内法人机构（公司等）、境内非法人机构（一般合伙企业等）、管理人跟投。

资料来源：中国证券投资基金业协会，由中国私募基金年鉴编委会整理。

表4-8　　　　2020~2023年私募证券投资基金不同类型投资者出资规模明细　　单位：亿元

年份	企业	资管计划	居民	养老及社会基金	财政资金	境外资金	合计
2019	4931.08	6753.42	8990.89	19.19	5.91	2.78	20703.27
2020	6100.89	13889.92	17061.43	42.44	4.11	2.84	37101.63
2021	7527.38	23983.75	24450.54	70.10	2.08	89.55	56123.40
2022	6801.80	21123.13	22293.40	73.17	0.83	219.94	50512.27
2023	6159.44	21047.20	22601.13	78.11	0.87	377.34	50264.09

资料来源：中国证券投资基金业协会，由中国私募基金年鉴编委会整理。

（四）机构投资者出资比例分布情况

纯居民出资或纯机构出资是私募证券投资基金最常见的投资者结构。如表4-9、图4-20所示，2019~2023年，半数左右私募证券投资基金中机构投资者出资比例为0（完全由居民投资者出资），超两成私募证券投资基金中机构投资者出资比例为100%（完全由机构投资者出资）。截至2023年末，完全由居民投资者出资的基金数量占比达49.82%，完全由机构投资者出资的基金占比达24.28%，两者之和为74.10%。

纯自然人出资的私募证券投资基金数量占比持续下降。如表4-9所示，2019~2023年，完全由居民投资者出资的私募证券投资基金数量占比由55.57%

持续下降至49.82%。

表4-9 2019~2023年私募证券投资基金数量变化情况（按机构出资比例分布）

年份	基金数量（只）						
	0	(0，20%]	(20%，50%]	(50%，80%]	(80%，100%)	100%	合计
2019	21490	3514	2399	1540	1496	8232	38671
2020	27687	5161	3090	1985	2177	11263	51363
2021	37294	7787	4001	2686	3301	17995	73064
2022	44740	9198	4650	3345	4270	22518	88721
2023	46434	10348	5238	3955	4598	22631	93204

年份	基金数量占比（%）						
	0	(0，20%]	(20%，50%]	(50%，80%]	(80%，100%)	100%	合计
2019	55.57	9.09	6.20	3.98	3.87	21.29	100.00
2020	53.90	10.05	6.02	3.86	4.24	21.93	100.00
2021	51.04	10.66	5.48	3.68	4.52	24.63	100.00
2022	50.43	10.37	5.24	3.77	4.81	25.38	100.00
2023	49.82	11.10	5.62	4.24	4.93	24.28	100.00

年份	基金规模（亿元）						
	0	(0，20%]	(20%，50%]	(50%，80%]	(80%，100%)	100%	合计
2019	4844.79	3324.19	990.42	729.08	2230.97	8466.20	20585.65
2020	8770.53	6962.95	1669.55	1243.16	4893.47	13481.25	37020.91
2021	12257.81	10277.07	2380.12	1740.16	8141.43	21256.07	56052.66
2022	11442.62	9050.28	2129.73	1679.01	7657.70	18417.16	50376.50
2023	11782.01	8791.19	2368.07	1860.25	7070.63	18222.74	50094.89

年份	基金规模占比（%）						
	0	(0，20%]	(20%，50%]	(50%，80%]	(80%，100%)	100%	合计
2019	23.53	16.15	4.81	3.54	10.84	41.13	100.00
2020	23.69	18.81	4.51	3.36	13.22	36.42	100.00
2021	21.87	18.33	4.25	3.10	14.52	37.92	100.00
2022	22.71	17.97	4.23	3.33	15.20	36.56	100.00
2023	23.52	17.55	4.73	3.71	14.11	36.38	100.00

资料来源：中国证券投资基金业协会，由中国私募基金年鉴编委会整理。

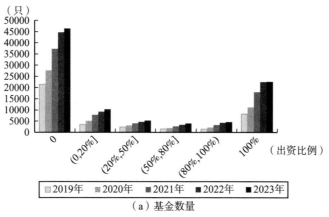

（a）基金数量

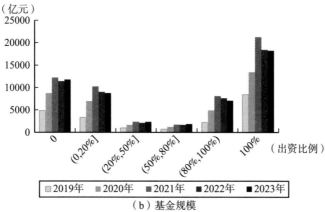

（b）基金规模

图4－20　2019～2023年私募证券投资基金数量与规模变化情况（按机构出资比例分布）

资料来源：中国证券投资基金业协会，由中国私募基金年鉴编委会整理。

（五）基金实际投向情况

交易所流通股票是私募证券投资基金最主要的境内证券投资方向，但其规模占比持续下降。如表4－10和图4－21所示，2020～2022年，交易所股票投资在私募证券投资基金境内证券投资中的占比由62.82%下降至47.89%。

表4－10　2020～2022年私募证券投资基金境内证券各投资方向规模占比情况　单位：%

年份	交易所股票投资	债券投资	资产支持证券	基金投资（公募基金）	期货、期权及其他衍生品投资	买入返售金融资产	结算备付金	存出保证金	其他证券类标的
2020	62.82	8.53	0.62	6.64	4.41	3.64	7.12	5.70	0.52
2021	58.82	8.11	0.65	5.66	6.99	3.86	7.36	8.09	0.46
2022	47.89	8.11	0.62	6.66	6.99	4.45	7.36	11.16	6.76

注：该公开数据统计时间截至2022年底。

资料来源：中国证券投资基金业协会，由中国私募基金年鉴编委会整理。

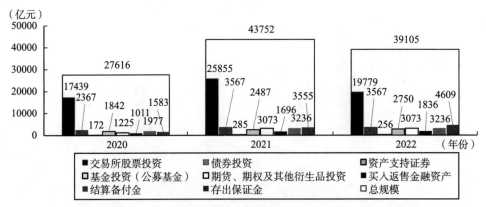

图 4 – 21　2020 ~ 2022 年私募证券投资基金境内证券各投资方向规模分布情况

资料来源：中国证券投资基金业协会，由中国私募基金年鉴编委会整理。

三、顾问管理类产品情况

顾问管理类产品在私募证券投资基金中的占比逐年降低。如图 4 – 22 和图 4 – 23 所示，私募证券投资基金中顾问管理类产品数量的占比由 2019 年的 6.57% 持续下降至 2023 年的 4.13%，产品规模的占比由 19.62% 持续下降至 9.14%。

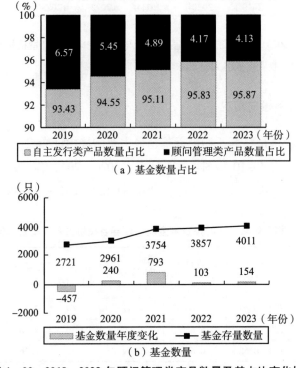

图 4 – 22　2019 ~ 2023 年顾问管理类产品数量及其占比变化情况

资料来源：中国证券投资基金业协会，由中国私募基金年鉴编委会整理。

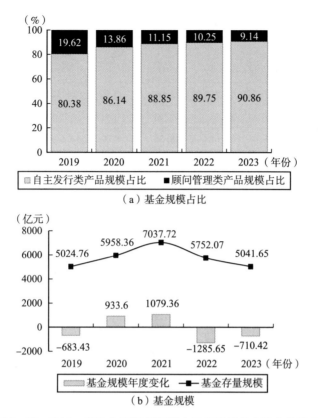

（a）基金规模占比

（b）基金规模

图4-23 2014～2023年顾问管理类产品规模及其占比变化情况

资料来源：中国证券投资基金业协会，由中国私募基金年鉴编委会整理。

顾问管理类私募证券投资基金平均规模明显高于自主发行类产品。如图4-22和图4-23所示，截至2023年末，顾问管理类产品平均规模为1.26亿元，自主发行类产品平均规模仅为5374.76万元。

（一）产品规模分布情况

0.1亿～0.5亿元和1亿～5亿元已成为顾问管理类私募证券投资基金数量分布最为密集的规模区间。与自主发行类私募证券投资基金"小型基金数量占比高，大型基金数量占比低""0.1亿元以下规模基金数量占比最高"不同，顾问管理类私募证券投资基金大多分布在0.1亿～0.5亿元和1亿～5亿元规模区间。如表4-11、图4-24、表4-12、图4-25所示，截至2023年末，顾问管理类私募证券投资基金中，0.1亿～0.5亿元基金数量与规模分别为1346只和349.57亿元，占比33.57%和6.93%，1亿～5亿元基金数量与规模分别为1111只和2361.30亿元，占比27.71%和46.83%。

表4－11 　　　　2019～2023年不同规模顾问管理类产品数量占比情况　　　　单位：%

年份	0.1亿元以下	0.1亿~0.5亿元	0.5亿~1亿元	1亿~5亿元	5亿~10亿元	10亿~20亿元	20亿元以上	合计
2019	20.87	34.40	13.71	23.04	4.48	2.13	1.36	100.00
2020	17.83	30.40	13.04	30.40	4.69	2.47	1.18	100.00
2021	12.44	27.34	15.03	38.64	4.29	1.55	0.72	100.00
2022	14.55	30.91	17.95	32.16	3.01	0.86	0.57	100.00
2023	16.98	33.57	18.80	27.71	1.97	0.52	0.45	100.00

资料来源：中国证券投资基金业协会，由中国私募基金年鉴编委会整理。

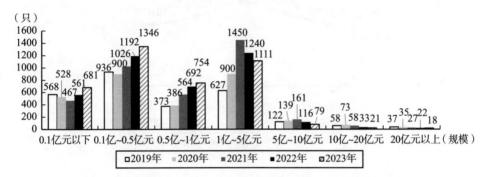

图4－24　2019～2023年不同规模顾问管理类产品数量分布情况

资料来源：中国证券投资基金业协会，由中国私募基金年鉴编委会整理。

表4－12 　　　　2019～2023年不同规模顾问管理类产品规模占比情况　　　　单位：%

年份	0.1亿元以下	0.1亿~0.5亿元	0.5亿~1亿元	1亿~5亿元	5亿~10亿元	10亿~20亿元	20亿元以上	合计
2019	0.39	4.86	5.21	29.09	16.39	16.21	27.84	100.00
2020	0.31	3.90	4.72	33.29	16.36	16.65	24.77	100.00
2021	0.26	3.73	5.80	43.41	15.95	11.69	19.17	100.00
2022	0.43	5.36	8.83	44.59	13.64	8.05	19.10	100.00
2023	0.65	6.93	10.77	46.83	10.35	5.67	18.80	100.00

资料来源：中国证券投资基金业协会，由中国私募基金年鉴编委会整理。

（二）产品类型分布情况

信托计划是顾问管理类私募证券投资基金最主要的产品类型。如图4－26和图4－27所示，截至2023年末，产品类型为信托计划的顾问管理类产品数量为

3236 只，规模为 3937 亿元，在顾问管理类产品中的占比最高，分别为 80.68%
和 78.10%。值得注意的是，2023 年中基协公开的数据中，新增了 2 只产品类型
为 QFII 的顾问管理类私募证券投资基金。

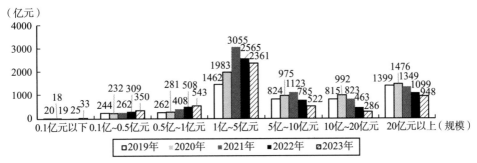

图 4 - 25　2019 ～ 2023 年不同规模顾问管理类产品规模分布情况

资料来源：中国证券投资基金业协会，由中国私募基金年鉴编委会整理。

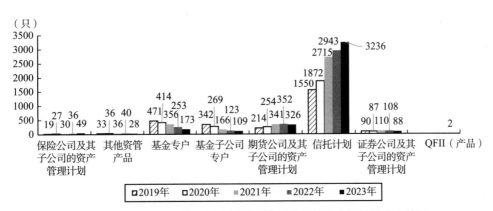

图 4 - 26　2019 ～ 2023 年不同产品类型的顾问管理类产品数量分布情况

资料来源：中国证券投资基金业协会，由中国私募基金年鉴编委会整理。

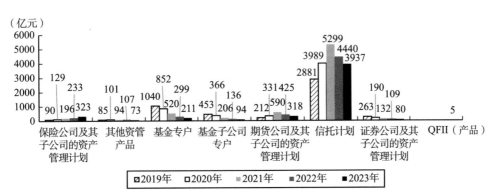

图 4 - 27　2019 ～ 2023 年不同产品类型的顾问管理类产品规模分布情况

资料来源：中国证券投资基金业协会，由中国私募基金年鉴编委会整理。

（三）产品投资类型分布情况

顾问管理类产品中，主要的投资类型为股权类基金、混合类基金和固定收益类基金。如图4-28和图4-29所示，截至2023年末，股票类基金数量与规模占比最高，分别占市场的43.57%与51.93%，混合类基金数量与规模占比次之，分别占市场的38.48%与23.69%，固定收益类基金再次，分别占市场的12.36%与17.18%。三者合计占所有顾问管理类产品数量的94.41%，占所有顾问管理类产品规模的92.80%。

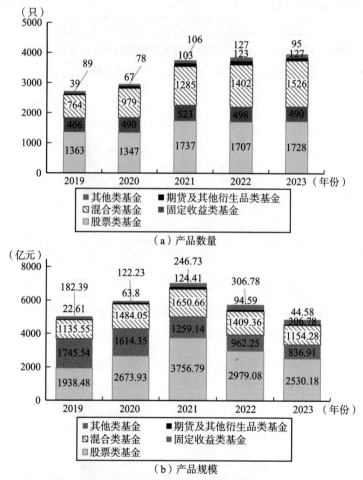

图4-28 2019~2023年不同产品投资类型的顾问管理类产品数量和规模分布情况

资料来源：中国证券投资基金业协会，由中国私募基金年鉴编委会整理。

（四）产品实际投向情况

股票投资和债券投资是顾问管理类私募证券投资基金主要的境内证券投资方

向。如表 4 - 13 和图 4 - 29 所示，截至 2022 年末，顾问管理类产品中股票投资和债券投资规模分别为 1702.93 亿元与 818.48 亿元，分别占顾问类产品境内证券投资规模的 54.00% 和 26.00%。

表 4 - 13　　　2020～2022 年顾问管理类产品境内证券各投资方向规模占比情况　　单位：%

年份	股票投资	债券投资	资产支持证券	基金投资（公募基金）	期货、期权及其他衍生品投资	其他证券类标的	买入返售金融资产	结算备付金	存出保证金	合计
2020	51.95	32.20	0.97	3.66	0.36	0.89	3.76	4.33	1.88	100.00
2021	56.15	27.29	0.32	5.47	0.73	0.71	3.18	4.54	1.71	100.00
2022	54.00	26.00	1.00	7.00	1.00	0.00	4.00	6.00	1.00	100.00

注：该公开数据统计时间截至 2022 年底。
资料来源：中国证券投资基金业协会，由中国私募基金年鉴编委会整理。

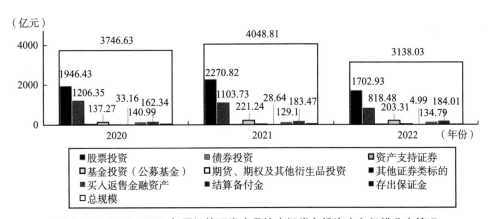

图 4 - 29　2020～2022 年顾问管理类产品境内证券各投资方向规模分布情况

注：该公开数据统计时间截至 2022 年底。
资料来源：中国证券投资基金业协会，由中国私募基金年鉴编委会整理。

第二节　私募证券投资基金运行情况

一、私募证券投资基金仓位波动情况

2021～2022 年，私募证券投资基金持有流通股票仓位与股票（含上市定增股票）平均仓位出现持续下降。如表 4 - 14 和表 4 - 15 所示，2020～2022 年，私募证券投资基金持有流通股票仓位自 43.7% 持续下降至 34.96%，持有股票（含上市定增股票）平均仓位自 44.01% 持续下降至 35.09%，股票型私募基金持有流通股票仓位自 65.72% 持续下降至 57.33%，持有股票（含上市定增股票）平均仓位自 66.38% 持续下降至 57.59%。

表 4－14　　　2019～2022 年私募证券投资基金持有股票仓位情况

年份	私募证券投资基金规模（亿元）	私募证券投资基金持有股票市值（亿元）	持有流通股票仓位（算术平均）（%）	持有股票（含上市定增股票）平均仓位（算术平均）（%）
2019	25610.85	10338.54	40.79	41.99
2020	42979.27	19720.94	43.70	44.01
2021	63091.60	28432.18	40.59	40.79
2022	56128.56	21481.53	34.96	35.09

注：该公开数据统计时间截至 2022 年底。
资料来源：中国证券投资基金业协会，由中国私募基金年鉴编委会整理。

表 4－15　　　2019～2022 年股票型私募基金持有股票仓位情况

年份	股票型私募基金规模（亿元）	股票型私募基金持有股票市值（亿元）	持有流通股票仓位（算术平均）（%）	持有股票（含上市定增股票）平均仓位（算术平均）（%）
2019	7624.89	5250.04	62.22	65.15
2020	14920.31	10202.87	65.72	66.38
2021	22459.17	14951.58	63.13	63.54
2022	19060.97	11632.11	57.33	57.59

注：该公开数据统计时间截至 2022 年底。
资料来源：中国证券投资基金业协会，由中国私募基金年鉴编委会整理。

二、私募证券投资基金单位净值[①]情况

单位净值高于 1 的私募证券投资基金占比正在萎缩。如表 4－16 和表 4－17 所示，2020～2022 年单位净值高于 1 的私募证券投资基金占比由 70.76% 逐步下降至 47.28%，市场赚钱效应减弱。

---

① "单位净值为负""季报未报送""已报送季报但单位净值为空"的私募证券投资基金不予以统计。

表 4 - 16　　　　2020～2022 年单位净值低于 1 的私募证券投资基金情况

年份	基金数量（只）	占比（%）	基金规模（亿元）	占比（%）	持有流通股规模（亿元）	持有上市公司定增股票规模（亿元）	持有股票总规模（亿元）
2020	15743	29.24	4777.28	11.37	1938.89	71.06	2009.95
2021	26205	34.30	12832.02	20.54	5385.95	56.40	5442.35
2022	48610	52.72	21337.09	38.36	7908.01	45.47	7953.48

注：该公开数据统计时间截至 2022 年底。
资料来源：中国证券投资基金业协会，由中国私募基金年鉴编委会整理。

表 4 - 17　　　　2020～2022 年单位净值高于 1 的私募证券投资基金情况

年份	基金数量（只）	占比（%）	基金规模（亿元）	占比（%）	持有流通股规模（亿元）	持有上市公司定增股票规模（亿元）	持有股票总规模（亿元）
2020	38095	70.76	37266.14	88.63	17333.31	93.21	17426.52
2021	50194	65.70	49657.87	79.46	22560.66	132.64	22693.30
2022	43590	47.28	36277.65	61.64	13459.06	82.49	13541.55

注：该公开数据统计时间截至 2022 年底。
资料来源：中国证券投资基金业协会，由中国私募基金年鉴编委会整理。

第五章　中国私募基金投资者

第一节　私募基金合格投资者

一、合格投资者的标准

伴随着 2023 年 7 月《私募投资基金监督管理条例》的正式发布，证监会对 2014 年开始施行的《私募投资基金监督管理暂行办法》进行修订，并于 2023 年 12 月公开发布《私募投资基金监督管理办法（征求意见稿）》。《私募投资基金监督管理办法（征求意见稿）》对私募基金合格投资者标准进行了进一步完善，但由于《私募投资基金监督管理办法》未正式发布，当前私募基金合格投资者标准仍以《私募投资基金监督管理暂行办法》为准（见表 5 - 1）。

表 5 - 1 　　　　　明确私募基金合格投资者标准的相关文件

文件名称	文件原文
私募投资基金监督管理条例	第十八条　私募基金应当向合格投资者募集或者转让，单只私募基金的投资者累计不得超过法律规定的人数。私募基金管理人不得采取为单一融资项目设立多只私募基金等方式，突破法律规定的人数限制；不得采取将私募基金份额或者收益权进行拆分转让等方式，降低合格投资者标准。 前款所称合格投资者，是指达到规定的资产规模或者收入水平，并且具备相应的风险识别能力和风险承担能力，其认购金额不低于规定限额的单位和个人。 合格投资者的具体标准由国务院证券监督管理机构规定
	第二十条　私募基金不得向合格投资者以外的单位和个人募集或者转让
私募投资基金监督管理暂行办法	第十二条　私募基金的合格投资者是指具备相应风险识别能力和风险承担能力，投资于单只私募基金的金额不低于 100 万元且符合下列相关标准的单位和个人： （一）净资产不低于 1000 万元的单位； （二）金融资产不低于 300 万元或者最近三年个人年均收入不低于 50 万元的个人。 前款所称金融资产包括银行存款、股票、债券、基金份额、资产管理计划、银行理财产品、信托计划、保险产品、期货权益等

资料来源：中国证券监督管理委员会、中国证券投资基金业协会，由中国私募基金年鉴编委会整理。

在私募基金的投资者中，存在一类特殊的投资者，这类投资者天然就被视为"合格投资者"，相关法律、法规、条例并未对其提出具体门槛要求。在投资私募基金时，该类投资者也可免去特定对象确定、风险识别和承受能力评估、风险揭示等程序。

值得注意的是，在合格投资者认定标准中，除了基础的认定原则之外，还应遵循穿透认定原则。穿透认定原则，即通过对私募基金投资人进行层层穿透，直至最终投资人为个人和法人时为止，对最终投资者是否符合合格投资者标准进行认定，并合并计算投资者人数。穿透认定原则主要适用于合伙企业、企业等非法人形式的投资者，但在执行时也有例外事项，如表5-2所示，部分天然合格投资者无须穿透核查最终投资者或合并计算投资者人数。

表5-2　　　　　　　　　　明确私募基金天然合格投资者的相关文件

文件名称	文件原文
私募投资基金监督管理暂行办法	第十三条　下列投资者视为合格投资者： （一）社会保障基金、企业年金等养老基金，慈善基金等社会公益基金； （二）依法设立并在基金业协会备案的投资计划； （三）投资于所管理私募基金的私募基金管理人及其从业人员； （四）中国证监会规定的其他投资者。 以合伙企业、契约等非法人形式，通过汇集多数投资者的资金直接或者间接投资于私募基金的，私募基金管理人或者私募基金销售机构应当穿透核查最终投资者是否为合格投资者，并合并计算投资者人数。但是，符合本条第（一）、第（二）、第（四）项规定的投资者投资私募基金的，不再穿透核查最终投资者是否为合格投资者和合并计算投资者人数
私募投资基金备案指引第1号——私募证券投资基金	第四条　以合伙企业、契约等非法人形式，通过汇集多数投资者的资金直接或者间接投资于私募证券基金的，私募基金管理人、基金销售机构应当穿透核查每一层的投资者是否为合格投资者，并合并计算投资者人数。 下列投资者视为合格投资者，不再穿透核查和合并计算投资者人数： （一）社会保障基金、企业年金等养老基金，慈善基金等社会公益基金； （二）国务院金融监督管理机构监管的机构依法发行的资产管理产品、私募基金； （三）合格境外机构投资者、人民币合格境外机构投资者； （四）投资于所管理私募证券基金的私募基金管理人及其员工； （五）中国证监会规定的其他投资者
私募投资基金备案指引第2号——私募股权、创业投资基金	第四条　以合伙企业、契约等非法人形式，通过汇集多数投资者的资金直接或者间接投资于私募股权基金的，私募基金管理人、基金销售机构应当穿透核查每一层的投资者是否为合格投资者，并合并计算投资者人数。 下列投资者视为合格投资者，不再穿透核查和合并计算投资者人数： （一）社会保障基金、企业年金等养老基金，慈善基金等社会公益基金； （二）国务院金融监督管理机构监管的机构依法发行的资产管理产品、私募基金； （三）合格境外机构投资者、人民币合格境外机构投资者； （四）投资于所管理私募股权基金的私募基金管理人及其员工； （五）中国证监会规定的其他投资者

资料来源：中国证券监督管理委员会、中国证券投资基金业协会，由中国私募基金年鉴编委会整理。

二、普通投资者与专业投资者

如表5-3所示，根据《中华人民共和国证券法》相关规定，根据财产状况、金融资产状况、投资知识和经验、专业能力等因素，投资者可以分为普通投资者和专业投资者。对于私募基金合格投资者来讲，又可根据《证券期货投资者适当性管理办法》相关规定被划分为专业投资者和普通投资者。其中，专业投资者能够购买与其风险识别和承受能力相匹配的更多私募基金产品，普通投资者则享受在信息告知、风险警示、适当性匹配等方面的特别保护。

表5-3 明确私募基金投资者分类的相关文件

文件名称	文件原文
中华人民共和国证券法	第八十九条 根据财产状况、金融资产状况、投资知识和经验、专业能力等因素，投资者可以分为普通投资者和专业投资者。专业投资者的标准由国务院证券监督管理机构规定。 普通投资者与证券公司发生纠纷的，证券公司应当证明其行为符合法律、行政法规以及国务院证券监督管理机构的规定，不存在误导、欺诈等情形。证券公司不能证明的，应当承担相应的赔偿责任
证券期货投资者适当性管理办法	第七条 投资者分为普通投资者与专业投资者。 普通投资者在信息告知、风险警示、适当性匹配等方面享有特别保护
	第八条 符合下列条件之一的是专业投资者： （一）经有关金融监管部门批准设立的金融机构，包括证券公司、期货公司、基金管理公司及其子公司、商业银行、保险公司、信托公司、财务公司等；经行业协会备案或者登记的证券公司子公司、期货公司子公司、私募基金管理人。 （二）上述机构面向投资者发行的理财产品，包括但不限于证券公司资产管理产品、基金管理公司及其子公司产品、期货公司资产管理产品、银行理财产品、保险产品、信托产品、经行业协会备案的私募基金。 （三）社会保障基金、企业年金等养老基金，慈善基金等社会公益基金，合格境外机构投资者（QFII）、人民币合格境外机构投资者（RQFII）。 （四）同时符合下列条件的法人或者其他组织： 1. 最近1年末净资产不低于2000万元； 2. 最近1年末金融资产不低于1000万元； 3. 具有2年以上证券、基金、期货、黄金、外汇等投资经历。 （五）同时符合下列条件的自然人： 1. 金融资产不低于500万元，或者最近3年个人年均收入不低于50万元； 2. 具有2年以上证券、基金、期货、黄金、外汇等投资经历，或者具有2年以上金融产品设计、投资、风险管理及相关工作经历，或者属于本条第（一）项规定的专业投资者的高级管理人员、获得职业资格认证的从事金融相关业务的注册会计师和律师。 前款所称金融资产，是指银行存款、股票、债券、基金份额、资产管理计划、银行理财产品、信托计划、保险产品、期货及其他衍生产品等
	第九条 经营机构可以根据专业投资者的业务资格、投资实力、投资经历等因素，对专业投资者进行细化分类和管理

文件名称	文件原文
证券期货投资者适当性管理办法	第十条 专业投资者之外的投资者为普通投资者。 经营机构应当按照有效维护投资者合法权益的要求，综合考虑收入来源、资产状况、债务、投资知识和经验、风险偏好、诚信状况等因素，确定普通投资者的风险承受能力，对其进行细化分类和管理

资料来源：中国证券监督管理委员会、中国证券投资基金业协会，由中国私募基金年鉴编委会整理。

第二节 私募基金投资者发展情况

一、私募股权投资基金投资者发展情况

私募股权投资基金投资者数量持续负增长。如图 5-1 所示，私募股权投资基金投资者数量由 2019 年的 38.37 万个持续减少至 2023 年的 32.97 万个，投资者数量缩水 14.07%。

私募股权投资基金投资者出资规模增速出现下降。如图 5-1 所示，2019~2023 年，私募股权投资基金投资者出资规模由 2019 年的 8.74 万亿元持续上升至 2023 年的 10.62 万亿元，投资者出资规模扩张 21.51%，但其历年增速却由 2020 年与 2021 年的 7.78% 与 7.54% 下降至 2022 年与 2023 年的 2.76% 与 2.02%。

私募股权投资基金减少的投资者数量主要源自个人投资者。如图 5-2 所示，2019~2023 年，私募股权投资基金个人投资者与机构投资者数量变动出现分化，个人投资者数量由 2019 年的 31.34 万个持续减少至 2023 年的 23.68 万个，整体缩水 24.44%；机构投资者数量则由 2019 年的 7.03 万个持续上升至 2023 年的 9.29 万个，整体扩张 32.15%。个人投资者在私募股权投资基金市场中的参与度正在下降。

私募股权投资基金增加的出资规模主要由机构投资者贡献。如图 5-2 所示，与投资者数量变化趋势一致，私募股权投资基金个人投资者出资规模由 2019 年的 0.97 万亿元下降至 2023 年的 0.79 万亿元，整体缩水 18.56%；机构投资者的出资规模由 2019 年的 7.77 万亿元上升至 2023 年的 9.83 万亿元，整体扩张 26.51%。机构投资者在私募股权投资基金市场中的参与度正在上升。

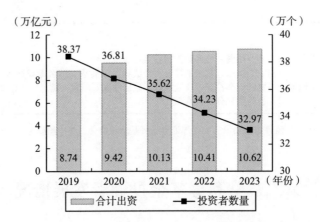

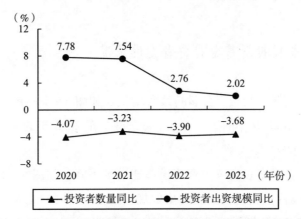

图 5 - 1 2019 ~ 2023 年私募股权投资基金投资者数量与出资规模情况

注：本书中所说统计投资者人数及其出资额，是基于基金直接投资者（以及投资者）统计。合伙型、公司型基金的投资者出资额取其实缴出资额，契约型基金的投资者出资额取其持有的基金份额乘以同期末基金单位净值。投资者出资额与市场在管规模之间存在一定差距。

资料来源：中国证券投资基金业协会，由中国私募基金年鉴编委会整理。

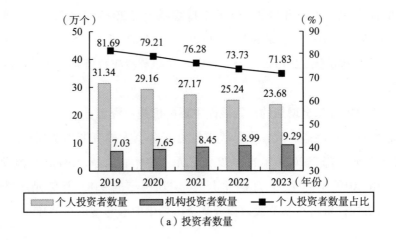

（a）投资者数量

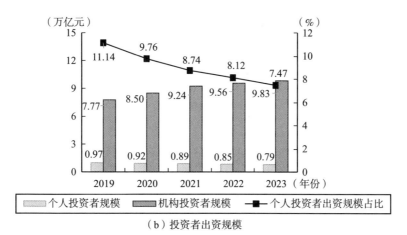

（b）投资者出资规模

图 5 - 2　2019～2023 年私募股权投资基金个人投资者与机构投资者数量

与出资规模情况

资料来源：中国证券投资基金业协会，由中国私募基金年鉴编委会整理。

私募股权投资基金个人投资者数量占比与出资规模占比均呈下降趋势。如图 5 - 2 所示，与 2019 年相比，2023 年私募股权投资基金个人投资者数量与规模在市场中的占比分别下降 9.86 个百分点与 3.67 个百分点，至 71.83% 与 7.47%。占私募股权投资基金投资者数量七成以上的个人投资者仅贡献不足一成的出资规模。

二、创业投资基金投资者发展情况

创业投资基金投资者数量与出资规模同步高速增长。如图 5 - 3 所示，创业投资基金投资者数量与出资规模由 2019 年的 6.65 万个和 1.1 万亿元持续增长至 2023 年的 21.18 万个和 2.77 万亿元，投资者数量扩张 218.5%，出资规模扩张 151.82%。

创业投资基金增长的投资者数量主要源自个人投资者。如图 5 - 4 所示，与私募股权投资基金情况不同的是，2019～2023 年，创业投资基金个人投资者与机构投资者数量同步增长，且个人投资者增速快于机构投资者。创业投资基金个人投资者数量由 2019 年的 4.17 万个持续增长至 2023 年的 14.16 万个，整体扩张 239.57%；机构投资者数量由 2019 年的 2.48 万个持续增长至 2023 年的 7.02 万个，整体扩张 183.06%。2019～2023 年，创业投资基金近七成投资者数量增长来自个人投资者。

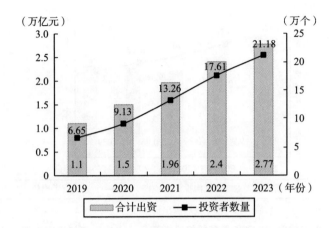

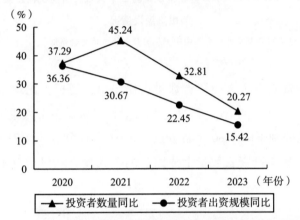

图 5 - 3　2019～2023 年创业投资基金投资者数量与出资规模情况

注：本书中所说统计投资者人数及其出资额，是基于基金直接投资者（以及投资者）统计。合伙型、公司型基金的投资者出资额取其实缴出资额，契约型基金的投资者出资额取其持有的基金份额乘以同期末基金单位净值。投资者出资额与市场在管规模之间存在一定差距。

资料来源：中国证券投资基金业协会，由中国私募基金年鉴编委会整理。

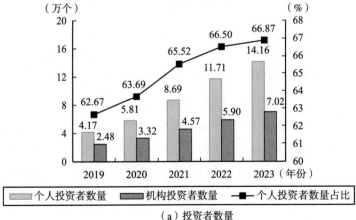

（a）投资者数量

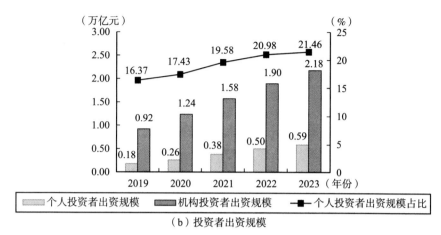

图 5－4 2019～2023 年创业投资基金个人投资者与机构投资者数量

与出资规模情况

资料来源：中国证券投资基金业协会，由中国私募基金年鉴编委会整理。

创业投资基金增加的出资规模主要由机构投资者贡献。如图 5－4 所示，创业投资基金个人投资者出资规模由 2019 年的 0.18 万亿元上升至 2023 年的 0.59 万亿元，整体扩张 227.78%；机构投资者的出资规模由 2019 年 0.92 万亿元上升至 2023 年的 2.18 万亿元，整体扩张 136.96%。创业投资基金增加的出资规模中超七成由机构投资者贡献。

创业投资基金个人投资者数量占比与出资规模占比持续上升。如图 5－4 所示，与 2019 年相比，2023 年创业投资基金个人投资者数量与规模在市场中的占比分别上升 4.2 个百分点与 5.09 个百分点，至 66.87% 与 21.46%。占创业投资基金投资者数量六成左右的个人投资者仅贡献了两成的出资规模。与私募股权投资基金相比，个人投资者在创业投资基金市场中的参与度更高。

三、自主发行类私募证券投资基金投资者发展情况

私募证券投资基金投资者数量增速明显降低。如图 5－5 所示，私募证券投资基金投资者数量由 2019 年的 33 万人次持续增长至 2023 年的 104.16 万人次，投资者数量实现 215.64% 的大幅增长。值得注意的是 2022 年私募证券投资基金投资者数量同比增速由 2021 年的 72.13% 下降至 9.30%，2023 年该同比增速进一步下降至 1.05%，市场投资者数量增速出现明显放缓。

私募证券投资基金投资者出资规模出现负增长。如图 5－5 所示，私募证券投资基金投资者出资规模由 2019 年的 2.07 万亿元持续上升至 2021 年的 5.61 万

亿元，而后减少至 2023 年的 5.03 万亿元。由于近 99% 的私募证券投资基金均为契约型基金，中基协又以投资者持有基金份额乘以同期末基金单位净值来估计契约型产品的投资者出资额，所以在投资者数量仍在增长的背景下，2022 年与 2023 年投资者出资规模的负增长主要源自证券市场的表现不佳。

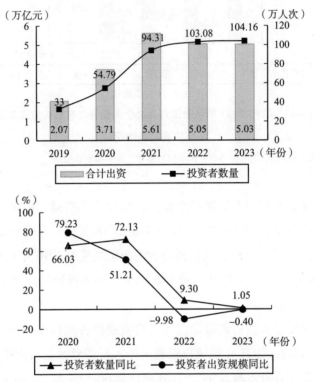

图 5 - 5　2019 ~ 2023 年私募证券投资基金投资者数量与出资规模情况

资料来源：中国证券投资基金业协会，由中国私募基金年鉴编委会整理。

私募证券投资基金投资者数量的增速下降主要来自个人投资者。如图 5 - 6 所示，自 2019 年起，私募证券投资基金个人投资者数量在持续 3 年增长后于 2023 年出现首次减少，2023 年个人投资者为 86.09 万人次，与 2022 年相比同比下降 - 0.54%，与 2019 年相比整体扩张 193.52%。机构投资者数量则由 2019 年的 3.67 万人次持续增长至 2023 年的 18.07 万人次，整体扩张 392.37%。值得注意的是，个人投资者数量增长的趋缓与负增长是 2022 年与 2023 年私募证券投资基金投资者总数增速放缓的直接原因。

2022 年私募证券投资基金个人投资者与机构投资者的出资规模同步下降。如图 5 - 6 所示，私募证券投资基金个人投资者出资规模由 2021 年的 2.45 万亿元减少至 2022 年的 2.23 万亿元，同比下降 8.98%；机构投资者的出资规模由

2021 年 3.16 万亿元下降至 2022 年的 2.82 万亿元,同比下降 10.76%。个人投资者与机构投资者的平均出资规模分别由 2021 年的 302 万元和 2390 万元下降至258 万元和 1707 万元,同比分别下降 14.57% 和 28.58%。基于契约型基金出资规模的估算方式,与个人投资者相比,2022 年机构投资者承受了更大的损失。

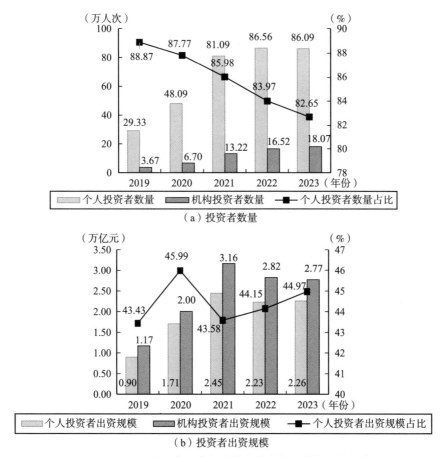

图 5 - 6　2019~2023 年私募证券投资基金个人投资者与机构投资者数量
与出资规模情况

资料来源:中国证券投资基金业协会,由中国私募基金年鉴编委会整理。

2023 年私募证券投资基金机构出资规模进一步下降。如图 5 - 6 所示,在2022 年出资规模下降的背景下,私募证券投资基金机构投资者出资规模自 2022年 2.82 万亿元持续下降至 2023 年的 2.77 万亿元,机构投资者的平均出资规模也由 2023 年的 1707 万元下降至 1533 万元。

私募证券投资基金个人投资者数量占比下降。如图 5 - 6 所示,一方面,与2019 年相比,2023 年私募证券投资基金个人投资者数量在市场中的占比下降

6.22 个百分点至 82.65%；另一方面，与 2019 年相比，2023 年私募证券投资基金个人投资者出资规模占比基本维持稳定。占私募证券投资基金投资者数量八成以上的个人投资者贡献了超四成的出资规模，对于私募证券投资基金而言，个人投资者不论从数量还是从规模来看都是其重要的参与者。

第三节　私募基金投资者所投基金退出与净值等情况

虽然私募基金投资者的具体收益难以统计，但对于私募股权、创业投资基金来说，通过对中基协正在运行的私募股权、创业投资基金各行业投资案例的在投金额和退出本金进行分析，仍能展示出作为投资者最关键收益方式的退出的历年变化趋势，而对于私募证券投资基金来说，通过对不同单位净值区间产品规模的分析，也能从侧面勾勒出投资者收益的大致变动情况。需要注意的是，伴随着中基协年报架构调整，本章节中私募股权、创业投资基金分行业投资案例的相关数据以及私募证券投资基金的净值分布数据截至 2022 年底。

一、私募股权、创业投资基金各行业投资与退出情况

（一）投资与退出整体情况

私募股权、创业投资基金新增案例在投金额达六年内最低值。如图 5 - 7 所示，2023 年私募股权、创业投资基金新增案例在投金额为 10888 亿元，与 2022 年、2021 年、2020 年、2019 年和 2018 年相比分别变动 - 16.82%、- 31.24%、- 24.92%、15.27% 和 - 16.30%。

私募股权、创业投资基金当年退出本金规模有所回升，超 2020 年退出水平。如图 5 - 7 所示，2023 年私募股权、创业投资基金当年退出本金规模为 5803 亿元，与 2022 年、2021 年、2020 年、2019 年和 2018 年相比分别变动 16.32%、- 9.92%、3.64%、33.10% 和 71.08%。

（二）各行业投资与退出情况

从在投规模总量来看，资本品行业连续六年成为私募股权、创业投资基金在投规模最大的行业。如图 5 - 8 和图 5 - 9 所示，截至 2022 年末，按行业在投规模总量排序来看，资本品、计算机运用、半导体、房地产、交通运输、原材料、

公用事业、医药生物、其他金融、医疗器械与服务分别是私募股权、创业投资基金在投金额最多的十大行业。其中投向资本品行业的在投金额存量达到11000.87亿元，占同期所有案例在投金融总量的12.84%，超过第二名的计算机运用行业1.54个百分点，超过第三名半导体行业2.7个百分点。截至2023年末，资本品、计算机运用、半导体仍是私募股权、创业投资基金在投规模的前三的行业，其在投金额存量分别为11503.13亿元、9723.15亿元与9850.47亿元。值得注意的是，在经过多年的高速增长后，半导体超越计算机运用成为私募股权、创业投资基金在投金额第二大的行业。

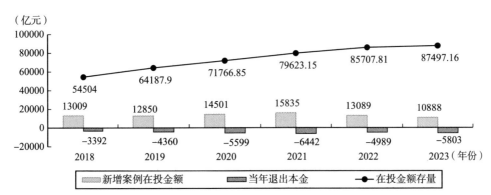

**图5-7 2018~2023年存续私募股权、创业投资基金在投金额与新增案例的
在投金额和退出本金情况**

注：由于当年清盘基金数据不计入统计，所以历年数据之间存在一定的不连贯性。
资料来源：中国证券投资基金业协会，由中国私募基金年鉴编委会整理。

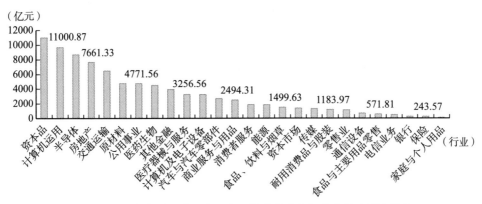

图5-8 2022年存续私募股权、创业投资基金各行业在投金额存量情况

注：2023年全量行业数据暂未公布，除资本品、计算机运用行业外，本次数据统计时间均截至2022年底。
资料来源：中国证券投资基金业协会，由中国私募基金年鉴编委会整理。

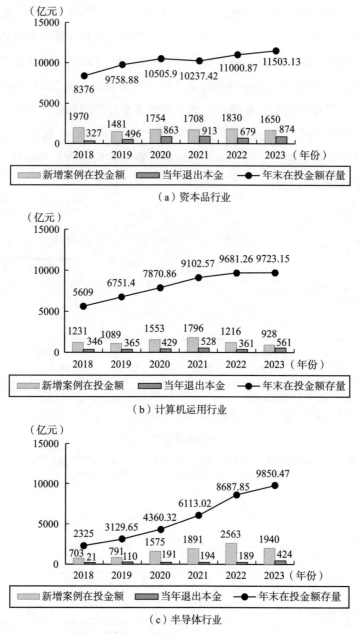

图 5 − 9　2018 ～ 2023 年投向资本品、计算机运用与半导体行业的存续私募股权、

创业投资基金在投金额和退出本金情况

资料来源：中国证券投资基金业协会，由中国私募基金年鉴编委会整理。

从新增案例的投资规模来看，半导体行业连续三年成为私募股权、创业投资基金新增案例投资金额最多的行业。如图 5 − 10 所示，2022 年，私募股权、创业投资基金新增案例中投向半导体的金额达到 2563 亿元，占同期所有新增案例投资金额的 19.58%，半导体行业已经成为私募基金资金追逐的主要对象。与此相对，2022 年私募股权、创业投资基金投向计算机运用、房地产、其他金融、公用事业、医药生物、医疗器械与服务、计算机及电子设备、商业服务与用品、资本市场、消费者服务、零售业以及银行等行业的投资金额均下降超过 100 亿元。其中，房地产、其他金融以及商业服务与用品三个行业已连续两年出现新增案例在投金额下降的情况。2022 年仅资本品、交通运输、原材料、半导体、能源、汽车与汽车零部件六大行业出现新增案例在投金额正向增长。

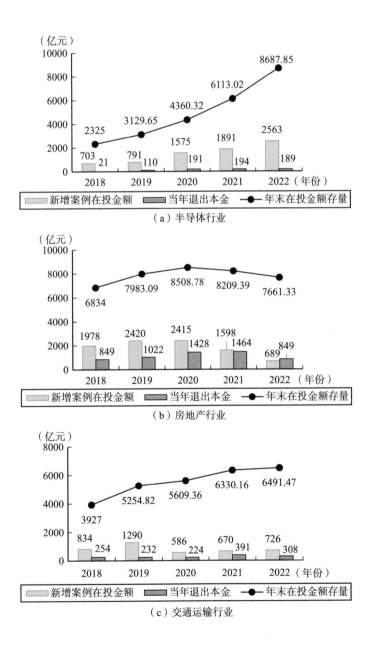

（a）半导体行业

（b）房地产行业

（c）交通运输行业

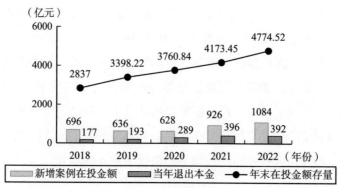

（d）原材料行业

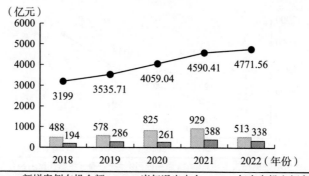

（e）公共事业行业

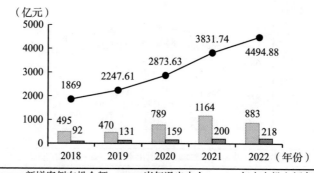

（f）医药生物行业

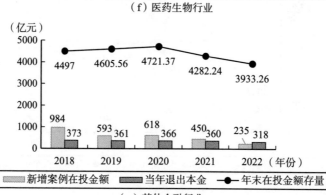

（g）其他金融行业

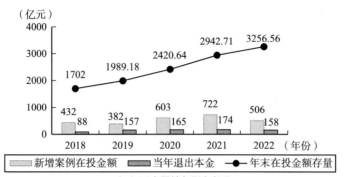

（h）医疗器械与服务行业

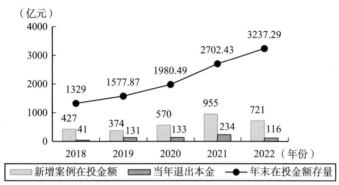

（i）计算机及电子设备行业

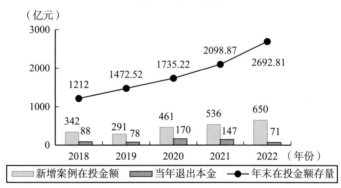

（j）汽车与汽车零部件行业

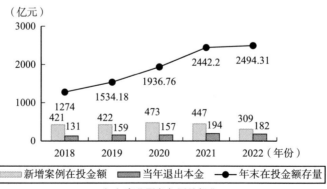

（k）商业服务与用品行业

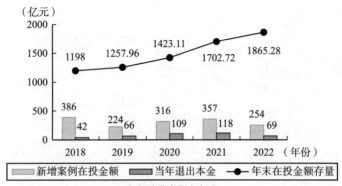

（l）消费者服务行业

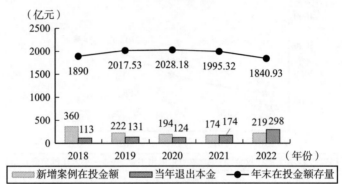

（m）能源行业

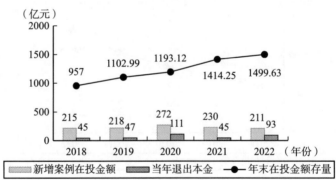

（n）食品、饮料与烟草行业

（o）资本市场

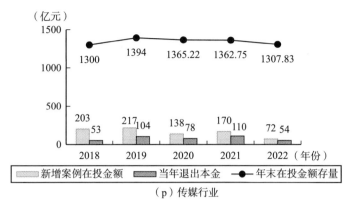

（p）传媒行业

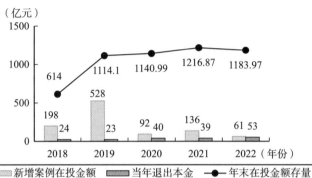

（q）消费品与服装行业

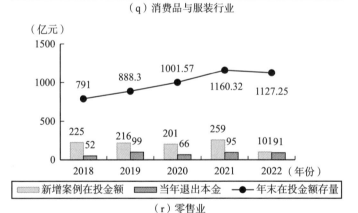

（r）零售业

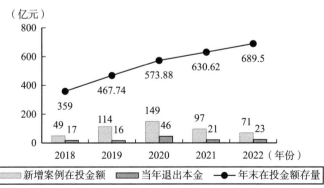

（s）通信设备行业

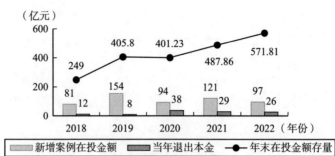

（t）食品与主要用品零售行业

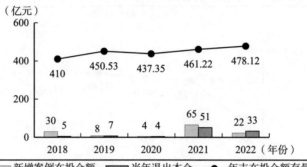

（u）电信行业

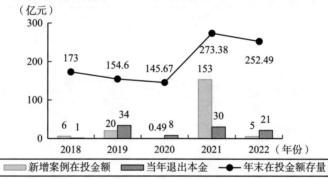

（v）银行业

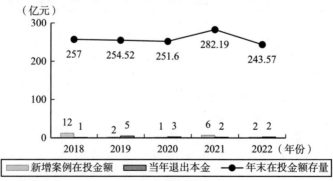

（w）保险行业

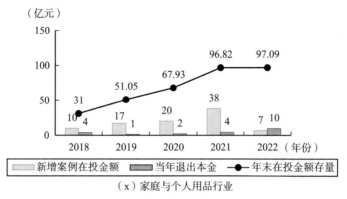

（x）家庭与个人用品行业

图 5 - 10 2018 ~ 2022 年存续私募股权、创业投资基金部分行业在投金额存量与退出本金情况

资料来源：中国证券投资基金业协会，由中国私募基金年鉴编委会整理。

从退出规模来看，房地产行业在 2018 年至 2022 年连续五年成为私募股权、创业投资基金当年退出规模与累计退出规模最大的行业。如图 5 - 10 所示，2018 年私募股权、创业投资基金投向房地产行业的在投规模为 6834 亿元，占同期行业总在投规模的 12.54%。2018 ~ 2022 年，房地产行业新增案例累计退出本金 5612 亿元，占同期行业累计退出本金的 23%。

二、私募证券投资基金净值情况

单位净值低于 1 的私募证券投资基金占比正在上升。如表 5 - 4、图 5 - 11 与图 5 - 12 所示，2022 年单位净值低于 1 的私募证券投资基金的数量和规模分别为 48610 只与 21337.09 亿元，占比 52.72% 和 38.36%，较 2020 年的 29.24% 和 11.37% 分别提升了 23.48 个百分点和 26.99 个百分点。

单位净值高于 1 的各区间私募证券投资基金占比正在全面下降。如表 5 - 4、图 5 - 11 与图 5 - 12 所示，与 2020 年相比，2022 年单位净值在 [1，1.5）的私募证券投资基金数量与规模占比分别下降 16.17% 与 9.28%，单位净值在 [1.5，2）的数量与规模占比分别下降 4.93% 与 7.53%，单位净值在 2 及以上的数量与规模占比分别下降 2.38% 与 10.18%。

单位净值低于 1 的私募证券投资基金主要集中在 [0.9，1）区间。如表 5 - 4、图 5 - 11 与图 5 - 12 所示，截至 2022 年末，单位净值在 [0.9，1）区间的私募证券投资基金数量与规模占比分别为 21.94% 和 18.72%。

[1，1.5）仍是私募证券投资基金最密集的单位净值区间。如表 5 - 4、图 5 - 11 与图 5 - 12 所示，截至 2022 年，单位净值在 [1，1.5）的私募证券投资

基金数量与规模分别为 34784 只与 22590 亿元，占比分别为 37.73% 与 40.62%。

表 5-4　　　私募证券投资基金不同单位净值的基金数量与规模占比情况　　　单位：%

单位净值	2020 年		2021 年		2022 年	
	数量占比	规模占比	数量占比	规模占比	数量占比	规模占比
[0, 0.5)	4.98	0.99	3.96	0.80	6.07	1.44
[0.5, 0.8)	5.91	1.71	5.99	1.98	14.03	9.36
[0.8, 0.9)	4.39	1.45	5.84	3.17	10.68	8.84
[0.9, 1)	13.96	7.22	18.50	14.59	21.94	18.72
[1, 1.5)	53.90	49.90	50.73	50.10	37.73	40.62
[1.5, 2)	9.94	15.16	7.97	10.34	5.010	7.63
2 及以上	6.92	23.57	7.00	19.02	4.54	13.39
合计	100.00	100.00	100.00	100.00	100.00	100.00

资料来源：中国证券投资基金业协会，由中国私募基金年鉴编委会整理。

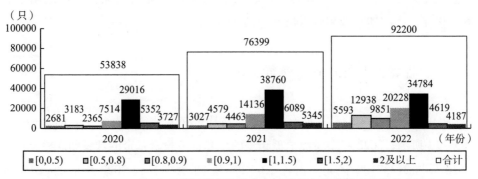

图 5-11　2020~2022 年私募证券投资基金不同单位净值的基金数量分布情况

资料来源：中国证券投资基金业协会，由中国私募基金年鉴编委会整理。

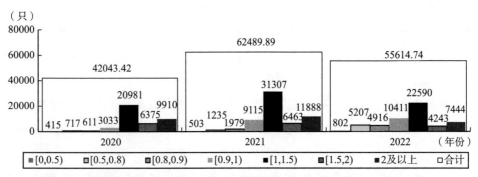

图 5-12　2020~2022 年私募证券投资基金不同单位净值的基金规模分布情况

资料来源：中国证券投资基金业协会，由中国私募基金年鉴编委会整理。

第四节　私募基金投资者权益保护

无论是对于私募股权投资基金、创业投资基金还是私募证券投资基金，从投资者数量来看，都以个人投资者为主。切实健全投资者保护机制（见表5-5），尤其是针对相对弱势的个人投资者的保护机制，是保障私募市场功能正常发挥的关键环节。

表5-5　　　　　近期投资者权益保护相关政策措施梳理（部分）

名称	发布时间	重点内容提炼
私募投资基金监督管理暂行办法（征求意见稿）	2023年12月8日	中国证监会公布《私募投资基金监督管理暂行办法》（征求意见稿），对私募基金行业准入和监管规则进行重大调整，大幅加强对投资者的保护，私募基金行业引来迄今为止最高的监管要求。文件从投资者权益保护的法律适用范围、管理人职责的细化规定、募集环节的委托代销禁止性规定、管理人适当性义务履行、管理人投资行为负面清单等方面对私募基金投资者权益保护做了全面系统的规定
关于加强证券公司和公募基金监管加快推进建设一流投资银行和投资机构的意见（试行）	2024年3月15日	证监会发布《关于加强证券公司和公募基金监管加快推进建设一流投资银行和投资机构的意见（试行）》，强调把功能性放在首要位置，坚持以客户为中心
国务院关于加强监管防范风险推动资本市场高质量发展的若干意见（新"国九条"）	2024年4月12日	国务院出台《国务院关于加强监管防范风险推动资本市场高质量发展的若干意见》，强调突出以人民为中心的价值取向，更加有效保护投资者特别是中小投资者合法权益，助力更好满足人民群众日益增长的财富管理需求
关于加强上市证券公司监管的规定	2024年5月10日	证监会修订发布《关于加强上市证券公司监管的规定》，明确要求上市证券公司，以更鲜明的人民立场、更先进的发展理念、更严格的合规风控和更加规范、透明的信息披露，努力回归本源、做优做强，切实担负起引领行业高质量发展的"领头羊"和"排头兵"作用
关于完善证券期货纠纷多元化解机制　深入推进诉源治理的工作方案	2024年5月15日	证监会发布《关于完善证券期货纠纷多元化解机制深入推进诉源治理的工作方案》，明确提出坚持人民至上。坚持资本市场的人民性，始终把维护投资者合法权益作为出发点和落脚点，解决好投资者急难愁盼问题，为投资者提供更高效信赖的权益维护途径，更加有效地保护投资者合法权益
监管规则适用指引——发行类第10号	2024年5月15日	证监会发布《监管规则适用指引——发行类第10号》，强调推动各方树立对投资者负责的理念，强化拟上市企业行为约束，切实保护投资者利益

名称	发布时间	重点内容提炼
最高人民法院　最高人民检察院　公安部　中国证券监督管理委员会关于办理证券期货违法犯罪案件工作若干问题的意见	2024年5月17日	最高人民法院、最高人民检察院、公安部、中国证券监督管理委员会四部门发布《最高人民法院　最高人民检察院　公安部　中国证券监督管理委员会关于办理证券期货违法犯罪案件工作若干问题的意见》，进一步完善行政执法与刑事司法的有效衔接机制，坚持应移尽移、当捕则捕、该诉则诉，突出对侵害资本市场根基犯罪的重点打击，维护资本市场秩序
国家金融监督管理总局　中国人民银行　中国证券监督管理委员会关于金融消费者权益保护相关工作安排的公告	2024年6月28日	为贯彻落实《党和国家机构改革方案》关于金融消费者权益保护职责调整有关部署，国家金融监督管理总局、中国人民银行以及中国证券监督管理委员会发布《国家金融监督管理总局　中国人民银行　中国证券监督管理委员会关于金融消费者权益保护相关工作安排的公告》，就金融消费者权益保护相关工作安排进行公告

资料来源：中华人民共和国国务院新闻办公室、中华人民共和国最高人民法院、中国证券监督管理委员会、中国证券投资基金业协会，由中国私募基金年鉴编委会整理。

第六章　私募基金管理人

第一节　私募股权、创业投资基金管理人总体情况

一、管理人数量变化情况

私募基金管理人登记始于 2014 年 1 月中基协发布《私募投资基金管理人登记和基金备案办法（试行)》，如图 6 - 1 所示，私募股权、创业投资基金管理人存量数量自 2014 年末的 3366 家逐步发展至 2021 年末的 15012 家，而后管理人存量数量自高位逐步回落至 2023 年末的 12893 家。与 2021 年的峰值相比，2023 年末私募股权、创业投资基金管理人存量数量已减少 14.11%。

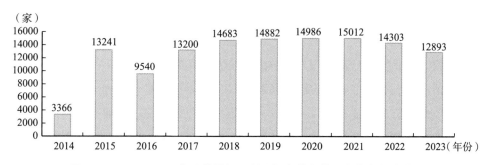

图 6 - 1　2014～2023 年私募股权、创业投资基金管理人存量数量情况

资料来源：中国证券投资基金业协会，由中国私募基金年鉴编委会整理。

从历年新登记的管理人数量角度，当前新登记私募股权、创业投资基金管理人数量整体呈减少趋势，且 2023 年新登记管理人数量达到历史最低点。如图 6 - 2

所示，2014~2018 年为私募股权、创业投资基金管理人大规模登记阶段，该阶段管理人年均新增登记数 4591 家。2019~2022 年为私募股权、创业投资基金管理人的稳定发展阶段，该阶段管理人年均新增登记数降至 751 家。2023 年为私募股权、创业投资基金管理人高质量发展阶段，行业准入门槛提高，管理人新增登记数仅 313 家，为前一阶段均值的 42%。

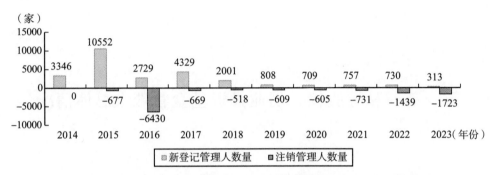

图 6-2　2014~2023 年私募股权、创业投资基金管理人登记与注销情况

注：中基协已注销管理人数据中存在"未填报管理人类型"，图中数据根据协会历年登记与存量情况进行调整。

资料来源：中国证券投资基金业协会，由中国私募基金年鉴编委会整理。

从历年新注销的管理人数量角度，当前新注销私募股权、创业投资基金管理人数量呈上升态势，且 2023 年新注销管理人数量达到除 2016 年外的最高值。如图 6-2 和表 6-1 所示，自 2015 年起，私募股权、创业投资基金开始出现管理人注销情况。2016 年，依照《关于进一步规范私募基金管理人登记若干事项的公告》的相关内容，3551 家新登记的私募基金管理人，因在办结登记手续之日起 6 个月内仍未备案首只私募基金产品而被注销。这一轮依公告注销是 2016 年私募股权、创业投资基金管理人总数出现减少的直接原因。2017~2021 年，管理人注销情况进入了稳定波动阶段，私募股权、创业投资基金管理人年均注销 626 家，行业出清节奏稳定。2022~2023 年，管理人注销情况进入加速阶段，私募股权、创业投资基金管理人年均注销 1581 家，单年注销数量超过登记数量，引发私募股权、创业投资基金管理人总数减少。这一阶段行业注销数量激增，主要源自中基协严监管政策带来的主动注销与协会注销数量增长。截至 2023 年末，私募股权、创业投资基金管理人累计注销数达 13401 家，占 2014 年以来所有备案私募股权、创业基金管理人总数的约 51%，当前协会注销成为私募股权、创业投资基金管理人注销的主要方式。

表 6 – 1　　　**2014～2023 年私募股权、创业投资基金管理人注销原因统计**　　　单位：家

年份	主动注销	依公告注销	协会注销	累计注销
2014	0	0	0	0
2015	21	0	0	21
2016	248	3551	3	3823
2017	55	613	67	4558
2018	124	325	56	5063
2019	211	92	280	5646
2020	218	18	336	6218
2021	355	32	332	6937
2022	921	11	474	8343
2023	383	44	1298	10068

注：本表数据为中基协已注销管理人中管理人类型为"私募股权、创业投资基金管理人"的相关
数据。
资料来源：中国证券投资基金业协会，由中国私募基金年鉴编委会整理。

二、管理人管理基金数量及规模变化情况

无在管基金的私募股权、创业投资基金管理人数量出现下降。如图 6 – 3 所
示，2019～2021 年，虽然私募股权、创业投资基金管理人总数仍在缓慢增长，但
有在管基金的管理人数量实际呈现下跌态势，无在管基金的管理人数量占私募股
权、创业投资基金管理人总数的比重由 13.16% 提升至 14.36%。面对这一情况，
2022 年中基协发起针对 12 个月无在管基金管理人的自律检查，大量无在管基金
的私募股权、创业投资基金管理人注销，导致无在管基金的管理人数量占比由
2021 年末的 14.36% 下降至 2023 年末的 3.75%。

2022 年 1 月 30 日，中基协发布了《关于加强经营异常机构自律管理相关
事项的通知》，其中将"在管私募基金全部清算后，超过 12 个月持续无在管私
募基金的情形"列为经营异常机构的七大类别之一。2022 年 7 月，中基协发
布通告，要求相关 12 个月无在管基金的私募基金管理人向协会提交专项法律
意见书，若 3 个月内不能提交符合要求的专项法律意见书，并按照要求提交基
金产品备案，协会将会注销其管理人登记。值得注意的是，根据中基协规定，
若管理人主动注销，则自主动注销申请通过之日起 6 个月内不得重新申请登

记，期满后重新申请登记且符合登记条件的予以登记，也就是说，主动注销的管理人仍可选择重新申请管理人登记。而与此不同的是，协会注销后管理人不得重新登记，这也是2022年私募股权、创业投资基金管理人主动注销数量大幅增加的原因之一。

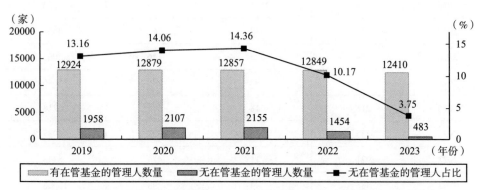

图6-3 2019~2023年私募股权、创业投资基金管理人存量数量与占比情况
（根据有无在管基金划分）

资料来源：中国证券投资基金业协会，由中国私募基金年鉴编委会整理。

有在管基金的私募股权、创业投资基金管理人平均在管数量与规模同步扩张。如图6-4所示，私募股权、创业投资基金管理人在管基金总数与总规模不断提升，有在管基金的私募股权、创业投资基金管理人的平均基金管理数量与平均在管规模从2019年的2.88只与7.9亿元提升至2023年的4.41只与11.51亿元，私募股权、创业投资基金管理人获得显著发展。

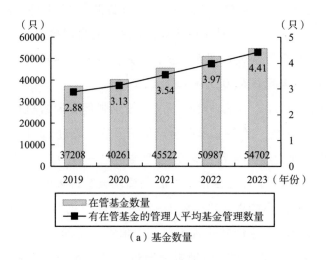

（a）基金数量

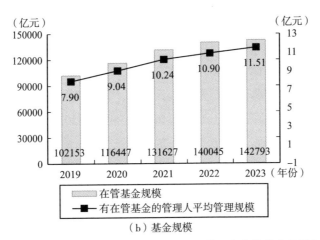

（b）基金规模

图6-4　2019～2023年私募股权、创业投资基金管理人在管基金数量与规模情况

资料来源：中国证券投资基金业协会，由中国私募基金年鉴编委会整理。

三、管理人在管规模集中度情况

中小型私募股权、创业投资基金管理人占多数。如图6-5所示，以2023年数据为例，20.48%的私募股权、创业投资基金管理人的在管规模在2000万元以下，44.40%的私募股权、创业投资基金管理人在管规模在1亿元以下，而5亿元以上在管规模的私募股权、创业投资基金管理人共3367家，占私募股权、创业投资基金管理人总数的27.13%。

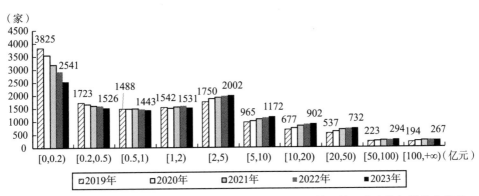

图6-5　2019～2023年有在管基金的私募股权、创业投资基金管理人在管规模分布情况

资料来源：中国证券投资基金业协会，由中国私募基金年鉴编委会整理。

1亿元规模以下的私募股权、创业投资基金管理人正在减少。如图6-5所示，即便排除无在管基金的数量影响，1亿元规模以下的私募股权、创业投资基金管理人数量依然呈现稳定的下降态势，由2019年的7036家减少至2023年的

5510 家，占有在管基金的私募股权、创业投资基金管理人的比重也由 54.44% 稳步下降至 44.40%。

资金加速向私募股权、创业投资基金头部管理人聚集。如图 6-6 所示，行业规模前 20 名、前 10 名、前 5 名的私募股权、创业投资基金管理人行业集中度（concentration rate，CR）不断上升。与 2019 年相比，2023 年私募股权、创业投资基金 CR20 由 12.67% 上升 0.11 个百分点至 12.78%，CR10 由 7.95% 上升 0.70 个百分点至 8.65%，CR5 由 5.02% 上升 0.76 个百分点至 5.78%。显然，私募股权、创业投资基金管理人的头部效应明显，行业规模越高的私募股权、创业投资基金管理人对资金的吸引力越大。

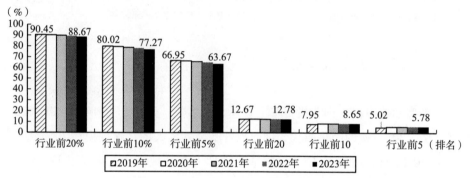

图 6-6　2019~2023 年私募股权、创业投资基金管理人在管规模集中度

资料来源：中国证券投资基金业协会，由中国私募基金年鉴编委会整理。

次一级大型私募股权、创业投资基金管理人平均在管规模或正在减少。如图 6-6 所示，不同于行业前 20 名在管规模的管理人在管规模不断扩大，私募股权、创业投资基金行业前 20%、前 10%、前 5% 在管规模的管理人在管规模占比皆呈现持续下降趋势。根据图 6-5 可以推断，前 20% 在管规模的私募股权、创业投资基金管理人的在管规模应落在 5 亿元以上在管规模区间，即超过 5 亿元规模的大型私募股权、创业投资基金管理人在管规模呈现分化。

四、管理人成立时间及注册/实收资本情况

（一）管理人成立时间分布

私募股权、创业投资基金管理人平均成立时间不断增长。如图 6-7 所示，成立时间在 10 年及以上的私募股权、创业投资基金管理人数量由 2019 年的 849

家增长至 2023 年的 2680 家，占管理人总数的比重也由 5.70% 提升至 20.79%。成立时间在 6~10（不含）年的管理人数量由 2019 年的 2962 家增长至 2023 年的 7516 家，占管理人总数的比重也由 19.90% 提升至 58.30%。

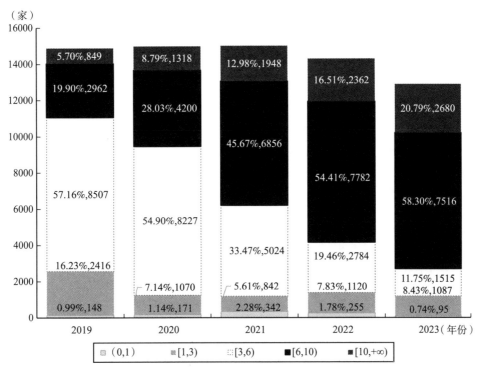

图 6 - 7 2019~2023 年私募股权、创业投资基金管理人成立时间分布情况

资料来源：中国证券投资基金业协会，由中国私募基金年鉴编委会整理。

（二）管理人注册资本与实收资本分布

从管理人注册资本来看，私募股权、创业投资基金管理人的注册资本主要集中在 1000 万~2000 万（不含）元区间，且其占比不断扩大。如表 6 - 2 和图 6 - 8 所示，2019~2023 年，注册资本在 1000 万元以下的私募股权、创业投资基金管理人占比从 17.67% 下降至 14.01%；注册资本在 1000 万~2000 万（不含）元区间的占比由 44.55% 提升至 50.34%；注册资本在 2000 万元以上的占比从 37.78% 下降至 35.65%。超五成私募股权、创业投资基金集中在 1000 万至 2000 万元区间。

从管理人实收资本来看，私募股权、创业投资基金管理人的实收资本在 200 万~500 万（不含）元、1000 万~2000 万（不含）元区间较为集中。如表 6 - 2 和图 6 - 8 所示，2019~2023 年，超两成私募股权、创业投资基金实收资本集中在 200 万 ~ 500 万（不含）元区间，超五成集中在 1000 万元以上区间，且实缴资本超 1000 万元的私募股权、创业投资基金占比由 2019 年的 53.32% 提升至 2023 年的 59.08%。

表 6 - 2　　　　**2019 ~ 2023 年不同注册资本与实收资本的私募股权、**

创业投资基金管理人数量占比情况　　　　　单位：%

年份	注册资本占比				实收资本占比			
	1000 万元以下	1000 万 ~ 2000 万（不含）元	2000 万元及以上	合计	1000 万元以下	1000 万 ~ 2000 万（不含）元	2000 万元及以上	合计
2019	17.67	44.55	37.78	100.00	46.68	29.04	24.28	100.00
2020	16.89	46.05	37.06	100.00	46.34	29.81	23.85	100.00
2021	15.95	47.69	36.36	100.00	45.58	30.73	23.69	100.00
2022	15.05	48.84	36.11	100.00	44.77	31.44	23.79	100.00
2023	14.01	50.34	35.65	100.00	40.92	34.86	24.21	100.00

资料来源：中国证券投资基金业协会，由中国私募基金年鉴编委会整理。

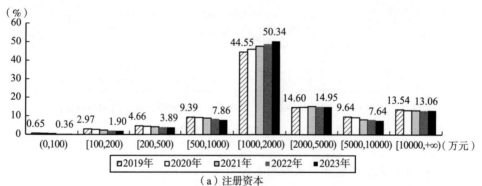

（a）注册资本

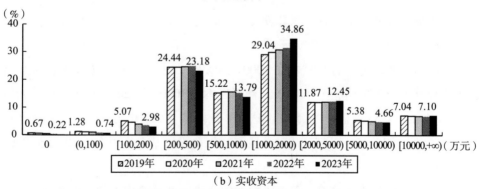

（b）实收资本

图 6 - 8　2019 ~ 2023 年不同注册资本与实收资本的私募股权、

创业投资基金管理人数量占比变化情况

资料来源：中国证券投资基金业协会，由中国私募基金年鉴编委会整理。

（三）管理人实收资本分布

从管理人实缴比例来看，私募股权、创业投资基金管理人实缴比例的情况正在改善。如图6-9所示，2019～2023年，实缴比例在25%以下的私募股权、创业投资基金管理人的数量占比由8.67%下降至4.95%；实缴比例在25%至100%（不含）的占比由43.99%上升至45.37%；实缴比例在100%及以上的占比在47.34%至49.68%之间波动。

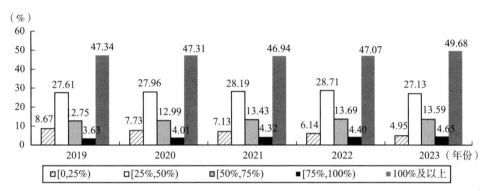

图6-9　2019～2023年不同实收资本比例的私募股权、创业投资基金管理人占比情况

资料来源：中国证券投资基金业协会，由中国私募基金年鉴编委会整理。

五、管理人组织形式、股权性质及控股类型分布情况

（一）管理人组织形式分布

公司制是当前私募股权、创业投资基金管理人的主流组织形式。私募股权、创业投资基金管理人按照组织形式被分为公司制与非公司制，如表6-3所示，2023年公司制私募股权、创业投资基金管理人数量最多，达11794家，占比91.48%，合伙制管理人仅1081家，占比8.38%。公司制尤其是有限责任公司制已成为私募股权、创业投资基金管理人最普遍采用的组织形式。

（二）管理人股权性质分布

内资仍是私募股权、创业投资基金管理人的主要股权性质，但中外合资管理人的数量正在持续增长。如图6-10所示，2020～2023年，占绝大多数的内资私募股权、创业投资基金管理人数量占比由98.28%下降至97.94%。截至2023年底，内资私募股权、创业投资基金管理人数量和在管规模分别为12627家和

13.86 万亿元，各股权性质的私募股权、创业投资基金管理人中中外合资管理人平均管理规模最大，达 18.78 亿元。

表 6 – 3　2020～2023 年不同组织形式的私募股权、创业投资基金管理人数量分布情况

年份	管理人数量（家）						管理人数量占比（%）					
	有限责任公司	股份有限公司	有限合伙企业	普通合伙企业	其他	合计	有限责任公司	股份有限公司	有限合伙企业	普通合伙企业	其他	合计
2020	13438	246	1234	43	25	14986	89.67	1.64	8.23	0.29	0.17	100.00
2021	13520	227	1197	44	24	15012	90.06	1.51	7.97	0.29	0.16	100.00
2022	12899	193	1148	42	21	14303	90.18	1.35	8.03	0.29	0.15	100.00
2023	11636	158	1045	36	18	12893	90.25	1.23	8.10	0.28	0.14	100.00

资料来源：中国证券投资基金业协会，由中国私募基金年鉴编委会整理。

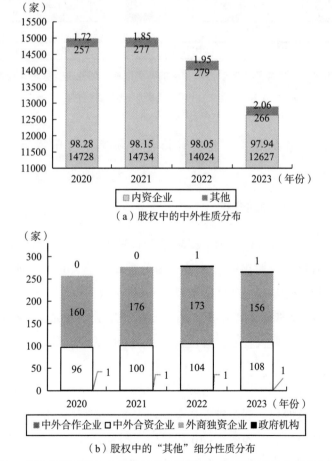

（a）股权中的中外性质分布

（b）股权中的"其他"细分性质分布

图 6 – 10　2020～2023 年不同股权中外性质的私募股权、创业投资基金管理人数量分布情况

资料来源：中国证券投资基金业协会，由中国私募基金年鉴编委会整理。

（三）管理人控股类型①分布

自然人及其所控民营企业控股是私募股权、创业投资基金管理人数量最多的控股类型。如表6-4和表6-5所示，2020~2023年，自然人及其所控民营企业控股的私募股权、创业投资基金管理人数量由11741家减少至9694家，降幅达17.43%，与此数量变动相反的是，对应规模由56634.4亿元上升至68211.5亿元，涨幅达20.44%。这可能意味着，自然人及其所控民营企业控股的私募股权、创业投资基金管理人中，一部分管理人在管规模不断扩大，但另一部分管理人则在退出市场。

表6-4　2020~2023年不同控股类型的私募股权、创业投资基金管理人数量及占比情况

年份	管理人数量（家）						管理人数量占比（%）					
	自然人及其所控制民营企业控股	国有控股	社团集体控股	外商控股	其他	合计	自然人及其所控制民营企业控股	国有控股	社团集体控股	外商控股	其他	合计
2020	11741	2066	67	293	626	14793	79.37	13.97	0.45	1.98	4.23	100.00
2021	11665	2204	70	328	613	14880	78.39	14.81	0.47	2.20	4.12	100.00
2022	10959	2265	63	321	601	14209	77.13	15.94	0.44	2.26	4.23	100.00
2023	9694	2246	58	304	549	12851	75.43	17.48	0.45	2.37	4.27	100.00

资料来源：中国证券投资基金业协会，由中国私募基金年鉴编委会整理。

表6-5　2020~2023年不同控股类型的私募股权、创业投资基金管理人规模及占比情况

年份	管理人规模（亿元）						管理人规模占比（%）					
	自然人及其所控制民营企业控股	国有控股	社团集体控股	外商控股	其他	合计	自然人及其所控制民营企业控股	国有控股	社团集体控股	外商控股	其他	合计
2020	56634.40	41446.54	904.63	4362.20	12498.19	115845.96	48.89	35.78	0.78	3.77	10.79	100.00
2021	64657.30	47190.59	887.04	5063.30	13514.72	131312.95	49.24	35.94	0.68	3.86	10.29	100.00
2022	68917.60	52300.99	693.05	4857.70	13004.82	139774.16	49.31	37.42	0.50	3.48	9.30	100.00
2023	68211.50	55581.91	687.05	5347.62	12797.10	142625.18	47.83	38.97	0.48	3.75	8.97	100.00

资料来源：中国证券投资基金业协会，由中国私募基金年鉴编委会整理。

---

① 截至统计时点，仍有42家私募股权、创业投资基金管理人未补充填报"控股类型"信息。

　　国有控股的私募股权、创业投资基金管理人数量与规模持续上升。如表6-4和表6-5所示，2020～2023年，国有控股的私募股权、创业投资基金管理人数量由2066家上升至2246家，涨幅达8.71%，管理人规模由41446.54亿元上升至55581.91亿元，涨幅达34.11%。国有控股的私募股权、创业投资基金管理人的市场占比正在快速提升。

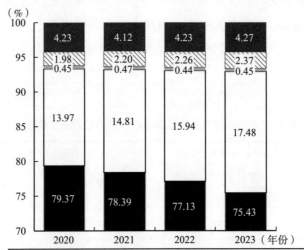

（a）基金管理人数量

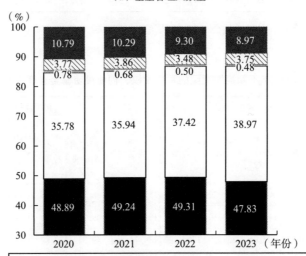

（b）基金规模

图6-11　2020～2023年不同控股类型的私募股权、创业投资基金管理人数量

和规模占比情况

资料来源：中国证券投资基金业协会，由中国私募基金年鉴编委会整理。

六、管理人注册区域与办公地域分布

从注册地角度来看，私募股权、创业投资基金管理人主要集中在少数一线城市及东南沿海等经济发达地区。如图 6 – 12 所示，2020～2023 年，七成左右的私募股权、创业投资基金管理人与在管规模集中在北京、上海、广东、深圳、江苏、浙江六大辖区。

从注册地角度来看，中西部地区的私募股权、创业投资基金管理人数量占比不断提升，规模占比先增后减。如图 6 – 12 所示，2020～2023 年，其他地区的私募股权、创业投资基金管理人占比由 29.13% 稳步上升至 31.91%，规模占比由 2020 年的 28.76% 提升至 2021 年的 29.81% 后持续下降至 2023 年的 29.16%。

从注册地角度来看，北京、上海和深圳三大辖区私募股权、创业投资基金管理人数量与规模占比正在下降。如图 6 – 12 所示，截至 2023 年末，注册地在北京、上海和深圳的私募股权、创业投资基金管理人数量合计 5888 家，占我国总数的 45.67%，较上年下降 1.56%，在管规模合计 74985.56 亿元，占比我国总规模的 52.51%，较上年下降 0.12%。

从办公地角度，一定数量的注册地在北京与上海之外的私募股权、创业投资基金管理人选择将办公地点设于北京与上海两座城市。如图 6 – 12 所示，截至 2023 年末，办公地在北京与上海的私募股权、创业投资基金管理人数量为 3112 家与 2255 家，分别占我国总数的 24.14% 与 17.49%，其占比较于北京和上海注册的基金管理人数量分别提高 6.73% 与 3.2%。同期在管规模分别为 5.2 万亿元与 2.6 万亿元，分别占我国总规模的 36.43% 与 18.25%，其占比较于北京和上海注册的基金管理人在管规模分别提高 10.66% 与 2.06%。

从 2023 年当年登记的私募股权、创业投资基金管理人角度。新登记管理人数量前三的注册地分别是江苏、海南和北京，管理人合计数量 119 家，占新登记管理人总数的 38.02%，新登记管理人数量前五的注册地分别是江苏、海南、北京、上海和广东，管理人合计数量 177 家，占比 56.55%。新登记管理人数量前三的办公地分别是北京、上海和江苏，管理人合计数量 134 家，占新登记管理人总数的 42.81%，新登记管理人数量前五的办公地分别为北京、上海、江苏、深圳和广东，管理人合计数量 192 家，占比 61.34%。

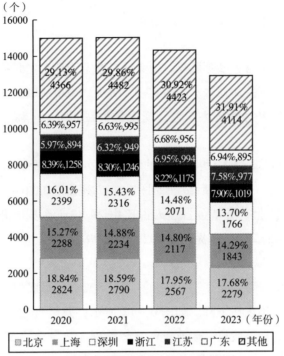

（a）按注册地分基金管理人数量

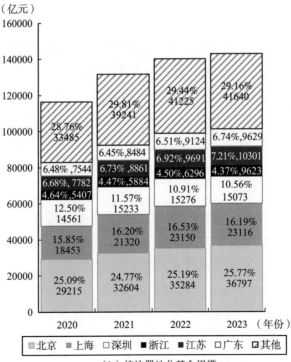

（b）按注册地分基金规模

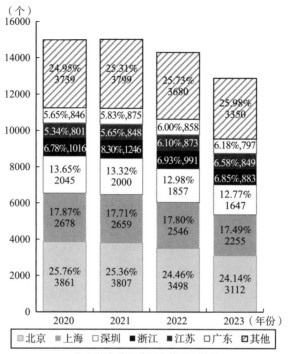

（c）按办公地分基金管理人数量

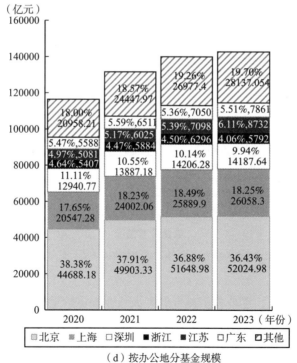

（d）按办公地分基金规模

图6-12 2020～2023年不同地域私募股权、创业投资基金管理人数量

与规模分布情况

资料来源：中国证券投资基金业协会，由中国私募基金年鉴编委会整理。

第二节　私募股权、创业投资基金管理人从业人员及高管情况分析

一、管理人从业人员情况

不足 5 人规模的私募股权、创业投资基金数量下降。2018 年 12 月更新的《私募基金管理人登记须知》中，明确规定"申请机构员工总人数不应低于 5 人，申请机构的一般员工不得兼职"，此后新登记的私募基金管理人员工人数皆需满足至少 5 人的要求。如图 6－13 所示，2019～2023 年，员工数量小于 5 人的私募股权、创业投资基金管理人数量从 5550 家减少至 787 人，降幅达 85.82%，随着行业监管的进一步收紧，更多空壳私募、牌照私募、小型私募将会因人数要求退出市场，私募注册和运营门槛将不断提升。

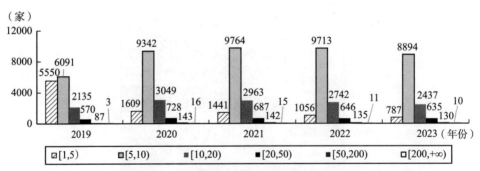

图 6－13　2019～2023 年不同员工人数的私募股权、创业投资基金管理人数量分布情况

资料来源：中国证券投资基金业协会，由中国私募基金年鉴编委会整理。

从单家私募股权、创业投资基金管理人从业人员数量来看，管理基金规模较大的管理人具有的从业人员数量普遍较多。如图 6－14 所示，2019～2023 年，除规模在 5000 万元以下的私募股权、创业投资基金管理人外，各规模管理人平均从业人员数量整体呈上升态势。

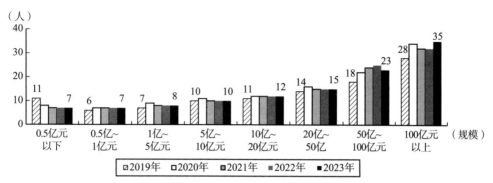

图6-14 2019~2023年不同规模的私募股权、创业投资基金管理人

平均从业人数分布情况

资料来源：中国证券投资基金业协会，由中国私募基金年鉴编委会整理。

二、管理人高管情况

私募股权、创业投资基金管理人的高管总数持续减少。如图6-15所示，2019~2023年，私募股权、创业投资基金管理人的高管总数由3.94万人持续减少至3.34万人。

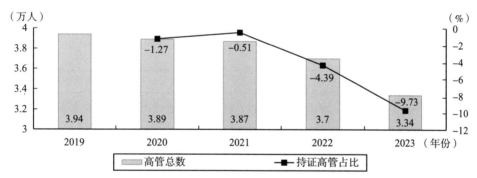

图6-15 2019~2023年私募股权、创业投资基金管理人高管总数

与持证高管数量变化情况

资料来源：中国证券投资基金业协会，由中国私募基金年鉴编委会整理。

（一）管理人高管人数分布情况

大多数私募股权、创业投资基金管理人具有2名或2名以上高管。如图6-16所示，2019~2023年，仅1名高管的私募股权、创业投资基金管理人数量持续低于100家且不断减少，截至2023年末具有2名或2名以上高管的私募股权、创业投资基金管理人占比已达99.90%。

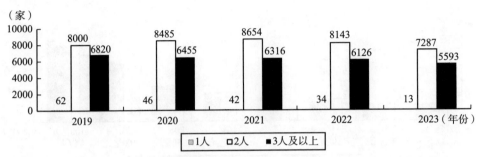

图 6 – 16　2019～2023 年不同高管数量的私募股权、创业投资基金管理人数量分布情况

资料来源：中国证券投资基金业协会，由中国私募基金年鉴编委会整理。

（二）管理人高管取得从业资格情况

私募股权、创业投资基金管理人高管持证比例进一步提高。如图 6 – 17 所示，2020～2023 年，私募股权、创业投资基金管理人高管持证比例由 92.13% 提升至 95.49%。

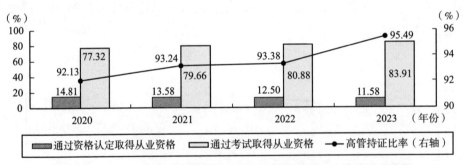

图 6 – 17　2020～2023 年私募股权、创业投资基金管理人高管从业资格不同取得方式的分布情况

资料来源：中国证券投资基金业协会，由中国私募基金年鉴编委会整理。

（三）管理人高管人员学历分布情况

私募股权、创业投资基金管理人高管学历背景稳步提升。如图 6 – 18 所示，2019～2023 年，博士研究生学历的私募股权、创业投资基金管理人高管数量占比从 4.94% 上升至 5.46%，硕士研究生学历高管的数量占比从 43.09% 上升至 48.93%，本科学历高管的数量占比从 43.89% 下降至 40.14%，其他学历高管的数量从 8.08% 下降至 5.47%。2023 年私募股权、创业投资基金管理人高管中硕士研究生及以上学历人员数量占比已达 54.39%。

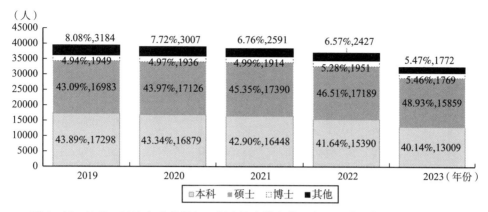

图 6 – 18 2019 ~ 2023 年私募股权、创业投资基金管理人不同学历高管数量分布情况

资料来源：中国证券投资基金业协会，由中国私募基金年鉴编委会整理。

（四）管理人高管人员年龄分布情况

私募股权、创业投资基金管理人高管平均年龄不断提升，40 ~ 50（不含）岁人士成为私募股权、创业投资从业的中坚力量。如图 6 – 19 所示，2019 ~ 2023 年，40 岁以下高管人数占比从 48.36% 下降至 37.62%，40 岁以上高管人数占比从 51.64% 提升至 62.38%，40 ~ 50（不含）岁成为高管年龄最为集中的区域。

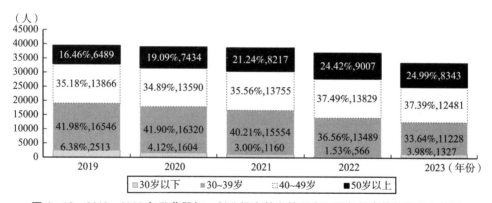

图 6 – 19 2019 ~ 2023 年私募股权、创业投资基金管理人不同年龄高管数量分布情况

资料来源：中国证券投资基金业协会，由中国私募基金年鉴编委会整理。

（五）管理人高管从业年限分布情况

具有 10 年及以上经验的从业人员在私募股权、创业投资基金管理人高管队伍中的占比逐渐提高。如图 6 – 20 所示，2019 ~ 2023 年，在行业高管总数不断减少的背景下，10 年及以上从业经验的高管数量占比由 79.78% 提升至 88.76%，私募股权、创业投资基金管理人对高管从业经验的要求不断提高。

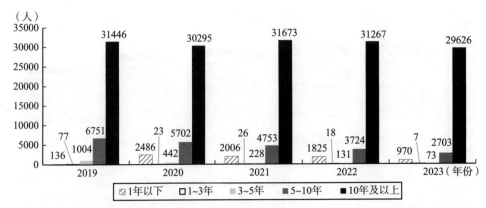

图 6 – 20　2019～2023 年私募股权、创业投资基金管理人不同从业年限高管数量分布情况
资料来源：中国证券投资基金业协会，由中国私募基金年鉴编委会整理。

（六）管理人高管任职年限分布情况

私募股权、创业投资从业人才稳定性稳步提升。如图 6 – 21 所示，2019～2023 年，私募股权、创业投资基金管理人时任高管中任职时间在 5 年及以上的数量由 8507 人增加至 17593 人，占比由 21.58% 提升至 52.71%。

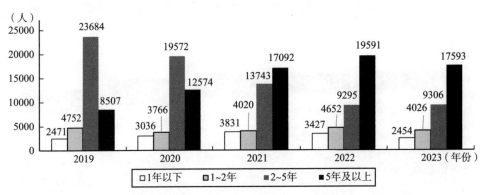

图 6 – 21　2019～2023 年私募股权、创业投资基金管理人不同任职年限高管数量分布情况
资料来源：中国证券投资基金业协会，由中国私募基金年鉴编委会整理。

第三节　私募证券投资基金管理人总体情况

一、管理人数量变化情况

私募证券投资基金管理人的发展与市场行情以及行业监管休戚相关，自 2014

年中基协启动私募投资基金管理人登记以来，私募证券投资基金整体经历了三个发展阶段。

2014～2018 年是私募证券投资基金管理人的快速发展阶段。如图 6 - 22 与图 6 - 23 所示，伴随着中基协管理人登记备案政策落地与 2014～2015 年间的股市上涨，大量私募证券投资基金集中进行备案，带来了管理人数量的迅猛提升，2015 年末私募证券投资基金管理人数量达到 10965 家的历史峰值，同比增速高达 662.52%。2016 年，大量新登记管理人因未在要求时限内发布产品而被集中注销，这带来私募证券基金管理人数量上的大幅下降。此后，2017～2018 年，私募证券投资基金管理人数量进入平稳增长期，年均增长率超 5%。

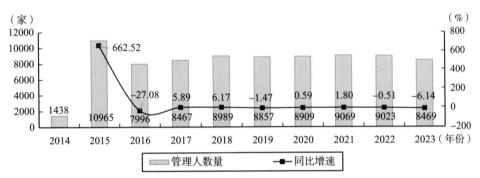

图 6 - 22　2014～2023 年私募证券投资基金管理人存量数量与同比增速情况

资料来源：中国证券投资基金业协会，由中国私募基金年鉴编委会整理。

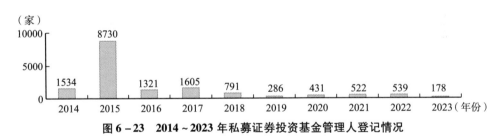

图 6 - 23　2014～2023 年私募证券投资基金管理人登记情况

资料来源：中国证券投资基金业协会，由中国私募基金年鉴编委会整理。

2019～2021 年是私募证券投资基金管理人的发展震荡阶段，这一时期，中美贸易摩擦在波动中持续，国内股市行情触底反弹，金融行业监管趋严，市场不确定性大增，私募证券投资基金管理人数量出现涨跌交替波动的情况。聚焦管理人登记视角，如图 6 - 23 所示，随着 2019 年中基协对申请机构的严格审查，私募基金管理人的申请难度开始加大，2019 年私募证券投资基金管理人全年登记数量仅为 286 家，较 2018 年的 791 家下降 63.84%，登记数量的大幅减少导致年末管理人存量数出现减少。但随着股市的持续上行以及私募证券投资基金业绩持续跑赢大盘，各方参与热情逐渐高涨，2020~2021年，私募证券投资基金管理人登记数量均值回升至477家，注销数量均值减少至371家，管理人数量重回增长通道。2021年末私募证券投资基金管理人数量达到9069家，为2016年以来的峰值。

2022~2023年是私募证券投资基金管理人的高质量发展阶段。这一时期，伴随着国内市场行情的弱势震荡以及相关监管政策的进一步收紧，多重因素叠加下出现大量基金清盘与管理人出清。自2023年私募登记备案新规《私募投资基金登记备案办法》实施以来，政策扶优限劣导向明显，私募证券投资基金管理人登记门槛大幅抬升，2023年完成备案的私募数量减少至178家，同比下降66.79%，大量不合规管理人被协会注销，2023年全年注销管理人数量上升至733家，同比上升25.30%。2023年私募证券投资基金管理人数量从2021年的历史高点9069家缩减至8469家，私募证券投资基金行业正在加速洗牌。

新登记私募证券投资基金管理人数量整体呈下降态势，2023年新登记管理人数量达到历史最低点。如图6-23所示，2014~2018年为私募证券投资基金管理人大规模登记阶段，管理人年均新增登记数2796家，其中，受过往成立管理人集中登记的影响，2015年私募证券投资基金管理人新登记数量高达8730家。2019~2022年，私募证券投资基金管理人新登记数量较前一阶段明显减少，管理人年均新增登记数降至444家，该段时间内管理人新登记数量波动明显。2023年私募证券投资基金行业准入门槛提高，管理人新增登记数仅有178家，仅为前一阶段均值的40%。

二、管理人管理基金数量及规模变化情况

从有无在管基金的视角来看，无在管基金的私募证券投资基金管理人正在快速出清。如图6-24所示，与私募股权、创业投资基金管理人不同，有在管基金的私募证券投资基金管理人数量持续增长，无在管基金的管理人数量持续减少，无在管基金的管理人占比已由2019年的12.16%下降至2023年的2.39%，行业扶优去劣成果显著。这也从侧面表明，2023年私募证券投资基金管理人存量数量的减少，主要是由那些无在管基金的、专业能力较差的管理人离场带来的。

有在管基金的私募证券投资基金管理人平均在管数量持续增长。如图6-25所示，有在管基金的私募证券投资基金管理人的平均基金管理数量从2019年的5.22只提升至2023年的11.74只。

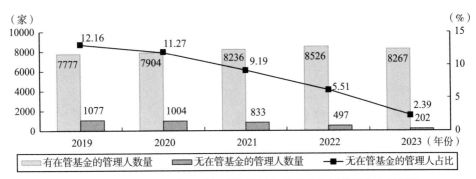

图 6－24　2019～2023 年私募证券投资基金管理人存量数量与占比情况

（根据有无在管基金划分）

资料来源：中国证券投资基金业协会，由中国私募基金年鉴编委会整理。

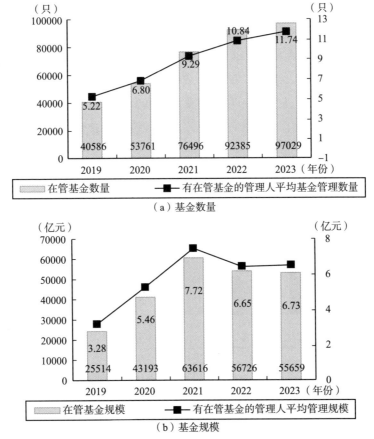

图 6－25　2019～2023 年私募证券投资基金管理人在管基金数量与规模情况

资料来源：中国证券投资基金业协会，由中国私募基金年鉴编委会整理。

　　有在管基金的私募证券投资基金管理人平均在管规模随市场行情掉头回撤。如图 6－25 所示，2022 年私募证券投资基金管理人平均在管规模为 6.65 亿元，较 2021 年的 7.72 亿元同比下降 13.86%。在经历了 2019～2021 年的国内股市上涨后，随着 2022 年股市掉头震荡下行，私募证券投资基金管理人的平均在管规模出现减少。

三、管理人在管规模集中度情况

私募证券投资基金管理人头部效应明显。如图 6 - 26 所示，2019～2023 年，与在管规模在 1000 万～5000 万元的私募证券投资基金管理人数量呈现平稳态势不同，在管规模在 5000 万元以上的私募证券投资基金管理人数量呈现显著的增长态势。其中，0.5 亿～1 亿元规模的管理人数量从 772 家提升至 1058 家，增长率达 37.05%，1 亿～5 亿元规模的管理人数量从 1064 家提升至 1706 家，增长率达 60.34%，5 亿～10 亿元规模的管理人数量从 265 家提升至 546 家，增长率达 106.04%，10 亿～50 亿元规模的管理人数量从 311 家提升至 542 家，增长率达 74.28%，50 亿元以上规模的管理人数量从 96 家提升至 196 家，增长率达 104.17%。整体来看，大规模的私募证券投资基金的数量增长速度更快，这可能是因为私募证券投资基金行业资金更喜欢向大规模基金聚集。

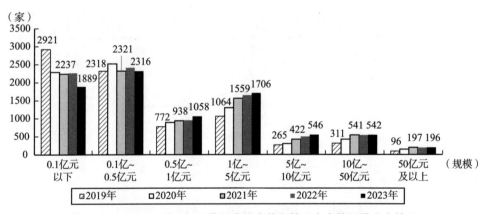

图 6 - 26　2019～2023 年私募证券投资基金管理人在管规模分布情况

资料来源：中国证券投资基金业协会，由中国私募基金年鉴编委会整理。

头部私募证券投资基金管理人受市场波动的影响更大。如图 6 - 27 所示，在市场行情持续向好的 2019～2021 年，行业规模靠前的私募证券投资基金管理人市占率上升趋势明显，而在市场行业震荡下行的 2022 年，行业规模靠前的私募证券投资基金管理人市占率下降趋势同样明显。这意味着，当同样面对市场的波动时，在管规模较大的私募证券投资基金管理人的资产规模会产生更大的波动，在行情上升期规模扩张得更快，在行情下行期规模下降得也更快。

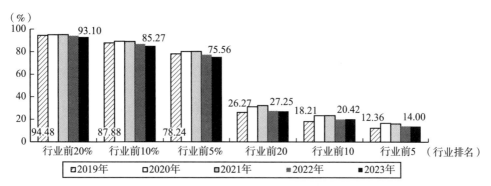

图 6 - 27　2019 ~ 2023 年私募证券投资基金管理人在管规模集中度情况

资料来源：中国证券投资基金业协会，由中国私募基金年鉴编委会整理。

四、管理人成立时间及注册/实收资本情况

（一）管理人成立时间分布

私募证券投资基金管理人平均成立时间不断增长。如图 6 - 28 所示，成立时间在 10 年及以上的私募证券投资基金管理人数量由 2019 年的 591 家增长至 2023 年的 1476 家，占管理人总数的比重由 6.67% 提升至 17.43%。成立时间在 6 ~ 10（不含）年的管理人数量由 2019 年的 1436 家增长至 2023 年的 5398 家，占管理人总数的比重也由 16.21% 提升至 63.74%。当前市场中多数私募证券投资基金管理人的成立时间在 6 年以上。

（二）管理人注册资本分布

从管理人注册资本来看，私募证券投资基金管理人注册资本重要集中在 1000 万 ~ 5000 万（不含）元区间，且其占比不断扩大。如表 6 - 6 和图 6 - 29 所示，2019 ~ 2023 年，注册资本在 500 万元以下的私募证券投资基金管理人占比从 2.47% 下降至 1.39%；注册资本在 500 万 ~ 1000 万（不含）元区间的占比由 3.43% 提升至 4.83%；注册资本在 1000 万 ~ 5000 万（不含）元区间的占比由 81.83% 提升至 86.27%，注册资本在 5000 万元以上的占比从 12.26% 下降至 7.51%。截至 2023 年底，超九成管理人注册资本集中在 1000 万 ~ 5000 万（不含）元区间。

从管理人实收资本来看，私募证券投资基金实收资本主要集中在 1000 万 ~

5000万（不含）元区间。如表6－6和图6－29所示，2019～2023年，近半私募证券投资基金管理人实收资本在1000万～5000万（不含）元。值得注意的是，较低规模实收资本的私募证券投资基金比例正在扩大，截至2023年末，实收资本在1000万元以下的私募证券投资基金占比达46.68%，与2019年相比提升2.89个百分点。2023年登记的管理人实收资本主要集中在200万～500万（不含）元区间，相关占比达50%。

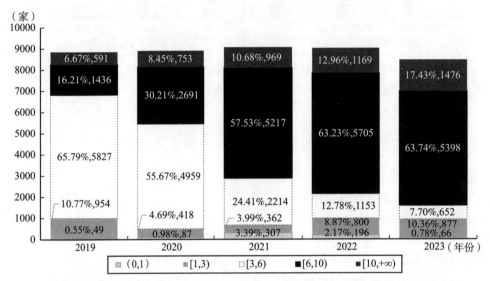

图6－28　2019～2023年私募证券投资基金管理人成立时间分布情况

资料来源：中国证券投资基金业协会，由中国私募基金年鉴编委会整理。

表6－6　　　　　　　　　2019～2023年不同注册资本与实收资本的私募证券

投资基金管理人占比情况　　　　　　　　　　　　单位：%

年份	注册资本占比					实收资本占比				
	500万元以下	500万~1000万（不含）元	1000万~5000万（不含）元	5000万元以上	合计	500万元以下	500万~1000万（不含）元	1000万~5000万（不含）元	5000万元以上	合计
2019	2.47	3.43	81.83	12.26	100.00	32.45	11.34	50.72	5.50	100.00
2020	2.33	3.98	82.60	11.07	100.00	33.50	11.75	49.76	4.98	100.00
2021	2.04	4.52	83.55	9.89	100.00	34.15	12.36	48.95	4.54	100.00
2022	1.71	5.05	84.66	8.58	100.00	35.80	12.73	47.40	4.07	100.00
2023	1.39	4.83	86.27	7.51	100.00	34.44	12.24	49.64	3.67	100.00

资料来源：中国证券投资基金业协会，由中国私募基金年鉴编委会整理。

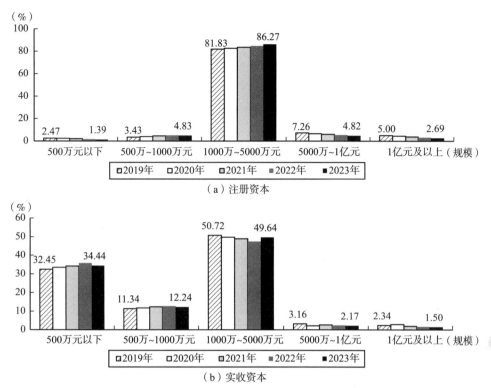

图6-29 2019～2023年不同注册资本与实收资本的私募证券投资基金管理人占比变化情况

资料来源：中国证券投资基金业协会，由中国私募基金年鉴编委会整理。

（三）管理人实收资本比例分布

从管理人实缴比例来看，低实缴比例的私募证券投资基金管理人比例正在稳步下降。如图6-30所示，2019～2023年，实缴比例在25%以下的私募证券投资基金管理人的数量占比由8.72%下降至4.07%；实缴比例在25%至75%（不含）的占比由41.3%上升至46.31%；实缴比例在75%及以上的占比由49.98%下降至49.62%。

五、管理人组织形式、股权性质与控股类型分布情况

从组织形式角度来看，公司制是当前私募证券投资基金管理人的主流组织形式。不同组织形式的私募证券投资基金管理人占比与私募股权、创业投资基金管理人中占比相近。如表6-7所示，2023年有限责任公司形式的私募证券投资基金管理人数量最多，达7674家，占比90.61%，合伙型基金管理人仅635家，占比7.50%。公司制尤其是有限责任公司制已成为私募证券投资基金管理人最普遍采用的组织形式。

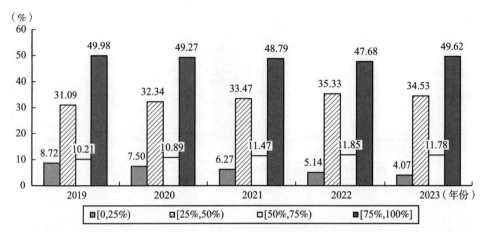

图 6 - 30　2019～2023 年不同实收资本比例的私募证券投资基金管理人占比情况

资料来源：中国证券投资基金业协会，由中国私募基金年鉴编委会整理。

表 6 - 7　2020～2023 年不同组织形式的私募证券投资基金管理人数量分布情况

年份	管理人数量（家）						管理人数量占比（%）					
	有限责任公司	股份有限公司	有限合伙企业	普通合伙企业	其他	合计	有限责任公司	股份有限公司	有限合伙企业	普通合伙企业	其他	合计
2020	8081	237	559	21	10	8908	90.72	2.66	6.28	0.24	0.11	100.00
2021	8240	216	581	21	11	9069	90.86	2.38	6.41	0.23	0.12	100.00
2022	8163	191	634	24	11	9023	90.47	2.12	7.03	0.27	0.12	100.00
2023	7674	151	617	18	9	8469	90.61	1.78	7.29	0.21	0.11	100.00

资料来源：中国证券投资基金业协会，由中国私募基金年鉴编委会整理。

从股权中外性质角度，内资是私募证券投资基金管理人的主要股权性质，外资与中外合资管理人的数量占比极少。如图 6 - 31 所示，2020～2023 年，股权性质为内资的私募证券投资基金管理人的数量占比持续维持在 99% 以上。与私募股权、创业投资基金管理人不同，中外合作、中外合资、外商独资的私募证券投资基金管理人数量更少，在市场中的占比更低。

从控股类型角度来看，私募证券基金管理人的经济成分以民营为主，且呈现民营占比提升与国有占比下降态势。如表 6 - 8 所示，2020～2023 年，一方面，自然人及其所控制民营企业控股的私募证券投资基金管理人数量由 8542 家上升至 8716 家，市场数量占比由 95.89% 提升至 97.17%；另一方面，国有控股的私募证券投资基金管理人数量由 135 家减少至 127 家，数量占比由 1.52% 下降至 1.42%。

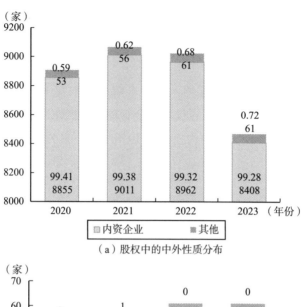

（a）股权中的中外性质分布

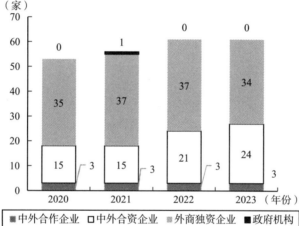

（b）股权中的"其他"细分性质分布

图 6 - 31　2020～2023 年不同股权中外性质的私募证券投资基金管理人数量分布情况

资料来源：中国证券投资基金业协会，由中国私募基金年鉴编委会整理。

表 6 - 8　2020～2023 年不同控股类型的私募证券投资基金管理人数量及占比情况

年份	管理人数量（家）						管理人数量占比（%）					
	自然人及其所控制民营企业控股	国有控股	社团集体控股	外商控股	其他	合计	自然人及其所控制民营企业控股	国有控股	社团集体控股	外商控股	其他	合计
2020	8542	135	3	35	193	8908	95.89	1.52	0.03	0.39	2.17	100.00
2021	8729	131	3	38	92	8993	97.06	1.46	0.03	0.42	1.02	100.00
2022	8716	127	3	38	86	8970	97.17	1.42	0.03	0.42	0.96	100.00
2023	8716	127	3	38	86	8970	97.17	1.42	0.03	0.42	0.96	100.00

资料来源：中国证券投资基金业协会，由中国私募基金年鉴编委会整理。

六、管理人股东数量分布情况

大部分私募证券投资基金管理人的股东数量集中在 1～5（不含）人区间。如图 6－32 所示，超七成私募证券投资基金管理人的股东数量位于 1～5（不含）人区间，且其在所有管理人中的占比自 2019 年的 72.71% 持续上升至 2023 年的 76.31%。

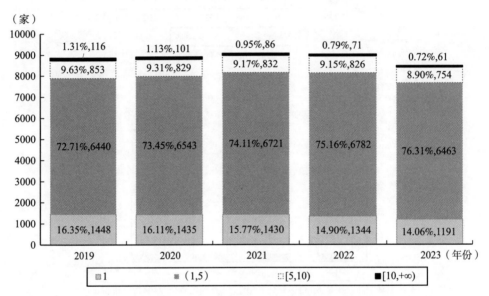

图 6－32　2019～2023 年不同股东数量的私募证券投资基金管理人数量分布情况

资料来源：中国证券投资基金业协会，由中国私募基金年鉴编委会整理。

第四节　私募证券投资基金管理人 从业人员及高管情况分析

一、从业人员情况分析

从员工数量来看，不足 5 人规模的私募证券投资基金数量下降。如图 6－33 所示，2019～2023 年，员工数量小于 5 人的私募证券投资基金管理人数量从 924 家减少至 313 人，降幅达 66.13%，随着行业监管的进一步收紧，更多空壳私募、小型私募将会因人数要求退出市场，私募注册和运营门槛将不断提升。

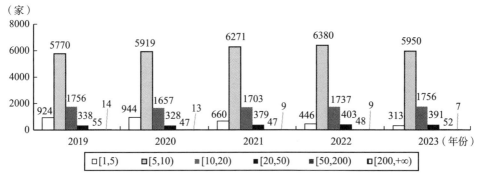

图 6 – 33　2019～2023 年不同员工人数的私募证券投资基金管理人数量分布情况

资料来源：中国证券投资基金业协会，由中国私募基金年鉴编委会整理。

从单家私募证券投资基金管理人从业人员数量来看，管理人员所需员工数量呈现增长趋势，且在管基金规模较大的管理人雇用的从业人员数量普遍较多。如图 6 – 34 所示，2019～2023 年，除规模在 20 亿～50 亿元的私募证券投资基金管理人外，各规模管理人平均从业人员数量整体呈上升态势。

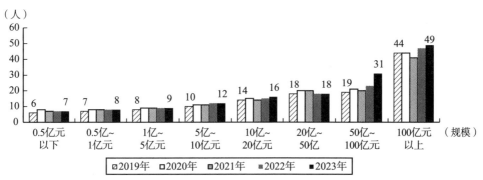

图 6 – 34　2019～2023 年不同规模的私募证券投资基金管理人平均从业人数分布情况

资料来源：中国证券投资基金业协会，由中国私募基金年鉴编委会整理。

二、高管情况分析

1. 管理人高管人数分布情况

具有两名高管的私募证券投资基金管理人占据多数。如图 6 – 35 所示，2019～2023 年，仅 1 名高管或具有 3 名及以上高管的私募证券投资基金管理人

数量持续减少，具有 2 名高管的私募证券投资基金管理人数量由 4583 家上升
至 4867 家。截至 2023 年末具有 2 名高管的私募证券投资基金管理人占比已达
57.47%。

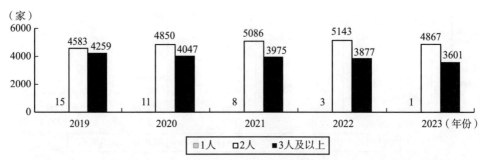

图 6 - 35　2019 ～ 2023 年不同高管数量的私募证券投资基金管理人数量分布情况

资料来源：中国证券投资基金业协会，由中国私募基金年鉴编委会整理。

2. 管理人高管取得从业资格情况

私募证券投资基金管理人高管持证比例进一步提高。如图 6 - 36 所示，
2020 ～ 2023 年，私募证券投资基金管理人高管持证比例由 96.04% 提升至
98.58%。其中，通过资格认定取得从业资格的高管占比逐年下降，通过考试取
得从业资格的高管占比逐年上升。

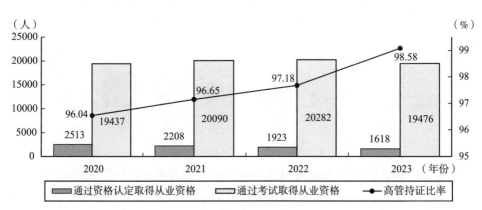

图 6 - 36　2019 ～ 2023 年私募证券投资基金管理人高管从业资格不同取得方式的分布情况

资料来源：中国证券投资基金业协会，由中国私募基金年鉴编委会整理。

3. 管理人高管最高学历分布和高管人数分布情况

私募证券投资基金管理人高管学历背景稳步提升。如图 6 - 37 所示，2019 ～
2023 年，博士研究生学历的私募证券投资基金管理人高管数量占比从 3.35% 上

升至 3.88%，硕士研究生学历高管的数量占比从 31.37% 上升至 35.08%，本科学历高管的数量占比从 51.23% 下降至 48.34%，其他学历高管的数量占比从14.05% 下降至 12.70%。值得关注的是，截至 2023 年底，私募证券投资基金管理人高管中硕士及以上学历人员的占比仅为 38.96%，远小于私募股权、创业投资基金管理人中相应的 54.39% 的占比。

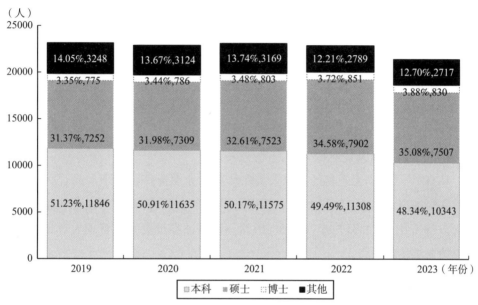

图 6-37 2019~2023 年私募证券投资基金管理人不同学历高管数量分布情况

资料来源：中国证券投资基金业协会，由中国私募基金年鉴编委会整理。

4. 管理人高管年龄分布情况

私募证券投资基金管理人高管平均年龄不断提升，管理人对高管从业经验的要求逐步提高。如图 6-38 所示，2019~2023 年，30 岁以下高管人数占比从9.55% 下降至 3.08%，40 岁以上高管人数占比从 40.53% 上升至 56%。年轻高管占比的下降，预示着与优秀的学习能力和创新思维相比，具有更丰富行业从业经验的高管对私募证券投资基金管理人来说更为重要。

30~39 岁人士仍是私募证券投资从业的中坚力量，但这一特征在未来可能改变。如图 6-19 所示，2019~2023 年，30~39 岁的高管数量占比呈现持续的下降态势，截至 2023 年底，30~39 岁高管数量占比已下降至 40.91%。倘若占比继续下降，与私募股权、创业投资基金管理人高管结构类似，私募证券投资基金管理人未来主流高管年龄可能移动至 40~49 岁区间。

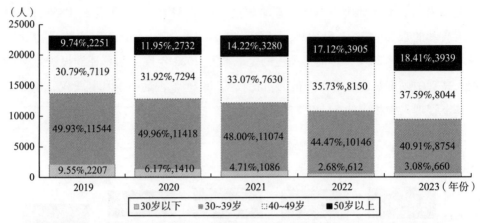

图 6 - 38　2019～2023 年私募证券投资基金管理人不同年龄高管数量分布情况

资料来源：中国证券投资基金业协会，由中国私募基金年鉴编委会整理。

5. 管理人高管从业年限分布情况

具有 10 年及以上经验的从业人员在私募证券投资基金管理人高管队伍中的占比逐渐提高。如图 6 - 39 所示，2019～2023 年，具有 10 年及以上从业经验的高管数量占比由 74.33% 提升至 88.62%，私募证券投资基金管理人对高管从业经验的要求不断提高。

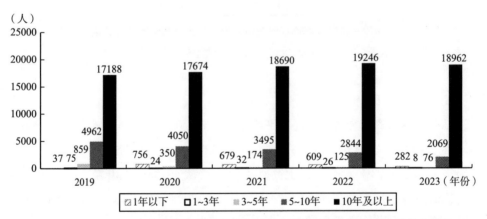

图 6 - 39　2019～2023 年私募证券投资基金管理人不同从业年限高管数量分布情况

资料来源：中国证券投资基金业协会，由中国私募基金年鉴编委会整理。

6. 管理人高管从业年限分布情况

私募证券投资从业人才稳定性稳步提升。如图 6 - 40 所示，2019～2023 年，私募证券投资基金管理人时任高管任职时间在 5 年及以上的数量由 4831 人增加至 11005 人，占比由 20.89% 提升至 51.43%。

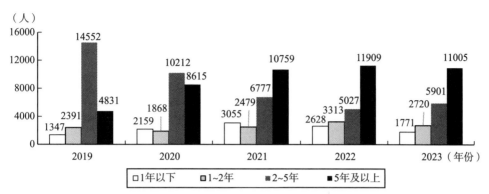

图 6 − 40　2019 ～ 2023 年私募证券投资基金管理人不同任职年限高管数量分布情况

资料来源：中国证券投资基金业协会，由中国私募基金年鉴编委会整理。

第七章 中国私募基金托管与服务机构

第一节 基金托管机构

一、基金托管人的设置

为保证资金资产的安全，我国在基金委托人和管理人之间引入了托管人机制。如表7-1所示，自《证券投资基金法》在法律层面明确了"除基金合同另有约定外，非公开募集基金应当由基金托管人托管"以来，《私募投资基金监督管理暂行办法》《私募投资基金监督管理条例》《私募投资基金备案指引第1号——私募证券投资基金》《私募投资基金备案指引第2号——私募股权、创业投资基金》以及《私募投资基金监督管理办法（征求意见稿）》等多项法律法规的发布使我国私募基金托管体系得到不断的完善与发展（见表7-1）。其中，2023年12月证监会发布的《私募投资基金监督管理办法（征求意见稿）》中明确了私募基金必须托管的业务场景。除必须进行托管的业务场景，部分私募基金基于产品特性差异可在合同中与委托人约定不设置托管人，但应当明确保障私募基金财产安全的制度措施和纠纷解决机制，同时中基协应当对未托管的私募基金进行特别公示。

表7-1　　　　　　　明确私募基金托管人法律地位的相关文件

文件名称	文件原文
证券投资基金法	第八十八条　除基金合同另有约定外，非公开募集基金应当由基金托管人托管。
私募投资基金监督管理暂行办法	第二十一条　除基金合同另有约定外，私募基金应当由基金托管人托管。 基金合同约定私募基金不进行托管的，应当在基金合同中明确保障私募基金财产安全的制度措施和纠纷解决机制。

文件名称	文件原文
私募投资基金监督管理条例	第十五条　除基金合同另有约定外，私募基金财产应当由私募基金托管人托管。私募基金财产不进行托管的，应当明确保障私募基金财产安全的制度措施和纠纷解决机制。
私募投资基金备案指引第1号——私募证券投资基金	第二十一条　私募证券基金应当由私募基金托管人托管，但按照基金合同约定设置能够切实履行安全保管基金财产职责的基金份额持有人大会日常机构等制度措施的除外。
私募投资基金备案指引第2号——私募股权、创业投资基金	第二十一条　私募股权基金存在下列情形之一的，应当由私募基金托管人托管： （一）私募股权基金的组织形式为契约型，但按照基金合同约定设置能够切实履行安全保管基金财产职责的基金份额持有人大会日常机构等制度措施的除外； （二）通过特殊目的载体开展投资的； （三）法律、行政法规、中国证监会和协会规定的其他情形。
私募投资基金监督管理办法（征求意见稿）	第二十三条　除基金合同另有约定外，私募基金财产应当由私募基金托管人托管。基金合同约定私募基金财产不托管的，应当约定保障私募基金财产安全的制度措施和纠纷解决机制，明确私募基金管理人应当对私募基金财产和其他资产采取隔离措施。符合下列情形的私募基金，应当由私募基金托管人托管： （一）采用契约形式设立的； （二）接受资产管理产品、私募基金投资的； （三）主要投资单一标的、境外资产、场外衍生品等情形的； （四）开展杠杆融资的； （五）中国证监会规定的其他情形。 基金业协会应当对未托管的私募基金进行特别公示。

二、基金托管人的职责

基金托管人的义务可以分为法定义务和合同义务。前者即当前法律体系下所规定的托管人需承担的义务，后者则是管理人、托管人与委托人共同签署的相关合同中对托管人义务进行的约定。如表7-2所示，《证券投资基金法》《证券投资基金托管业务管理办法》《私募投资基金监督管理暂行办法》《证券期货经营机构私募资产管理业务管理办法》等法律法规中，提出了基金托管人应当恪尽职守，履行诚实信用、谨慎勤勉的义务。

具体而言，基金托管人的职责主要体现在基金资产保管、基金资金清算、会计复核以及对基金投资运作的监督等方面。托管业务主要内容有保管客户资产、资产估值、净值复核和会计核算、开立和管理资产托管账户、办理与资产托管活动相关的信息披露事宜、权益登记、出具资产托管报告执行投资指令、办理结算交割、报告资产托管业务档案资料、监督投资运作、法律行政法规以及中国证监会规定或资产托管协议约定的其他事项。

表 7 - 2   私募基金托管人职责相关文件

文件名称	文件原文
证券投资基金法	第九条　基金管理人、基金托管人管理、运用基金财产，基金服务机构从事基金服务活动，应当恪尽职守，履行诚实信用、谨慎勤勉的义务。
	第三十六条　基金托管人应当履行下列职责： （一）安全保管基金财产； （二）按照规定开设基金财产的资金账户和证券账户； （三）对所托管的不同基金财产分别设置账户，确保基金财产的完整与独立； （四）保存基金托管业务活动的记录、账册、报表和其他相关资料； （五）按照基金合同的约定，根据基金管理人的投资指令，及时办理清算、交割事宜； （六）办理与基金托管业务活动有关的信息披露事项； （七）对基金财务会计报告、中期和年度基金报告出具意见； （八）复核、审查基金管理人计算的基金资产净值和基金份额申购、赎回价格； （九）按照规定召集基金份额持有人大会； （十）按照规定监督基金管理人的投资运作； （十一）国务院证券监督管理机构规定的其他职责。
证券投资基金托管业务管理办法	第二条　本办法所称证券投资基金（以下简称基金）托管，是指由依法设立并取得基金托管资格的商业银行或者其他金融机构担任托管人，按照法律法规的规定及基金合同的约定，对基金履行安全保管基金财产、办理清算交割、复核审查净值信息、开展投资监督、召集基金份额持有人大会等职责的行为。
	第十五条　基金托管人在与基金管理人订立基金合同、基金招募说明书、基金托管协议等法律文件前，应当从保护基金份额持有人角度，对涉及投资范围与投资限制、基金费用、收益分配、会计估值、信息披露等方面的条款进行评估，确保相关约定合规清晰、风险揭示充分、会计估值科学公允。在基金托管协议中，还应当对基金托管人与基金管理人之间的业务监督与协作等职责进行详细约定。
	第十七条　基金托管人应当安全保管基金财产，按照相关规定和基金托管协议约定履行下列职责： （一）为所托管的不同基金财产分别设置资金账户、证券账户等投资交易必需的相关账户，确保基金财产的独立与完整； （二）建立与基金管理人的对账机制，定期核对资金头寸、证券账目、净值信息等数据，及时核查认购与申购资金的到账、赎回资金的支付以及投资资金的支付与到账情况，并对基金的会计凭证、交易记录、合同协议等重要文件档案保存 20 年以上； （三）对基金财产投资信息和相关资料负保密义务，除法律、行政法规和其他有关规定、监管机构及审计要求外，不得向任何机构或者个人泄露相关信息和资料。 非银行金融机构开展基金托管业务，应当为其托管的基金选定具有基金托管资格的商业银行作为资金存管银行，并开立托管资金专门账户，用于托管基金现金资产的归集、存放与支付，该账户不得存放其他性质资金。
	第二十一条　基金托管人应当根据基金合同及托管协议约定，制定基金投资监督标准与监督流程，对基金合同生效之后所托管基金的投资范围、投资比例、投资风格、投资限制、关联方交易等进行严格监督，及时提示基金管理人违规风险。
	第二十二条　基金托管人应当对所托管基金履行法律法规、基金合同有关收益分配约定情况进行定期复核，发现基金收益分配有违规失信行为的，应当及时通知基金管理人，并报告中国证监会。
私募投资基金监督管理暂行办法	第四条　私募基金管理人和从事私募基金托管业务的机构（以下简称私募基金托管人）管理、运用私募基金财产，从事私募基金销售业务的机构（以下简称私募基金销售机构）及其他私募服务机构从事私募基金服务活动，应当恪尽职守，履行诚实信用、谨慎勤勉的义务。私募基金从业人员应当遵守法律、行政法规，恪守职业道德和行为规范。
	第二十四条　私募基金管理人、私募基金托管人应当按照合同约定，如实向投资者披露基金投资、资产负债、投资收益分配、基金承担的费用和业绩报酬、可能存在的利益冲突情况以及可能影响投资者合法权益的其他重大信息，不得隐瞒或者提供虚假信息。信息披露规则由基金业协会另行制定。

三、基金托管人的发展现状

新备案私募基金产品托管率已达九成以上。基金托管制度是保障私募基金资金安全的核心，如图 7 - 1 所示，2023 年新备案私募基金产品托管率达91.38%，与 2014 年相比提升 31.35 个百分点，十年间私募产品托管率取得明显提升，也表现出私募行业各当事人对私募基金产品的托管、私募基金资金安全的重视度在逐步提高。值得注意的是，如图 7 - 1 和图 7 - 2 所示，虽然 2021年至 2023 年新备案的各类型私募产品托管率不断提高，但由于托管率最低的创业投资基金备案数量的高速增长，导致私募基金行业的整体托管率略有下降。

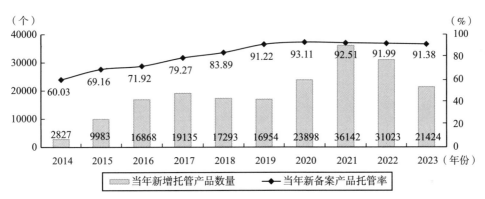

图 7 - 1　2014～2023 年新备案私募基金的托管数量与托管率变化情况

资料来源：北京海峰科技，由中国私募基金年鉴编委会整理。

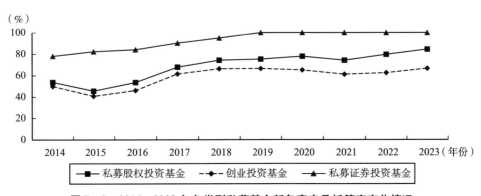

图 7 - 2　2014～2023 年各类型私募基金新备案产品托管率变化情况

资料来源：北京海峰科技，由中国私募基金年鉴编委会整理。

四、优秀基金托管人名录（部分）

根据中基协基金托管人机构公示（见表7-3），截至2024年9月，基金托管人包括商业银行、证券公司以及其他金融机构共66家。

表7-3　　　　　不同类型私募基金产品托管人托管产品数量TOP10

序号	私募股权投资基金		序号	创业投资基金		序号	私募证券投资基金	
	托管人简称	托管产品数量（只）		托管人简称	托管产品数量（只）		托管人简称	托管产品数量（只）
1	招商银行	3747	1	兴业银行	3777	1	招商证券	31180
2	浦发银行	3179	2	招商银行	2512	2	国泰君安	24307
3	中信银行	3051	3	浦发银行	2061	3	中信证券	19688
4	兴业银行	3015	4	中信银行	1049	4	华泰证券	10688
5	招商证券	1743	5	平安银行	998	5	国信证券	8729
6	建设银行	1721	6	建设银行	677	6	兴业证券	8447
7	平安银行	1608	7	杭州银行	622	7	中信建投	7709
8	上海银行	1479	8	招商证券	548	8	广发证券	6494
9	中信证券	1417	9	农业银行	399	9	银河证券	2839
10	民生银行	934	10	海通证券	362	10	中泰证券	2250

注：优秀名单根据托管产品数量以及社会影响力等因素综合筛选。
资料来源：北京海峰科技，由中国私募基金年鉴编委会整理，数据统计截止日期为2024年9月。

第二节　基金销售机构

私募基金的募集可以分为自行募集和委托募集。自行募集是指基金管理人直接募集其管理的基金，委托募集是指基金管理人委托第三方机构代为募集基金。受托募集的第三方机构就是基金销售机构，其为基金管理人提供推介基金、发售基金份额、办理基金份额认缴、退出等募集服务。如表7-4所示，2016年4月中基协发布的《私募投资基金募集行为管理办法》中明确指出，私募基金销售机构应当满足两个条件：在中国证监会注册取得基金销售业务资格；已成为中国基金业协会会员的机构（见表7-4）。

表7-4 明确私募基金销售机构地位的相关文件

文件名称	文件原文
私募投资基金募集行为管理办法	第二条 私募基金管理人、在中国证监会注册取得基金销售业务资格并已成为中国证券投资基金业协会会员的机构（以下统称募集机构）及其从业人员以非公开方式向投资者募集资金的行为适用本办法。 在中国证券投资基金业协会（以下简称中国基金业协会）办理私募基金管理人登记的机构可以自行募集其设立的私募基金，在中国证监会注册取得基金销售业务资格并已成为中国基金业协会会员的机构（以下简称基金销售机构）可以受私募基金管理人的委托募集私募基金。其他任何机构和个人不得从事私募基金的募集活动

根据中基协"私募基金服务机构公示"相关信息，可知当前中国私募基金销售机构共计403家，其中全国性商业银行18家、城市商业银行78家、农村商业银行41家、在华外资法人银行11家、证券公司98家、期货公司32家、保险公司5家、保险代理公司和保险经纪公司4家、证券投资咨询机构9家、独立第三方销售机构100家、公募基金管理公司销售子公司7家，具体名单如表7-5至表7-15所示。

表7-5 私募基金销售机构（全国性商业银行）

序号	会员机构全称	序号	会员机构全称
1	中国建设银行	10	兴业银行
2	中国工商银行	11	中国民生银行
3	交通银行	12	中国光大银行
4	招商银行	13	华夏银行
5	中国农业银行	14	广发银行
6	中国银行	15	中国邮政储蓄银行
7	中信银行	16	浙商银行
8	平安银行	17	渤海银行
9	上海浦东发展银行	18	恒丰银行

资料来源：中国证券投资基金业协会，由中国私募基金年鉴编委会整理，排名不分先后，数据统计截止日期为2024年9月。

表7-6 私募基金销售机构（城市商业银行）

序号	会员机构全称	序号	会员机构全称	序号	会员机构全称
1	北京银行	4	青岛银行	7	南京银行
2	上海银行	5	徽商银行	8	杭州银行
3	宁波银行	6	东莞银行	9	临商银行

序号	会员机构全称	序号	会员机构全称	序号	会员机构全称
10	温州银行	33	四川天府银行	56	广东南粤银行
11	汉口银行	34	威海市商业银行	57	桂林银行
12	江苏银行	35	长安银行	58	德州银行
13	乌鲁木齐银行	36	富滇银行	59	浙江网商银行股份有限公司
14	烟台银行	37	晋商银行	60	青海银行
15	齐商银行	38	昆仑银行	61	云南红塔银行
16	大连银行	39	福建海峡银行	62	中原银行
17	哈尔滨银行	40	江西银行	63	湖北银行
18	浙江民泰商业银行	41	日照银行	64	厦门国际银行
19	浙江稠州商业银行	42	绍兴银行	65	内蒙古银行
20	重庆银行	43	潍坊银行	66	宁夏银行
21	天津银行	44	广东华兴银行	67	营口银行
22	河北银行	45	成都银行	68	贵州银行
23	嘉兴银行	46	龙江银行	69	阜新银行
24	广州银行	47	泉州银行	70	华商银行
25	金华银行	48	浙江泰隆商业银行	71	九江银行
26	西安银行	49	兰州银行	72	唐山银行
27	长沙银行	50	锦州银行	73	上饶银行
28	郑州银行	51	湖南银行	74	赣州银行
29	厦门银行	52	贵阳银行	75	海南银行股份有限公司
30	吉林银行	53	盛京银行	76	中信百信银行
31	苏州银行	54	长城华西银行	77	蒙商银行股份有限公司
32	珠海华润银行	55	深圳前海微众银行	78	齐鲁银行

资料来源：中国证券投资基金业协会，由中国私募基金年鉴编委会整理，排名不分先后，数据统计截止日期为 2024 年 9 月。

表 7 - 7　　　　　　　　私募基金销售机构（农村商业银行）

序号	会员机构全称	序号	会员机构全称
1	上海农村商业银行	5	东莞农村商业银行
2	北京农村商业银行	6	常熟农村商业银行
3	张家港农村商业银行	7	顺德农村商业银行
4	深圳农村商业银行	8	重庆农村商业银行

序号	会员机构全称	序号	会员机构全称
9	江苏苏州农村商业银行	26	江苏紫金农村商业银行
10	江阴农村商业银行	27	浙江新昌农村商业银行
11	江苏江南农村商业银行	28	浙江义乌农村商业银行
12	昆山农村商业银行	29	天津滨海农村商业银行
13	广州农村商业银行	30	浙江杭州余杭农村商业银行
14	成都农村商业银行	31	宁波慈溪农村商业银行
15	杭州联合农村商业银行	32	武汉农村商业银行
16	无锡农村商业银行	33	浙江德清农村商业银行
17	浙江绍兴瑞丰农村商业银行	34	佛山农村商业银行
18	浙江温州龙湾农村商业银行	35	浙江富阳农村商业银行
19	广东南海农村商业银行	36	浙江瑞安农村商业银行
20	长春农村商业银行	37	浙江温州瓯海农村商业银行
21	浙江温州鹿城农村商业银行	38	福建漳州农村商业银行
22	天津农村商业银行	39	浙江萧山农村商业银行
23	浙江乐清农村商业银行	40	福建石狮农村商业银行
24	浙江临海农村商业银行	41	宁波鄞州农村商业银行
25	青岛农村商业银行		

资料来源：中国证券投资基金业协会，由中国私募基金年鉴编委会整理，排名不分先后，数据统计截止日期为 2024 年 9 月。

表 7 - 8　　　　　　私募基金销售机构（在华外资法人银行）

序号	会员机构全称	序号	会员机构全称
1	恒生银行	7	大华银行
2	花旗银行	8	东亚银行
3	汇丰银行	9	摩根大通银行
4	南洋商业银行	10	华侨永亨银行
5	星展银行	11	瑞士银行
6	渣打银行		

资料来源：中国证券投资基金业协会，由中国私募基金年鉴编委会整理，排名不分先后，数据统计截止日期为 2024 年 9 月。

表7-9　　　　　　　　　　　私募基金销售机构（证券公司）

序号	会员机构全称	序号	会员机构全称
1	国泰君安证券	34	东莞证券
2	广发证券	35	东海证券
3	国信证券	36	国海证券
4	招商证券	37	中原证券
5	中信证券	38	国都证券
6	海通证券	39	国盛证券
7	申万宏源证券	40	恒泰证券
8	大同证券	41	华林证券
9	华龙证券	42	华西证券
10	民生证券	43	新时代证券
11	山西证券	44	中泰证券
12	西南证券	45	中银国际证券
13	渤海证券	46	申万宏源西部证券
14	国元证券	47	中金公司
15	华泰证券	48	华福证券
16	万联证券	49	德邦证券
17	兴业证券	50	世纪证券
18	长江证券	51	第一创业证券
19	中信证券（山东）	52	金元证券
20	中信证券华南	53	西部证券
21	湘财证券	54	中航证券
22	东吴证券	55	中信建投证券
23	东方证券	56	财通证券
24	光大证券	57	安信证券
25	上海证券	58	银河证券
26	国联证券	59	华鑫证券
27	浙商证券	60	瑞银证券
28	东北证券	61	国金证券
29	华安证券	62	红塔证券
30	南京证券	63	中金财富证券
31	平安证券	64	中山证券
32	长城证券	65	东方财富证券
33	财信证券	66	国融证券

续表

序号	会员机构全称	序号	会员机构全称
67	方正证券	83	五矿证券
68	粤开证券	84	北京高华证券
69	江海证券	85	华创证券
70	华源证券	86	万和证券
71	银泰证券	87	中邮证券
72	爱建证券	88	首创证券
73	华宝证券	89	国开证券
74	长城国瑞证券	90	太平洋证券
75	英大证券	91	开源证券
76	东兴证券	92	麦高证券
77	信达证券	93	宏信证券
78	国新证券	94	川财证券
79	天风证券	95	华金证券
80	财达证券	96	联储证券
81	大通证券	97	甬兴证券
82	中天证券	98	申港证券

资料来源：中国证券投资基金业协会，由中国私募基金年鉴编委会整理，排名不分先后，数据统计截止日期为 2024 年 9 月。

表 7 – 10 　　　　　　　　私募基金销售机构（期货公司）

序号	会员机构全称	序号	会员机构全称
1	西部期货有限公司	12	物产中大期货有限公司
2	中信建投期货有限公司	13	中投天琪期货有限公司
3	中国国际期货股份有限公司	14	上海东证期货有限公司
4	兴证期货有限公司	15	申银万国期货有限公司
5	中信期货有限公司	16	银河期货有限公司
6	中州期货有限公司	17	南华期货股份有限公司
7	海通期货股份有限公司	18	永安期货股份有限公司
8	安粮期货有限公司	19	弘业期货股份有限公司
9	东海期货有限责任公司	20	大有期货有限公司
10	广发期货有限公司	21	华泰期货有限公司
11	徽商期货有限责任公司	22	华融融达期货股份有限公司

序号	会员机构全称	序号	会员机构全称
23	长江期货股份有限公司	28	方正中期期货有限公司
24	中衍期货有限公司	29	宏源期货有限公司
25	和合期货有限公司	30	格林大华期货有限公司
26	光大期货有限公司	31	国贸期货有限公司
27	新纪元期货有限公司	32	浙商期货有限公司

资料来源：中国证券投资基金业协会，由中国私募基金年鉴编委会整理，排名不分先后，数据统计截止日期为 2024 年 9 月。

表 7 – 11   **私募基金销售机构（保险公司）**

序号	会员机构全称	序号	会员机构全称
1	阳光人寿保险股份有限公司	4	中国人寿保险股份有限公司
2	中国平安人寿保险股份有限公司	5	泰康人寿保险有限责任公司
3	中宏人寿保险有限公司		

资料来源：中国证券投资基金业协会，由中国私募基金年鉴编委会整理，排名不分先后，数据统计截止日期为 2024 年 9 月。

表 7 – 12   **私募基金销售机构（保险代理公司和保险经纪公司）**

序号	会员机构全称	序号	会员机构全称
1	华瑞保险销售有限公司	3	方德保险代理有限公司
2	玄元保险代理有限公司	4	汇丰保险经纪有限公司

资料来源：中国证券投资基金业协会，由中国私募基金年鉴编委会整理，排名不分先后，数据统计截止日期为 2024 年 9 月。

表 7 – 13   **私募基金销售机构（证券投资咨询机构）**

序号	会员机构全称	序号	会员机构全称
1	天相投资顾问有限公司	6	厦门市鑫鼎盛控股有限公司
2	鼎信汇金（北京）投资管理有限公司	7	江苏天鼎证券投资咨询有限公司
3	江苏金百临投资咨询股份有限公司	8	和信证券投资咨询股份有限公司
4	和讯信息科技有限公司	9	财咨道信息技术有限公司
5	深圳市新兰德证券投资咨询有限公司		

资料来源：中国证券投资基金业协会，由中国私募基金年鉴编委会整理，排名不分先后，数据统计截止日期为 2024 年 9 月。

表 7 – 14　　　　　　私募基金销售机构（独立第三方销售机构）

序号	会员机构全称	序号	会员机构全称
1	中民财富基金销售（上海）有限公司	32	扬州国信嘉利基金销售有限公司
2	深圳市金海九州基金销售有限公司	33	福克斯（北京）基金销售有限公司
3	上海钜派钰茂基金销售有限公司	34	腾安基金销售（深圳）有限公司
4	深圳众禄基金销售股份有限公司	35	上海联泰基金销售有限公司
5	北京格上富信基金销售有限公司	36	诺亚正行基金销售有限公司
6	蚂蚁（杭州）基金销售有限公司	37	上海汇付基金销售有限公司
7	北京富国大通基金销售有限公司	38	江西正融基金销售有限公司
8	北京展恒基金销售股份有限公司	39	浙江同花顺基金销售有限公司
9	利和财富（上海）基金销售有限公司	40	泰信财富基金销售有限公司
10	深圳前海财厚基金销售有限公司	41	北京微动利基金销售有限公司
11	深圳市金斧子基金销售有限公司	42	上海长量基金销售有限公司
12	北京恒宇天泽基金销售有限公司	43	北京坤元基金销售有限公司
13	北京创金启富基金销售有限公司	44	上海基煜基金销售有限公司
14	上海凯石财富基金销售有限公司	45	上海利得基金销售有限公司
15	北京中期时代基金销售有限公司	46	浙江金观诚基金销售有限公司
16	北京中天嘉华基金销售有限公司	47	上海景谷基金销售有限公司
17	北京广源达信基金销售有限公司	48	浦领基金销售有限公司
18	宜信普泽（北京）基金销售有限公司	49	北京虹点基金销售有限公司
19	成都万华源基金销售有限责任公司	50	上海陆金所基金销售有限公司
20	江苏汇林保大基金销售有限公司	51	上海攀赢基金销售有限公司
21	通华财富（上海）基金销售有限公司	52	北京中植基金销售有限公司
22	深圳前海汇联基金销售有限公司	53	深圳安见基金销售有限公司
23	深圳新华信通基金销售有限公司	54	北京钱景基金销售有限公司
24	一路财富（北京）基金销售有限公司	55	京东肯特瑞基金销售有限公司
25	中证金牛（北京）基金销售有限公司	56	深圳腾元基金销售有限公司
26	上海中正达广基金销售有限公司	57	武汉市伯嘉基金销售有限公司
27	贵州省贵文文化基金销售有限公司	58	深圳富济基金销售有限公司
28	北京新浪仓石基金销售有限公司	59	珠海盈米基金销售有限公司
29	北京辉腾汇富基金销售有限公司	60	和耕传承基金销售有限公司
30	深圳秋实惠智基金销售有限公司	61	北京懒猫基金销售有限公司
31	济安财富（北京）基金销售有限公司	62	海银基金销售有限公司

续表

序号	会员机构全称	序号	会员机构全称
63	北京加和基金销售有限公司	82	上海万得基金销售有限公司
64	深圳市小牛基金销售有限公司	83	上海陆享基金销售有限公司
65	北京电盈基金销售有限公司	84	众惠基金销售有限公司
66	上海爱建基金销售有限公司	85	上海挖财基金销售有限公司
67	洪泰财富（青岛）基金销售有限责任公司	86	上海有鱼基金销售有限公司
68	嘉晟瑞信（天津）基金销售有限公司	87	上海大智慧基金销售有限公司
69	奕丰基金销售有限公司	88	大河财富基金销售有限公司
70	上海好买基金销售有限公司	89	上海云湾基金销售有限公司
71	上海天天基金销售有限公司	90	喜鹊财富基金销售有限公司
72	北京雪球基金销售有限公司	91	上海财咖啡基金销售有限公司
73	天津市润泽基金销售有限公司	92	青岛乐弘基金销售有限公司
74	深圳市华融基金销售有限公司	93	深圳市锦安基金销售有限公司
75	北京增财基金销售有限公司	94	瑞银基金销售（深圳）有限公司
76	深圳信诚基金销售有限公司	95	资舟基金销售有限公司
77	乾道基金销售有限公司	96	民商基金销售（上海）有限公司
78	泛华普益基金销售有限公司	97	北京度小满基金销售有限公司
79	北京汇成基金销售有限公司	98	青岛意才基金销售有限公司
80	南京苏宁基金销售有限公司	99	大连网金基金销售有限公司
81	天津国美基金销售有限公司	100	深圳市前海排排网基金销售有限责任公司

资料来源：中国证券投资基金业协会，由中国私募基金年鉴编委会整理，排名不分先后，数据统计截止日期为 2024 年 9 月。

表 7 – 15　　　　私募基金销售机构（公募基金管理公司销售子公司）

序号	会员机构全称	序号	会员机构全称
1	嘉实财富管理有限公司	5	上海中欧财富基金销售有限公司
2	上海国金理益财富基金销售有限公司	6	上海华夏财富投资管理有限公司
3	万家财富基金销售（天津）有限公司	7	博时财富基金销售有限公司
4	九泰基金销售（北京）有限公司		

资料来源：中国证券投资基金业协会，由中国私募基金年鉴编委会整理，排名不分先后，数据统计截止日期为 2024 年 9 月。

第三节　基金服务机构

一、基金份额登记服务机构

基金管理人可以办理其募集基金的份额登记业务，也可以委托基金份额登记机构代为办理基金份额登记业务。在后一种情况下，由基金份额登记机构提供基金份额的登记、过户、保管和结算等服务。基金份额登记机构提供的服务包括：建立并管理投资者的基金账户；负责基金份额的登记及资金结算；基金交易确认；代理发放红利；保管投资者名册等。根据《私募投资基金服务业务管理办法》等有关规定，私募基金管理人应当委托在中基协完成登记并成为协会会员的服务机构提供私募基金服务业务。

根据中基协"私募基金服务机构公示"相关信息，可知当前中国私募基金份额登记服务机构共计 45 家，具体名单如表 7-16 所示。

表 7-16　　　　　　　　私募基金份额登记服务机构

序号	机构名称	序号	机构名称
1	招商证券股份有限公司	15	招商银行股份有限公司
2	中国工商银行股份有限公司	16	中信建投证券股份有限公司
3	广发证券股份有限公司	17	太平洋证券股份有限公司
4	财通基金管理有限公司	18	国泰君安证券股份有限公司
5	申万宏源证券有限公司	19	中国银行股份有限公司
6	国金道富投资服务有限公司	20	长安基金管理有限公司
7	中国建设银行股份有限公司	21	创金合信基金管理有限公司
8	华泰证券股份有限公司	22	广发基金管理有限公司
9	华夏基金管理有限公司	23	国信证券股份有限公司
10	平安银行股份有限公司	24	金鹰基金管理有限公司
11	上海银行股份有限公司	25	渤海银行股份有限公司
12	长江证券股份有限公司	26	长城证券有限责任公司
13	第一创业证券股份有限公司	27	东兴证券股份有限公司
14	东方证券股份有限公司	28	中泰证券股份有限公司

续表

序号	机构名称	序号	机构名称
29	招商基金管理有限公司	38	上海元年金融信息服务有限公司
30	中信中证投资服务有限责任公司	39	上海金融期货信息技术有限公司
31	中银国际证券股份有限公司	40	浙商证券股份有限公司
32	光大证券股份有限公司	41	中国国际金融股份有限公司
33	东吴证券股份有限公司	42	北京海峰科技有限责任公司
34	宁波银行股份有限公司	43	北京营安金融信息服务有限公司
35	上海汇付信息技术有限公司	44	海通证券股份有限公司
36	中国银河证券股份有限公司	45	兴业证券股份有限公司
37	工银瑞信基金管理有限公司		

资料来源：中国证券投资基金业协会，由中国私募基金年鉴编委会整理，排名不分先后，数据统计截止日期为2024年9月。

二、基金估值核算服务机构

基金估值核算是指基金会计核算、估值及相关信息披露等业务活动。基金估值核算机构是指从事基金估值核算业务活动的机构。基金管理人可以自行办理基金估值核算业务，也可以委托基金估值核算机构代为办理基金估值核算业务。

根据中基协"私募基金服务机构公示"相关信息，可知当前中国私募基金估值核算服务机构共计45家，具体名单如表7-17所示。

表7-17 私募基金估值核算服务机构

序号	机构名称	序号	机构名称
1	国金道富投资服务有限公司	11	平安银行股份有限公司
2	招商证券股份有限公司	12	财通基金管理有限公司
3	上海汇付信息技术有限公司	13	申万宏源证券有限公司
4	中国工商银行股份有限公司	14	中信建投证券股份有限公司
5	上海银行股份有限公司	15	东方证券股份有限公司
6	工银瑞信基金管理有限公司	16	招商银行股份有限公司
7	长江证券股份有限公司	17	国泰君安证券股份有限公司
8	华夏基金管理有限公司	18	太平洋证券股份有限公司
9	华泰证券股份有限公司	19	海通证券股份有限公司
10	中国建设银行股份有限公司	20	第一创业证券股份有限公司

序号	机构名称	序号	机构名称
21	兴业证券股份有限公司	34	中国银行股份有限公司
22	北京海峰科技有限责任公司	35	中信中证投资服务有限责任公司
23	长安基金管理有限公司	36	上海金融期货信息技术有限公司
24	创金合信基金管理有限公司	37	上海元年金融信息服务有限公司
25	广发基金管理有限公司	38	光大证券股份有限公司
26	国信证券股份有限公司	39	中银国际证券股份有限公司
27	金鹰基金管理有限公司	40	东吴证券股份有限公司
28	渤海银行股份有限公司	41	宁波银行股份有限公司
29	长城证券有限责任公司	42	中国银河证券股份有限公司
30	东兴证券股份有限公司	43	浙商证券股份有限公司
31	广发证券股份有限公司	44	中国国际金融股份有限公司
32	招商基金管理有限公司	45	北京营安金融信息服务有限公司
33	中泰证券股份有限公司		

资料来源：中国证券投资基金业协会，由中国私募基金年鉴编委会整理，排名不分先后，数据统计截止日期为2024年9月。

三、基金信息技术系统服务机构

基金信息技术系统服务是指为基金管理人、基金托管人和基金服务机构提供基金业务核心应用软件开发、信息系统运营维护、信息系统安全保障和基金交易电子商务平台等业务的活动。从事基金信息技术系统服务的机构应当具备国家有关部门规定的资质条件或者取得相关资质认证，具有开展业务所需要的人员、设备、技术、知识产权等条件，其信息技术系统服务应当符合法律法规、中国证监会以及行业自律组织等的业务规范要求。

根据中基协"私募基金服务机构公示"相关信息，可知当前中国私募基金信息技术系统服务机构共计4家，具体名单如表7-18所示。

表7-18　　　　　　　　私募基金信息技术系统服务机构

序号	会员机构全称
1	深圳证券通信有限公司
2	深圳市金证科技股份有限公司

续表

序号	会员机构全称
3	深圳市赢时胜信息技术股份有限公司
4	上海金融期货信息技术有限公司

资料来源：中国证券投资基金业协会，由中国私募基金年鉴编委会整理，排名不分先后，数据统计截止日期为2024年9月。

第四节　基金小镇

一、基金小镇的发展历程

基金小镇模式最早起源于国外，其多是以长期自发形成为主，后期辅以一定的政策支持。随着基金小镇产业集聚效应逐渐形成，对于当地产业结构调整发挥了重要作用，同时在全球范围内也产生了一定的示范效应。

2012～2014年为中国基金小镇的早期探索阶段。此阶段的重要里程碑为2012年嘉兴南湖基金小镇规划的正式完成，此举象征着中国基金小镇建设的正式启动。如图7-3所示，2012～2014年，每年仅有1～2个基金小镇成立。

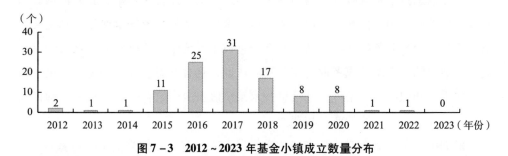

图7-3　2012～2023年基金小镇成立数量分布

资料来源：北京海峰科技，由中国私募基金年鉴编委会整理。

2015～2018年为基金小镇的高速发展阶段。从2015年开始，中国在政策层面加大了对特色小镇的关注及扶持力度，基金小镇作为特色小镇中的一种类型，在各地方政策的大力扶持下，快速建立并发展起来。如图7-3所示，2015～2018年，年均基金小镇成立数量提升至21个，显著超越前一阶段的成立速度。

2019～2020年为基金小镇的稳定发展期。该阶段新设立的基金小镇数量较过往三年有下降，已设立的小镇陆续投入使用，运营活跃度整体较高。全国基金小镇"马太效应"开始凸显，非头部基金小镇竞争逐渐激烈。如图 7 – 3 所示，2019～2020 年，年均基金小镇成立数量回落至 8 个，增量水平较上一阶段下降。

2021 年至今为基金小镇高质量发展初期。2021 年后，伴随着经济社会的发展与行业条件的变迁，以税收优惠政策为核心的基金小镇支持政策的弊端逐步显现。2022 年，修改后的《中华人民共和国反垄断法》明确将"国家建立健全公平竞争审查制度"纳入法律框架，伴随着《制止滥用行政权力排除、限制竞争行为规定》《公平竞争审查制度实施细则》和《公平竞争审查第三方评估实施指南（2023）》等规范性文件的出台，各地方基金小镇支持体系正迎来重大变迁。基金小镇进入以综合服务能力为核心吸引力的 2.0 时代。如图 7 – 3 所示，2021～2023 年，基金小镇年成立数量下降至 1 个及以下，基金小镇迎来转型关键期。

二、基金小镇的发展现状

基金小镇地区分布呈现"东多西少，南密北疏"的局面。如图 7 – 4 所示，从分布地域来看，基金小镇地区分布并不均匀。截至 2023 年末，我国已公开的 128 个基金小镇建设项目，广泛覆盖我国 27 个省级行政区。其中，浙江省基金小镇数量位列各省市之首，占我国总数的 17.97%，山东省基金小镇数量达 20 个，占我国总数的 15.63%。浙江省与山东省的基金小镇数量与其他省份拉开较大差距。总体来看，东部沿海区域尤其是浙江沪一带的基金小镇较为集中，而中西部地区相对较少。

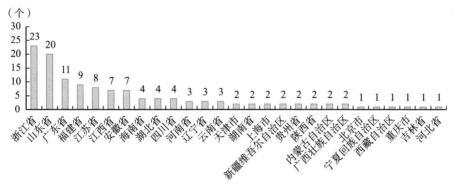

图 7 – 4　截至 2023 年末基金小镇区域分布

资料来源：北京海峰科技，由中国私募基金年鉴编委会整理。

近三成基金小镇无历史产品入驻。在我国已公开的 128 个基金小镇建设项目中，仅有 94 个基金小镇曾有产品（包含未在中基协备案的基金产品以及创业投资机构）入驻，34 个基金小镇历史入驻产品数量为 0。

行业头部效应明显，"头部"基金小镇对各类产品的吸引力较强。如表 7 - 19 所示，历史入驻产品数量大于 100 只的小镇数量为 41 个，占有产品入驻小镇数量的 43.62%；入驻产品数量大于 200 只的小镇数量为 28 个，占有产品入驻小镇数量的 29.79%；入驻产品数量大于 500 只的小镇数量为 10 个，占有产品入驻小镇数量的 10.64%。其中"嘉兴南湖基金小镇"历史产品入驻数量高达 3927 只，是有历史产品入驻的基金小镇平均产品数量的 14 倍。

表 7 - 19　　　　　　　　2024 年有产品入驻的基金小镇建设情况

序号	小镇名称	所属省份	2024 年落地基金数量（只）	历史产品入驻总数（含未备案基金与投资公司）（只）	历史管理人入驻数（家）	历史入驻基金对应管理人数（家）
1	嘉兴南湖基金小镇	浙江省	164	3929	85	1292
2	江西共青城基金小镇	江西省	79	1878	96	647
3	淄博齐盛湖基金小镇	山东省	64	1137	24	332
4	金家岭金融新区	山东省	39	433	92	210
5	千灯湖创投小镇	广东省	31	957	103	280
6	中国（天津）自由贸易试验区	天津市	25	900	168	397
7	龙城金谷基金小镇	江苏省	21	259	33	111
8	湘江基金小镇（含麓谷基金广场）	湖南省	19	584	138	209
9	梅山海洋金融小镇	浙江省	14	2800	384	1095
10	苏州金融小镇	江苏省	14	354	44	171
11	金鱼嘴基金街区	江苏省	14	321	130	176
12	厦门古地石基金小镇（厦门自贸区基金小镇）	福建省	12	400	136	221
13	尚贤湖基金 PARK	江苏省	12	244	79	117
14	前海深港基金小镇	广东省	11	1873	1924	1026
15	东沙湖基金小镇	江苏省	11	503	113	211
16	玉皇山南基金小镇	浙江省	11	474	347	209
17	南沙国际金融岛	广东省	11	321	61	123
18	万博基金小镇	广东省	10	178	91	77
19	华融黄公望金融小镇	浙江省	8	241	35	110

续表

序号	小镇名称	所属省份	2024 年落地基金数量（只）	历史产品入驻总数（含未备案基金与投资公司）（只）	历史管理人入驻数（家）	历史入驻基金对应管理人数（家）
20	湘湖金融小镇	浙江省	8	231	112	122
21	虹桥基金小镇	上海市	7	135	132	104
22	太白湖基金小镇	山东省	7	51	3	41
23	北京基金小镇	北京市	6	208	762	154
24	山东新金融产业园	山东省	6	133	38	86
25	白鹭湾科技金融小镇	山东省	6	102	3	33
26	滨湖金融小镇	安徽省	6	45	3	29
27	凤鸣基金小镇	山东省	5	268	2	120
28	新余市仙来区管委会	江西省	4	330	7	131
29	亚太金融小镇	海南省	4	247	327	143
30	柳叶湖清科基金小镇	湖南省	4	56	2	31
31	金井湾商务营运中心	福建省	3	328	25	129
32	南麂基金岛	浙江省	3	263	13	71
33	天安社区居委会	广东省	3	196	108	84
34	松山湖基金小镇	广东省	3	195	28	70
35	赣南金融小镇	江西省	3	179	7	82
36	中安创谷基金小镇	安徽省	3	162	39	72
37	长兴太湖资本广场	浙江省	3	75	16	51
38	姜山基金小镇	山东省	2	246	62	142
39	中云生生基金小镇	山东省	2	204	14	77
40	白沙泉并购金融街区	浙江省	2	58	38	34
41	义乌丝路金融小镇	浙江省	2	54	11	29
42	金柯桥基金小镇	浙江省	2	44	9	29
43	贵州观山湖基金小镇	贵州省	2	42	27	23
44	灞柳基金小镇	陕西省	2	27	32	20
45	扬子江新金融示范区（基金小镇）	江苏省	2	26	0	17
46	齐鲁金融小镇	山东省	2	20	1	11
47	珠海横琴基金小镇	广东省	1	1033	242	396
48	上海东方金融小镇	上海市	1	153	254	76
49	慈城基金小镇	浙江省	1	153	29	67
50	泉州海丝基金小镇	福建省	1	107	28	49

序号	小镇名称	所属省份	2024年落地基金数量（只）	历史产品入驻总数（含未备案基金与投资公司）（只）	历史管理人入驻数（家）	历史入驻基金对应管理人数（家）
51	晋江金融广场	福建省	1	98	29	29
52	银川阅海湾中央商务区管理委员会	宁夏回族自治区	1	88	12	47
53	福州马尾基金小镇	福建省	1	83	34	52
54	重庆基金小镇	重庆市	1	25	15	14
55	西溪谷互联网金融小镇	浙江省	1	19	18	7
56	四里河金融小镇	安徽省	1	18	3	12
57	延安基金小镇	陕西省	1	15	3	10
58	广州温泉财富小镇	广东省	1	11	23	8
59	盛京基金小镇	辽宁省	1	11	10	8
60	广州创投小镇	广东省	1	3	3	3

注：优秀名单根据小镇入驻产品数量、入驻管理人总数、入驻产品所属管理人规模以及社会影响力等因素综合筛选。

资料来源：北京海峰科技，由中国私募基金年鉴编委会整理，排名不分先后，数据统计截止日期为2024年6月。

第八章 中国私募基金管理人合规性

在私募基金行业蓬勃发展的同时，违规操作和信息不透明等问题也逐渐浮现。这些问题不仅损害了投资者的利益，也在一定程度上影响了金融市场的稳定性。因此，确保私募基金的合规性就显得尤为重要。只有严格遵守法律法规、确保信息披露透明度、严守风控管理措施，私募基金才能为投资者和社会创造更大的价值，实现行业的长期可持续发展。

第一节 私募基金管理人合规性概述

合规性是指机构或个人的行为遵循相关法律法规、行业标准和道德规范的状态。私募基金合规性作为一个广义的概念，既包括私募基金行业的法律法规也包括管理人内部控制制度。

法律法规为私募基金管理人及从业人员提供了明确的行为准则和底线要求，帮助私募基金管理人建立起健全的合规管理体系①。当前法律法规对私募基金管理人在管理基金财产时应负义务的规定是相对抽象和宽泛的，并没有给出一个统一具体的界定。而信义义务作为将私募基金投资人的利益置于管理人利益之上的一种积极尽责义务（见表8-1），已经逐步成为统合私募基金管理人法定义务的重要视角。

内部控制制度是指私募基金管理人为防范和化解风险、保障业务合法合规运作、实现机构的经营目标，对经营过程中的风险进行识别、评价和管理所做的制度安排。伴随着私募基金行业的发展，不论是在法律规范的制定层面，还是执行层面，对私募基金管理人内部控制制度的要求都更为严格。内部控制制度的建立健全是私募基金管理人合规运行不可逃避的话题（见表8-2）。

---

① 私募基金行业法律法规、规章及规范性文件的梳理详见第五章第一节与第十章第二节。

表 8 – 1 私募基金纠纷案件常见 12 类信义义务

	忠实义务	注意义务
私募基金管理人信义义务基本分类	禁止欺诈义务	投资者适当义务
	公平对待义务	审慎投资义务
	竞业禁止义务	信息披露义务
	公平交易义务	审慎管理义务
	亲自管理义务	退出清算义务

表 8 – 2 私募基金管理人贯彻信义义务的合规文件

阶段	序号	文件名称
销售募集阶段	1	《私募基金宣传推介及募集行为管理制度》
	2	《私募基金募集专用账户管理制度》
	3	《合格投资者风险揭示制度》
	4	《投资冷静期及回访确认制度》
	5	《投资者资料保管制度》
	6	《非居民金融账户涉税信息尽职调查和信息报送制度》
	7	《私募基金招募说明书》
	8	《私募基金设立合作意向协议（遴选版)》
	9	《私募基金账户监督协议》
	10	《私募基金托管协议》
	11	《私募基金无托管协议》
	12	《私募基金投资者适当性管理及基金销售业务操作手册》
投资阶段	1	《私募基金内部交易记录制度》
	2	《私募基金防范内幕交易利益输送的投资交易制度》
	3	《私募基金信息披露制度》
	4	《私募基金公平交易制度》
	5	《私募基金从业人员买卖证券申报制度》
	6	《私募基金项目投资管理办法》
	7	《私募基金投资立项管理办法》
	8	《私募基金投资决策委员会议事规则》
	9	《私募基金尽职调查工作指引》
	10	《产业投资（母/子）基金设立方案》
	11	《产业引导基金设立的关键条款清单》
	12	《投资意向书（VC 轮/PE 轮等)》

续表

阶段	序号	文件名称
投资阶段	13	《私募基金投资框架协议》
	14	《投决会会议决议》
	15	《增资股东会决议》
	16	《股权认购/转让协议（VC轮/PE轮；单一/多个投资人)》
	17	《增资扩股转让协议（VC轮/PE轮；单一/多个投资人)》
	18	《公司章程/出资证明书/股东名册》
管理阶段	1	《私募基金投资项目后期管理办法》
	2	《私募股权投资基金财产分离制度》
	3	《私募基金管理业务记录制度》
	4	《私募基金投资人投诉管理制度》
	5	《私募基金份额持有人议事规则》
	6	《私募基金份额持有人大会会议通知、召开、决议流程指引》
	7	《私募基金份额转让协议（契约型/有限合伙型/公司型)》
	8	《引导基金委托管理协议》
	9	《基金合同（契约型/有限合伙型/公司型；平层型/夹层型)》
	10	《私募基金份额持有人信息名录及投资者查询账户开立登记表》
	11	《缴付出资通知书》
	12	《缴付管理费通知书》
退出清算阶段	1	《私募基金清算管理制度》
	2	《私募基金资金清算系统岗位分工及责任制度》
	3	《私募基金到期及投资者风险披露办法》
	4	《合伙型私募基金到期清算解散会议的通知、召开、决议流程指引》
	5	《私募股权基金年度财务测算报告》
	6	《基金清算承诺函》
	7	《私募基金到期公告》
	8	《私募基金延期公告》
	9	《私募基金分期清算公告》
	10	《私募基金强制清算公告》
	11	《私募基金投资差额补足协议等增信文件》
	12	《私募基金投资到期催告函》

第二节　私募基金管理人行政监管处罚情况

一、行政监管措施基本情况

私募行政监管措施涉及监管机构对违规基金管理人或相关责任人的处罚，包括警告、罚款、市场禁入等。通过对证监会各派出机构 2013～2023 年期间私募基金行政监管措施案件的统计，依据行政监管处罚合计次数进行排名（见表 8-3）。

表 8-3　　2013～2023 年私募基金行政监管处罚措施次数前五大辖区　　单位：次

序号	辖区	2013～2023 年期间私募基金行政监管处罚措施				合计
		监管谈话	警示函	责令整改	警告＋罚款	
1	上海	0	71	20	71	162
2	浙江	1	62	58	9	130
3	深圳	0	95	10	8	113
4	广东	1	37	38	14	90
5	北京	0	10	61	3	74

资料来源：中国证监会、各地证监局以及中基协网站，由中国私募基金年鉴编委会整理，数据统计截止日期为 2024 年 3 月。

北京、上海、广东（不含深圳）、深圳、浙江（不含宁波）五大辖区私募管理人数量占据全国 36 个辖区私募基金管理人总数的 66.27%，这既意味着可能受到的行政监管处罚措施次数更多，也意味着它们在私募基金行业内具有较强的代表性。

2013～2023 年，五大辖区私募基金行业面临的行政监管处罚措施主要分为四大类：监管谈话、警示函、责令整改以及警告加罚款。这些措施不仅体现了监管机构对行业规范的严格要求，也反映了行业合规性建设的紧迫性。

在这 10 年间，上海以其 162 次的四大类处罚措施总数，位居全国之首，凸显了其在私募基金行业中的重要地位和监管的严格性。紧随其后的是浙江，以 130 次处罚措施位居第二，深圳则以 113 次处罚措施位列第三。此外，广东、北京也分别以 90 次、74 次的处罚措施次数，反映出各自在监管力度上的不同侧重点。

从处罚措施类型的比重来看，警示函以较高占比成为最主要的监管手段，这可能与其预防性和教育性的特点有关；责令整改占比位居其次，显示了监管机构对于违规行为的及时纠正和整改要求；警告加罚款占比位列第三，反映了监管机构对于严重违规行为的惩罚力度；而监管谈话则以极低的占比，成为比重最小的处罚类型，这可能与其作为一种较为温和的沟通和提醒手段有关。

二、行政监管措施趋势与特点

（一）五大辖区私募基金违规情形分布情况

按照五大辖区各违规情形发生次数由多到少排序，私募基金前十大违规情况分别是：私募基金管理人未履行适当性义务，私募基金管理人未履行信息披露义务，私募基金管理人未恪尽职守、诚实信用、谨慎勤勉，管理的基金产品未在中国证券投资基金业协会备案，向不特定对象夸大、片面、误导等不合规推介私募基金产品行为，未按照规定及时更新管理人登记备案信息，私募基金管理人向投资者承诺投资本金不受损失或承诺最低收益，私募基金管理人未妥善保存基金相关资料，私募基金管理人未对基金进行风险评级，私募基金管理人侵占、挪用、混同基金财产，未按照合同约定托管基金财产。

除了上述排位前十的私募基金违规高频行为，还有一些违规行为可能没有成为监管处罚的焦点，但它们对基金财产和投资者利益的潜在威胁不容忽视。如私募机构内部控制与风险管理制度不完善导致的严重损害基金财产与投资者利益的行为；未按照基金合同约定按时成立清算小组的行为；未及时向中基协报告基金清算事项的行为；将私募基金财产用于借贷等非私募基金投资活动等违反专业化经营的行为；利用基金财产或者职务之便，为本人或者投资者以外的人谋取利益，进行利益输送等。

（二）五大辖区私募基金违规情形原因分析

职业操守与合规性问题。私募基金管理人未履行适当性义务和信息披露义务的高频违规，揭示了行业在职业操守和合规性方面的薄弱环节。

备案与登记问题。管理的基金产品未在中国证券投资基金业协会备案，管理人缺乏意识和重视，也意味着基金运作缺乏必要的监管监督，增加了非法集资和欺诈行为的风险。

市场推广与投资者保护问题。不合规的市场推广行为，如夸大、片面、误导等，可能会误导投资者，导致投资者基于错误的信息作出投资决策，增加了市场的风险和投资者的损失。

信息更新与透明度问题。未及时更新管理人登记备案信息，降低了行业的透明度，使得投资者难以获取最新的管理人信息，影响了投资者对管理人的信任度和投资决策的准确性。

风险管理与资料保存问题。私募基金管理人未妥善保存基金相关资料和未对基金进行风险评级，这可能导致投资者无法准确评估基金的风险，增加了投资的不确定性和潜在损失。

资金安全与托管问题。私募基金管理人侵占、挪用、混同基金财产，未按照合同约定托管基金财产，这种行为严重违反了资金安全的原则，损害了投资者的财产权益。

清算与报告问题。未按照基金合同约定成立清算小组，未及时向中基协报告基金清算事项，这些问题会影响基金的正常清算流程，损害投资者利益。

专业化经营与利益输送问题。将私募基金财产用于非私募基金投资活动，违反了专业化经营的原则，可能会增加投资风险，损害投资者利益。同时，利用基金财产或职务之便进行利益输送，这种行为严重违反了职业道德，损害了投资者和其他市场参与者的利益。

第三节　私募基金管理人诉讼案件情况

自 2013 年 1 月至 2023 年 12 月期间，最高人民法院、各省级高级人民法院、各市级中级人民法院、基层人民法院及专门人民法院共审理涉及私募基金纠纷的民事、刑事的判决书或裁定共计 10120 份。

自 2020 年以来，私募基金相关涉诉案件数量呈现下降趋势。如图 8 - 1 所示，2018 年后关于私募基金的诉讼案件数量激增，并于 2020 年度达到 2626 件的顶峰。自 2020 年之后，关于私募基金的诉讼案件呈逐年下降趋势，但这并不意味着私募基金相关的纠纷在减少，而可能是更多的私募基金合同选择约定仲裁机构去审理案件。

从地域分布来看，近六成私募基金诉讼案例集中在北京市、上海市、广东省三地。如图 8 - 2 所示，近 10 年来关于私募基金的诉讼案例主要集中在北京市、上海市、广东省三大区域，分别占比 24.28%、20.71%、14.03%，其中北京市的案件量最多，达到 2457 件。

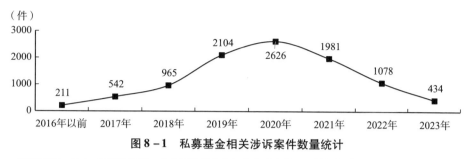

图 8 - 1 私募基金相关涉诉案件数量统计

资料来源：Alpha 案例数据库，由中国私募基金年鉴编委会整理，数据统计截止日期为 2024 年 3 月。

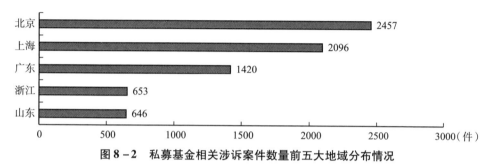

图 8 - 2 私募基金相关涉诉案件数量前五大地域分布情况

资料来源：Alpha 案例数据库，由中国私募基金年鉴编委会整理，数据统计截止日期为 2024 年 3 月。

从案件的案由来看，近九成私募基金诉讼案件为民事案件。如图 8 - 3 所示，近十年以来，涉及私募基金的案件 87.91% 为民事案件，仅有 12.09% 为刑事案件。涉及私募基金的案由其实分布较为分散，一方面因为私募基金相关纠纷不存在特定案由，并且案情一般较复杂，存在复合性；另一方面又与私募基金的法律责任具有广泛性存在一定联系。私募基金的纠纷可能涉及多方主体的责任，也涉及影响多方利益，案件基础法律关系存在复杂及交叉的特点，从而导致案由分布广泛。

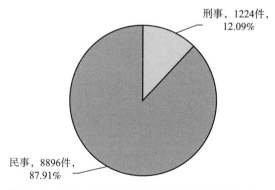

图 8 - 3 2013 ~ 2023 年私募基金相关涉案案由分布

资料来源：Alpha 案例数据库，由中国私募基金年鉴编委会整理，数据统计截止日期为 2024 年 3 月。

一、民事案件基本情况

（一）案由分布情况

合同、准合同纠纷是私募基金最常见的民事案件案由。如图 8 - 4 所示，民事案件中，合同、准合同纠纷类案件数量占比 72.10%，具体涉及借贷合同纠纷类、委托理财合同纠纷类、合伙合同纠纷、保证合同纠纷、委托合同纠纷等；与公司有关的纠纷、证券纠纷、合伙企业纠纷、信托纠纷类、与破产有关的纠纷类案件数量占比 10.47%；侵权责任纠纷案件占到 3.71%。

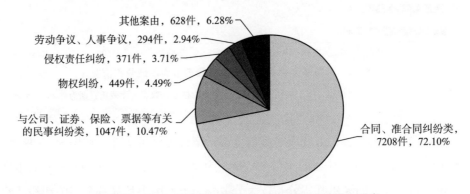

图 8 - 4　2013～2023 年私募基金相关民事案件案由分类

资料来源：Alpha 案例数据库，由中国私募基金年鉴编委会整理，数据统计截止日期为 2024 年 3 月。

（二）程序分布情况

私募基金民事诉讼案件一审上诉率超三成。如图 8 - 5 所示，2013～2023 年，涉及私募基金民事案件的审理程序中，一审案件有 6973 件，二审案件有 2618件，再审案件有 251 件，执行案件有 254 件，破产清算案件有 24 件。

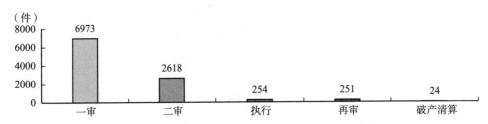

图 8 - 5　2013～2023 年私募基金相关民事案件审理程序分布

资料来源：Alpha 案例数据库，由中国私募基金年鉴编委会整理，数据统计截止日期为 2024 年 3 月。

（三）裁判结果分布情况

1. 一审裁判结果

私募基金民事案件中近半数一审案件结果为"全部/部分支持"。如图8－6所示，2013～2023年，当前条件下全部/部分支持的有3101件，占比为44.47%；其他的有1578件，占比为22.63%；驳回起诉的有1366件，占比为19.59%，撤诉案件147件，不予受理案件48件。

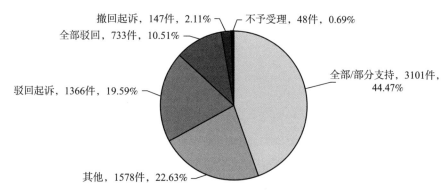

图8－6　2013～2023年私募基金相关民事案件一审裁判结果分布

资料来源：Alpha案例数据库，由中国私募基金年鉴编委会整理，数据统计截止日期为2024年3月。

2. 二审裁判结果

私募基金民事案件的中超七成二审案件裁判结果为"维持原判"。如图8－7所示，2013～2023年，当前条件下维持原判的有2023件，占比为77.27%；改判的有377件，占比为14.40%；其他的有172件，占比为6.57%，撤回上诉的有27件，占比为1.03%；发回重审的有19件，占比为0.73%。

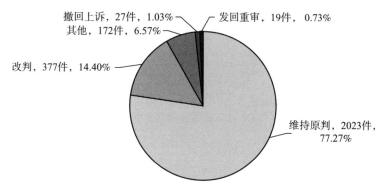

图8－7　2013～2023年私募基金相关民事案件二审裁判结果分布

资料来源：Alpha案例数据库，由中国私募基金年鉴编委会整理，数据统计截止日期为2024年3月。

3. 再审裁判结果

私募基金民事案件的中超七成再审案件裁判结果为"驳回再审申请"。如图 8 - 8 示，2013 ~ 2023 年，当前条件下驳回再审申请的有 193 件，占比为 76.89%；维持原判的有 22 件，占比为 8.76%；其他的有 17 件，占比为 6.77%。

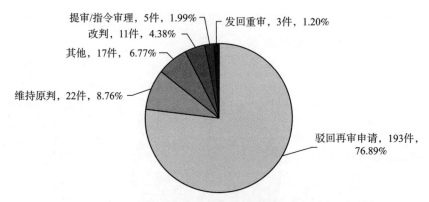

图 8 - 8　2013 ~ 2023 年私募基金相关民事案件再审裁判结果分布

资料来源：Alpha 案例数据库，由中国私募基金年鉴编委会整理，数据统计截止日期为 2024 年 3 月。

4. 执行裁判结果

私募基金民事案件的中过半案件执行结果为"驳回申请"。如图 8 - 9 示，2013 ~ 2023 年，当前条件下驳回申请的有 142 件，占比为 55.91%；终结本次执行程序的有 29 件，占比为 11.42%；终结执行的有 21 件，占比为 8.27%。

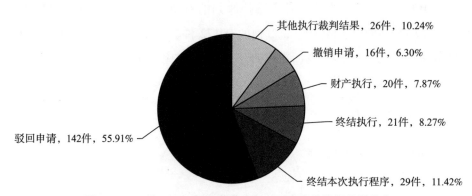

图 8 - 9　2013 ~ 2023 年私募基金相关民事案件执行结果分布

资料来源：Alpha 案例数据库，由中国私募基金年鉴编委会整理，数据统计截止日期为 2024 年 3 月。

（四）诉讼标的额分布情况

私募基金民事案件中近半数案例诉讼标的额位于 100 万元以下。如图 8 - 10

示，2013～2023 年，10 万元以下的案件有 875 件，10 万～50 万元的案件有 1108 件，50 万～100 万元的案件有 589 件，标的额为 100 万～500 万元的案件数量有 2138 件，500 万～1000 万元的案件有 344 件。

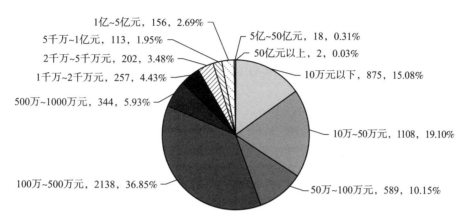

图 8 - 10　2013～2023 年私募基金相关民事案件诉讼标的额分布

资料来源：Alpha 案例数据库，由中国私募基金年鉴编委会整理，数据统计截止日期为 2024 年 3 月。

（五）审理期限分布情况

私募基金民事案件的审理平均时间为 171 天。如图 8 - 11 示，2013～2023 年，当前条件下的审理时间位于 30 天以内的私募基金民事案件数量为 821 件，占比 12.40%；31～90 天案件数量为 1880 件，占比 28.40%；91～180 天案件数量为 1553 件，占比 23.46%，处于 181～365 天区间的案件数量最多为 1669 件，占比 25.22%；处于 365 天以上区间的案例数量为 696 件，占比 10.52%。

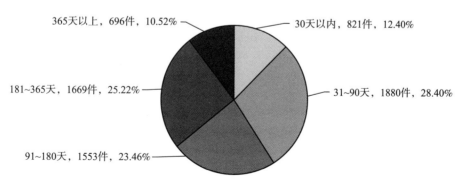

图 8 - 11　2013～2023 年私募基金相关民事案件审理期限分布

资料来源：Alpha 案例数据库，由中国私募基金年鉴编委会整理，数据统计截止日期为 2024 年 3 月。

（六）审理法院分布情况

超两成私募基金相关民事案件集中在北京市朝阳区人民法院、上海市浦东新区人民法院、上海金融法院、深圳前海合作区人民法院以及广东省深圳市中级人民法院五大法院。如图 8 - 12 示，2013 ~ 2023 年，北京市朝阳区人民法院审理私募相关民事案件 620 件、上海市浦东新区人民法院 578 件、上海金融法院 346 件、深圳前海合作区人民法院 243 件、广东省深圳市中级人民法院 233 件。

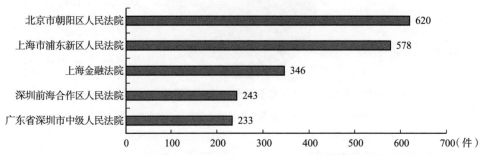

图 8 - 12　2013 ~ 2023 年审理私募基金相关民事案件数量最多的五大法院

资料来源：Alpha 案例数据库，由中国私募基金年鉴编委会整理，数据统计截止日期为 2024 年 3 月。

二、民事案件趋势与特点

（一）案件数量呈现增长趋势

私募基金民事诉讼通常涉及投资者与基金管理人之间的合同纠纷、投资损失赔偿等问题。随着私募基金行业的快速发展，民事诉讼案件数量呈上升趋势，反映了投资基金到了退出期却无法退出的现状，同时也反映了投资者权益保护意识的增强和市场规范化需求的增长。

行业快速发展，投资者权益意识增强。近年来，私募基金行业迅速扩张，吸引了大量投资者参与，与此同时投资者对自身权益保护的意识不断提高，更愿意通过法律途径解决争议，进而导致潜在纠纷数量的增长。

经济周期影响，投资期限到期。宏观经济波动可能影响私募基金的投资回报，导致投资者与管理人之间的利益冲突。此外，许多私募基金有固定的投资期限，到期后可能因为退出机制不明确或执行困难而产生纠纷。根据上海金融法院发布的《私募基金纠纷法律风险防范报告》，2016 ~ 2021 年，私募基金案件数量呈上升趋势，其中合同纠纷占比超过 70%。这些案件主要集中在退出阶段，且投资标的主要为非标准化资产，如股权等。金融监管政策的调整可能影响私募基金的运作模式，导致新的合规风险和纠纷。

私募基金诉讼数量的增长与私募基金行业内部纠纷有较大关系，尤其是投资者与管理人之间的合同问题。有些案件涉及本金收益承诺，这些承诺在形式上多样，有的通过补充协议、附加协议等形式提供，看似形式上存在不合规，但是却增加了投资者和管理人之间认知理解上的巨大差距。

（二）案件多样化和复杂化

私募基金民事诉讼的多样化和复杂化是当前司法实践中一个显著的特点，这一点体现在案件类型的多元化、诉讼主体的多元化、裁判结果的多样性以及法律适用的复杂性等多个方面。

案件类型的多样化。涉及私募基金的案件中，民事案件占比 87.91%，刑事案件占比 12.09%。民事案件中，合同、准合同纠纷类案件占比 72.10%，公司相关纠纷、证券纠纷等其他类型案件占比 10.47%。随着金融创新和科技的发展，预计会出现更多涉及新型金融产品和交易模式的案件，如基于区块链的基金份额登记、智能合约在基金管理中的应用等。

诉讼主体的多元化。在 10120 件案件中，涉及多方主体的责任纠纷，案件基础法律关系存在复杂及交叉的特点。诉讼主体不再局限于投资者与基金管理人，可能扩展到基金托管人、第三方服务机构等，增加了案件处理的复杂度。

案由的多样化。私募基金民事诉讼的案由多样化是当前司法实践中的一个显著特点。除了传统的合同违约纠纷，还包括信息披露不充分、管理失当、投资者权益受损等新型纠纷。这些案由的多样化，要求法律从业者和监管机构不断更新知识结构，以适应市场的发展。

法律适用的复杂化。涉及私募基金的行业分布主要集中在金融业，以及其他如租赁和商务服务业、房地产业等。随着私募基金业务模式的不断创新，尤其是涉及跨境投资、金融衍生品等，法律适用变得更加复杂，需要法官、仲裁员、律师及法律工作者具备更全面的金融法律知识。

（三）案件分布地域化

诉讼案件的地域分布特征明显，主要集中在经济发达地区，如北京、上海、深圳等。这与这些地区的金融市场活跃度、投资者数量以及私募基金的集中度密切相关。经济发达地区的法院在处理此类案件时，往往具有更丰富的经验和更成熟的审判机制。随着私募基金行业的不断发展和监管政策的逐步完善，预计经济发达地区的私募基金民事诉讼案件数量将继续维持在较高水平，同时也可能出现新的案件类型和争议焦点。

私募基金民事诉讼的地域分布特征与经济发达程度密切相关。法律从业者和监管机构需要关注这些特征，不断更新知识结构，以适应市场的发展。同时，投资者和基金管理人也应增强风险意识，合理选择投资地区和投资项目，以减少潜在的法律风险。

（四）法律服务专业化

面对私募基金民事诉讼的复杂性和专业性，法律服务市场也呈现出专业化和综合能力的趋势。专业的律师事务所和法律顾问团队，为投资者和基金管理人提供了更加专业和高效、及时和综合的法律服务。

专业领域深化。律师事务所和法律顾问团队应深化对私募基金相关法律领域的了解，包括但不限于基金设立、运作、退出以及清算等各个环节的法律法规。

定制化服务。根据不同私募基金的特点和需求，提供定制化的法律服务方案，包括投资结构设计、风险评估、合同审查等。尤其是在清算退出阶段，更需要定制化和综合性的法律服务。

跨领域知识整合。私募基金民事诉讼往往涉及金融、税务、会计等多个领域，法律服务需整合跨领域知识，提供综合性解决方案。尤其是在清算退出的专业服务中，更需要有诉讼和非诉讼的综合能力，又要有风险识别并制定整体风险控制策略，为清算退出及争议解决提供更加综合服务的能力，真正更好地满足私募基金民事诉讼的专业化需求。

另外有两个现象值得注意，一是目前大部分私募基金合同选择通过商事仲裁来解决纠纷，而不是通过法院诉讼，这一现象目前是主流。仲裁作为一种替代性纠纷解决机制，具有保密性、便捷性等特点，有助于保护当事人的商业秘密和市场声誉。二是清算退出及回购是一个高峰期，预计五到十年都很难消化。随着私募基金行业的持续发展和回购压力陡增，预计仲裁和诉讼数量将继续是一个上升阶段。这些纠纷可能涉及清算纠纷及回购等一系列复杂问题，需要进一步的分析和研究。在处理这些问题时，法院和仲裁机构需要充分考虑私募基金的特点和市场发展情况，真正确保"穿透式审判思维"在金融商事审判中运用，以确保公平、合理、实际有效地解决纠纷。

三、刑事案件基本情况

私募基金刑事案件通常涉及非法集资、诈骗、挪用资金等严重违法行为。如图 8-13 所示，2014 年 1 月 1 日至 2024 年 7 月 1 日共 967 篇涉及私募基金刑事案件的裁判文书。

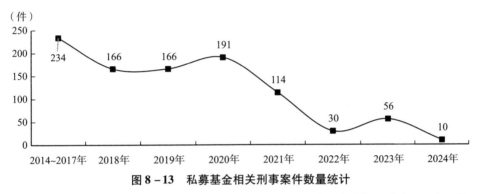

图 8-13 私募基金相关刑事案件数量统计

资料来源：Alpha 案例数据库，由中国私募基金年鉴编委会整理，数据统计截止日期为 2024 年 7 月。

根据最高人民检察院和最高人民法院公布的数据，2021 年至今，全国检察机关共起诉私募基金犯罪 2085 人。2022~2023 年，最高检挂牌督办了两批共 16 起重大私募基金犯罪案件，其中 13 起已经依法提起公诉，5 起已作出判决。这些案件主要涉及非法吸收公众存款罪、非法集资、诈骗类犯罪、挪用资金、操纵证券市场等犯罪行为。最高检和最高法通过发布典型案例，强化了对私募基金犯罪的法律适用和证据审查标准，以提高打击效率和预防风险。

从地域分布来看，五成私募基金诉讼案例集中在北京市、上海市以及浙江省三地。如图 8-14 所示，2014 年 1 月 1 日至 2024 年 7 月 1 日，北京市、上海市和浙江省私募基金相关涉诉刑事案件数量分别占全国总数量的 22.75%、19.13%、8.27%。私募基金涉刑案件高发区域为北京，其各级法院总计受理案件有 220 件；其次为上海市，其各级法院总计受理案件有 185 件；第三名是浙江省，其各级法院总计受理案件有 80 件；第四名为河南省，其各级法院总计受理案件有 60 件；广东省位居第五名，其各级法院总计受理案件数量为 58 件。从地域上的分布规律来看，我国的私募基金犯罪呈现出东部多于西部、发达地区多于欠发达地区的趋势，与我国的社会经济发展总体状况相适应。

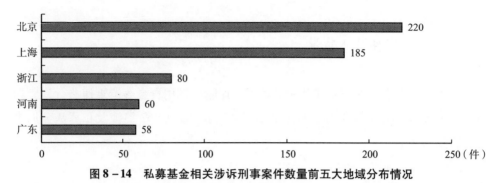

图 8 – 14　私募基金相关涉诉刑事案件数量前五大地域分布情况

资料来源：Alpha 案例数据库，由中国私募基金年鉴编委会整理，数据统计截止日期为 2024 年 7 月。

（一）涉嫌罪名分布情况

非法吸收公共存款罪是私募基金最常见的刑事案件案由。如图 8 – 15 所示，私募基金领域的刑事犯罪涉嫌的具体罪名主要集中在以下几种类型：非法吸收公众存款罪；诈骗罪；集资诈骗罪；合同诈骗罪；挪用资金罪、组织、领导传销活动罪；非法经营罪；利用未公开信息交易（老鼠仓）罪；私募基金管理人利用未公开的信息进行证券交易，获取不正当利益。其中，《最高人民法院最高人民检察院关于办理利用未公开信息交易刑事案件适用法律若干问题的解释》明确了"老鼠仓"定罪量刑问题。

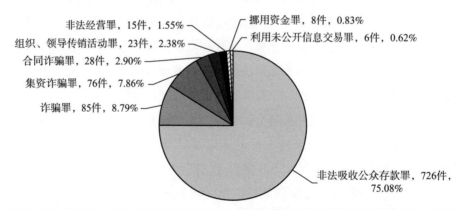

图 8 – 15　2014 年 1 月 1 日至 2024 年 7 月 1 日私募基金相关刑事案件涉嫌罪名分布情况

资料来源：Alpha 案例数据库，由中国私募基金年鉴编委会整理，数据统计截止日期为 2024 年 7 月。

这些刑事罪名反映了私募基金领域的复杂性和多样性，涉及从资金募集到投资运作的各个环节。检察机关和法院在办理这些案件时，通常会密切合作，确保事实清楚、证据确凿、法律适用准确。

（二）行业分布情况

近七成私募基金刑事案件分布在租赁和商务服务业。如图 8-16 所示，当前私募基金相关刑事案件主要集中在租赁和商务服务业，金融业，制造业，批发和零售业，分别占总案件数量 68.75%、18.75%、6.26%、6.25%。

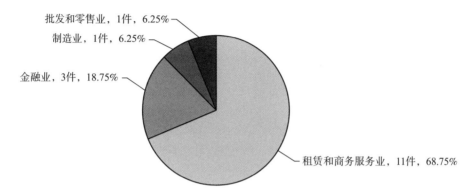

图 8-16 2014 年 1 月 1 日至 2024 年 7 月 1 日私募基金相关刑事案件行业分布情况

资料来源：Alpha 案例数据库，由中国私募基金年鉴编委会整理，数据统计截止日期为 2024 年 7 月。

（三）程序分类情况

私募基金刑事案件一审上诉率为 4.32%。如图 8-17 所示，与民事案件相比，涉及私募基金的刑事案件审理程序中一审上诉率明显较低。具体而言，涉及私募基金的刑事案件审理程序中一审案件有 926 件，二审案件有 40 件，再审案件有 1 件。

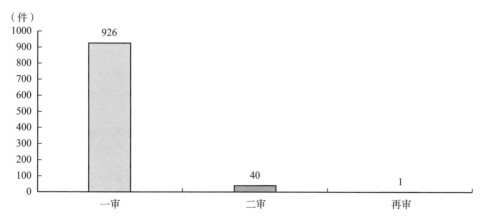

图 8-17 2014 年 1 月 1 日至 2024 年 7 月 1 日私募基金相关刑事案件程序分类分布情况

资料来源：Alpha 案例数据库，由中国私募基金年鉴编委会整理，数据统计截止日期为 2024 年 7 月。

（四）裁判结果及量刑分布情况

1. 二审裁判结果

私募基金刑事案件中近八成二审案件裁判结果为"维持原判"，如图8－18所示。

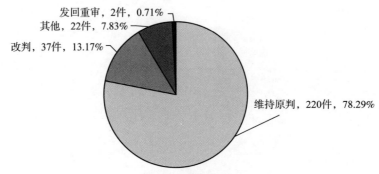

图8－18 2014年1月1日至2024年7月1日私募基金相关刑事案件
二审裁判结果分布情况

资料来源：Alpha案例数据库，由中国私募基金年鉴编委会整理，数据统计截止日期为2024年7月。

2. 再审裁判结果

通过对再审裁判结果的可视化分析可以看到，唯一一件再审案件裁判结果为"改判"，如图8－19所示。

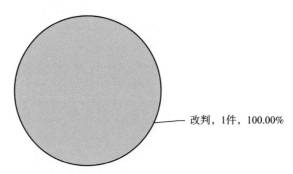

图8－19 2014年1月1日至2024年7月1日私募基金相关刑事案件
再审裁判结果分布情况

资料来源：Alpha案例数据库，由中国私募基金年鉴编委会整理，数据统计截止日期为2024年7月。

3. 主刑

有期徒刑是私募基金刑事案件主刑的主要类型。如图8－20所示，当前条件下包含有期徒刑的案件有 926 件，包含无期徒刑的案件有 24 件，包含拘役的案件有 15 件。其中，包含缓刑的案件有 327 件；免予刑事处罚的案件有 5 件。

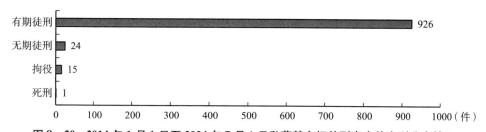

图 8 - 20　2014 年 1 月 1 日至 2024 年 7 月 1 日私募基金相关刑事案件主刑分布情况

资料来源：Alpha 案例数据库，由中国私募基金年鉴编委会整理，数据统计截止日期为 2024 年 7 月。

4. 附加刑

罚金是私募基金刑事案件附加刑的主要类型。如图 8 - 21 所示，当前条件下包含罚金的案件有 924 件，包含剥夺政治权利的案件有 46 件，包含没收财产的案件有 17 件。

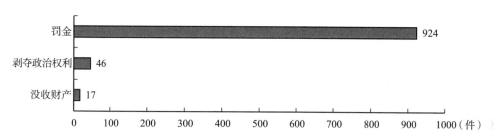

图 8 - 21　2014 年 1 月 1 日至 2024 年 7 月 1 日私募基金相关刑事案件附加刑分布情况

资料来源：Alpha 案例数据库，由中国私募基金年鉴编委会整理，数据统计截止日期为 2024 年 7 月。

量刑的决定因素包括犯罪的事实、情节、犯罪所得的数额、犯罪行为对社会的危害程度以及犯罪人的态度等。在量刑上，私募基金刑事案件的量刑期间一般在三年以下及三年以上十年以下有期徒刑为主。三年以下有期徒刑存在缓刑空间。对投资人而言，推动立案的理由就是希望公权力介入，通过刑事追缴、退赔退赃等方式拿回投资款，减少损失。法院在进行定罪量刑的过程中，如果投资人的损失能得到填补，案件的社会危害性不大，私募基金管理人及工作人员得判缓刑的可能性还是很大的。此外，如果涉及金额特别巨大或者情节特别严重的，可能会被判处更高的刑罚，如十年以上有期徒刑甚至无期徒刑。另外从附加刑来看，对经济类犯罪适用经济性附加刑已经成为主流。

（五）犯罪金额分布情况

私募基金刑事案件中超七成案例诉讼标的额位于 500 万元以上。如图 8 - 22 所示，涉及私募基金的犯罪金额为 500 万元以上的案件数量最多，有 429 件，100 万~500 万元的案件有 71 件，20 万~50 万元的案件有 25 件，50 万~100 万元的案件有 21 件，3 万~10 万元的案件有 14 件。

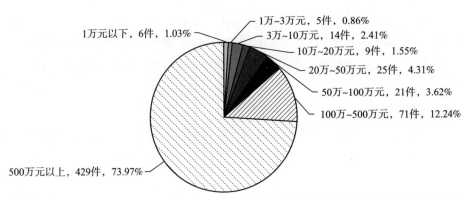

图 8 - 22　2014 年 1 月 1 日至 2024 年 7 月 1 日私募基金相关刑事案件犯罪金额分布情况

资料来源：Alpha 案例数据库，由中国私募基金年鉴编委会整理，数据统计截止日期为 2024 年 7 月。

（六）判赔额分布情况

私募基金刑事案件中超三成案例判赔额位于 100 万元以上。如图 8 - 23 所示，判赔额为 10 万元以下的案件数量最多，有 18 件，10 万~50 万元的案件有 10 件，50 万~100 万元的案件有 8 件，100 万~500 万元的案件有 6 件，500 万~1000 万元的案件有 5 件。

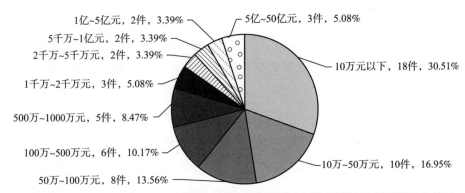

图 8 - 23　2014 年 1 月 1 日至 2024 年 7 月 1 日私募基金相关刑事案件判赔额分布情况

资料来源：Alpha 案例数据库，由中国私募基金年鉴编委会整理，数据统计截止日期为 2024 年 7 月。

（七）审理期限分布情况

私募基金刑事案件的审理平均时间为 243 天。如图 8 - 24 所示，当前条件下的审理时间位于 30 天以内的私募基金刑事案件数量为 64 件，占比 7.69%；31 ~ 90 天案件数量为 160 件，占比 19.23%；91 ~ 180 天案件数量为 159 件，占比 19.11%，处于 181 ~ 365 天区间的案件数量最多为 250 件，占比 30.05%；处于 365 天以上区间的案例数量为 199 件，占比 23.92%。

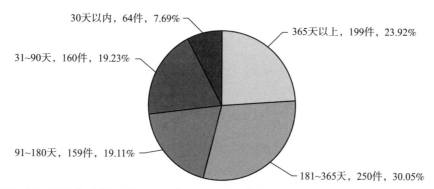

图 8 - 24　2014 年 1 月 1 日至 2024 年 7 月 1 日私募基金相关刑事案件审理期限分布情况

资料来源：Alpha 案例数据库，由中国私募基金年鉴编委会整理，数据统计截止日期为 2024 年 7 月。

（八）审理法院分布情况

如图 8 - 25 所示，全国审理私募基金刑事案件由多至少的法院分别为北京市朝阳区人民法院、上海市浦东新区人民法院、北京市东城区人民法院、上海市虹口区人民法院、上海市静安区人民法院。

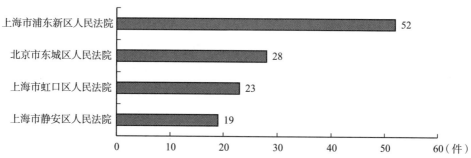

图 8 - 25　2014 年 1 月 1 日至 2024 年 7 月 1 日审理私募基金相关刑事案件
数量最多的五大法院

资料来源：Alpha 案例数据库，由中国私募基金年鉴编委会整理，数据统计截止日期为 2024 年 7 月。

四、刑事案件趋势与特点

（一）案件数量与地域分布

私募基金刑事案件数量最多的地区是北京市，其次是上海市和浙江省。这反映了私募基金犯罪在经济发达地区更为集中，可能与这些地区的金融市场活跃度和私募基金数量较多有关。随着经济的进一步发展和金融市场的扩张，预计这些地区的案件数量可能会继续增加，同时，监管力度的加强也可能使得案件的发现和处理更为及时。

（二）案件涉嫌罪名分布

非法吸收公众存款罪和诈骗罪是私募基金刑事案件最常见的罪名。这表明在私募基金领域，资金的非法募集和使用是主要的犯罪手段。随着监管政策的收紧和技术的发展，犯罪分子可能会采取更为隐蔽的手段进行非法集资和诈骗，例如通过加密货币等新型金融工具。

（三）案件裁判结果及量刑

私募基金刑事案件一审上诉率约为4.32%，这可能表明一审判决的公正性和合理性较高。同时，大量的案件涉及有期徒刑，部分案件涉及无期徒刑或拘役。随着司法透明度的提高和法律制度的完善，预期上诉率将保持在一个较低水平。同时，对于重大犯罪行为，法院可能会采取更为严厉的刑罚。

（四）案件犯罪金额与判赔额

私募基金刑事案件犯罪金额主要集中在500万元以上，而判赔额则多集中在10万元以下。这可能反映了投资者损失的严重性和追回资金的难度。随着投资者保护意识的提高和司法追缴力度的加强，预期投资者能够获得更多的赔偿，判赔额可能会有所提高。

（五）案件审理期限

私募基金刑事案件审理时间多在181～365天的区间内，平均时间为243天。这表明私募基金刑事案件的审理过程相对复杂，需要较长时间。随着司法效率的提升和案件处理流程的优化，预期审理期限可能会有所缩短。

　　私募基金刑事案件的发展趋势是多方面的，涉及法律、监管、技术等多个层面。随着市场的发展和监管的加强，预期私募基金领域的犯罪行为将得到更有效的遏制。同时，投资者保护和教育也将成为未来发展的重要方向。

第九章　中国私募基金行业景气指数

第一节　私募基金行业景气指数构造背景

私募基金作为资本市场的重要组成部分，在优化资源配置、促进经济转型升级等方面发挥着积极作用。随着我国资本市场的不断发展和完善，私募基金行业呈现出蓬勃发展的态势。然而，由于私募基金的非公开性质，行业整体发展状况难以准确把握，这为科学评估行业景气程度带来了挑战。构建私募基金行业景气指数的重要意义主要体现在以下几个方面。首先，它能够为行业参与者、监管机构和研究人员提供一个量化的、客观的评估工具，帮助他们更好地理解和把握行业发展动态。其次，通过对行业景气度的系统性跟踪和分析，可以及时发现行业发展中存在的问题和潜在风险，为制定相关政策和措施提供依据。最后，景气指数可以作为投资者进行资产配置的重要参考，帮助他们更好地作出投资决策。

在构建私募基金行业景气指数时，需要考虑行业的特殊性和复杂性。私募基金可以大致分为私募股权投资基金和私募证券投资基金两大类，这两类基金在投资对象、运作方式和风险特征等方面存在显著差异。因此，在设计指数时需要分别考虑这两类基金的特点，选择合适的指标和权重。对于私募股权投资基金，主要考虑管理规模、退出规模、新增募集规模和新增基金数等指标。这些指标能够反映私募股权投资基金的募资能力、投资活跃度和退出情况。而对于私募证券投资基金，除了管理规模和新增募集规模外，还需要考虑平均收益率、新增产品数量等指标，以全面反映私募证券投资基金的业绩表现和产品创新情况。

尽管近年来中国私募基金行业发展面临一些挑战，但随着居民财富的不断积累和人们理财观念的转变，私募基金仍具有广阔的发展前景。未来，私募基金行业应进一步加强自律管理，提升专业化投资能力，在防范风险的同时为投资者创造更多价值，更好地服务实体经济高质量发展。为了更加准确地把握私募基金行业的发展态势，科学评估行业整体景气程度，有必要构建一套完善的私募基金行业景气指数编制方法。通过综合考虑反映私募基金行业运行状况的各项指标，定量测度行业景气水平，为私募基金管理人、投资者和监管部门等提供重要的决策参考。一套科学、客观、全面的私募基金行业景气指数，不仅能够揭示行业发展的内在规律，也有助于行业各参与主体及时把握市场机遇，应对潜在挑战。这一指数的构建将有助于我国私募基金行业的规范化发展，为行业参与者、监管机构和投资者提供有力的指导和支持，推动行业向更高质量、更可持续的方向发展。

第二节　私募基金行业景气指数编制方法

一、私募股权投资行业景气指数

（一）数据来源和数据描述

私募股权投资行业景气指数编制所需的数据主要来自北京海峰科技、云通基金投研平台、私募基金监管部门的私募股权投资基金备案信息和管理规模数据。这些数据包括了私募股权投资基金的管理规模增速、退出规模增速、新增基金数增速和新增募集规模增速，均按月度统计。本部分以 2021 年 1 月为基期，选取 2021 年 1 月至 2024 年 2 月的基金数据。

（二）指数构建方法

本部分采用的私募基金行业景气指数（包括私募股权投资行业景气指数和私募证券投资行业景气指数）编制方法借鉴了经济学和统计学中常用的指数构建技术。这些技术包括数据标准化处理、指数加权平均和链式处理，在官方统计和学术研究中有广泛应用。类似的方法被用于构建多个知名指数，如联合国开发计划署的人类发展指数（human development index，HDI）、各国统计局计算的消费者价格指数（consumer price index，CPI）和国内生产总值（gross domestic product，GDP）指数等。通过采用这些方法，本指数旨在客观反映私募股权投资行业的景气程度变化，为行业分析和决策提供数据支持。具体的指数构建步骤如下。

1. 数据标准化处理

由于管理规模、退出规模、新增募集规模和新增基金数四个指标在数值量级上存在较大差异，为了消除这种量纲不一致性，需要在正式加总编制指数前，对原始数据进行标准化处理。标准化处理可以将不同量纲的指标数据转化为无量纲指标，使得不同指标可以在同一标准下进行比较和加总。本书中采用最小—最大标准化方法，将各指标数据映射到 ［0，1］ 区间，使得不同指标之间具有可比性。标准化公式为：

$$X' = (X - X_{min}) / (X_{max} - X_{min})$$

式中，X 为原始数据，X_{min} 和 X_{max} 分别为该指标的最小值和最大值，X' 为标准化后的数据。

2. 指标加权平均

在标准化处理的基础上，需要赋予各指标适当的权重，然后进行加权平均，得到一个综合的指数值。指标的权重设置体现了各指标对行业景气度的影响程度。在私募股权投资行业景气指数中，管理规模增速的权重设为 0.3，退出规模增速和新增募集规模增速的权重均设为 0.25，新增基金数增速的权重设为 0.2。之所以给予管理规模增速最高权重，是因为管理规模能够直接反映私募股权投资行业的整体规模和发展水平，对行业景气度的判断最为关键。退出规模增速和新增募集规模增速的权重次之，这两个指标分别从投资退出和募资角度反映了行业的活跃程度。新增基金数增速的权重最小，主要考虑到新增基金数对行业景气度的影响相对有限。基于以上拟定的指标和权重方案，标准化后的四个指标数据与相应权重的加权平均，就构成了私募股权投资行业景气指数的基本形式。用公式表示为：

私募股权投资行业景气指数 =0.3 × 管理规模增速 +0.25 × 退出规模增速 +0.25 × 新增募集规模增速 +0.2 × 新增基金数增速

其中，各指标数据均为标准化后的无量纲指标数据。

3. 链式处理

根据指标加权平均得到景气指数后，为保证指数的可比性和连续性，还需采用链式计算的方法对指数进行进一步处理。链式处理的目的是将各期的指数值用同一基期的指数值来表示，消除基期选取的相对随意性，客观反映私募股权投资行业景气度的阶段性变化特征。本部分以 2021 年 1 月为基期，将基期指数值设定为 100。此后各期指数值根据基期指数值和环比增长率进行链式计算。计算公式如下：

当期链式指数 = 上期链式指数 ×（当期加权平均值/上期加权平均值）

通过以上链式处理，私募股权投资行业景气指数就被转化为一条以 2021 年 1 月为基期、基点为 100 的指数曲线。由于采用的是链式计算方法，因此各期指数之间的比较不受基期选取的影响，客观反映了行业景气度的阶段性变动特征，便于分析行业发展态势。

二、私募证券投资行业景气指数

（一）数据来源和数据描述

私募证券投资行业指数编制所需数据主要来源于云通基金投研平台、私募基金监管部门的私募证券投资基金备案信息和管理规模数据。所使用的数据包括私募证券投资基金的管理规模增速、新增募集规模增速、新增产品数量增速、平均收益率和退出规模增速，均按月度进行统计。

（二）指数构建方法

1. 数据标准化处理

参照私募股权投资行业景气指数的处理方法，对私募证券投资行业指数的原始数据进行最小—最大标准化处理，将各指标数据映射到 [0，1] 区间。标准化公式为：

$$X' = (X - X_{min})/(X_{max} - X_{min})$$

式中，X' 是标准化后的数据，X 为指标的原始数据，X_{max} 和 X_{min} 分别是该指标的最大值和最小值。

2. 指标加权平均

在标准化处理的基础上，根据各指标的重要性赋予权重进行加权平均计算。在私募证券投资行业指数中，管理规模增速的权重设为 0.3，新增募集规模增速的权重设为 0.25，平均收益率的权重设为 0.2，新增产品数量增速的权重设为 0.15，退出规模增速的权重设为 0.1。赋予管理规模增速最高权重的原因在于管理规模是私募证券投资行业发展的基础，能够全面反映行业的资产管理能力和市场影响力。新增募集规模增速和平均收益率分别从募集和投资业绩角度反映行业的发展态势，因此也被赋予较高权重。新增产品数量增速和退出规模增速对行业指数的影响相对较小，故权重设置相对较低。

3. 链式处理

为了保证指数的连续性和可比性，采用链式计算的方法对指数进行处理。具体而言，将基期指数设定为 100，此后每一期的指数值都根据上一期的指数值和当期与上期加权平均值的比值进行计算，公式如下：

当期链式指数 = 上期链式指数 × (当期加权平均值/上期加权平均值)

通过链式处理，指数可以反映私募证券投资行业景气度的动态变化情况。本书选取 2021 年 1 月作为基期。

总之，私募股权投资行业景气指数和私募证券投资行业指数的构建均采用了规范的指数编制方法，综合考虑了各指标的重要性，合理设置了权重，通过数据标准化、加权平均、链式处理三个步骤，最终形成了能够客观反映行业发展态势的指数体系。

第三节　私募基金行业景气指数分析

一、私募股权投资基金景气指数分析

（一）总体发展趋势

如图 9 - 1 所示，可以看出该行业发展呈现出明显的周期性波动特征。2021 年 1 月至 2021 年 9 月，景气指数总体保持上升态势，并于 2021 年 9 月达到 198.15 的阶段性高点，之后出现一定回调。2021 年 11 月，景气指数再次大幅攀升至 177.83，并于 2021 年 12 月创下 236.69 的历史新高。进入 2022 年后，景气指数出现较大幅度下降，2022 年 2 月一度跌至 64.27 的低谷。此后指数重拾升势，并呈现出较为明显的"W型"运行态势，波峰、波谷交替出现，波动有所加大。这种周期性的涨落态势一直延续至 2024 年 1 月，这表明私募股权投资基金行业正处于转型调整、风险与机遇并存的关键时期。造成这一周期性波动的原因是多方面的。

一方面，国内外宏观环境错综复杂，市场不确定性明显上升。2021 年以来，受新冠疫情反复、中美战略博弈加剧、地缘政治冲突升温等因素影响，全球经济复苏进程放缓，大宗商品价格剧烈波动，主要发达经济体货币政策转向，金融市场震荡加剧，这些外部因素对国内经济金融运行产生显著影响，进而传导至私募股权投资基金行业。另一方面，产业结构持续调整，新旧动能加速转换。随着我国经济发展进入新常态，新技术新模式不断涌现，产业结构加快调整，经济增长的推动力正从要素驱动转向以创新为核心的驱动。私募股权投资基金正是主动顺应这一趋势，不断加大对战略性新兴产业的投资力度，积极把握新技术革命和产业变革机遇，但由于部分新兴领域尚不成熟，业绩释放需要一定周期，投资回报的实现存在一定滞后性，进而影响到行业景气度的阶段性波动。

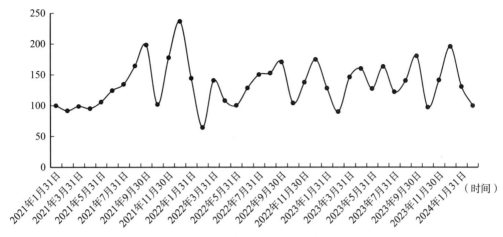

图 9 - 1 私募股权投资基金景气指数（2021 年 1 月 ~ 2024 年 1 月）

资料来源：北京海峰科技，由中国私募基金年鉴编委会整理。

（二）重点指标表现

私募股权投资基金管理规模呈现持续增长态势，主要得益于私募基金登记备案制度的不断完善，私募基金管理人主动合规意识进一步增强，新设私募基金管理人数量稳步提升。同时，随着创业热情高涨，创业企业数量不断增多，其对股权融资的需求持续旺盛，私募股权投资基金的投资机会显著增加，资产管理规模随之扩张。值得注意的是，私募股权投资基金管理规模的增长在 2022 年下半年出现放缓态势，甚至在 2023 年底和 2024 年初出现小幅回落（见图 9 - 2）。这可能与资本市场震荡、宏观经济下行压力加大等因素有关。

私募股权投资基金新增产品数量和募集规模均呈现一定的周期性特征。新增产品数量指标在 2021 年呈现前高后低走势，2021 年 8 月至 12 月新产品设立明显活跃，此后逐步回落。新增募集规模指标在 2021 年 12 月创下 1 的高点后骤然回落，并在随后两年中呈现明显的"V 型"反转，直至 2023 年底才重回较高水平（见图 9 - 3）。造成这种周期性波动的原因较为复杂。一方面，2021 年私募股权投资市场较为活跃，在募资端和投资端均表现出较强的扩张冲动。不过随着监管政策收紧，市场情绪逐步回归理性，私募基金管理人在发行新产品、募集资金时更加谨慎，增速有所放缓。另一方面，2022 年以来受经济下行、政策环境变化等因素影响，LP 投资热情有所降温，部分已设立的私募股权投资基金募资困难，难以按期完成募集，拖累了整体新增募资规模。随着宏观经济企稳回升，私募股权投资市场逐步回暖，新增产品数量和募集规模有望重拾升势。尤其是 2023 年下半年以来，随着创新型中小企业数量快速增长，其对私募股权融资的需求持续旺盛，有力拉动了新产品设立和资金募集。

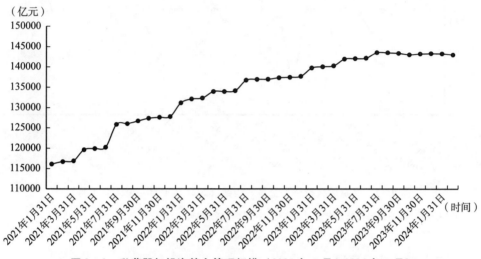

图 9 - 2　私募股权投资基金管理规模（2021 年 1 月～2024 年 1 月）

资料来源：北京海峰科技，由中国私募基金年鉴编委会整理。

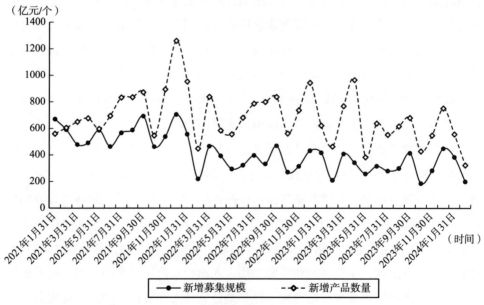

图 9 - 3　私募股权投资基金新增产品数量和募集规模（2021 年 1 月～2024 年 1 月）

资料来源：北京海峰科技，由中国私募基金年鉴编委会整理。

私募股权基金产品清盘数量指标波动明显，呈现前高后低态势。2021年9月至12月，私募股权投资基金集中退出，清盘数量指标最高达到1，显著高于其他月份水平（见图9-4）。究其原因，主要在于2021年下半年A股IPO节奏明显加快，多家私募股权投资基金投资的优质项目成功登陆资本市场，基金退出通道打开，清盘数量随之上升。进入2022年后，私募股权基金产品清盘数量指标明显回落并趋于平稳，这与当期A股IPO审核明显收紧、新股发行常态化有关。多层次资本市场建设逐步推进，北交所开市运行，新三板精选层、区域性股权市场建设加快，私募股权投资基金的退出渠道日益多元化，对单一退出方式的依赖程度下降，清盘数量指标波动性减小。总体而言，随着退出渠道的不断丰富和多元化，私募股权投资基金的投资回报有望更加稳定，产品清盘或将保持常态化。

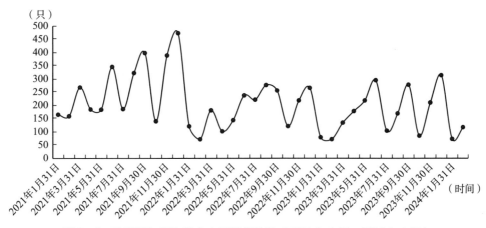

图9-4　私募股权投资基金产品清盘数量（2021年1月~2024年1月）

资料来源：北京海峰科技，由中国私募基金年鉴编委会整理。

（三）指数回测

2021年1月至9月，私募股权投资基金景气指数整体呈上升趋势，9月达到年内高点。随后9月至11月出现短暂回调。11月至12月指数再次反弹上升，12月升至年末高点。这一走势可以通过2021年行业重要事件和政策得到验证：年初的上升趋势与1月22日证监会发布《关于加强私募投资基金监管的若干规定》相呼应，该规定为行业长期健康发展奠定了基础。9月至11月的短暂回调可能与9月中国证券投资基金业协会发布《关于开展分道制二期试点工作的通知》有关，该通知对私募基金备案采取差异化管理，导致部分机构需要适应期。年末的反弹上升反映了行业韧性，2021年12月底，中基协发布的数据显示，截至11月底，私募基金管理规模达到 19.76 万亿元，再创历史新高，反映了行业的强劲发展势头。这些事件与私募股权投资基金景气指数的走势基本吻合，反映了 2021 年行业的整体发展态势和监管环境的变化。

进入 2022 年后，景气指数出现较大幅度下降，2022 年 2 月一度跌至 64.27 的低谷。此后指数重拾升势，并呈现出较为明显的"W 型"运行态势，波峰、波谷交替出现，波动有所加大。这种周期性的涨落态势一直延续至 2024 年初。具体来看，2022 年 2 月景气指数降至 64.27 的低点后快速反弹，5 月达到 128.62 的阶段高点。随后指数再次回落，9 月降至 104.13 的低谷，之后再度回升，12 月升至 174.71 的年内高点。这一走势可以通过 2022 年行业重要事件得到验证：2 月的大幅下降与当时的市场环境密切相关。据中国证券报报道，2022 年初 A 股市场出现较大幅度调整，上证指数一度跌破 3000 点。同时，2022 年 2 月俄乌冲突爆发，国际形势严峻。这些因素共同导致私募股权投资基金景气指数在 2 月出现明显下降。5 月后的回升反映了政策支持的效果。5 月 31 日，国务院印发《扎实稳住经济的一揽子政策措施》，其中包括促进平台经济规范健康发展，出台支持平台经济规范健康发展的具体措施等内容。这一政策为私募股权投资，特别是创业投资领域带来利好，推动了景气指数的回升。9 月的再次下降与整体市场环境相关。海峰科技数据显示，2022 年前三季度，中国私募股权市场投资事件数量和金额均出现明显下滑。这表明整个行业在该时期面临较大压力，投资活动明显减少，直接导致 9 月景气指数下降。年底的再次回升体现了行业的韧性和适应能力。据中基协数据，截至 2022 年 10 月，新设立的基金数量超过 7800 只，超出上年 41.8%。虽然大额募资金额占比较低，但小基金数量占比呈上升趋势，40% 及以上的新基金募资规模在 10 亿~20 亿元。这表明尽管面临挑战，私募股权投资基金行业仍展现出较强的发展动力，推动了年底景气指数的上升。

2023 年至 2024 年 1 月私募股权投资基金景气指数呈现波动上升趋势，期间经历三个重要转折点：2023 年 6 月达到 163.23 的阶段性高点后回落，9 月攀升至 180.50 的年内高点，10 月急跌至 97.17 的低谷后强势反弹，12 月达到 195.75 的新高。2024 年 1 月指数有所回落至 130.82。这一走势可以通过行业重要事件得到验证：2023 年 1 月至 6 月的上升趋势与行业整体向好态势相符。《融资中国》报道，2023 年上半年，"包括红杉、高瓴、深创投、中金资本、达晨、启明创投、凯辉基金、蓝驰创投、黑蚁资本、盈科资本、丰年资本等纷纷实现募资，新基金资金陆续到位。"这反映了私募股权行业在上半年的积极发展态势。9 月的高点可能与政策利好有关。2023 年 9 月 28 日，中国证券投资基金业协会发布了《私募投资基金备案指引》及配套材料清单，对于在股权投资基金的募投管退各环节存在的实务痛点及法规模糊地带进行了优化。这一政策的出台提振了行业信心。10 月的下跌可能与市场环境变化有关。《融资中国》发布的数据显示，"2023 年前三季度中国私募股权行业共有 3440 起投资事件，同比下降 29.15%；投资金额为 4754.74 亿元，同比下降 38.83%。"这反映出整个行业在该时期面临较大压力。年底的再次上升或与政策利好有关。2023 年 12 月中央经济工作会议首次明确提出"鼓励发展创业投资、股权投资"，增强了行业发展信心。

（四）市场展望

综合以上分析，可以预见，未来一段时期内，在政策利好和市场需求的双重支持下，私募股权投资基金行业将保持平稳较快发展。

首先，随着新一轮科技革命和产业变革的深入推进，战略性新兴产业将成为中国经济发展的重要引擎。而作为专业的股权投资力量，私募股权投资基金在推动战略性新兴产业加快发展方面大有可为。预计未来私募股权投资基金将更多布局信息技术、高端制造、生物医药、新能源、新材料等领域，通过市场化方式助力科技型企业快速成长，在产业转型升级中发挥关键作用。其次，随着创业创新持续升温，国内创业企业数量不断增长，企业对股权融资的需求持续旺盛。而相较于公开市场融资，私募股权投资更加契合创业企业的需求特点，能够为企业提供全生命周期的融资服务。在此背景下，私募股权投资基金在股权投资领域的比重有望进一步提升，成为仅次于银行信贷的第二大融资渠道。

此外，在注册制改革稳步推进的背景下，以机构投资者为主的私募股权投资基金，有望成为未来资本市场的重要参与主体。随着以信息披露为核心的注册制改革持续深化，资本市场对私募机构投资者的专业能力和投后管理水平提出了更高要求。私募股权投资基金在价值发现、投资孵化、公司治理等方面的独特优势将进一步凸显，有望在提升上市公司质量、引导价值投资理念等方面发挥更大作用。

二、私募证券投资基金景气指数分析

（一）总体发展趋势

在深入分析私募证券投资基金行业景气指数的过程中，笔者通过一系列统计学指标和趋势图表来揭示行业的整体走势及其波动性。首先，通过对景气指数进行描述性统计分析，笔者发现行业景气指数的平均值达到122.85，这个数值远高于100的基准线，充分表明在分析期间内，私募证券投资基金行业总体呈现出扩张的态势。平均值高于基准线的表现，从一个侧面反映了私募基金行业在此期间内的良好发展势头，以及行业整体的经济活动水平相对较高。行业景气指数在2021~2023年期间呈波动性和整体上升趋势，图9-5中显示了明显的波动和趋势变化，不仅体现了私募证券投资基金行业的复杂性和多变性，而且揭示了行业发展过程中可能遇到的机遇和挑战。图9-5中的每一个波峰和波谷都可能对应着行业内外部环境的重大变化，既包括市场需求的增减、投资策略的调整，也可能涉及更广泛的经济、政策或国际环境的影响。

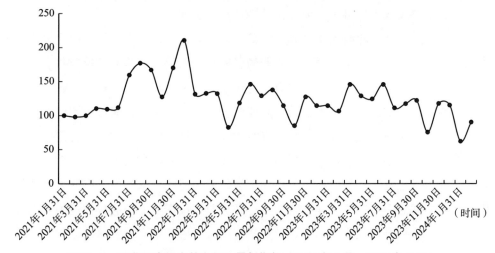

图9-5　私募证券投资基金行业景气指数（2021年1月~2024年1月）

资料来源：北京海峰科技，由中国私募基金年鉴编委会整理。

（二）重点指标表现

私募证券投资基金的管理规模增长情况是衡量行业健康和投资热度的重要指标，它反映了资本流入私募证券基金的规模和速度。在分析管理规模的时间序列变化时，笔者观察到几个关键的趋势和特点。首先，整体上私募证券投资基金的管理规模呈现增长趋势（见图9-6），这表明随着时间的推移，越来越多的资本被吸引到私募证券基金中。这种增长趋势反映了投资者对私募证券基金作为投资渠道的信心逐渐增强，以及私募基金作为资产配置选项日益受到青睐。

然而，管理规模的增长并非一帆风顺，而是伴随着波动。这些波动可能反映了短期内市场情绪的变化、宏观经济因素的影响或特定行业事件的影响。例如，在宏观经济不确定性增加的时期，或者市场出现波动时，管理规模的增长可能会放缓，甚至出现短期下滑。这种波动性要求管理者不仅要关注长期增长趋势，还要密切关注市场动态，以应对短期波动带来的挑战。

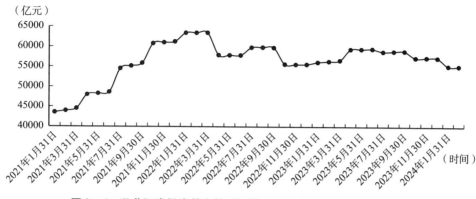

图 9 - 6 私募证券投资基金管理规模（2021 年 1 月～2024 年 1 月）

资料来源：北京海峰科技，由中国私募基金年鉴编委会整理。

进一步地，管理规模的增长也显示出明显的时间序列特征，如季节性变化或周期性波动。这可能与投资者的资金流动模式、财政年度的开始和结束，以及市场对不同时间事件的反应有关。了解这些时间序列的特征对于预测未来的管理规模变化和制定相应的策略具有重要意义。

私募证券基金市场的新增募集规模的平均值达到了 352.26 亿元，这一数据表明在分析期间内，私募证券基金每月平均能够吸引超过 350 亿元的新资金。这种较高的平均新增募集规模反映了私募证券基金在投资者中的吸引力以及市场对于私募投资渠道的信任。然而，新增募集规模的标准差为 252.36 亿元，揭示了在不同月份新增募集资金量的显著波动，从最低的 84.45 亿元到最高的 989.93 亿元不等，这种波动性表明市场资金流入的不稳定性，可能受到市场情绪、经济环境和政策变化等因素的影响。在产品数量变动方面，新增产品数量的平均值为 1971.89，表明每月平均有近两千个新的私募证券产品被推出（见图 9 - 7）。这一数据点强调了私募证券基金市场的活跃度和基金管理公司推出新产品以适应市场需求的能力。

私募证券投资基金整体平均收益率为 - 0.17%（见图 9 - 8），这个数据虽然接近于零，但轻微的负值揭示了在分析的时间段内，私募证券基金整体上呈现出微弱的负增长。这种表现可能反映了市场在此期间面临的挑战，包括不利的市场条件、宏观经济的不确定性，或者是特定投资策略的短期表现不佳。虽然平均收益率接近零，但它仍然是投资决策和基金评估的重要参考指标。私募证券基金在分析期间内的收益率水平揭示了市场的复杂性和不确定性。虽然平均收益率略显负增长，但收益率的波动性和极端值表明，市场既存在风险也充满机遇。对于投资者和基金管理者而言，理解和应对这种波动性，制定合理的投资策略和风险管理措施，是实现投资目标和维持资产增值的关键。

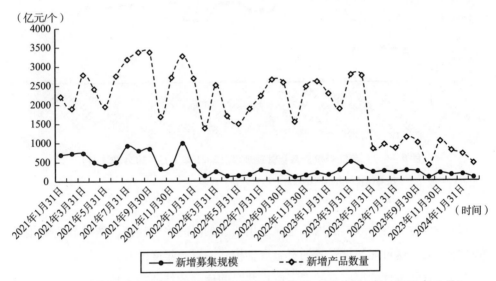

图9-7　私募证券投资基金新增募集规模和产品数量（2021年1月~2024年1月）

资料来源：北京海峰科技，由中国私募基金年鉴编委会整理。

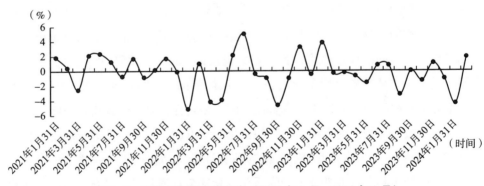

图9-8　私募证券基金收益率（2021年1月~2024年1月）

资料来源：北京海峰科技，由中国私募基金年鉴编委会整理。

在对私募证券基金产品退出规模进行深入分析之后，私募证券基金产品的平均清盘数量为794.34只（见图9-9），这一数字显著地表明，在分析期间内，市场平均每月有近800个基金产品退出。这不仅反映了市场的自然筛选过程，也可能显示出市场面临的压力或投资者对市场前景的重新评估。基金产品的退出，一方面是市场健康发展中不可避免的一部分，另一方面过高的退出数量也可能预示着市场环境的恶化或投资者信心的减弱。

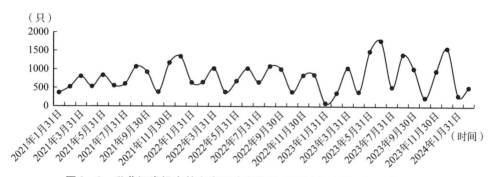

图9-9 私募证券投资基金产品清盘数量（2021年1月~2024年1月）

资料来源：北京海峰科技，由中国私募基金年鉴编委会整理。

（三）指数回测

2021年1月至7月，私募证券投资基金景气指数整体呈上升趋势，7月达到年内高点198.73。随后8月至10月出现明显回落，10月降至129.9的低点。11月至12月指数再次反弹上升，12月升至174.71的年末高点。这一走势可以通过2021年行业重要事件得到验证：1月至7月的上升趋势与行业整体发展态势相符。根据《中国基金报》2021年末的报道，"今年以来，私募总规模共增长了3.76万亿元，显示出较为强劲的增长态势，其中增幅较大的是今年1月和7月。"8月至10月的回落可能与监管趋严有关。同一报道提到，"9月，基金业协会还发布了《关于优化私募基金备案相关事项的通知》《关于开展分道制二期试点工作的通知》。"这反映出监管政策的调整。年末的反弹上升反映了行业韧性。报道指出，"截至2021年11月末，存续私募基金管理人为24542家，管理基金数量达到121522只，管理的基金总规模达到19.73万亿元，再创历史新高。"

2022年1~5月指数整体呈上升趋势，5月达到年内高点147.59。随后6~10月出现明显回落，10月降至97.17的低点。11~12月指数再次反弹上升，12月升至195.75的年末高点。这一走势可以通过2022年行业重要事件得到验证：1~5月的上升趋势与行业整体发展态势相符。根据云通数科的《2022年中国私募证券基金年度报告》，"截至2022年末，存续私募基金管理人23667家，管理基金数量145048只，管理规模20.03万亿元"，这反映出行业规模的持续扩大。

5 月后的明显回落可能与市场环境变化和监管趋严有关。2022 年 5 月证监会发布《公开募集证券投资基金管理人监督管理办法》，加强了对公募基金管理人的监管要求，这反映出监管政策的收紧。年底的再次上升反映了行业韧性。云通数科的报告指出，"百亿私募备案数量领先，备案数量前 20 家私募基金管理人中 13 家为百亿私募"，表明头部机构仍保持较强的发展动力。

2023 年全年呈现出波动上升的态势，但存在明显的高低起伏。年内出现了三个重要转折点：6 月达到 145.44 的高点，10 月跌至 75.56 的低谷，随后 11 月反弹至 117.57。进入 2024 年后，1 月指数大幅下跌至 62.08 的近期最低点，但 2 月又出现明显反弹，升至 90.28。这一走势可以通过以下重要事件得到验证：6 月的高点与行业整体向好态势相符。云通数科发布的《2023 年中国私募证券基金年度报告》指出，"2023 年上半年指数增强策略领跑私募全市场。自 2023 年初以来，股市整体先涨后跌，结构化行情较为明显。"这反映了上半年私募基金的良好表现。10 月的低谷可能与市场环境变化有关。同一报告提到，"2023 年 A 股震荡下行，频频打响 3000 点保卫战。从股票市场来看，下跌最多的是创业板指数，跌幅高达 20%"，说明市场环境对私募基金造成了较大压力。年末的反弹反映了行业的适应能力。报告指出，"2023 年债券策略和市场中性赚钱效应明显。整体来看，债券策略全年表现较好，累计收益为 4.95%，市场中性次之，累计收益为 4.50%"，表明私募基金能够在不利市场环境下调整策略，保持相对稳定的表现。

（四）市场展望

在综合分析了私募证券投资基金市场的多个关键指标，包括管理规模增长情况、新增募集规模、产品数量变动以及收益率水平之后，我们可以对未来一段时期内私募证券投资基金市场的展望做出一些预判和分析。这些指标不仅反映了市场的当前状况，也为我们提供了洞察市场未来走向的重要线索。

首先，管理规模的稳步增长以及新增募集规模的相对强势，表明尽管面临波动和不确定性，私募证券投资基金市场仍然能够吸引新的资金流入。这一趋势预示着市场对于资本的吸引力依然存在，投资者对私募证券投资的信心整体保持稳定。然而，产品数量的显著波动以及较高的产品退出数量也表明，市场竞争激烈，只有不断创新并适应市场需求的基金才能持续生存和发展。在未来一段时期内，私募证券投资基金市场会呈现出多维的发展趋势，其中技术创新与数字化转型会成为推动市场前进的关键力量。随着金融科技的迅速发展，预计将有更多基于技术的投资产品和解决方案涌现，这不仅将提升市场的效率，降低交易和管理成本，还将吸引更多的投资者参与。这种技术驱动的趋势将使私募证券投资基金能够更好地捕捉市场机会，实现资产的增值。

同时，市场细分和专业化将成为私募证券投资基金市场的另一个显著特点。面对投资者需求的日益多样化，基金管理者可能会更加专注于开发针对特定行业或投资主题的专业化基金产品，以满足不同投资者的个性化需求。这种专业化策略不仅有助于基金产品在激烈的市场竞争中脱颖而出，也能够为投资者提供更为精准的投资选择，从而增强投资者的信心和市场的活跃度。此外，全球视角和跨境投资的重要性日益凸显。在全球化的大背景下，私募证券投资基金市场将越来越重视跨境投资机会，通过拓展投资地域来寻找增长点，实现资产配置的地理多元化。这种全球化的投资视角不仅能够为投资者带来更广阔的投资机会，也有助于基金管理者分散投资风险，提高投资组合的整体表现。

第四节　基于景气指数的私募基金行业发展建议

一、优化资金募集，提高利用效率

私募基金景气指数分析显示，新增募集规模呈现波动下降趋势，这对行业发展构成了挑战。为应对这一局面，私募基金管理人需要优化资金募集策略。首先，应当细分投资者群体，针对不同类型投资者制订差异化的募资策略。其次，加强与机构投资者的合作，拓宽资金来源渠道，提高募资的稳定性和规模。同时，提高资金使用效率至关重要，管理人应优化投资组合，通过更好的业绩吸引投资者。此外，可以考虑创新募资方式，如探索互联网募资等新型渠道，以适应不断变化的市场环境。通过这些措施，私募基金有望在募资方面取得突破，为行业的持续发展奠定基础。

二、加强风险管理，应对市场波动

私募证券投资基金景气指数反映出行业整体收益率波动较大，这凸显了加强风险管理的重要性。私募基金管理人应当建立更加完善的风险评估体系，定期进行压力测试，以识别潜在风险并制定应对策略。同时，加强投资组合的多元化也是降低风险的有效手段，通过分散投资于不同行业、地区和资产类别，可以有效降低单一市场或行业风险。此外，建立灵活的投资策略调整机制也很重要，这使基金管理人能够根据市场变化及时调整投资方向。管理人还应加强宏观经济分析能力，提高对市场趋势的预判，以更好地应对市场波动。通过全面加强风险管理，私募基金可以在波动的市场中保持稳健发展。

三、促进产品创新，满足多元需求

景气指数分析反映出新增产品数量的波动性较大，这表明市场对创新型产品的需求日益增长。为保持市场竞争力，私募基金管理人应当加大产品创新力度。首先，应增加研发投入，开发符合市场需求的创新型产品。其次，密切关注新兴行业和技术发展趋势，推出有针对性的主题投资产品，如人工智能、生物科技等领域的专项基金。此外，可以考虑探索跨境投资产品，满足投资者全球化资产配置需求。产品创新还应注重风险控制和合规管理，确保新产品既能满足市场需求，又能符合监管要求。通过持续的产品创新，私募基金可以更好地满足投资者的多元化需求，提升市场竞争力。

四、优化退出机制，提高投资回报

私募股权投资基金的清盘数量指标显示基金退出渠道日益多元化，但仍需进一步优化退出机制。首先，私募基金应加强与多层次资本市场的对接，包括主板、科创板、创业板等，为投资项目提供更多退出选择。其次，完善投后管理体系，通过持续的价值提升为投资项目创造更好的退出条件。此外，可以探索创新型退出方式，如并购重组、股权转让等，提高退出的灵活性。同时，建立科学的项目估值体系和退出决策机制，确保在合适的时机实现退出。通过优化退出机制，私募基金不仅能提高投资回报率，还能加速资金循环，提升整体运营效率。

五、提升专业水平，增强核心竞争力

景气指数分析显示，私募基金行业竞争日趋激烈，提升专业化水平成为增强核心竞争力的关键。首先，私募基金管理人应加强团队建设，通过引进和培养高素质的投资管理人才来提升团队整体实力。其次，深化行业研究，建立专业的研究团队，提高投资决策的专业性和前瞻性。此外，加强科技应用也很重要，通过引入大数据、人工智能等技术，提高投资分析和风险管理的精准度。管理人还应注重持续学习，及时把握市场前沿动态和监管政策变化。通过不断提升专业化水平，私募基金可以在激烈的市场竞争中保持优势地位，为投资者创造更多价值。

第五节　结　　论

通过科学编制私募股权投资基金和私募证券投资基金景气指数，可以全面评估中国私募基金行业发展态势。该景气指数综合考虑了多方面因素，包括行业资产管理规模、募集情况、投资绩效表现、退出状况等，从不同角度刻画了私募基金市场的运行特点。

私募基金行业的蓬勃发展，不仅丰富了中国资本市场的层次，也为实体经济提供了强有力的金融支持。私募基金以其灵活多样的投资策略和专业化的资产管理能力，在为高净值个人和机构投资者提供财富增值服务的同时，也在推动中国资本市场的多元化。私募基金行业的管理规模增长、新增募集规模和产品数量变动反映出市场活跃度及投资者对私募基金的信心。此外，收益率水平的波动性也提示了投资私募基金时需要进行细致的风险管理和市场分析。私募基金产品的退出规模变化提供了关于市场流动性和退出机制有效性的重要信息。产品的成功退出不仅对基金管理者和投资者来说是盈利的关键，也是衡量私募基金行业发展健康度的重要指标。因此，优化退出机制，提高退出效率，对于促进私募基金行业的持续健康发展具有重要意义。

结合私募股权投资基金和私募证券投资基金景气指数的编制与分析，可以更精确地评估行业的整体发展趋势和景气程度。景气指数的构建不仅为管理者、投资者以及监管机构提供了科学、客观的决策参考，也为研究私募基金行业提供了有力的分析工具。展望未来，私募基金行业的发展将继续面临诸多机遇与挑战。一方面，随着中国资本市场改革的深化和金融开放程度的提高，私募基金将获得更广阔的发展空间。另一方面，行业的健康发展亟须加强监管法规体系的建设，鼓励产品和服务创新，提升信息披露的透明度，引导资金更好地服务于实体经济，以及加强从业人员的执业管理和专业素养提升。

总之，私募基金作为中国资本市场的重要组成部分，在促进经济结构优化、支持科技创新和满足投资者多样化需求方面发挥着不可或缺的作用。未来，通过持续推动行业规范发展、加强市场监管、促进创新与开放，私募基金行业有望实现更加稳健和可持续发展。

第十章 中国私募基金发展近况分析

2023 年对于私募基金行业而言，是一个充满挑战与变革的年份，伴随着国内外经济环境的动荡变革与行业政策的密集调整，中国私募基金行业面临着艰巨的考验。为立足当下，洞悉未来，本章将对中基协 2023 年 1 月至 2024 年 6 月已公布的月度数据以及近一年来各部门推出的相关政策和措施，作些初步分析与梳理。

第一节 私募基金行业近期数据及其影响因素

一、私募基金行业近期已公布的数据情况

私募基金管理人数量持续减少。如图 10 – 1 所示，自 2023 年 1 月以来，中国私募基金管理人数量在经历 4 个月的短暂上行后，进入持续性的下行通道。私募基金管理人数量由 2023 年 4 月的 22270 家降至 2024 年 6 月的 20768 家，14 个月内减少 6.74%。

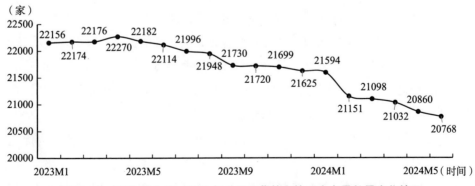

图 10 – 1 2023 年 1 月~2024 年 6 月私募基金管理人存量数量变化情况

资料来源：中国证券投资基金业协会，由中国私募基金年鉴编委会整理。

　　私募基金产品数量整体维持稳定，但备案通过数量下降。如图 10 - 2 所示，伴随 2023 年 5 月私募基金管理人备案通过数量出现明显下跌，私募基金产品备案通过数量也由 2023 年 4 月的 3705 只下降至 2023 年 5 月的 1209 只，此后各月基金产品备案通过数量较 2023 年 5 月前均有明显减少。在产品备案数量减少与老产品的稳步清盘的背景下，自 2023 年 5 月起，私募基金产品存量数量退出高增长通道，进入水平震荡阶段。截至 2024 年 6 月，私募基金产品数量由 2023 年 4 月的 153539 只降至 151257 只，私募基金产品数量 14 个月内减少 1.48%。

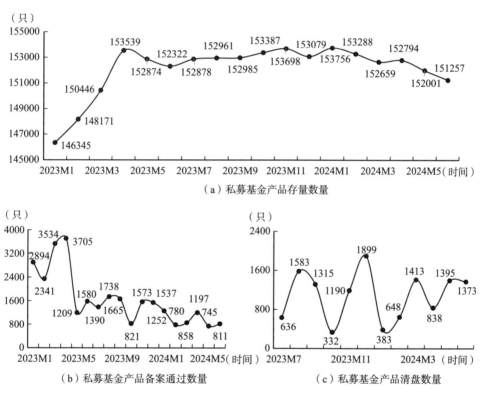

（a）私募基金产品存量数量

（b）私募基金产品备案通过数量　　　（c）私募基金产品清盘数量

图 10 - 2　2023 年 1 月~2024 年 6 月私募基金产品存量数量、备案通过数量

与清盘数量变化情况

资料来源：中国证券投资基金业协会，由中国私募基金年鉴编委会整理。

　　私募基金管理人在管规模跌破 20 万亿元。在私募基金管理人数量持续减少，私募基金产品数量震荡波动的背景下，私募基金管理人的在管规模增速持续放缓，并于 2023 年 9 月正式进入下行通道。如图 10 - 3 示，私募基金管理人在管规模由 2023 年 8 月的 20.82 万亿元逐步震荡下行至 2024 年 6 月的 19.89 万亿元。对于私募基金管理人而言，行业规模的下降将加剧存量市场下的竞争压力，对私募基金管理人的投研能力和风险管理水平提出了新的要求。

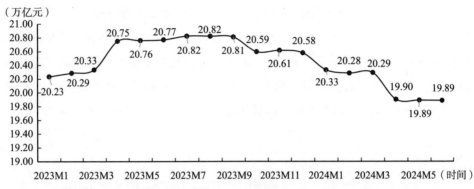

图10-3 2023年1月~2024年6月私募基金管理人在管规模变化情况

资料来源：中国证券投资基金业协会，由中国私募基金年鉴编委会整理。

二、近期数据走势的原因浅析

（一）"扶优限劣"政策落实深化

2022年12月30日中基协在《私募投资基金登记备案办法（征求意见稿）》的修订说明中针对我国彼时的私募基金发展情况采用了如下表述："近年来，我国私募基金行业发展迅速，但仍然处于多而不精、大而不强、鱼龙混杂的发展阶段，在一定程度上出现了'真'私募与'伪'私募并存，两极分化严重，小、乱、散、差业态明显，违法违规行为和风险时有发生。"针对这一行业实际情况，在中基协的推动下，"扶优限劣"政策逐步深化，行业出清压力持续加码。

持续出清小、散、乱、差的尾部机构，行业注销制度切实生效。2023年1月20日，中基协依据2022年1月发布的《关于加强经营异常机构自律管理相关事项的通知》的相关条例，在一天内注销1449家私募基金管理人，成为私募基金行业注销制度优化落实的一大标志性事件。如图10-4所示，2023年1月私募基金管理人注销数量高达1564家，2023年全年私募基金管理人注销数量达2537家，创自2017年以来的历史新高。

随着注销制度的不断完善，一大批风险机构被清退，大量尾部机构被不断淘汰，"壳买卖"行为遭受严厉监管，这使得管理人合规化经营压力明显增加。与此同时，伴随着不合格管理人的逐渐出清，私募基金管理人注销数量也将迎来下降，如图10-4所示，2024年上半年，私募基金管理人注销数量达923家，与往年均值相比出现一定下降，私募基金行业的出清速度出现缓和趋势。

行业准入门槛提升，"扶优限劣"政策持续升级。2023 年 5 月，随着《私募投资基金登记备案办法》的正式实施，中基协对私募基金管理人实缴资本、在管基金规模、高管从业经验等方面均提出具体要求。如图 10 - 4 所示，2023 年 5 月管理人登记备案通过数量显著减少，当月仅有 2 家管理人备案通过，此后各月管理人备案通过数量均保持在较低水平。2023 年全年私募基金管理人备案通过数量仅为 498 家，较 2022 年 1280 家的私募基金管理人备案通过数量减少 61.09%。2024 年上半年，私募基金管理人备案通过数量仅为 68 家，私募基金管理人新增数量跌至低谷，行业"存量时代"已然开启并逐步深化。

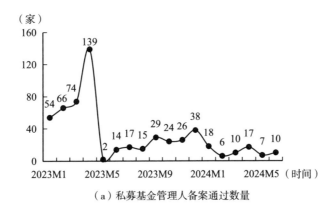

（a）私募基金管理人备案通过数量

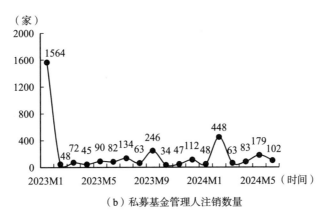

（b）私募基金管理人注销数量

图 10 - 4　2023 年 1 月～2024 年 6 月私募基金管理人备案通过数量
与注销数量变化情况

注：私募基金管理人注销数量来自中基协官网"已注销私募基金管理人公示"，与各期月报数据存在少量统计差异。

资料来源：中国证券投资基金业协会，由中国私募基金年鉴编委会整理。

尾部淘汰下，私募基金产品平均初始募集规模有所上升。如图 10 - 5 所示，

2023 年 5 月虽仅有 2 家私募基金管理人，1209 只基金产品通过备案，但其初始募集规模仍能与 2023 年 2 月基本持平，且 2023 年 5 月单只私募基金产品的平均募集规模大幅提升至 0.4 亿元，这从侧面证明了"扶优限劣"政策取得初步成效。

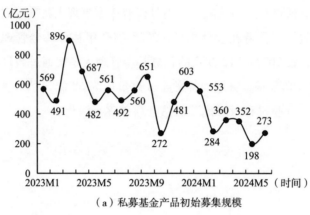

（a）私募基金产品初始募集规模

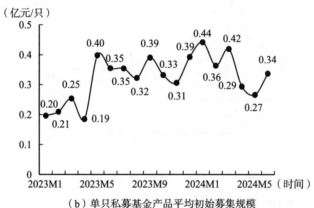

（b）单只私募基金产品平均初始募集规模

图 10 - 5　2023 年 1 月 ～ 2024 年 6 月私募基金产品初始募集规模
与平均初始募集规模变化情况

资料来源：中国证券投资基金业协会，由中国私募基金年鉴编委会整理。

伴随着"扶优限劣"导向的不断加强，行业"严进强退"态势持续，在注销数量长期高于备案通过数量的背景下，私募基金管理人存量数量必然呈现出持续性的减少趋势。一方面这将有利于扶持那些具有良好投研能力和经营能力的优质机构，另一方面大量中小机构也将在存量时代下被不断淘汰。

（二）美联储加息引发资产价格动荡

基于以应对通胀为主的多重因素的综合考量，美联储于 2022 年 3 月开启了新一轮加息周期。在联邦基金利率提升的背景下，全球金融市场出现不同程度的流动性短缺现象。私募股权类与证券类产品的经营难度加大，其中又以私募证券投资基金数量与规模减小最为明显。

私募证券类投资基金在数量与规模上下降明显。私募证券类基金产品数量与规模分别在 2023 年 4 月与 2023 年 8 月达到峰值，而后进入下行通道。如图 10 – 6 与图 10 – 7 所示，2023 年 4 月至 2024 年 6 月，私募证券类投资基金产品数量由 99775 只下跌至 95088 只，14 个月内私募证券投资基金产品数量减少 4687 只，同期私募股权、创业投资基金产品数量增长 2804 只；2023 年 8 月至 2024 年 6 月，私募证券投资基金规模由 5.89 万亿元下跌至 5.2 万亿元，10 个月内私募证券投资基金产品规模减少 0.69 万亿元，同期私募股权、创业投资基金产品规模仅减少 0.11 万亿元。显然，私募基金产品在数量与规模上的跌幅主要来自私募证券投资基金。

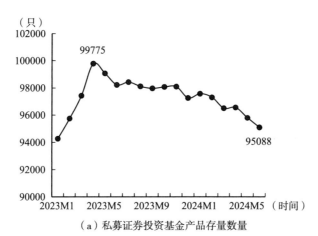

（a）私募证券投资基金产品存量数量

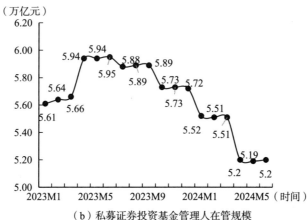

（b）私募证券投资基金管理人在管规模

图 10 – 6　2023 年 1 月 ~ 2024 年 6 月私募证券投资基金产品存量数量
与管理人在管规模变化情况

资料来源：中国证券投资基金业协会，由中国私募基金年鉴编委会整理。

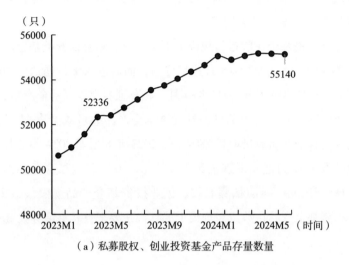

（a）私募股权、创业投资基金产品存量数量

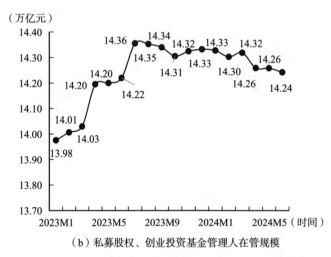

（b）私募股权、创业投资基金管理人在管规模

图10－7　2023年1月~2024年6月私募股权、创业投资基金产品存量数量

与管理人在管规模变化情况

资料来源：中国证券投资基金业协会，由中国私募基金年鉴编委会整理。

（三）退出路径拥挤，"募投管退"循环不畅

新冠疫情前，经济整体处于高位，私募基金市场资金充足，投资者预期较为乐观，各企业估值尤其是科创类企业估值处于高位，大量企业以及其基金投资人都遵循高成本与大收购的逻辑，通过上市获取投资回报的预期较为强烈。疫情后，由于复杂因素的综合作用，经济活力回落，多项问题共振：首先，企业收入远低于疫情前的预期；其次，在收入削减的背景下，企业成本却难以下降；最

后，随着中美息差的加大，流向国内一级市场的投资明显减少。多种因素导致企业原有的融资发展节奏被打断，企业经营出现困难。

退出难问题逐渐凸显，成为"募投管退"链条上关键堵点。私募股权、创投投资基金前期的高速发展使市场积累了大额存量，伴随着当前企业经营与金融环境的变化，使处于退出期的基金面临重压。退出难使得资金难以及时回流，部分基金投资人出现"不敢投"与"不愿投"现象，"投资—退出—再投资"的良性循环被打破，出现了"退出难—不愿投或不敢投—募资难"的负反馈效应。

其中，又以"阶段性收紧 IPO 节奏"最具代表性。2023 年 8 月 27 日证监会正式提出"阶段性收紧 IPO 节奏"，A 股 IPO 市场明显降速，受理门槛明显提高，大量在审企业撤回。此后，随着证监会"严把入口关"系列政策的颁布以及对财务造假等情形的大力打击，IPO 市场寒冬更盛。如图 10 - 8 所示，以 2023 年 8 月 27 日证监会提出"间断性收紧 IPO 节奏"为节点，2023 年 1 ~ 8 月，A 股 IPO 受理企业数量为 557 家，月均 69.63 家，IPO 终止企业数量为 154 家，月均 19.25 家；2023 年 9 月至 2024 年 6 月，A 股 IPO 受理企业数量为 135 家，月均 13.5 家，月均受理数量与 IPO 收紧前相比下降 80.61%，IPO 终止企业数量为 413 家，月均 41.3 家，月均终止数量与 IPO 收紧前相比大幅上升 114.55%。IPO 作为私募股权、创业投资基金最为直接的退出渠道，长期被大量投资人尤其是创业投资基金投资人视为寻求资金退出获取投资收益的关键途径，随着 IPO 路径收紧，大量投资人预期被打破。

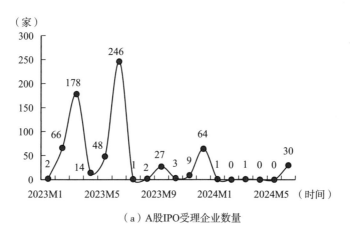

（a）A股IPO受理企业数量

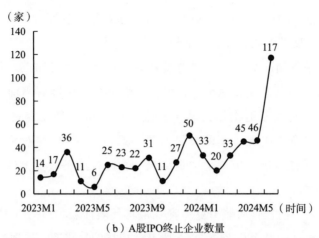

（b）A股IPO终止企业数量

图 10 - 8 2023 年 1 月 ~ 2024 年 6 月 A 股 IPO 受理企业数量

和终止企业数量变化情况

资料来源：Choice 数据、北京、深圳、上海证券交易所网站，由中国私募基金年鉴编委会整理。

第二节 私募基金行业高质量发展的政策措施

一、私募基金行业监管新规梳理

2023 年以来，私募基金在登记、备案、投资运作、自律管理等方面的监管新政不断出台（见表 10 - 1），私募基金行业监管力度和水平正随着行业发展的需要不断加强，当前私募基金的监管体系正在发生积极变化。行业加强监管、有效防范化解风险隐患、"扶优限劣"的政策导向持续清晰，中国私募基金正在向着高质量发展的目标不断迈进。

表 10 - 1　　　　　　　私募基金行业近期监管新规汇总表（部分）

名称	发布时间	重点内容提炼
私募投资基金登记备案办法及其配套指引	2023 年 2 月 24 日	该套自律规则包含 1 个办法、3 个指引以及 1 份材料清单，分别为《私募基金管理人登记指引第 1 号——基本经营要求》《私募基金管理人登记指引第 2 号——股东、合伙人、实际控制人》《私募基金管理人登记指引第 3 号——法定代表人、高级管理人员、执行事务合伙人或其委派代表》。该系列自律规则重新梳理了私募基金管理人登记的相关要求，对私募管理人及其出资人、实际控制人、高管人员等关键主体做出规范要求，对私募基金管理人的日常展业具有重要影响

名称	发布时间	重点内容提炼
私募证券投资基金运作指引（征求意见稿）	2023 年 4 月 28 日	在私募证券基金存续规模、开放日、锁定期、基金杠杆、投资组合、债券投资、衍生品交易、信息报送、风险准备金等环节提出新的要求，在业内引发了较大关注
私募投资基金监督管理条例	2023 年 7 月 9 日	在私募基金业务领域的立法体系中，《私募投资基金监督管理条例》的地位与效力仅次于《证券投资基金法》。这一法规的发布结束了私募基金在行政法规这一立法层面的空白，将契约型、公司型、合伙型等不同组织形式的私募投资基金均纳入适用范围。在其的指导下，证监会、中基协陆续修订完善了私募基金登记备案、资金募集、投资运作、信息披露等相关制度，促进了私募领域形成更加完善的规则体系
私募基金管理人失联处理指引	2023 年 7 月 14 日	该自律规则包含 1 个指引以及 1 份信息清单。整体而言，该自律规则规定了私募基金管理人联系方式和信息报送的基本要求以及违反后果，明确了失联私募基金管理人的认定流程和对失联私募基金管理人的处理流程
关于股票程序化交易[①]报告工作有关事项的通知	2023 年 9 月 1 日	证监会指导上海、深圳、北京证券交易所出台加强程序化交易监管措施。强调对程序化交易投资者报告的最高申报速率在每秒 300 笔以上或者每日最高申报笔数在 20000 笔以上的，交易所予以重点关注
关于加强程序化交易管理有关事项的通知		
私募投资基金备案指引及其配套指引	2023 年 9 月 28 日	该套自律规则包含了 3 个指引以及其各自对应清单，分别为《私募投资基金备案指引第 1 号——私募证券投资基金》《私募投资基金备案指引第 2 号——私募股权、创业投资基金》《私募投资基金备案指引第 3 号——私募投资基金变更管理人》。整体而言，该自律规则是对过往零散备案规则的整合和梳理，可以看出监管部门正在针对私募基金监管规则进行由上至下的梳理和规范，不仅要实现私募基金各类监管规则的统一，还在不断拉近私募基金与金融机构资管产品的差异，减少监管套利
基金从业人员管理规则及其配套规则	2023 年 11 月 24 日	本次规则修订亮点主要集中在：扩大需取得基金从业资格人员范围，要求私募股权、创业投资基金管理人中从事基金募集业务的专业人员也应当取得基金从业资格，该规定在原有基础上有所扩大；新增基金从业资格注册方式
私募投资基金监督管理办法（征求意见稿）	2023 年 12 月 8 日	当时，行业施行的《私募投资基金监督管理暂行办法》已有 10 年之久，随着行业的发展与《私募投资基金监督管理条例》的出台，旧版本已不再适应行业发展情况，需做出进一步修订。该征求意见稿中涉及"加强机构监管""修改合格投资者标准""提高私募基金投资金额""增加私募基金必须托管情形""收紧扩募要求""提高单一项目基金要求""增加双录要求"等重要内容
私募证券投资基金运作指引	2024 年 4 月 30 日	在私募证券基金存续规模、开放日、锁定期、基金杠杆、投资组合、债券投资、衍生品交易、信息报送、风险准备金等环节提出新的要求，在业内引发了较大关注
证券市场程序化交易管理规定（试行）	2024 年 5 月 11 日	证监会对证券市场程序化交易监管做出全方位、系统性规定

续表

名称	发布时间	重点内容提炼
私募投资基金信息披露和信息报送管理规定（征求意见稿）	2024 年 7 月 5 日	与现行的《私募投资基金信息披露管理办法》相比，该征求意见稿将私募投资基金的监管层级由基金业协会提升至证监会，增加了对于底层资产披露的要求，扩大了定期报告、临时报告的披露内容，规定托管人在信息披露方面的履职要求等内容，进一步加强了对投资者知情权的保护

注：①程序化交易，市场通常称为量化交易。

完整政策法规见中基协官网（https：//fg. amac. org. cn/governmentrules_ 3854/flfg/fl/）。

资料来源：中国证券监督管理委员会、中国证券投资基金业协会，由中国私募基金年鉴编委会整理。

二、近期政策举措或会议精神梳理

近期，壮大"耐心资本"、通畅"募投管退"流程、促进"科技—产业—金融"良性循环等话题一直活跃在各大政策或会议的前沿（见表 10 - 2），这背后既是以创业投资为代表的私募基金行业面临的诸多困境和挑战的体现，也是拥抱新质生产力背景下亟须解决的现实问题。

表 10 - 2　　私募基金行业近期相关重要政策措施或会议精神汇总（部分）

关键词	时间	政策/会议信息
延期创投基金税收政策	2023 年 8 月 2 日	财政部、税务总局发布《关于延续执行创业投资企业和天使投资个人投资初创科技型企业有关政策的公告》，执行至 2027 年 12 月 31 日
	2023 年 8 月 22 日	财政部、税务总局、发改委、证监会联合发布《关于延续实施创业投资企业个人合伙人所得税政策的公告》，执行至 2027 年 12 月 31 日
优化外资私募基金投资环境	2023 年 7 月 25 日	国务院发布《国务院关于进一步优化外商投资环境加大吸引外商投资力度的意见》
	2023 年 11 月 10 日	央行发布《境外机构投资者境内证券期货投资资金管理规定（征求意见稿)》，对原《境外机构投资者境内证券期货投资资金管理规定》进行了修订完善
通畅募投管退环节	2024 年 6 月 7 日	国务院常务会议，研究促进创业投资高质量发展的政策举措。会议指出，要围绕"募投管退"全链条优化支持政策，鼓励保险资金、社保基金等开展长期投资，积极吸引外资创投基金，拓宽退出渠道，完善并购重组、份额转让等政策，营造支持创业投资发展的良好生态
	2024 年 6 月 19 日	国务院办公厅印发《促进创业投资高质量发展的若干政策措施》，提出扩大金融资产投资公司直接股权投资试点范围，加大对科技创新的支持力度；提出围绕创业投资"募投管退"全链条全生命周期环节的政策举措

续表

关键词	时间	政策/会议信息
通畅募投管退环节	2024 年 9 月 18 日	国务院总理李强主持召开国务院常务会议，会议明确提出，尽快疏通"募投管退"各环节存在的堵点卡点；推动国资出资成为更有担当的长期资本、耐心资本；夯实创业投资健康发展的制度基础等。相关政策的落地有利于促进创投行业规范、健康发展
	2024 年 9 月 20 日	中国证监会发布《关于修订〈证券公司保荐业务规则〉的决定》，聚焦完善保荐代表人负面评价公示机制，强化对保荐代表人的声誉约束，将"申报即担责"要求落实到人，促进保荐代表人提升执业质量
推动中长期资金入市	2024 年 4 月 12 日	国务院发布《关于加强监管防范风险推动资本市场高质量发展的若干意见》，被市场称为"新国九条"，提出大力推动中长期资金入市，持续壮大长期投资力量，进一步全面深化改革开放，更好地服务高质量发展
	2024 年 4 月 30 日	中共中央政治局会议指出"要积极发展风险投资，壮大耐心资本"。"耐心资本"首次在中央政治局会议上被提及
	2024 年 7 月 21 日	党的二十届三中全会通过的《中共中央关于进一步全面深化改革、推进中国式现代化的决定》中指出"鼓励和规范发展天使投资、风险投资、私募股权投资，更好发挥政府投资基金作用，发展耐心资本"
9.24 国务院新闻办发布会提振市场信心	2024 年 9 月 24 日	国务院新闻办举行发布会，人民银行行长潘功胜宣布多项增量货币政策，包括：降低存款准备金率和政策利率，并带动市场基准利率下行；降低存量房贷利率，并统一房贷最低首付比例；创设新的货币政策工具，支持股票市场稳定发展
		国务院新闻办举行发布会，国家金融监督管理总局局长李云泽表示：将大型商业银行下设的金融资产投资公司开展股权投资试点范围，扩大到18 个科技创新活跃的大中型城市；适当放宽股权投资金额和限制，将表内股权投资占比由 4% 提高到 10%，投资单只私募基金的占比由 20% 提高到 30%；同时优化考核机制，建立长周期差异化的绩效考核
		国务院新闻办举行发布会，证监会主席吴清表示：证监会将多措并举活跃并购重组市场，将发布促进并购重组措施，努力会同各方通畅私募股权创投基金募投管退各环节。当晚，证监会推出《中国证监会关于深化上市公司并购重组市场改革的意见》，并配套出台《关于修改〈上市公司重大资产重组管理办法〉的决定（征求意见稿）》
		国务院新闻办举行发布会，证监会主席吴清表示：证监会等部门制定推动中长期资金入市的指导意见，部署一系列支持中长期资金入市安排。完善长钱长投的制度环境，提升长期资金权益投资的监管包容性，全面落实三年以上的长周期考核，促进保险机构来做鉴定的长期投资，完善全国社保基金投资政策，鼓励企业年金进行根据持有人不同年龄和风险偏好，探索开展不同类型的差异化安排

依托中国经济腾飞的历史机遇，历经社会各界 30 余年的努力奋斗后，中国私募基金行业已步入由"大"转"强"的关键阶段。在这一阶段，私募基金行业前期快速发展所积累的风险隐患逐步暴露，私募基金行业及其从业者们面临着行业转型与升级的艰难挑战。

我们看到，在面对私募基金行业"多而不精""大而不强""鱼龙混杂"的问题时，行业监管部门选择以"扶优限劣"系列举措主动出击，刺破行业繁荣表象，通过出台大量系统化的监管措施，再次夯实行业进一步发展的根基。我们也看到，在面对全球经济不确定性导致的资产风险时，各有关部门先后出台多项系列政策，努力在行业承压的当下探索出一条有中国特色的私募基金行业发展路径。

2024 年 9 月 24 日，国务院新闻办公室举办新闻发布会，中国人民银行行长潘功胜、国家金融监督管理总局局长李云泽、中国证券监督管理委员会主席吴清先后介绍金融支持经济高质量发展有关情况。此次会议以一系列直截了当、切中要害的政策与工具极大地提振了市场投资者信心，或将成为激活基金市场的崭新起点。

我们相信，在各有关部门、各相关机构以及各位私募基金从业者的共同努力下，私募基金行业可以快速正本清源、步入崭新阶段。随着经济条件的回暖，退出渠道的畅通，私募基金行业能为中国经济的高质量发展贡献出更多的力量。

附录 A　中国私募基金行业
相关数据表格汇总

一、私募股权投资基金

（一）私募股权投资基金基本情况

表 A1　　　　　　　　　　私募股权投资基金存量数量

年份	基金存量数量（只）	基金数量年度变化（只）	同比增速（%）
2014	2699	—	—
2015	6806	4107	152.17
2016	14073	7267	106.77
2017	21827	7754	55.10
2018	27175	5348	24.50
2019	28477	1302	4.79
2020	29402	925	3.25
2021	30800	1398	4.75
2022	31523	723	2.35
2023	31255	-268	-0.85

资料来源：中国证券投资基金业协会，由中国私募基金年鉴编委会整理。

表 A2　　　　　　　　　　私募股权投资基金存量规模　　　　　　　单位：亿元

年份	基金存量规模	年度变化
2014	8038.17	—
2015	17270.20	9232.03
2016	37602.75	20332.55

续表

年份	基金存量规模	年度变化
2017	62910.99	25308.24
2018	78014.08	15103.09
2019	88713.18	10699.10
2020	98716.38	10003.20
2021	107719.83	9003.45
2022	111115.35	3395.52
2023	110699.65	−415.70

资料来源：中国证券投资基金业协会，由中国私募基金年鉴编委会整理。

表 A3　　　　　私募股权投资基金存量数量（按规模区间分布）　　　　　单位：只

规模区间（万元）	2019 年	2020 年	2021 年	2022 年	2023 年
小于 100（不含）	1107	1161	1219	1277	1396
[100, 200)	617	558	560	605	532
[200, 500)	1750	1691	1632	1621	1400
[500, 1000)	2320	2336	2333	2438	2299
[1000, 2000)	3300	3376	3631	3688	3776
[2000, 5000)	5401	5592	6128	6367	6417
[5000, 10000)	4194	4388	4587	4659	4520
[10000, 20000)	3205	3398	3484	3537	3497
[20000, 50000)	3372	3404	3496	3497	3618
[50000, 100000)	1403	1518	1589	1660	1633
[100000, 200000)	923	1003	1085	1118	1145
[200000, 500000)	653	707	746	739	726
大于 500000（含）	232	270	310	317	296

资料来源：中国证券投资基金业协会，由中国私募基金年鉴编委会整理。

表 A4　　私募股权投资基金（不含 FOF 类）存量数量（按产品类型分布）　　单位：只

产品类型	2019 年	2020 年	2021 年	2022 年	2023 年
并购基金	4874	4805	4748	4540	4186
房地产基金	1096	1136	982	838	711
基础设施基金	1239	1364	1397	1424	1463
上市公司定增基金	741	725	674	629	559

续表

产品类型	2019 年	2020 年	2021 年	2022 年	2023 年
其他基金	15823	16671	18218	19229	19452
产品类型信息缺失	118	66	34	33	11

资料来源：中国证券投资基金业协会，由中国私募基金年鉴编委会整理。

表 A5   私募股权投资基金（不含 FOF 类）存量规模（按产品类型分布） 单位：亿元

产品类型	2019 年	2020 年	2021 年	2022 年	2023 年
并购基金	17116.33	18119.42	18550.43	17752.34	16526.31
房地产基金	3891.75	4473.08	4389.48	3811.63	3262.45
基础设施基金	12346.07	12601.48	11969.72	11664.53	11088.05
上市公司定增基金	1255.55	1380.52	1287.66	1144.27	947.11
其他基金	41381.88	48262.08	55950.29	59995.31	61217.31
产品类型信息缺失	137.86	109.15	104.58	143.56	160.55

资料来源：中国证券投资基金业协会，由中国私募基金年鉴编委会整理。

表 A6   私募股权投资基金存量数量（按组织形式分布） 单位：只

年份	契约型	公司型	合伙型	其他
2019	6920	504	21038	15
2020	6192	505	22690	15
2021	5249	518	25022	11
2022	4625	522	26367	9
2023	4040	529	26677	9

资料来源：中国证券投资基金业协会，由中国私募基金年鉴编委会整理。

表 A7   私募股权投资基金存量规模（按组织形式分布） 单位：亿元

年份	契约型	公司型	合伙型	其他
2019	10694.80	8357.09	69542.08	119.21
2020	10009.29	9952.25	78662.24	92.60
2021	8813.34	11447.31	87419.92	39.26
2022	7811.05	13000.43	90280.20	23.67
2023	6598.02	14079.65	89999.01	22.96

资料来源：中国证券投资基金业协会，由中国私募基金年鉴编委会整理。

表 A8 　　　　　　　　　私募股权投资基金存量数量（根据有无托管）　　　　单位：只

年份	有托管	无托管
2019	17918	10559
2020	19049	10353
2021	20346	10454
2022	21314	10209
2023	—	—

资料来源：中国证券投资基金业协会，由中国私募基金年鉴编委会整理。

表 A9 　　　　　　　　　私募股权投资基金存量规模（根据有无托管）　　　　单位：亿元

年份	有托管	无托管
2019	67628.72	21084.46
2020	77542.15	21174.23
2021	87540.47	20179.36
2022	92167.41	18947.94
2023	—	—

资料来源：中国证券投资基金业协会，由中国私募基金年鉴编委会整理。

表 A10 　　　　　　　　　私募股权投资基金存量数量（根据有无外包）　　　　单位：只

年份	有外包	无外包
2019	5919	22558
2020	6069	23333
2021	6085	24715
2022	5909	25614
2023	5617	25638

资料来源：中国证券投资基金业协会，由中国私募基金年鉴编委会整理。

表 A11 　　　　　　　　　私募股权投资基金存量规模（根据有无外包）　　　　单位：亿元

年份	有外包	无外包
2019	7651.14	81062.04
2020	8333.76	90382.62
2021	8603.28	99116.56
2022	8709.38	102405.96
2023	8470.05	102229.60

资料来源：中国证券投资基金业协会，由中国私募基金年鉴编委会整理。

表 A12 　　　　私募股权投资基金存量数量（按外包服务类型分布）　　　单位：只

年份	份额登记服务	估值核算服务	信息技术系统服务	其他
2019	5401	5481	872	801
2020	5526	5630	968	831
2021	5536	5661	1062	891
2022	5354	5498	1037	887
2023	5083	5231	1027	859

资料来源：中国证券投资基金业协会，由中国私募基金年鉴编委会整理。

表 A13 　　　　　　　　私募股权类 FOF 基金存量数量

年份	基金存量数量（只）	占私募股权投资基金总数（%）
2020	4635	15.76
2021	4747	15.41
2022	4830	15.32
2023	4866	15.77

资料来源：中国证券投资基金业协会，由中国私募基金年鉴编委会整理。

表 A14 　　　　　　　　私募股权类 FOF 基金存量规模

年份	基金存量规模（亿元）	占私募股权投资基金总规模（%）
2020	13770.66	13.95
2021	15467.67	14.36
2022	16603.71	14.94
2023	17500	15.77

资料来源：中国证券投资基金业协会，由中国私募基金年鉴编委会整理。

表 A15 　　　　　私募股权类 FOF 基金存量数量（按类型分布）

年份	母基金存量数量（只）	占比（%）	投向单一资管计划的基金存量数量（只）	占比（%）	其他基金存量数量（只）	占比（%）
2020	2400	51.78	2232	48.16	3	0.06
2021	2438	51.36	2307	48.60	2	0.04
2022	2520	52.17	2310	47.83	0	0
2023	2638	54.21	2228	45.79	0	0

资料来源：中国证券投资基金业协会，由中国私募基金年鉴编委会整理。

表 A16 　　　　　　　私募股权类 FOF 基金存量规模（按类型分布）

年份	母基金存量规模（亿元）	占比（%）	投向单一资管计划的基金存量规模（亿元）	占比（%）	其他基金存量规模（只）	占比（%）
2020	10433.12	75.76	3325.60	24.15	11.94	0.09
2021	12261.37	79.27	3195.27	20.66	11.03	0.07
2022	13451.42	81.01	3152.29	18.99	0.00	0.00
2023	14426.83	82.66	3026.94	17.34	0.00	0.00

资料来源：中国证券投资基金业协会，由中国私募基金年鉴编委会整理。

表 A17 　　　　　　　私募股权投资基金政府引导基金存量数量

年份	基金存量数量（只）	占私募股权投资基金存量数量（%）
2020	1049	3.57
2021	1127	3.66
2022	1195	3.79
2023	1267	4.05

资料来源：中国证券投资基金业协会，由中国私募基金年鉴编委会整理。

表 A18 　　　　　　　私募股权投资基金政府引导基金存量规模

年份	基金存量规模（亿元）	占私募股权投资基金存量规模（%）
2020	7704.68	7.80
2021	8344.57	7.75
2022	9232.59	8.31
2023	9945.82	8.98

资料来源：中国证券投资基金业协会，由中国私募基金年鉴编委会整理。

（二）私募股权投资基金募集出资情况

表 A19 　　　　　　有募集账户监督机构的私募股权投资基金存量数量与规模

年份	基金存量数量（只）	基金存量规模（亿元）
2020	21912	72152.43
2021	23951	82423.77
2022	25295	88256.52
2023	25833	90667.70

资料来源：中国证券投资基金业协会，由中国私募基金年鉴编委会整理。

表 A20   有募集账户监督机构的私募股权投资基金存量数量（按监督机构分布）

单位：只

年份	中国证券登记结算	商业银行	证券公司	其他
2020	118	17480	4266	48
2021	104	19341	4462	44
2022	94	20767	4391	43
2023	82	21524	4189	38

资料来源：中国证券投资基金业协会，由中国私募基金年鉴编委会整理。

表 A21   有募集账户监督机构的私募股权投资基金存量规模（按监督机构分布）

单位：亿元

年份	中国证券登记结算	商业银行	证券公司	其他
2020	266.71	66523.67	5172.23	189.82
2021	226.23	76559.05	5474.47	164.02
2022	192.91	82441.59	5505.37	116.65
2023	186.18	84740.71	5611.76	129.05

资料来源：中国证券投资基金业协会，由中国私募基金年鉴编委会整理。

表 A22   私募股权投资基金投资者合计出资和投资者人数

年份	投资者合计出资金额（万亿元）	所涉投资者人数（万人次）
2019	8.74	38.37
2020	9.42	36.81
2021	10.13	35.62
2022	10.41	34.23
2023	10.62	32.97

资料来源：中国证券投资基金业协会，由中国私募基金年鉴编委会整理。

表 A23   私募股权投资基金存量数量（按单只基金投资者数量分布）

单位：只

年份	0	1	(1, 5]	(5, 20]	(20, 50]	(50, 200]
2019	166	1187	14619	8275	2948	1282
2020	97	1190	15355	8676	2983	1101
2021	54	1109	16154	9593	3002	888
2022	34	1050	16819	9971	2892	757
2023	—	1001	16889	9882	2788	690

资料来源：中国证券投资基金业协会，由中国私募基金年鉴编委会整理。

表 A24　　　　私募股权投资基金存量规模（按单只基金投资者数量分布）　　单位：亿元

年份	0	1	(1, 5]	(5, 20]	(20, 50]	(50, 200]
2019	235.50	2801.59	51076.88	24583.78	6620.04	3395.39
2020	157.09	3006.79	55603.80	29185.91	7789.20	2973.59
2021	122.31	3035.85	57611.93	35035.34	9351.36	2563.04
2022	91.25	3311.89	57949.27	36683.56	10803.35	2276.03
2023	—	3254.77	56742.74	37759.00	10831.25	2109.55

资料来源：中国证券投资基金业协会，由中国私募基金年鉴编委会整理。

表 A25　　　　私募股权投资基金投资者人数占比（按投资者类型分布）　　单位：%

年份	企业	资管计划	居民	其他			
				养老金及社保基金	境外资金	社会资金	财政资金
2019	14.67	3.41	81.69	0.23			
2020	16.65	3.87	79.21	0.27			
2021	19.01	4.53	76.28	0.0018			
2022	21.27	4.96	73.73	0.0004			
2023	—	—	—	—			

资料来源：中国证券投资基金业协会，由中国私募基金年鉴编委会整理。

表 A26　　　　私募股权投资基金投资者出资规模（按投资者类型分布）　　单位：亿元

年份	企业	资管计划	居民	其他			
				养老金及社保基金	境外资金	社会资金	财政资金
2019	46750.24	27796.70	9736.65	554.71	450.01	31.33	2032.32
2020	52906.54	28790.65	9193.18	535.23	479.48	36.30	2247.00
2021	59837.14	29551.88	8858.34	532.05	648.98	53.02	1782.09
2022	63855.07	28714.48	8452.56	535.16	725.92	55.47	1760.82
2023	67061.64	27813.62	7929.85	514.17	724.42	58.22	2107.53

资料来源：中国证券投资基金业协会，由中国私募基金年鉴编委会整理。

表 A27　　　　私募股权投资基金存量数量（按机构投资者出资比例分布）　　单位：只

年份	0	(0, 20%)	(20%, 50%]	(50%, 80%]	(80%, 100%)	100%
2019	5280	6353	2542	1891	1508	10993
2020	4907	6469	2422	1908	1611	12085
2021	4804	6761	2558	2021	1716	12940

年份	0	（0，20%）	（20%，50%]	（50%，80%]	（80%，100%）	100%
2022	4434	6806	2613	2051	1823	13796
2023	3964	6447	2514	1997	1867	14466

资料来源：中国证券投资基金业协会，由中国私募基金年鉴编委会整理。

表 A28　　　私募股权投资基金存量规模（按机构投资者出资比例分布）　　单位：亿元

年份	0	（0，20%]	（20%，50%]	（50%，80%]	（80%，100%）	100%
2019	2568.52	4728.09	2227.33	2956.88	5217.43	71014.95
2020	2187.45	4643.65	2168.36	2886.49	5944.92	80885.52
2021	2052.38	4506.14	2220.74	2941.78	6469.78	89529.01
2022	3222.15	4340.22	2203.67	2722.51	6474.10	92152.71
2023	2924.30	3993.17	1992.48	2662.06	6339.05	92788.58

资料来源：中国证券投资基金业协会，由中国私募基金年鉴编委会整理。

（三）私募股权投资基金投资运作情况

表 A29　　　私募股权投资基金案例存量数量（按案例特征分布）　　单位：只

年份	中小企业	高新技术企业	初创科技型企业
2019	30309	16634	4119
2020	32115	19181	5179
2021	34996	23337	7919
2022	37636	27541	9389
2023	—	—	—

资料来源：中国证券投资基金业协会，由中国私募基金年鉴编委会整理。

表 A30　　　私募股权投资基金案例存量规模（按案例特征分布）　　单位：亿元

年份	中小企业	高新技术企业	初创科技型企业
2019	14324.54	10803.91	926.41
2020	15280.09	12260.83	1242.78
2021	16773.90	15039.33	2146.72
2022	17881.70	18229.60	2656.81
2023	—	—	—

资料来源：中国证券投资基金业协会，由中国私募基金年鉴编委会整理。

表 A31　　　　私募股权投资基金案例存量数量（按案例地域分布）　　　单位：只

年份	北京	广东	江苏	上海	浙江	境外	其他
2019	9594	8312	4445	6498	4955	902	16723
2020	10057	8844	5249	6979	5069	1105	18080
2021	10739	9950	6473	7848	5676	1512	19955
2022	11091	10799	7533	8469	6038	1782	21272
2023	10975	10939	8291	8540	6294	2038	21915

资料来源：中国证券投资基金业协会，由中国私募基金年鉴编委会整理。

表 A32　　　　私募股权投资基金案例存量规模（按案例地域分布）　　　单位：亿元

年份	北京	广东	江苏	上海	浙江	境外	其他
2019	7267.79	7913.44	3888.79	6082.50	4267.48	1833.49	26367.85
2020	7962.99	8598.54	4746.81	6688.97	4202.41	1892.68	28524.48
2021	8562.44	8827.67	5208.79	7128.81	4613.83	2223.75	30397.38
2022	9254.46	9163.24	5513.21	7675.41	4909.66	2362.04	31044.05
2023	9276.89	8954.77	5698.59	7565.00	4820.35	2608.02	30483.03

资料来源：中国证券投资基金业协会，由中国私募基金年鉴编委会整理。

表 A33　　　　私募股权投资基金案例存量数量前五大行业　　　单位：只

行业	2019 年	2020 年	2021 年	2022 年	2023 年
计算机运用	12476	13129	14195	14566	14402
资本品	6196	6634	7326	8217	8833
医药生物	3286	3919	5082	5826	6229
半导体	—	—	3619	5197	6160
医疗器械与服务	3231	3611	4279	4597	4840
计算机及电子设备	—	—	—	—	—
原材料	3010	3250	—	—	—

资料来源：中国证券投资基金业协会，由中国私募基金年鉴编委会整理。

表 A34　　　　私募股权投资基金案例存量规模前五大行业　　　单位：亿元

行业	2019 年	2020 年	2021 年	2022 年	2023 年
计算机运用	5117.81	5725.58	6291.44	6494.09	6330.24
资本品	8976.44	9404.85	8809.04	9097.88	9192.76

行业	2019 年	2020 年	2021 年	2022 年	2023 年
医药生物	—	—	—	—	—
半导体	—	—	4817.5	6554.72	7099.09
其他金融	4236.95	4278.88	—	—	—
交通运输	5090.57	5384.53	6071.49	6204.98	6361.67
房地产	7916.44	8430.07	8139.87	7610.93	6664.63

资料来源：中国证券投资基金业协会，由中国私募基金年鉴编委会整理。

（四）私募股权投资基金投资案例退出情况

表 A35　私募股权投资基金退出案例数量、退出行为次数、退出本金规模

年份	退出案例数量（只）	退出行为次数（次）	退出本金规模（万亿元）
2020	20476	40704	2.02
2021	27431	54403	2.77
2022	32320	64205	3.31
2023	28505	56415	2.31

资料来源：中国证券投资基金业协会，由中国私募基金年鉴编委会整理。

表 A36　存续私募股权投资基金退出案例数量、退出行为次数、退出本金规模

年份	退出案例数量（只）	退出行为次数（次）	退出本金规模（万亿元）
2019	12696	25925	0.99
2020	15968	32713	1.32
2021	21097	41953	1.74
2022	24749	49183	1.95
2023	—	—	—

资料来源：中国证券投资基金业协会，由中国私募基金年鉴编委会整理。

表 A37　　　　　存续私募股权投资基金退出案例数量（按地域划分）　　单位：只

年份	北京	广东	江苏	上海	浙江	境外	其他
2019	2069	2158	1061	1585	1192	117	4460
2020	2580	2682	1403	2012	1492	244	5555
2021	3465	3362	2013	2627	1975	314	7341

续表

年份	北京	广东	江苏	上海	浙江	境外	其他
2022	4084	3897	2375	3068	2376	520	8429
2023	4638	4461	2839	3488	2811	691	9577

资料来源：中国证券投资基金业协会，由中国私募基金年鉴编委会整理。

表 A38 存续私募股权投资基金退出本金规模（按地域划分） 单位：亿元

年份	北京	广东	江苏	上海	浙江	境外	其他
2019	1271.37	1291.12	701.83	1493.38	664.29	261.83	4212.39
2020	1690.44	1916.08	960.39	1893.19	877.76	367.31	7407.44
2021	2391.37	2376.86	1283.77	2470.33	1072.38	443.66	7332.62
2022	2598.44	2725.63	1400.11	2534.30	1114.85	649.85	8442.30
2023	3197.99	3095.72	1597.26	2980.09	1364.57	807.61	13259.44

资料来源：中国证券投资基金业协会，由中国私募基金年鉴编委会整理。

表 A39 存续私募股权投资基金退出行为次数（按退出方式划分） 单位：次

退出方式	2019 年	2020 年	2021 年
协议转让	6020	8639	12798
企业回购	5060	6609	8308
新三板挂牌	3042	3318	3813
被投企业分红	5135	5866	6367
融资人还款	3893	4624	5435
境内 IPO	856	1017	1566
境外 IPO	59	96	176
整体收购	404	451	554
境内上市（除 IPO）	578	845	1170
清算	753	1064	1544
债权转让	125	184	222

资料来源：中国证券投资基金业协会，由中国私募基金年鉴编委会整理。

表 A40 存续私募股权投资基金退出本金规模（按退出方式划分） 单位：亿元

退出方式	2019 年	2020 年	2021 年
协议转让	3737.08	4744.16	6526.76
企业回购	1638.47	2181.80	2727.51

续表

退出方式	2019 年	2020 年	2021 年
新三板挂牌	81.28	146.67	135.26
被投企业分红	—	—	—
融资人还款	2375.29	3139.64	3784.32
境内 IPO	436.00	632.01	936.60
境外 IPO	37.77	95.22	245.75
整体收购	443.40	459.60	507.98
境内上市（除 IPO）	601.09	1049.98	1649.40
清算	471.55	629.94	673.57
债权转让	74.18	166.97	183.86

资料来源：中国证券投资基金业协会，由中国私募基金年鉴编委会整理。

表 A41　　　　　**存续私募股权投资基金退出案例数量（按行业划分）**　　　单位：只

行业	2019 年	2020 年	2021 年	2022 年	2023 年
计算机运用	2400	3312	4423	5219	5997
资本品	1704	2074	2600	3062	3541
医药生物	770	997	1454	1766	2088
医疗器械与服务	—	—	—	1466	1803
原材料	942	1137	1491	1791	2061
房地产	973	1147	1287	—	—

资料来源：中国证券投资基金业协会，由中国私募基金年鉴编委会整理。

表 A42　　　　　**存续私募股权投资基金退出本金规模（按行业划分）**　　　单位：亿元

行业	2019 年	2020 年	2021 年	2022 年	2023 年
计算机运用	843.21	1141.22	1589.30	1811.72	2238.48
资本品	1104.15	1671.18	2181.23	2561.37	3120.32
原材料	—	—	—	1177.05	—
其他金融	864.18	1139.73	1364.19	1449.38	1604.56
交通运输	536.44	663.70	1063.28	—	—
公用事业	—	—	—	—	1485.43
房地产	2323.39	2907.70	3526.67	3382.73	3291.64

资料来源：中国证券投资基金业协会，由中国私募基金年鉴编委会整理。

二、创业投资基金

（一）创业投资基金基本情况

表 A43 创业投资基金存量数量

年份	基金存量数量（只）	基金数量年度变化（只）	同比增速（%）
2014	718	—	—
2015	1481	763	106.27
2016	2206	725	48.95
2017	4372	2166	98.19
2018	6508	2136	48.86
2019	7978	1470	22.59
2020	10398	2420	30.33
2021	14511	4113	39.56
2022	19353	4842	33.37
2023	23389	4036	20.85

资料来源：中国证券投资基金业协会，由中国私募基金年鉴编委会整理。

表 A44 创业投资基金存量规模 单位：亿元

年份	基金存量规模	年度变化
2014	1060.10	—
2015	2119.51	1059.41
2016	3612.37	1492.86
2017	6076.68	2464.31
2018	9094.61	3017.93
2019	12088.26	2993.65
2020	16904.05	4815.79
2021	23706.71	6802.66
2022	29023.13	5316.42
2023	32414.60	3391.47

资料来源：中国证券投资基金业协会，由中国私募基金年鉴编委会整理。

表 A45　　　　　　创业投资基金存量数量（按规模区间分布）　　　　单位：只

规模区间（万元）	2019 年	2020 年	2021 年	2022 年	2023 年
小于 100（不含）	163	195	252	331	433
［100，200）	128	153	202	248	231
［200，500）	515	536	616	925	824
［500，1000）	757	858	1125	1597	1893
［1000，2000）	1119	1436	2097	3026	3969
［2000，5000）	1751	2375	3617	5108	6670
［5000，10000）	1303	1789	2521	3263	3743
［10000，20000）	985	1340	1727	2174	2541
［20000，50000）	822	1140	1483	1725	1901
［50000，100000）	258	357	488	600	686
［100000，200000）	117	167	242	290	318
［200000，500000）	41	62	107	127	138
大于 500000（含）	19	26	34	39	42

资料来源：中国证券投资基金业协会，由中国私募基金年鉴编委会整理。

表 A46　　　　　　创业投资基金存量数量（按组织形式分布）　　　　单位：只

年份	契约型	公司型	合伙型	其他
2019	516	548	6888	26
2020	482	559	9333	24
2021	445	545	13499	22
2022	412	531	18389	21
2023	351	501	22517	20

资料来源：中国证券投资基金业协会，由中国私募基金年鉴编委会整理。

表 A47　　　　　　创业投资基金存量规模（按组织形式分布）　　　　单位：亿元

年份	契约型	公司型	合伙型	其他
2019	481.98	1466.82	10047.75	91.71
2020	491.95	1651.68	14688.41	72.02
2021	456.89	1755.40	21426.82	67.60
2022	432.27	1870.48	26665.90	54.48
2023	421.91	1903.09	30064.56	25.03

资料来源：中国证券投资基金业协会，由中国私募基金年鉴编委会整理。

表 A48 　　　　　　　创业投资基金存量数量（根据有无托管）　　　　单位：只

年份	有托管	无托管
2019	4790	3188
2020	6411	3987
2021	8943	5568
2022	12048	7305
2023	—	—

资料来源：中国证券投资基金业协会，由中国私募基金年鉴编委会整理。

表 A49 　　　　　　　创业投资基金存量规模（根据有无托管）　　　　单位：亿元

年份	有托管	无托管
2019	8969.59	3188.66
2020	13116.89	3787.15
2021	19221.69	4485.02
2022	23922.64	5100.49
2023	—	—

资料来源：中国证券投资基金业协会，由中国私募基金年鉴编委会整理。

表 A50 　　　　　　　创业投资基金存量数量（根据有无外包）　　　　单位：只

年份	有外包	无外包
2019	983	6995
2020	1334	9064
2021	2035	12476
2022	2619	16734
2023	2973	20416

资料来源：中国证券投资基金业协会，由中国私募基金年鉴编委会整理。

表 A51 　　　　　　　创业投资基金存量规模（根据有无外包）　　　　单位：亿元

年份	有外包	无外包
2019	442.96	11645.29
2020	806.99	16097.06
2021	1391.10	22315.61
2022	1806.67	27216.46
2023	2013.52	30401.08

资料来源：中国证券投资基金业协会，由中国私募基金年鉴编委会整理。

表 A52　　　　　　　创业投资基金存量数量（按外包服务类型分布）　　　　　单位：只

年份	份额登记服务	估值核算服务	信息技术系统服务	其他
2019	884	917	109	146
2020	1207	1244	137	170
2021	1852	1905	237	226
2022	2367	2457	364	280
2023	2636	2759	455	309

资料来源：中国证券投资基金业协会，由中国私募基金年鉴编委会整理。

表 A53　　　　　　　　　创业投资类 FOF 基金存量数量

年份	基金存量数量（只）	占创业投资基金总数（％）
2020	833	8.01
2021	1296	8.93
2022	1763	9.11
2023	2064	8.82

资料来源：中国证券投资基金业协会，由中国私募基金年鉴编委会整理。

表 A54　　　　　　　　　创业投资类 FOF 基金存量规模

年份	基金存量规模（亿元）	占创业投资基金总规模（％）
2020	2390.59	14.14
2021	3051.94	12.87
2022	3839.43	13.23
2023	4257.79	13.14

资料来源：中国证券投资基金业协会，由中国私募基金年鉴编委会整理。

表 A55　　　　　　创业投资类 FOF 基金存量数量（按类型分布）

年份	母基金存量数量（只）	占比（％）	投向单一资管计划的基金存量数量（只）	占比（％）	其他基金存量数量（只）	占比（％）
2020	496	59.54	336	40.34	—	—
2021	702	54.17	594	45.83	—	—
2022	899	50.99	864	49.01	—	—
2023	1070	51.84	994	48.16	—	—

资料来源：中国证券投资基金业协会，由中国私募基金年鉴编委会整理。

表 A56　　　　　　　创业投资类 FOF 基金存量规模（按类型分布）

年份	母基金存量规模（亿元）	占比（%）	投向单一资管计划的基金存量规模（亿元）	占比（%）	其他基金存量规模（亿元）	占比（%）
2020	2072.99	86.71	307.55	12.86	—	—
2021	2523.37	82.68	528.57	17.32	—	—
2022	3113.50	81.09	725.92	18.91	—	—
2023	3460.58	81.28	797.21	18.72	—	—

资料来源：中国证券投资基金业协会，由中国私募基金年鉴编委会整理。

表 A57　　　　　　　创业投资基金政府引导基金存量数量

年份	基金存量数量（只）	占创业投资基金存量数量（%）
2020	572	5.50
2021	601	4.14
2022	619	3.20
2023	632	2.70

资料来源：中国证券投资基金业协会，由中国私募基金年鉴编委会整理。

表 A58　　　　　　　创业投资基金政府引导基金存量规模

年份	基金存量规模（亿元）	占创业投资基金存量规模（%）
2020	2129.64	12.60
2021	2122.68	8.95
2022	2309.88	7.96
2023	2337.86	7.21

资料来源：中国证券投资基金业协会，由中国私募基金年鉴编委会整理。

（二）创业投资基金募集出资情况

表 A59　　　　　　　有募集账户监督机构的创业投资基金存量数量与规模

年份	基金存量数量（只）	基金存量规模（亿元）
2020	8234	11554.10
2021	12412	18055.78
2022	17357	23923.11
2023	21529	27896.90

资料来源：中国证券投资基金业协会，由中国私募基金年鉴编委会整理。

表 A60　　有募集账户监督机构的创业投资基金存量数量（按监督机构分布）　　单位：只

年份	中国证券登记结算	商业银行	证券公司	其他
2020	22	7109	1116	9
2021	23	10575	1830	10
2022	22	15124	2228	10
2023	21	19123	2405	9

资料来源：中国证券投资基金业协会，由中国私募基金年鉴编委会整理。

表 A61　　有募集账户监督机构的创业投资基金存量规模（按监督机构分布）单位：亿元

年份	中国证券登记结算	商业银行	证券公司	其他
2020	19.21	10914.56	611.87	8.46
2021	19.34	16859.19	1156.08	21.17
2022	17.55	22461.46	1421.94	22.16
2023	30.32	26267.17	1580.18	19.23

资料来源：中国证券投资基金业协会，由中国私募基金年鉴编委会整理。

表 A62　　　　　　　　创业投资基金投资者合计出资和投资者人数

年份	投资者合计出资金额（万亿元）	所涉投资者人数（万人次）
2019	1.10	6.65
2020	1.50	9.13
2021	1.96	13.26
2022	2.40	17.61
2023	2.77	21.18

资料来源：中国证券投资基金业协会，由中国私募基金年鉴编委会整理。

表 A63　　　　　　创业投资基金存量数量（按单只基金投资者数量分布）　　　　单位：只

年份	0	1	(1, 5]	(5, 20]	(20, 50]	(50, 200]
2019	19	172	3976	3216	569	26
2020	16	172	5008	4335	840	27
2021	13	159	6672	6362	1282	23
2022	6	151	8740	8788	1645	23
2023	—	141	10444	10854	1928	22

资料来源：中国证券投资基金业协会，由中国私募基金年鉴编委会整理。

表 A64 创业投资基金存量规模（按单只基金投资者数量分布） 单位：亿元

年份	0	1	(1, 5]	(5, 20]	(20, 50]	(50, 200]
2019	12. 10	832. 91	4379. 44	4899. 65	1921. 91	42. 25
2020	11. 65	883. 26	5905. 98	7239. 17	2821. 11	42. 88
2021	10. 92	925. 47	7864. 97	10400. 74	4472. 63	31. 97
2022	2. 31	1006. 77	10019. 74	12668. 61	5298. 48	27. 23
2023	—	995. 88	11610. 72	14198. 72	5583. 40	25. 88

资料来源：中国证券投资基金业协会，由中国私募基金年鉴编委会整理。

表 A65 创业投资基金投资者人数占比（按投资者类型分布） 单位：%

年份	企业	资管计划	居民	其他			
				养老金及社保基金	境外资金	社会资金	财政资金
2019	1. 95	0. 45	4. 17	0. 09			
2020	2. 60	0. 62	5. 81	0. 10			
2021	3. 61	0. 92	8. 69	0. 03			
2022	4. 70	1. 16	11. 71	0. 04			
2023	—	—	—	—			

资料来源：中国证券投资基金业协会，由中国私募基金年鉴编委会整理。

表 A66 创业投资基金投资者出资规模（按投资者类型分布） 单位：亿元

年份	企业	资管计划	居民	其他			
				养老金及社保基金	境外资金	社会资金	财政资金
2019	5428. 22	2698. 60	1801. 10	43. 89	55. 65	8. 96	921. 35
2020	7383. 97	3730. 85	2614. 45	57. 11	87. 41	12. 28	1111. 66
2021	9641. 79	5480. 13	3837. 91	39. 40	93. 15	13. 95	528. 61
2022	11639. 26	6568. 00	5035. 02	42. 96	104. 75	20. 10	567. 12
2023	13469. 79	7463. 46	5941. 09	47. 48	122. 60	21. 17	622. 84

资料来源：中国证券投资基金业协会，由中国私募基金年鉴编委会整理。

表 A67 创业投资基金存量数量（按机构投资者出资比例分布） 单位：只

年份	0	(0, 20%)	(20%, 50%]	(50%, 80%]	(80%, 100%)	100%
2019	887	1870	903	748	783	2787
2020	1008	2572	1232	1035	968	3583

年份	0	（0，20%）	（20%，50%］	（50%，80%］	（80%，100%）	100%
2021	1482	3965	1766	1463	1293	4542
2022	1992	5757	2409	1947	1657	5591
2023	2409	7189	2952	2320	1987	6532

资料来源：中国证券投资基金业协会，由中国私募基金年鉴编委会整理。

表 A68　　　创业投资基金存量规模（按机构投资者出资比例分布）　　单位：亿元

年份	0	（0，20%］	（20%，50%］	（50%，80%］	（80%，100%）	100%
2019	249.82	758.28	758.97	987.72	2431.93	6901.54
2020	345.04	1252.39	1148.75	1457.82	3077.03	9623.03
2021	517.95	2055.69	1500.18	2208.04	4437.50	12987.36
2022	653.65	2738.28	1784.22	2554.50	5060.18	16232.30
2023	787.18	3234.51	1985.01	2793.97	5433.15	18180.77

资料来源：中国证券投资基金业协会，由中国私募基金年鉴编委会整理。

（三）创业投资基金投资运作情况

表 A69　　　　创业投资基金案例存量数量（按案例特征分布）　　单位：只

年份	中小企业	高新技术企业	初创科技型企业
2019	27021	13217	7042
2020	32203	18130	9554
2021	39458	24405	14053
2022	47063	31002	17999
2023	—	—	—

资料来源：中国证券投资基金业协会，由中国私募基金年鉴编委会整理。

表 A70　　　　创业投资基金案例存量规模（按案例特征分布）　　单位：亿元

年份	中小企业	高新技术企业	初创科技型企业
2019	3465.29	2683.82	762.02
2020	4586.69	4125.29	1214.75
2021	6287.90	6086.29	2023.71
2022	8017.59	8019.48	2786.50
2023	—	—	—

资料来源：中国证券投资基金业协会，由中国私募基金年鉴编委会整理。

表 A71 　　　　　创业投资基金案例存量数量（按案例地域分布）　　　单位：只

年份	北京	广东	江苏	上海	浙江	境外	其他
2019	8247	5313	3859	5268	3492	568	8078
2020	9508	6864	5266	6382	4487	757	9739
2021	11044	9024	7488	8121	5785	1125	11872
2022	12008	11166	9782	9473	7175	1410	14179
2023	12679	12616	11946	10459	8353	1622	16270

资料来源：中国证券投资基金业协会，由中国私募基金年鉴编委会整理。

表 A72 　　　　　创业投资基金案例存量规模（按案例地域分布）　　　单位：亿元

年份	北京	广东	江苏	上海	浙江	境外	其他
2019	1205.19	1078.98	880.28	913.00	568.52	194.79	1726.29
2020	1631.36	1479.38	1268.36	1291.57	858.84	273.15	2347.32
2021	2050.06	2038.39	1864.81	1867.51	1315.11	427.77	3096.83
2022	2296.73	2574.09	2358.17	2311.43	1804.67	604.49	3836.15
2023	2476.09	2844.07	2796.75	2547.23	2192.15	685.42	4537.80

资料来源：中国证券投资基金业协会，由中国私募基金年鉴编委会整理。

表 A73 　　　　　创业投资基金案例存量数量前五大行业　　　单位：只

行业	2019 年	2020 年	2021 年	2022 年	2023 年
计算机运用	12846	15009	17462	19165	19974
资本品	3840	4794	5954	7500	9016
医药生物	2333	3444	5302	6803	7938
半导体	—	—	3843	6254	8595
医疗器械与服务	2471	3171	4254	4985	5689
计算机及电子设备	1908	2503	—	—	—

资料来源：中国证券投资基金业协会，由中国私募基金年鉴编委会整理。

表 A74 　　　　　创业投资基金案例存量规模前五大行业　　　单位：亿元

行业	2019 年	2020 年	2021 年	2022 年	2023 年
计算机运用	1633.59	2145.28	2811.13	3187.17	3392.91
资本品	782.44	1101.05	1428.38	1903.00	2310.37
医药生物	516.68	826.38	1323.08	1673.39	1901.52

行业	2019 年	2020 年	2021 年	2022 年	2023 年
半导体	—	626. 14	1295. 52	2133. 13	2751. 38
医疗器械与服务	467. 34	678. 99	957. 57	1068. 66	—
原材料	382. 58	—	—	—	1269. 73

资料来源：中国证券投资基金业协会，由中国私募基金年鉴编委会整理。

（四）创业投资基金投资案例退出情况

表 A75　创业投资基金退出案例数量、退出行为次数、退出本金规模

年份	退出案例数量（只）	退出行为次数（次）	退出本金规模（亿元）
2020	7572	11442	1113. 03
2021	11375	18310	1824. 61
2022	15610	25563	2405. 34
2023	21909	36477	3283. 53

资料来源：中国证券投资基金业协会，由中国私募基金年鉴编委会整理。

表 A76　存续创业投资基金退出案例数量、退出行为次数、退出本金规模

年份	退出案例数量（只）	退出行为次数（次）	退出本金规模（亿元）
2019	7229	10964	966. 47
2020	10740	17362	1561. 14
2021	14549	23498	2040. 64
2022	18140	29777	2613. 37
2023	—	—	—

资料来源：中国证券投资基金业协会，由中国私募基金年鉴编委会整理。

表 A77　　　　存续创业投资基金退出案例数量（按地域划分）　　　　单位：只

年份	北京	广东	江苏	上海	浙江	境外	其他
2019	1519	910	979	1084	674	89	1974
2020	2238	1437	1403	1567	1058	124	2913
2021	3078	1990	1928	2096	1501	211	1931
2022	3748	2515	1928	2553	1877	276	5243
2023	4419	3097	3111	3079	2333	368	5502

资料来源：中国证券投资基金业协会，由中国私募基金年鉴编委会整理。

表 A78　　　　存续私募股权投资基金退出本金规模（按地域划分）　　　单位：亿元

年份	北京	广东	江苏	上海	浙江	境外	其他
2019	168.72	118.82	127.06	127.92	87.94	24.74	311.73
2020	258.97	209.53	209.81	211.40	137.95	43.42	490.06
2021	351.43	278.73	284.05	278.11	185.96	68.61	321.19
2022	456.46	370.86	351.40	337.52	246.29	88.28	762.57
2023	573.95	469.08	473.30	426.70	303.37	119.01	918.11

资料来源：中国证券投资基金业协会，由中国私募基金年鉴编委会整理。

表 A79　　　　存续创业投资基金退出行为次数（按退出方式划分）　　　单位：次

退出方式	2019 年	2020 年	2021 年
协议转让	3804	6111	8578
企业回购	2292	3670	5031
新三板挂牌	1117	1891	2544
被投企业分红	1352	2211	2539
融资人还款	743	1000	1345
境内 IPO	539	1003	1405
境外 IPO	12	29	61
整体收购	321	60	504
境内上市（除 IPO）	154	37	1230
清算	615	931	1341
债权转让	13	15	45

资料来源：中国证券投资基金业协会，由中国私募基金年鉴编委会整理。

表 A80　　　　存续创业投资基金退出本金规模（按退出方式划分）　　　单位：亿元

退出方式	2019 年	2020 年	2021 年
协议转让	399.83	639.12	825.98
企业回购	217.27	325.25	405.72
新三板挂牌	33.33	48.30	57.22
被投企业分红	—	—	—
融资人还款	43.04	67.66	83.63
境内 IPO	131.38	303.35	401.72
境外 IPO	3.80	11.67	27.50
整体收购	42.17	60.17	75.68
境内上市（除 IPO）	52.83	37.43	337.19

续表

退出方式	2019 年	2020 年	2021 年
清算	30.59	52.35	97.49
债权转让	12.22	15.83	15.87

资料来源：中国证券投资基金业协会，由中国私募基金年鉴编委会整理。

表 A81　　　　　存续创业投资基金退出案例数量（按行业划分）　　　　单位：只

行业	2019 年	2020 年	2021 年	2022 年	2023 年
计算机运用	2321	3440	4799	5815	6899
资本品	1062	1468	1924	2401	2933
医药生物	495	778	1091	1374	1678
医疗器械与服务	—	618	878	1120	1416
计算机及电子设备	393	—	—	—	—
原材料	558	797	1008	1276	1513

资料来源：中国证券投资基金业协会，由中国私募基金年鉴编委会整理。

表 A82　　　　　存续创业投资基金退出本金规模（按行业划分）　　　　单位：亿元

行业	2019 年	2020 年	2021 年	2022 年	2023 年
计算机运用	187.64	298.20	440.55	545.91	677.77
资本品	145.77	214.20	289.97	364.29	441.40
医药生物	74.31	148.46	185.94	230.78	292.17
医疗器械与服务	62.41	112.48	134.48	175.94	243.88
原材料	79.49	127.27	150.09	202.13	242.28

资料来源：中国证券投资基金业协会，由中国私募基金年鉴编委会整理。

三、私募证券投资基金

（一）私募证券投资基金基本情况

表 A83　　　　　　　　私募证券投资基金存量数量　　　　　　　　单位：只

年份	总数量	自主发行类产品	顾问管理类产品
2014	3766	3330	—
2015	15182	8898	—

259

年份	总数量	自主发行类产品	顾问管理类产品
2016	25578	21675	—
2017	34097	34097	—
2018	35675	32497	3178
2019	41392	38671	2721
2020	54324	51363	2961
2021	76818	73064	3754
2022	92578	88721	3857
2023	97215	93204	4011

资料来源：中国证券投资基金业协会，由中国私募基金年鉴编委会整理。

表 A84   **私募证券投资基金存量规模**   单位：亿元

年份	总规模	自主发行类产品	顾问管理类产品
2014	4639.67	3969.90	—
2015	17289.59	7051.04	—
2016	25496.32	16341.58	—
2017	25671.95	2.57 万	—
2018	21385.06	15676.87	5708.19
2019	25610.41	20585.65	5024.76
2020	42979.27	37020.90	5958.36
2021	63090.38	56052.66	7037.72
2022	56128.56	50376.50	5752.07
2023	55136.54	50094.89	5041.65

资料来源：中国证券投资基金业协会，由中国私募基金年鉴编委会整理。

1. 自主发行类私募证券投资基金

表 A85   **自主发行类证券投资基金存量数量（按规模区间分布）**   单位：只

规模	2019 年	2020 年	2021 年	2022 年	2023 年
0.1 亿元以下	19785	24161	33589	44849	43526
0.1 亿~0.5 亿元	11488	14881	19835	23935	29074
0.5 亿~1 亿元	3180	4551	6876	8082	8976

续表

规模	2019 年	2020 年	2021 年	2022 年	2023 年
1 亿~5 亿元	3645	6713	11308	10655	10542
5 亿~10 亿元	366	693	923	782	715
10 亿~20 亿元	111	229	324	265	245
20 亿元以上	96	135	209	153	126

资料来源：中国证券投资基金业协会，由中国私募基金年鉴编委会整理。

表 A86　　　　自主发行类证券投资基金存量规模（按规模区间分布）　　单位：亿元

规模	2019 年	2020 年	2021 年	2022 年	2023 年
0.1 亿元以下	692.01	826.28	1103.88	1412.87	1484.93
0.1 亿~0.5 亿元	2631.40	3490.39	4700.02	5722.86	6765.82
0.5 亿~1 亿元	2238.11	3198.67	4867.57	5718.99	6360.30
1 亿~5 亿元	7408.07	14704.48	24559.57	21414.72	20852.80
5 亿~10 亿元	2494.27	4740.84	6261.84	5226.90	4884.38
10 亿~20 亿元	1560.70	3095.69	4372.52	3619.72	3312.77
20 亿元以上	3561.08	6964.54	10187.26	7260.44	6433.85

资料来源：中国证券投资基金业协会，由中国私募基金年鉴编委会整理。

表 A87　　　　自主发行类证券投资基金存量数量（按组织形式分布）　　单位：只

年份	契约型	公司型	合伙型	其他
2019	37943	20	705	3
2020	50750	12	598	3
2021	72553	11	497	3
2022	88268	10	441	2
2023	92842	4	357	1

资料来源：中国证券投资基金业协会，由中国私募基金年鉴编委会整理。

表 A88　　　　自主发行类证券投资基金存量规模（按组织形式分布）　　单位：亿元

年份	契约型	公司型	合伙型	其他
2019	19751.53	54.88	778.72	0.51
2020	36280.04	32.26	708.10	0.51
2021	55460.80	19.99	571.37	0.51

续表

年份	契约型	公司型	合伙型	其他
2022	49899.56	11.13	465.80	0.01
2023	49752.09	2.66	340.13	0.01

资料来源：中国证券投资基金业协会，由中国私募基金年鉴编委会整理。

表 A89 　　　　自主发行类证券投资基金存量数量（根据有无托管）　　　　单位：只

年份	有托管	无托管
2019	35699	2972
2020	49139	2224
2021	71424	1640
2022	87471	1250
2023	—	—

资料来源：中国证券投资基金业协会，由中国私募基金年鉴编委会整理。

表 A90 　　　　自主发行类证券投资基金存量规模（根据有无托管）　　　　单位：亿元

年份	有托管	无托管
2019	19142.25	1443.39
2020	35852.42	1168.48
2021	55171.41	881.25
2022	49814.02	562.48
2023	—	—

资料来源：中国证券投资基金业协会，由中国私募基金年鉴编委会整理。

表 A91 　　　　自主发行类证券投资基金存量数量（根据有无外包）　　　　单位：只

年份	有外包	无外包	未标明
2019	36638	1968	65
2020	49634	1688	41
2021	71599	1439	26
2022	87574	1147	0
2023	92360	844	—

资料来源：中国证券投资基金业协会，由中国私募基金年鉴编委会整理。

表 A92　　　　　**自主发行类证券投资基金存量规模（根据有无外包）**　　　　单位：亿元

年份	有外包	无外包	未标明
2019	17791.21	2777.19	17.24
2020	34445.47	2563.54	11.89
2021	53712.00	2333.07	7.50
2022	48758.01	1618.48	0
2023	49047.80	1047.09	—

资料来源：中国证券投资基金业协会，由中国私募基金年鉴编委会整理。

表 A93　　　　**自主发行类证券投资基金存量数量（按外包服务类型分布）**　　　单位：只

年份	份额登记服务	估值核算服务	信息技术系统服务	其他
2019	36363	36499	7542	2145
2020	49371	49459	13707	2594
2021	71340	71366	27559	3351
2022	87317	87264	42670	3853
2023	92124	92005	50924	3850

资料来源：中国证券投资基金业协会，由中国私募基金年鉴编委会整理。

表 A94　　　　**自主发行类证券投资基金存量数量（按投资策略类型分布）**　　　单位：只

年份	套利策略	复合策略	股票策略	事件驱动	其他策略
2019	5686	13061	17676	4414	3059
2020	7289	17339	24966	5584	3229
2021	8953	24280	34969	6855	3654
2022	9842	30417	40593	8182	3679
2023	—	—	—	—	—

资料来源：中国证券投资基金业协会，由中国私募基金年鉴编委会整理。

表 A95　　　　**自主发行类证券投资基金存量数量（按量化对冲情况分布）**　　　单位：只

年份	仅量化	仅对冲	量化和对冲
2019	3376	1620	5402
2020	4616	1867	6982
2021	8301	2444	8236
2022	15565	3389	4039
2023	—	—	—

资料来源：中国证券投资基金业协会，由中国私募基金年鉴编委会整理。

表 A96　　自主发行类证券投资基金存量规模（按量化对冲情况分布）　　单位：亿元

年份	仅量化	仅对冲	量化和对冲
2019	936.36	1294.50	1729.09
2020	2171.02	1537.31	3291.53
2021	5477.23	2145.14	4934.64
2022	9512.32	2136.11	1470.88
2023	—	—	—

资料来源：中国证券投资基金业协会，由中国私募基金年鉴编委会整理。

表 A97　　　　　　　　私募证券类 FOF 基金存量数量

年份	基金存量数量（只）	占自主发行类证券投资基金总数（%）
2018	4154	11.60
2019	4195	10.13
2020	5182	10.09
2021	7517	10.29
2022	8871	10.00
2023	9556	10.25

资料来源：中国证券投资基金业协会，由中国私募基金年鉴编委会整理。

表 A98　　　　　　　　私募证券类 FOF 基金存量规模

年份	基金存量规模（亿元）	占自主发行类证券投资基金总规模（%）
2018	3407.00	15.90
2019	3518.24	13.74
2020	5970.61	16.13
2021	8431.22	15.04
2022	7219.76	14.33
2023	6853.04	13.68

资料来源：中国证券投资基金业协会，由中国私募基金年鉴编委会整理。

表 A99　　　　　　私募证券类 FOF 基金存量数量（按类型分布）

年份	母基金存量		投向单一资管计划的基金存量		其他基金存量	
	数量（只）	占比（%）	数量（只）	占比（%）	数量（只）	占比（%）
2020	2331	44.98	2847	54.94	4	0.08
2021	3556	47.31	3959	52.67	2	0.03

年份	母基金存量		投向单一资管计划的基金存量		其他基金存量	
	数量（只）	占比（%）	数量（只）	占比（%）	数量（只）	占比（%）
2022	4433	49.97	4437	50.02	1	0.01
2023	4931	51.60	4625	48.40	—	—

资料来源：中国证券投资基金业协会，由中国私募基金年鉴编委会整理。

表 A100　　　　私募证券类 FOF 基金存量规模（按类型分布）

年份	母基金存量		投向单一资管计划的基金存量		其他基金存量	
	规模（亿元）	占比（%）	规模（亿元）	占比（%）	规模（亿元）	占比（%）
2020	2167.43	36.30	3802.83	63.69	0.35	0.01
2021	3505.47	41.58	4925.53	58.42	0.22	0.00
2022	3251.74	45.04	3967.96	54.96	0.06	0.00
2023	3382.31	49.35	3470.73	50.65	—	—

资料来源：中国证券投资基金业协会，由中国私募基金年鉴编委会整理。

2. 自主发行类私募证券投资基金募集出资及投资状况

表 A101　　　有募集账户监督机构的自主发行类证券投资基金存量数量与规模

年份	基金存量数量（只）	基金存量规模（万亿元）
2020	48394	3.47
2021	70587	5.40
2022	86614	4.91
2023	91415	4.90

资料来源：中国证券投资基金业协会，由中国私募基金年鉴编委会整理。

表 A102　　　有募集账户监督机构的自主发行类证券投资基金存量数量

（按监督机构分布）

单位：只

年份	中国证券登记结算	商业银行	证券公司	其他
2020	263	3482	45805	87
2021	232	4862	67183	80
2022	203	5404	82991	74
2023	163	5653	87883	60

资料来源：中国证券投资基金业协会，由中国私募基金年鉴编委会整理。

表 A103　　　有募集账户监督机构的自主发行类证券投资基金存量规模

（按监督机构分布）　　　　　单位：亿元

年份	中国证券登记结算	商业银行	证券公司	其他
2020	97.04	5257.69	31087.84	43.02
2021	101.06	7367.32	49045.48	30.83
2022	61.83	6273.03	44900.60	30.05
2023	39.94	5575.20	45487.44	23.89

资料来源：中国证券投资基金业协会，由中国私募基金年鉴编委会整理。

表 A104　　　自主发行类证券投资基金投资者合计出资和投资者人数

年份	投资者合计出资金额（万亿元）	所涉投资者人数（万人次）
2019	2.07	33
2020	3.71	54.79
2021	5.61	94.31
2022	5.05	103.08
2023	5.03	104.16

资料来源：中国证券投资基金业协会，由中国私募基金年鉴编委会整理。

表 A105　　自主发行类证券投资基金存量数量（按单只基金投资者数量分布）　　单位：只

年份	0	1	(1, 5]	(5, 20]	(20, 50]	(50, 200]
2019	88	11485	17306	6719	1708	1365
2020	60	16381	21293	8725	2390	2514
2021	39	25063	27498	11825	3880	4759
2022	17	31866	32443	14313	4700	5382
2023	—	30544	35295	16493	5509	5363

资料来源：中国证券投资基金业协会，由中国私募基金年鉴编委会整理。

表 A106　　自主发行类证券投资基金存量规模（按单只基金投资者数量分布）　　单位：亿元

年份	0	1	(1, 5]	(5, 20]	(20, 50]	(50, 200]
2019	22.02	4013.51	6326.25	4199.54	2188.83	3835.50
2020	16.18	6170.70	10038.91	6940.28	3806.62	10048.22
2021	9.54	9515.17	13806.57	10540.14	6390.16	15791.08
2022	3.11	8150.45	12741.79	9810.15	6160.04	13510.96
2023	—	8690.55	12298.06	9957.13	6204.10	12945.05

资料来源：中国证券投资基金业协会，由中国私募基金年鉴编委会整理。

表 A107　自主发行类证券投资基金投资者人数占比（按投资者类型分布）　单位：%

年份	企业	资管计划	居民	其他			
				养老金及社保基金	境外资金	社会资金	财政资金
2019	4.70	4.70	88.87	1.73			
2020	4.00	8.20	87.77	0.03			
2021	3.02	10.96	85.98	0.0004			
2022	3.15	12.83	83.97	0.0005			
2023	—	—	—	—			

资料来源：中国证券投资基金业协会，由中国私募基金年鉴编委会整理。

表 A108　自主发行类证券投资基金投资者出资规模（按投资者类型分布）　单位：亿元

年份	企业	资管计划	居民	其他			
				社会基金	财政资金	境外资金	养老金
2019	4931.08	6753.42	8990.89	19.19	5.91	2.78	—
2020	6100.89	13889.92	17061.43	42.44	4.11	2.84	—
2021	7527.38	23983.75	24450.54	70.10	2.08	89.55	—
2022	6801.80	21123.13	22293.40	73.17	0.83	219.94	—
2023	6159.44	21047.20	22601.13	74.11	0.87	377.34	4.00

资料来源：中国证券投资基金业协会，由中国私募基金年鉴编委会整理。

表 A109　自主发行类证券投资基金存量数量（按机构投资者出资比例分布）　单位：只

年份	0	(0，20%）	(20%，50%］	(50%，80%］	(80%，100%）	100%
2019	21490	3514	2399	1540	1496	8232
2020	27687	5161	3090	1985	2177	11263
2021	37294	7787	4001	2686	3301	17995
2022	44740	9198	4650	3345	4270	22518
2023	46434	10348	5238	3955	4598	22631

资料来源：中国证券投资基金业协会，由中国私募基金年鉴编委会整理。

表 A110　自主发行类证券投资基金存量规模（按机构投资者出资比例分布）　单位：亿元

年份	0	(0，20%］	(20%，50%］	(50%，80%］	(80%，100%）	100%
2019	4844.79	3324.19	990.42	729.08	2230.97	8466.20
2020	8770.53	6962.95	1669.55	1243.16	4893.47	13481.25
2021	12257.81	10277.07	2380.12	1740.16	8141.43	21256.07

续表

年份	0	(0, 20%]	(20%, 50%]	(50%, 80%]	(80%, 100%)	100%
2022	11442.62	9050.28	2129.73	1679.01	7657.70	18417.16
2023	11782.01	8791.19	2368.07	1860.25	7070.63	18222.74

资料来源：中国证券投资基金业协会，由中国私募基金年鉴编委会整理。

3. 顾问管理类产品情况

表 A111　　　顾问管理类证券投资基金存量数量（按规模区间分布）　　单位：只

规模	2019 年	2020 年	2021 年	2022 年	2023 年
0.1 亿元以下	568	528	467	561	681
0.1 亿~0.5 亿元	936	900	1026	1192	1346
0.5 亿~1 亿元	373	386	564	692	754
1 亿~5 亿元	627	900	1450	1240	1111
5 亿~10 亿元	122	139	161	116	79
10 亿~20 亿元	58	73	58	33	21
20 亿元以上	37	35	27	22	18

资料来源：中国证券投资基金业协会，由中国私募基金年鉴编委会整理。

表 A112　　　顾问管理类证券投资基金存量规模（按规模区间分布）　　单位：亿元

规模	2019 年	2020 年	2021 年	2022 年	2023 年
0.1 亿元以下	19.55	18.46	18.53	24.58	32.64
0.1 亿~0.5 亿元	244.40	232.39	262.34	308.62	349.57
0.5 亿~1 亿元	261.69	281.29	407.93	508.01	542.82
1 亿~5 亿元	1461.79	1983.47	3055.14	2565.27	2361.30
5 亿~10 亿元	823.62	974.90	1122.85	784.71	521.84
10 亿~20 亿元	814.75	992.33	822.60	463.01	285.64
20 亿元以上	1398.97	1475.72	1349.09	1099.15	948.04

资料来源：中国证券投资基金业协会，由中国私募基金年鉴编委会整理。

表 A113　　　顾问管理类证券投资基金存量数量（按产品类型分布）　　单位：只

产品类型	2019 年	2020 年	2021 年	2022 年	2023 年
保险公司及其子公司的资产管理计划	19	27	30	36	49
其他资管产品	33	36	36	40	28

产品类型	2019 年	2020 年	2021 年	2022 年	2023 年
基金专户	471	414	356	253	173
基金子公司专户	342	269	166	123	109
期货公司及其子公司的资产管理计划	214	254	341	352	326
信托计划	1550	1872	2715	2943	3236
证券公司及其子公司的资产管理计划	90	87	110	108	88
QFII	—	—	—	2	2

资料来源：中国证券投资基金业协会，由中国私募基金年鉴编委会整理。

表 A114　　顾问管理类证券投资基金存量规模（按量化对冲情况分布）　　单位：亿元

产品类型	2019 年	2020 年	2021 年	2022 年	2023 年
保险公司及其子公司的资产管理计划	90.23	129.26	195.91	233.22	323.19
其他资管产品	84.97	101.26	94.09	107.21	73.18
基金专户	1039.83	851.58	519.69	298.51	210.62
基金子公司专户	453.05	365.82	206.36	135.89	93.82
期货公司及其子公司的资产管理计划	212.21	330.80	590.26	424.53	318.14
信托计划	2880.53	3989.24	5299.26	4439.55	3937.40
证券公司及其子公司的资产管理计划	263.32	189.81	132.15	108.55	80.12
QFII	—	—	—	4.61	5.17

资料来源：中国证券投资基金业协会，由中国私募基金年鉴编委会整理。

表 A115　　顾问管理类证券投资基金存量数量（按投资类型分布）　　单位：只

年份	股票类基金	固定收益类基金	混合类基金	期货及其他衍生品类基金	其他类基金
2019	1363	466	764	39	89
2020	1347	490	979	67	78
2021	1737	523	1285	103	106
2022	1707	498	1402	123	127
2023	1728	490	1526	95	127

资料来源：中国证券投资基金业协会，由中国私募基金年鉴编委会整理。

表 A116　　　　顾问管理类证券投资基金存量规模（按投资类型分布）　　　单位：亿元

年份	股票类基金	固定收益类基金	混合类基金	期货及其他衍生品类基金	其他类基金
2019	1938.48	1745.54	1135.55	22.61	182.39
2020	2673.93	1614.35	1484.05	63.80	122.23
2021	3756.79	1259.14	1650.66	124.41	246.73
2022	2979.08	962.25	1409.36	94.59	306.78
2023	2530.18	836.91	1154.28	44.58	306.78

资料来源：中国证券投资基金业协会，由中国私募基金年鉴编委会整理。

（二）私募证券投资基金运行

表 A117　　　　　　　　私募证券投资基金持有股票仓位情况

年份	私募证券投资基金规模（亿元）	私募证券投资基金持有股票市值（亿元）	持有流通股票仓位（算术平均）（%）	持有股票（含上市定增股票）平均仓位（算术平均）（%）
2018	21385.06	5755.58	32.20	33.76
2019	25610.85	10338.54	40.79	41.99
2020	42979.27	19720.94	43.70	44.01
2021	63091.60	28432.18	40.59	40.79
2022	56128.56	21481.53	34.96	35.09

资料来源：中国证券投资基金业协会，由中国私募基金年鉴编委会整理。

表 A118　　　　　　　股票型私募证券投资基金持有股票仓位情况

年份	股票型私募基金规模（亿元）	股票型私募基金持有股票市值（亿元）	持有流通股票仓位（算术平均）（%）	持有股票（含上市定增股票）平均仓位（算术平均）（%）
2018	6740.74	3426.24	51.79	55.28
2019	7624.89	5250.04	62.22	65.15
2020	14920.31	10202.87	65.72	66.38
2021	22459.17	14951.58	63.13	63.54
2022	19060.97	11632.11	57.33	57.59
2023	—	—	—	—

资料来源：中国证券投资基金业协会，由中国私募基金年鉴编委会整理。

表 A119 　　　　　　私募证券投资基金数量（按单位净值分布）

单位净值	2020 年	2021 年	2022 年	2023 年
［0，0.5）	2681	3027	5593	—
占比（%）	4.98	3.96	6.07	—
［0.5，0.8）	3183	4579	12938	—
占比（%）	5.91	5.99	14.03	—
［0.8，0.9）	2365	4463	9851	—
占比（%）	4.39	5.84	10.68	—
［0.9，1）	7514	14136	20228	—
占比（%）	13.96	18.50	21.94	—
［1，1.5）	29016	38760	34784	—
占比（%）	53.90	50.73	37.73	—
［1.5，2）	5352	6089	4619	—
占比（%）	9.94	7.97	5.01	—
2 及以上	3727	5345	4187	—
占比（%）	6.92	7.00	4.54	—
合计总量	53838	76399	92200	—

资料来源：中国证券投资基金业协会，由中国私募基金年鉴编委会整理。

四、私募基金管理人

（一）私募股权、创业投资基金管理人

表 A120 　　　　　　私募股权、创业投资基金管理人存量数量

年份	管理人存量数量（家）	在管基金数量（只）	在管基金规模（亿元）
2014	3366	—	—
2015	13241	—	—
2016	9540	—	—
2017	13200	—	—
2018	14683	34713	89124.40
2019	14882	37208	102152.50
2020	14986	40261	116447.03
2021	15012	45522	131627.15

续表

年份	管理人存量数量（家）	在管基金数量（只）	在管基金规模（亿元）
2022	14303	50987	140044.70
2023	12893	54644	143114.25

资料来源：中国证券投资基金业协会，由中国私募基金年鉴编委会整理。

表 A121　私募股权、创业投资基金管理人存量数量（按有无在管基金分布）　单位：家

年份	有在管基金的管理人数量	无在管基金的管理人数量
2018	12924	1958
2019	12879	2107
2020	12857	2155
2021	12849	1454
2022	12924	1958
2023	12410	483

资料来源：中国证券投资基金业协会，由中国私募基金年鉴编委会整理。

表 A122　私募股权、创业投资基金管理人存量数量（按在管基金规模分布）　单位：家

在管基金规模（亿元）	2019 年	2020 年	2021 年	2022 年	2023 年
[0, 0.2)	5783	3551	5340	2927	2541
[0.2, 0.5)	1723	1655	1601	1598	1526
[0.5, 1)	1488	1483	1491	1474	1443
[1, 2)	1542	1506	1558	1596	1531
[2, 5)	1750	1868	1924	1978	2002
[5, 10)	965	1010	1077	1131	1172
[10, 20)	677	730	824	880	902
[20, 50)	537	602	679	715	732
[50, 100)	223	239	260	276	294
[100, +∞)	194	232	258	273	267

资料来源：中国证券投资基金业协会，由中国私募基金年鉴编委会整理。

表 A123　私募股权、创业投资基金管理人管理规模集中度　单位：%

管理规模集中度	2019 年	2020 年	2021 年	2022 年	2023 年
行业前 5 管理规模占比	5.02	5.56	5.62	5.89	5.78
行业前 10 管理规模占比	7.95	8.48	8.48	8.59	8.65

管理规模集中度	2019 年	2020 年	2021 年	2022 年	2023 年
行业前 20 管理规模占比	12.67	12.74	12.67	12.85	12.78
行业前 5% 管理规模占比	66.95	66.65	65.83	65.02	63.67
行业前 10% 管理规模占比	80.02	79.69	78.94	78.31	77.27
行业前 20% 管理规模占比	90.45	90.31	89.86	89.42	88.67

资料来源：中国证券投资基金业协会，由中国私募基金年鉴编委会整理。

表 A124　私募股权、创业投资基金管理人存量数量（按管理人存续时间分布） 单位：家

年份	(0, 1)	[1, 3)	[3, 6)	[6, 10)	[10, +∞)
2019	148	2416	8507	2962	849
2020	171	1070	8227	4200	1318
2021	342	842	5024	6856	1948
2022	255	1120	2784	7782	2362
2023	95	1087	1515	7516	2680

资料来源：中国证券投资基金业协会，由中国私募基金年鉴编委会整理。

表 A125　私募股权、创业投资基金管理人存量数量（按注册资本区间分布） 单位：家

注册资本（万元）	2019 年	2020 年	2021 年	2022 年	2023 年
(0, 100)	97	91	78	60	46
[100, 200)	442	409	352	306	245
[200, 500)	693	659	627	570	501
[500, 1000)	1398	1372	1321	1217	1013
[1000, 2000)	6630	6901	7112	6985	6490
[2000, 5000)	2173	2208	2265	2154	1928
[5000, 10000)	1434	1380	1207	1164	986
[10000, +∞)	2015	1966	1950	1847	1684

资料来源：中国证券投资基金业协会，由中国私募基金年鉴编委会整理。

表 A126　私募股权、创业投资基金管理人存量数量（按实收资本区间分布） 单位：家

实收资本（万元）	2019 年	2020 年	2021 年	2022 年	2023 年
0	100	89	69	50	29
(0, 100)	191	168	153	126	96

续表

实收资本（万元）	2019 年	2020 年	2021 年	2022 年	2023 年
[100，200)	754	684	590	500	384
[200，500)	3637	3665	3694	3555	2989
[500，1000)	2265	2338	2336	2173	1778
[1000，2000)	4322	4468	4613	4497	4495
[2000，5000)	1766	1774	1796	1743	1605
[5000，10000)	800	765	738	686	601
[10000，+∞)	1047	1035	1023	973	916

资料来源：中国证券投资基金业协会，由中国私募基金年鉴编委会整理。

表 A127　私募股权、创业投资基金管理人存量数量（按组织形式分布）　单位：家

年份	有限责任公司	股份有限公司	有限合伙企业	普通合伙企业	其他
2020	13438	246	1234	43	25
2021	13520	227	1197	44	24
2022	12899	193	1148	42	21
2023	11636	158	1045	36	18

资料来源：中国证券投资基金业协会，由中国私募基金年鉴编委会整理。

表 A128　私募股权、创业投资基金管理人存量数量（按中外性质分布）　单位：家

年份	内资企业	其他			
		中外合作企业	中外合资企业	外商独资企业	政府机构
2020	14728	1	96	160	—
2021	14734	1	100	176	0
2022	14024	1	104	173	1
2023	12627	1	108	156	1

资料来源：中国证券投资基金业协会，由中国私募基金年鉴编委会整理。

表 A129　私募股权、创业投资基金管理人存量规模（按中外性质分布）　单位：亿元

年份	内资企业	其他			
		中外合作企业	中外合资企业	外商独资企业	政府机构
2020	112711.97	0.93	1358.33	2375.03	—
2021	127569.88	1.18	1519.57	2534.78	0

年份	内资企业	其他			
		中外合作企业	中外合资企业	外商独资企业	政府机构
2022	136146.46	1.18	1337.37	2557.87	0
2023	138550.24	1.18	1308.87	2930.11	—

资料来源：中国证券投资基金业协会，由中国私募基金年鉴编委会整理。

表 A130　私募股权、创业投资基金管理人存量数量（按控股类型分布）　单位：家

年份	自然人及其所控制民营企业控股	其他			
		国有控股	社团集体控股	外商控股	其他（控股主体性质不明或无控股主体）
2020	11741	2066	67	293	626
2021	11665	2204	70	328	613
2022	10959	2265	63	321	601
2023	9694	2246	58	304	549

资料来源：中国证券投资基金业协会，由中国私募基金年鉴编委会整理。

表 A131　私募股权、创业投资基金管理人在管规模（按控股类型分布）　单位：亿元

年份	自然人及其所控制民营企业控股	其他			
		国有控股	社团集体控股	外商控股	其他（控股主体性质不明或无控股主体）
2020	56634.40	41446.54	904.63	4362.20	12498.19
2021	64657.30	47190.59	887.04	5063.30	13514.72
2022	68917.60	52300.99	693.05	4857.70	13004.82
2023	68211.50	55581.91	687.05	5347.62	12797.10

资料来源：中国证券投资基金业协会，由中国私募基金年鉴编委会整理。

表 A132　私募股权、创业投资基金管理人存量数量（按注册地分布）　单位：家

年份	北京	上海	深圳	浙江	江苏	广东	其他
2019	2841	2317	2447	1227	856	921	4273
2020	2824	2288	2399	1258	894	957	4366
2021	2790	2234	2316	1246	949	995	4482
2022	2567	2117	2071	1175	994	956	4423
2023	2279	1843	1766	1019	977	895	4114

资料来源：中国证券投资基金业协会，由中国私募基金年鉴编委会整理。

表A133　私募股权、创业投资基金管理人管理基金存量数量（按注册地分布）　单位：家

年份	北京	上海	深圳	浙江	江苏	广东	其他
2019	7403	6567	6317	3139	2281	2286	9215
2020	7957	6953	6555	3357	2558	2695	10186
2021	8874	7761	6958	3829	2985	3385	11730
2022	9716	8637	7482	4255	3531	3954	13412
2023	10293	8950	7745	4550	4006	4385	14773

资料来源：中国证券投资基金业协会，由中国私募基金年鉴编委会整理。

表A134　　私募股权、创业投资基金管理人管理基金存量规模（按注册地分布）

单位：亿元

年份	北京	上海	深圳	浙江	江苏	广东	其他
2019	25176.77	16612.85	13503.34	4875.07	6721.70	6325.09	28937.72
2020	29214.91	18452.82	14561.11	5407.13	7782.48	7543.86	33484.72
2021	32603.88	21320.31	15233.14	5883.94	8861.22	8484.11	39240.55
2022	35283.72	23149.75	15275.52	6296.06	9690.79	9123.67	41225.18
2023	36796.63	23115.73	15073.20	6238.80	10300.57	9628.83	41639.53

资料来源：中国证券投资基金业协会，由中国私募基金年鉴编委会整理。

表A135　　私募股权、创业投资基金管理人存量数量（按办公地分布）　单位：家

年份	北京	上海	深圳	浙江	江苏	广东	其他
2019	3914	2697	2047	983	767	839	3635
2020	3861	2678	2045	1016	801	846	3739
2021	3807	2659	2000	1024	848	875	3799
2022	3498	2546	1857	991	873	858	3680
2023	3112	2255	1647	883	849	797	3350

资料来源：中国证券投资基金业协会，由中国私募基金年鉴编委会整理。

表A136　　私募股权、创业投资基金管理人管理基金存量数量（按办公地分布）　单位：家

年份	北京	上海	深圳	浙江	江苏	广东	其他
2019	10674	7920	5419	2778	1780	2203	6434
2020	11373	8393	5769	2970	2041	472	7243
2021	12546	9400	6282	3418	2443	3036	8397
2022	13501	10396	6885	3926	2930	3587	9762
2023	14133	10843	7380	4175	3313	3948	10910

资料来源：中国证券投资基金业协会，由中国私募基金年鉴编委会整理。

表 A137　　　**私募股权、创业投资基金管理人管理基金存量规模**

（按办公地分布）　　　　　　　　单位：亿元

年份	北京	上海	深圳	浙江	江苏	广东	其他
2019	39394.57	18320.05	11564.32	4110.54	5081.38	5588.10	18093.59
2020	44688.18	20547.28	12940.77	4774.98	6025.81	6511.79	20958.21
2021	49903.33	24002.06	13887.18	5236.97	7098.77	7050.86	24447.97
2022	51648.98	25889.90	14206.28	5809.97	7980.84	7531.33	26977.40
2023	52024.98	26058.30	14187.64	5792.27	8731.72	7861.32	28137.05

资料来源：中国证券投资基金业协会，由中国私募基金年鉴编委会整理。

（二）私募股权、创业投资基金管理人从业人员及其高管情况

表 A138　　　　**私募股权、创业投资基金管理人从业人员及高管数量**

项目	2018 年	2019 年	2020 年	2021 年	2022 年	2023 年
全职员工总人数（万人）	10.71	9.54	10.83	10.86	10.71	10.94
具有证券从业资格员工人数（万人）	8.51	8.77	9.48	9.27	8.51	9.27
持证员工占比（%）	79.48	91.92	87.53	85.28	79.48	84.70
高管总数（万人）	3.94	3.89	3.87	3.70	3.94	3.34
具有证券从业资格高管人数（万人）	3.72	3.59	3.61	3.45	3.72	3.19
持证高管占比（%）	94.49	92.13	93.24	93.38	94.49	95.55

资料来源：中国证券投资基金业协会，由中国私募基金年鉴编委会整理。

表 A139　　　　**私募股权、创业投资基金管理人存量数量**

（按管理员工数量区间分布）　　　　　　　单位：家

年份	［1，5）	［5，10）	［10，20）	［20，50）	［50，200）	［200，+∞）
2019	5550	6091	2135	570	87	3
2020	1609	9342	3049	728	143	16
2021	1441	9764	2963	687	142	15
2022	1056	9713	2742	646	135	11
2023	787	8894	2437	635	130	10

资料来源：中国证券投资基金业协会，由中国私募基金年鉴编委会整理。

表 A140　　　　　私募股权、创业投资基金管理人平均员工数量

（按管理规模区间分布）　　　　　单位：人

管理规模	2019 年	2020 年	2021 年	2022 年	2023 年
0.5 亿元以下	11	8	7	7	7
0.5 亿~1 亿元	6	7	7	7	7
1 亿~5 亿元	7	9	8	8	8
5 亿~10 亿元	10	11	10	10	10
10 亿~20 亿元	11	12	12	12	12
20 亿~50 亿元	14	16	15	15	15
50 亿~100 亿元	18	22	24	25	23
100 亿元以上	28	34	32	32	35

资料来源：中国证券投资基金业协会，由中国私募基金年鉴编委会整理。

表 A141　　　私募股权、创业投资基金管理人存量数量（按高管人数分布）　　　单位：家

年份	1 人	2 人	3 人及以上
2019	62	8000	6820
2020	46	8485	6455
2021	42	8654	6316
2022	34	8143	6126
2023	13	7287	5593

资料来源：中国证券投资基金业协会，由中国私募基金年鉴编委会整理。

表 A142　　　　　私募股权、创业投资基金管理人高管存量数量

（按高管从业资格取得情况分布）　　　　　单位：人

年份	不具备	资格认定	通过考试
2019	2170	5935	31309
2020	3066	5769	30113
2021	2615	5253	20818
2022	2447	4619	29899
2023	1485	3868	28026

资料来源：中国证券投资基金业协会，由中国私募基金年鉴编委会整理。

表 A143 　　　　　私募股权、创业投资基金管理人高管存量数量

（按高管学历情况分布）　　　　　单位：人

年份	本科	硕士	博士	其他
2019	17298	16983	1949	3184
2020	16879	17126	1936	3007
2021	16448	17390	1914	2591
2022	15390	17189	1951	2427
2023	13009	15859	1769	1772

资料来源：中国证券投资基金业协会，由中国私募基金年鉴编委会整理。

表 A144 　　私募股权、创业投资基金管理人高管存量数量（按年龄分布）　　单位：人

年份	30 岁以下	30～39 岁	40～49 岁	50 岁以上
2019	2513	16546	13866	6489
2020	1604	16320	13590	7434
2021	1160	15554	13755	8217
2022	566	13489	13829	9007
2023	1327	11228	12481	8343

资料来源：中国证券投资基金业协会，由中国私募基金年鉴编委会整理。

表 A145 　　私募股权、创业投资基金管理人高管存量数量（按从业年限分布）　　单位：人

年份	1 年以下	1～3 年	3～5 年	5～10 年
2019	136	77	1004	6751
2020	2486	23	442	5702
2021	2006	26	228	4753
2022	1825	18	131	3724
2023	970	7	73	2703

资料来源：中国证券投资基金业协会，由中国私募基金年鉴编委会整理。

表 A146 　　　　　私募股权、创业投资基金管理人高管存量数量

（按高管任职年限分布）　　　　　单位：人

年份	1 年以下	1～2 年	2～5 年	5 年及以上
2019	2471	4752	23684	8507
2020	3036	3766	19572	12574

年份	1 年以下	1～2 年	2～5 年	5 年及以上
2021	3831	4020	13743	17092
2022	3427	4652	9295	19591
2023	2454	4026	9306	17593

资料来源：中国证券投资基金业协会，由中国私募基金年鉴编委会整理。

（三）私募证券投资基金管理人

表 A147　私募证券投资基金管理人存量数量、在管基金数量与在管基金规模

年份	管理人存量数量（家）	在管基金数量（只）	在管基金规模（亿元）
2014	1438	—	—
2015	10965	—	—
2016	7996	—	—
2017	8467	—	—
2018	8989	33154	18277
2019	8857	40586	25513.56
2020	8909	53761	43193.11
2021	9069	76496	63616.02
2022	9023	92385	56726.46
2023	8469	97215	55136.54

资料来源：中国证券投资基金业协会，由中国私募基金年鉴编委会整理。

表 A148　私募证券投资基金管理人存量数量（按有无在管基金分布）　　单位：家

年份	有在管基金的管理人数量	无在管基金的管理人数量
2018	7704	1083
2019	7777	1077
2020	7904	1004
2021	8236	833
2022	8526	497
2023	8267	202

资料来源：中国证券投资基金业协会，由中国私募基金年鉴编委会整理。

表 A149　　私募证券投资基金管理人存量数量（按在管基金数量分布）　　单位：家

年份	0 只	1 只	2~4 只	5~9 只	10 只及以上
2019	1078	2817	2914	1163	885
2020	1004	2361	2958	1361	1224
2021	833	1965	2878	1660	1733
2022	497	1731	2849	1814	2132
2023	202	1395	2618	1955	2299

资料来源：中国证券投资基金业协会，由中国私募基金年鉴编委会整理。

表 A150　　　　私募证券投资基金管理人管理规模集中度　　　　单位：%

管理规模集中度	2019 年	2020 年	2021 年	2022 年	2023 年
行业前 5 管理规模占比	12.36	16.79	16.25	14.11	14.00
行业前 10 管理规模占比	18.21	23.46	23.47	20.03	20.42
行业前 20 管理规模占比	26.27	31.21	32.37	27.56	27.25
行业前 5% 管理规模占比	78.24	80.30	80.45	77.50	75.56
行业前 10% 管理规模占比	87.88	89.34	89.16	86.96	85.27
行业前 20% 管理规模占比	94.48	95.13	95.21	94.14	93.10

资料来源：中国证券投资基金业协会，由中国私募基金年鉴编委会整理。

表 A151　　私募证券投资基金管理人存量数量（按管理人存续时间分布）　　单位：家

年份	(0, 1)	[1, 3)	[3, 6)	[6, 10)
2019	49	954	5827	1436
2020	87	418	4959	2691
2021	307	362	2214	5217
2022	196	800	1153	5705
2023	—	—	—	—

资料来源：中国证券投资基金业协会，由中国私募基金年鉴编委会整理。

表 A152　　私募证券投资基金管理人存量数量（按实收资本比例分布）　　单位：家

年份	[0, 25%)	[25%, 50%)	[50%, 75%)	[75%, 100%]
2019	772	2754	904	4427
2020	668	2881	970	4389
2021	569	3035	1040	4425

续表

年份	［0，25%）	［25%，50%）	［50%，75%）	［75%，100%］
2022	464	3188	1069	4302
2023	345	2924	998	4202

资料来源：中国证券投资基金业协会，由中国私募基金年鉴编委会整理。

表 A153　　　　　　私募证券投资基金管理人存量数量（按组织形式分布）　　　单位：家

年份	有限责任公司	股份有限公司	有限合伙企业	普通合伙企业	其他
2020	8081	237	559	21	10
2021	8240	216	581	21	11
2022	8163	191	634	24	11
2023	7674	151	617	18	644

资料来源：中国证券投资基金业协会，由中国私募基金年鉴编委会整理。

表 A154　　　　　　私募证券投资基金管理人存量数量（按中外性质分布）　　　单位：家

年份	内资企业	其他			
		中外合作企业	中外合资企业	外商独资企业	政府机构
2020	8855	3	15	35	—
2021	9011	3	15	37	1
2022	8962	3	21	37	0
2023	8408	3	24	34	—

资料来源：中国证券投资基金业协会，由中国私募基金年鉴编委会整理。

表 A155　　　　　　私募证券投资基金管理人存量数量（按股东数量区间分布）　　　单位：家

年份	1	（1，5）	［5，10）	［10，+∞）
2019	1448	6440	853	116
2020	1435	6543	829	101
2021	1430	6721	832	86
2022	1344	6782	826	71
2023	1191	6463	754	61

资料来源：中国证券投资基金业协会，由中国私募基金年鉴编委会整理。

（四）私募证券投资基金管理人高管及其从业人员

表 A156　　私募证券投资基金管理人从业人员及高管数量

从业人员及高管数量	2018 年	2019 年	2020 年	2021 年	2022 年	2023 年
全职员工总人数（人）	85100	61166	79828	81859	71871	79193
具有证券从业资格员工人数（人）	49600	51144	53382	56850	62118	60064
持证员工占比（%）	58.28	83.62	66.87	69.45	86.43	75.85
高管总数（人）	24100	23121	22854	23070	22850	21397
具有证券从业资格高管人数（人）	23800	22837	21950	22298	22205	21094
持证高管占比（%）	98.70	98.77	96.04	96.65	97.18	98.58

资料来源：中国证券投资基金业协会，由中国私募基金年鉴编委会整理。

表 A157　私募证券投资基金管理人存量数量（按管理员工数量区间分布）　　单位：家

年份	[1，5)	[5，10)	[10，20)	[20，50)	[50，200)	[200，+∞)
2019	924	5770	1756	338	55	14
2020	944	5919	1657	328	47	13
2021	660	6271	1703	379	47	9
2022	446	6380	1737	403	48	9
2023	313	5950	1756	391	52	7

资料来源：中国证券投资基金业协会，由中国私募基金年鉴编委会整理。

表 A158　私募证券投资基金管理人平均员工数量（按管理规模区间分布）　　单位：人

管理规模	2019 年	2020 年	2021 年	2022 年	2023 年
0.5 亿元以下	6	8	7	7	7
0.5 亿～1 亿元	7	8	8	8	8
1 亿～5 亿元	8	9	9	9	9
5 亿～10 亿元	10	11	11	12	12

资料来源：中国证券投资基金业协会，由中国私募基金年鉴编委会整理。

表 A159　　私募证券投资基金管理人存量数量（按高管人数分布）　　单位：家

年份	1 人	2 人	3 人及以上
2019	15	4583	4259
2020	11	4850	4047

续表

年份	1 人	2 人	3 人及以上
2021	8	5086	3975
2022	3	5143	3877
2023	1	4867	3601

资料来源：中国证券投资基金业协会，由中国私募基金年鉴编委会整理。

表 A160 　　　　**私募证券投资基金管理人高管存量数量**

（按高管从业资格取得情况分布） 　　　单位：人

年份	不具备	资格认定	通过考试
2019	284	2260	20577
2020	904	2513	19437
2021	772	2208	20090
2022	645	1923	20282
2023	303	1618	19476

资料来源：中国证券投资基金业协会，由中国私募基金年鉴编委会整理。

表 A161　　**私募证券投资基金管理人高管存量数量（按高管学历情况分布）**　　单位：人

年份	本科	硕士	博士	其他
2019	11846	7252	775	3248
2020	11635	7309	786	3124
2021	11575	7523	803	3169
2022	11308	7902	851	2789
2023	10343	7507	830	2717

资料来源：中国证券投资基金业协会，由中国私募基金年鉴编委会整理。

表 A162　　　　**私募证券投资基金管理人高管存量数量（按年龄分布）**　　单位：人

年份	30 岁以下	30 ~ 39 岁	40 ~ 49 岁	50 岁以上
2019	2207	11544	7119	2251
2020	1410	11418	7294	2732
2021	1086	11074	7630	3280
2022	612	10146	8150	3905
2023	660	8754	8044	3939

资料来源：中国证券投资基金业协会，由中国私募基金年鉴编委会整理。

表 A163　　私募证券投资基金管理人高管存量数量（按从业年限分布）　　单位：人

年份	1 年以下	1～3 年	3～5 年	5～10 年
2019	37	75	859	4962
2020	756	24	350	4050
2021	679	32	174	3495
2022	609	26	125	2844
2023	282	8	76	2069

资料来源：中国证券投资基金业协会，由中国私募基金年鉴编委会整理。

表 A164　　私募证券投资基金管理人高管存量数量（按高管任职年限分布）　　单位：人

年份	1 年以下	1～2 年	2～5 年	5 年及以上
2019	1347	2391	14552	4831
2020	2159	1868	10212	8615
2021	3055	2479	6777	10759
2022	2628	3313	5027	11909
2023	1771	2720	5901	11005

资料来源：中国证券投资基金业协会，由中国私募基金年鉴编委会整理。

附录 B　中国私募基金十周年大事记

2013 年 6 月 1 日，新《证券投资基金法》正式实施。新法将非公开募集基金纳入调整范围，并设立专章对非公开募集基金作出原则规定，首次将私募基金纳入法律框架。

2013 年 6 月 27 日，中央编办发布《关于私募股权基金管理职责分工的通知》，私募股权基金被纳入证监会统一监管。

2014 年 1 月 17 日，中基协发布《私募投资基金管理人登记和基金备案办法（试行）》，开启私募基金登记备案制度，2014 年 2 月 7 日实施。

2014 年 2 月，中央编办综合司《关于创业投资基金管理职责问题意见的函》，证监会监管职责扩大至创业投资基金。

2014 年 3 月 17 日，中基协完成首批私募基金管理人登记及首批私募基金产品备案，标志着私募投资基金进入登记备案监管时代。

2014 年 5 月 9 日，国务院印发《关于进一步促进资本市场健康发展的若干意见》（"国九条"），将"培育私募市场"单独列出，要求建立健全私募发行制度、发展私募投资基金，明确"对私募发行不设行政审批"。

2014 年 8 月 21 日，证监会出台《私募投资基金监督管理暂行办法》，为规范私募投资基金活动、保护投资者及相关当事人的合法权益、促进私募投资基金行业健康发展提供了依据。

2014 年 11 月 24 日，中基协发布《基金业务外包服务指引（试行）》。

2014 年 12 月 31 日，中基协发布《中国证券投资基金业协会关于改进私募基金管理人登记备案相关工作的通知》，该通知要求，自 2015 年 1 月 1 日起，中基协实行私募基金登记备案电子证明，不再发放私募基金管理人登记证书和私募基金备案证明。

2015 年 3 月，《关于实行私募基金管理人分类公示制度的公告》正式启动了私募基金管理人分类公示制度。中基协表示，分类公示是基金业协会开展差异化行业自律管理、强化事中事后治理的有效工具。

根据 2015 年 4 月 24 日第十二届全国人民代表大会常务委员会第十四次会议《关于修改〈中华人民共和国港口法〉等七部法律的决定》修正了《中华人民共和国证券投资基金法》。

2016 年 2 月 1 日，中基协出台《私募投资基金管理人内部控制指引》，规范私募基金管理人内部控制工作。

2016 年 2 月 5 日，中基协发布《私募投资基金信息披露管理办法》和《中国基金业协会关于进一步规范私募基金管理人登记若干事项的公告》，对取消私募基金管理人登记证明、加强信息报送、提交法律意见书、私募基金管理人高管人员基金从业资格等事项提出了要求。

2016 年 4 月 15 日中基协正式发布了《私募投资基金募集行为管理办法》。

2016 年 4 月 18 日，中基协公布的《私募投资基金合同指引》，明确了私募基金规范性内容框架。

2016 年 5 月 1 日和 8 月 1 日，中基协依据《中国基金业协会关于进一步规范私募基金管理人登记若干事项的公告》共注销了 10000 多家"空壳"私募基金管理人，希望构建一套私募基金行业的自律规则体系，规范私募行业发展。

2016 年 10 月 31 日，已在中基协登记的私募基金管理人为 1.73 万家，备案私募基金 4.23 万只，认缴规模 9.13 万亿元，实缴规模 7.26 万亿元，私募规模反超公募。

2016 年 12 月 12 日，证监会发布《证券期货投资者适当性管理办法》及《关于实施〈证券期货投资者适当性管理办法〉的规定》，上述办法于 2017 年 7 月 1 日起施行。

2017 年 3 月 1 日中基协发布《私募投资基金服务业务管理办法（试行）》，并自公布之日起实施。同时，还发布了《私募投资基金服务机构登记法律意见书指引》。

2017 年 3 月 31 日，中基协发布了《私募基金登记备案相关问题解答（十三）》，对私募基金管理人的专业化管理原则提出了落实及整改要求。

2017 年 8 月，国务院法制办发布《私募投资基金管理暂行条例》（征求意见稿），向社会公开征求意见。

2017 年 9 月 4 日，中基协发布了《证券投资基金投资流通受限股票估值指引（试行）》。

2017 年 11 月 3 日，中基协发布了《私募基金登记备案相关问题解答（十四）》。明确了对申请机构不予登记为私募基金管理人的情形，正式建立不予登记制度；对为私募基金管理人登记出具法律意见书的律师提出了更高的审慎义务要求；在备案完成第一只基金产品前，私募基金管理人不得进行法定代表人、控股股东或实际控制人的重大事项变更；不得随意更换总经理、合规风控负责人等高级管理人员。

2017年12月22日，中基协在"资产管理业务报送平台"（AMBERS系统）上发布了《私募基金管理人登记须知》。

2018年1月，《私募证券投资基金管理人会员信用信息报告工作规则（试行）》发布，5月正式上线信用报告功能，包含"合规性、稳定度、专业度和透明度"四大维度。

2018年1月12日，《私募投资基金备案须知》发布，禁止私募从事借贷活动。

2018年3月23日，中基协在官网上发布《关于私募证券投资基金管理人提供投资建议服务线上提交材料功能上线的通知》。

2018年3月27日，中基协发布《中国证券投资基金业协会关于进一步加强私募基金行业自律管理的决定》和《关于私募基金管理人在异常经营情形下提交专项法律意见书的公告》，强化私募基金管理人的自律监管水平。

2018年4月27日，中国人民银行等四部门发布《人民银行　银保监会　证监会　外汇局关于规范金融机构资产管理业务的指导意见》，资管新规重塑了我国资产管理业务生态。

2018年5月7日，中基协发布《关于私募证券投资基金管理人会员信用信息报告功能上线的通知》。

2018年6月1日，为促进基金行业健康发展，保护投资者合法权益，切实加强对基金经营机构及其工作人员廉洁从业的自律管理，中基协发布《基金经营机构及其工作人员廉洁从业管理实施细则（征求意见稿）》。

2018年6月，中基协在AMBERS系统发布《外商独资和合资私募证券投资基金管理人登记备案填报说明（2018年6月）》，指导外资企业进行私募证券基金管理人登记备案工作。

2018年9月30日，中基协发布《关于加强私募基金信息披露自律管理相关事项的通知》。

2018年11月20日，中基协发布《私募投资基金命名指引》，对各类组织形式募集设立的私募投资基金命名事宜作出具体规定，契约型基金名称中应当包含"私募""基金"字样，并列明管理人全称或简称。

2018年12月7日，中基协发布《私募基金管理人登记须知》更新版，针对私募登记中的虚假出资、股权代持、股权架构不稳定、关联方从事冲突业务、集团化倾向等五大不合规问题作出规范。

2019 年 1 月 14 日，中基协下发《关于不再组织基金从业资格证书年检的通知》。

2019 年 9 月 8 日，中国私募基金年鉴首届年会在北京中央财经大学圆满举办，为祖国七十周年华诞献礼。

2019 年 10 月 25 日，六部委联合发布《关于进一步明确规范金融机构资产管理产品投资创业投资基金和政府出资产业投资基金有关事项的通知》，为寒风凛凛的股权投资行业特别是母基金行业带来曙光。

2019 年 11 月，国家发展改革委、商务部发布《市场准入负面清单（2019 年版）》，私募基金首被纳入市场准入限制类清单。

2019 年 12 月 23 日，中基协正式发布《私募投资基金备案须知（2019 年版）》，围绕近 14 万亿规模的私募市场监管框架搭建完成。

2020 年 2 月 1 日，中基协对外发布《关于疫情防控期间私募基金登记备案相关工作安排的通知》，全力确保疫情防控期间私募基金登记备案各类业务正常办理。

2020 年 2 月，中基协对外发布《关于便利申请办理私募基金管理人登记相关事宜的通知》，并公布了私募基金管理人登记申请材料清单。

2020 年 3 月，中基协官网增设"私募基金管理人登记办理流程公示"界面并增加私募基金管理人公示信息，增强办理私募基金管理人登记申请工作的公开透明度。

2020 年 3 月，中基协对外发布《关于公布私募投资基金备案申请材料清单的通知》便利私募基金管理人事前对照准备备案申请材料。

2020 年 6 月，中基协出版发行《私募证券投资基金行业合规管理手册（2020）》。

2021 年 1 月，中国证监会正式发布《关于加强私募投资基金监管的若干规定》。

2021 年 2 月 9 日，中基协发布《关于加强私募基金信息报送自律管理与优化行业服务的通知》《关于发布〈私募基金信息报送常见问题示例说明（2021 年 2 月）〉的通知》。

2021 年 9 月 1 日，中基协发布《关于发布私募基金备案案例公示的通知》。

2021 年 9 月 6 日，中基协在资产管理业务综合报送平台上发布《关于优化私募基金备案相关事宜的通知》。

2021 年 9 月 6 日，中基协发布《关于开展分道制二期试点工作的通知》，启动分道制二期工作，基于"一性三度"的会员信用信息积累的情况，将更大范围的私募证券投资基金管理人纳入分道制，部分产品适用"即提即备＋事后抽查"的产品备案程序。

2021年9月29日，中基协通过资产管理业务综合报送平台向全体私募基金管理人下发了关于管理人重大事项变更以及管理人信息更新功能更新的通知。

2021年11月3日，中基协发布关于向托管机构提供私募基金管理人自律相关信息查询服务的通知。

2021年11月29日，中国证监会近日批复同意在上海区域性股权市场开展私募股权（PE）和创业投资（VC）份额转让试点，在上海成立第二家S基金交易所。

2022年1月30日，基金业协会发布《关于加强经营异常机构自律管理相关事项的通知》。

2022年5月10日，中基协发布《基金从业人员管理规则》《关于实施〈基金从业人员管理规则〉有关事项的规定》。

2022年6月，中基协发布《私募投资基金电子合同业务管理办法（试行）》《关于私募基金管理人登记备案工作相关事宜的通知》，更新了《私募基金管理人登记申请材料清单》，发布了《私募投资基金备案关注要点》。

2022年7月，证监会启动私募股权创投基金向投资者实物分配股票的试点工作。

2022年6月24日，证监会、基金业协会发布《私募基金管理人登记和私募投资基金备案业务办事指南》。

2022年11月18日，中基协向私募基金管理人下发《关于规范私募证券基金管理人开展投资研究活动的通知》。

2022年12月30日，中基协发布《中国证券投资基金业协会自律管理和纪律处分措施实施办法》。

2023年2月20日，中基协发布《不动产私募投资基金试点备案指引（试行）》，该指引自2023年3月1日起施行。

2023年2月24日，中基协发布《私募投资基金登记备案办法》及配套指引。管理人登记指引分别为：《私募基金管理人登记指引第1号——基本经营要求》《私募基金管理人登记指引第2号——股东、合伙人、实际控制人》《私募基金管理人登记指引第3号——法定代表人、高级管理人员、执行事务合伙人或其委派代表》，办法自2023年5月1日起施行。

2023年4月7日，中基协发布《私募基金管理人登记申请材料清单（2023

年修订）》，自 2023 年 5 月 1 日起施行，2022 年 6 月发布的《登记材料清单》同时废止。

2023 年 7 月 3 日，国务院总理李强签署第 762 号国务院令，公布《私募投资基金监督管理条例》，该条例自 2023 年 9 月 1 日起施行。

2023 年 7 月 14 日，中基协发布了《中国证券投资基金业协会自律检查规则》，对《中国证券投资基金业协会自律检查规则（试行）》进行了修订。

2023 年 7 月 14 日，中基协发布了《私募基金管理人失联处理指引》。中基协在 2015 年发布的《关于建立"失联（异常）"私募机构公示制度的通知》与 2017 年发布的《关于优化失联机构自律机制及公示第十一批失联私募机构的公告》中初步形成的失联处置工作机制的基础上，提升了自律管理制度整体性、系统化水平。其主要内容包括：明确失联标准，合理设置联络期，加强自律规则衔接，实现工作闭环。

2023 年 9 月 28 日，中基协发布了《私募投资基金备案指引第 1 号——私募证券投资基金》《私募投资基金备案指引第 2 号——私募股权、创业投资基金》和《私募投资基金备案指引第 3 号——私募投资基金变更管理人》三则指引以及其各自的材料清单。

2023 年 11 月 24 日，中基协发布了修订后的《基金从业人员管理规则》及配套规则。细化了对基金业从业人员执业行为的禁止性要求和自律约束措施。

2023 年 12 月 8 日，证监会发布《私募投资基金监督管理办法（征求意见稿）》，旨在加快推进私募基金行业规范健康发展水平，被称为"最严"私募新规征求意见稿。

2023 年 12 月 29 日，基金业协会发布《关于更新 2023 年度私募基金管理人财务信息及私募基金财务监测报告模板的通知》，明确截至 2023 年末管理规模在 5 亿元以上的管理人年度财务报告审计工作应聘请经证监会备案的会计师事务所。

附录 C　2023 年中国私募基金代表性研究成果选编

构建有效而适度的私募基金规则体系需处理好八大关系

刘健钧[*]

近期，证监会在国务院发布《私募投资基金监督管理条例》（以下简称《私募条例》）基础上，对《私募投资基金监督管理暂行办法》（以下简称《私募办法》）作了修订，发布了修订案的征求意见稿（以下简称《私募新规》）。其目的是促进私募基金高质量发展，但因大幅加码提高了监管标准，业界认为"将对创投基金和新兴民营私募基金造成沉重打击"。经认真研究，建议妥善处理好八大关系。

一、出清"伪私募"与保护"真私募"之间的关系

监管部门强化私募基金监管，很大程度上是为出清"伪私募基金"（以下简称"伪私募"）。这是非常必要的。

私募基金运作须符合两个要件：①作为投资基金，在投资端是从事风险性投资业务，即使从事固定收益类证券投资也有价格波动风险，故运作中应采取各种风险防控措施，若措施到位则能防控好风险。②作为私募基金，在募资端是以非公开募集即私下募集方式，选择有风险识别和承担能力的合格投资者募资，并向

---

* 刘健钧，湖南大学金融与统计学院教授、博士生导师，中国证监会市场监管二部原副主任，一级巡视员。

投资者充分揭示风险，由投资者"共享收益、共担风险"，即使单个基金运作不利，也不会导致风险积累和风险外溢。

从我国私募基金实际情况看，在募资端，私募方式坚持得较好，因为一旦公开或者变相公开地向公众募资，就明显违背私募规定，容易曝光。在投资端，证券基金因所投资产透明，问题不大；但股权基金所投资产不透明，易出现把"股权投资"做成只有银行才能从事的"贷款或者变相贷款"的情况，所以，各类"伪私募"主要表现为"伪股权投资"（以下简称"伪股权"）。

本来，真正的股权投资（以下简称"真股权"）通过认真筛选项目、周密设计投资协议、积极参与被投企业重大决策等方式，通常能较好防控风险。近年国外出现了"信贷基金"，也均是以可转换优先股权、可转换债等"准股权"方式进行投资。但是，我国的"伪股权"主要从事名股实债的变相贷款，却不具备银行那样的信贷风险防控能力，故容易酿成风险。为取得投资者信任，往往向投资者承诺刚性兑付。因单只基金失败概率高，故还普遍借助"混账核算、分离定价"等资金池运作模式，掩盖单只基金的财务状况。一旦出现兑付困难，便搞"借新还旧、滚动发行"游戏，最终沦为"名基实储"的储蓄类产品。从已爆发大案要案看，多数就是从事"名股实债、名基实储"的"伪股权、伪私募"。

2014 年实施的《私募办法》第二条明确规定"私募基金财产的投资包括买卖股票、股权、……及投资合同约定的其他投资标的"。但在实施中有观点认为从事借贷等各种"投入资金"的活动也属于"投资"。于是，不少"伪股权"得以登记备案。

此次《私募新规》未明确"伪股权、伪私募"评判标准，事先审核、事中检查、事后处置要求也未得到应有强化，而主要是不加区分地设置了高门槛。这既不利出清"伪股权、伪私募"，还会对"真股权、真私募"造成损害。

建议理解"真股权、真私募"与"伪股权、伪私募"的差别，界定评判标准，并区别对待：①在登记备案环节，严把审核关，避免"伪股权、伪私募"混入；②在投资运作环节，加强定期检查与不定期抽查，将混入私募基金行列的"伪股权、伪私募"尽早识别出来；③在处置环节，对"伪股权、伪私募"，要坚决出清。对"真股权、真私募"，则要精心保护。

二、经济属性与法律监管特殊性之间的关系

鉴于"真股权、真私募"也存在欠规范的问题，故加强对"真股权、真私

募"的监管也是必要的。但在监管适度性上，一直有"是金融就要严格准入式持牌监管"和"私募基金不是金融活动，不应纳入金融监管"的争论。

从经济属性看，私募基金无疑属于金融范畴。但在法律监管语境中，境外多按"是否向公众募资"来判断"是否需要纳入金融监管"范畴。如私人之间一对一借款也是金融活动，却无须将之作为法律监管意义上的金融活动。国际金融危机以前，多数国家对私募基金豁免监管。2011 年后，美国要求私募基金管理机构注册也是事后告知性质；少数国家要求私募基金管理机构完成注册后方可开展业务，也几乎未设实际门槛。

境外对私募基金之所以采取适度监管是因为：①私募基金并非如公募那样向公众募资，而是私下向合格投资者募资，不涉及保护公众投资者问题，没必要严监管。②私募基金管理机构也无须如公募那样需凭借国家授牌开展带有一定垄断性的牌照业务，而是完全凭自身专业能力开展业务，从维持其应有活力方面考虑，不宜实行严监管。

我国投资者不够成熟，将私募基金纳入监管是必要的。但需把握好度，不能因为怕出风险就把行业的生路都堵死了。毕竟规范的目的是更好发展，中央经济工作会议提出"以进促稳、先立后破"，就是为了避免一味地"破"会影响发展，而通过"进"和"立"更好地促进发展，才能最终解决稳定问题。

然而，《私募新规》在《私募条例》已明确管理机构资质条件的基础上，又通过大幅加码提高投资者门槛，显著增大展业困难。其中，单个自然人对单只股权基金的投资额从以前"不低于 100 万元"提高到了 300 万元（第四十一条）；如是投资专项基金，进一步提高到 1000 万元（第三十八条）。

由于保险资金等机构资金投资私募基金的信心尚待建立，高净值自然人将在相当长时期里是最重要的投资者。因此，对"合格投资者"标准更要适度把握。从《私募办法》实施以来的实践看，虽然也出现了一些风险事件，但除个别将多数非合格投资者以"拖斗"形式汇集成合格投资者的情形外，很少出现投资者群体维权事件。这说明《私募办法》规定的"合格投资者标准"是基本适当的。

《私募新规》通过设置高门槛，将绝大多数高净值自然人拒之门外，不仅会导致私募基金"募资难"问题雪上加霜，还会切断这部分居民的投资通道，影响共同富裕。

笔者建议既要承认私募基金在经济属性上的金融特点，又要考虑其在法律监管上的特殊性，避免将非持牌金融活动当作持牌金融业务过严监管。私募基金管理机构的资质条件宜维持《私募条例》已明确的门槛；合格投资者标准作些适度调整即可。

三、审慎监管与行为监管之间的关系

即使将私募基金纳入"准金融"监管，其也是直接金融：因投资损失直接由投资者承担，管理机构只承担声誉损失，不会导致风险积累和风险外溢，故全球均不采取针对类似银行间接金融主体那样的审慎监管，即不对私募基金管理机构提出资本金、资产负债管理和风险计提等要求。但因投资损失直接由投资者承担，故从保护投资者权益考虑，注重构建"行为监管"框架。

然而，《私募新规》不仅新增了管理机构资本金门槛，还新增了"风险计提"条件（第十七条），这是针对银行等间接金融主体的做法，但"行为监管"框架却没有受到重视。例如，募集环节基金管理人对投资者的尽职调查义务、在投资环节不同类别私募基金的投资领域和投资方式等，均缺乏操作性规定。

笔者建议适应私募基金作为直接金融的特点，明确"重在行为监管"的规则体系，避免审慎监管对其带来不适应性。

四、扶优限劣与允许精而小创投基金发展之间的关系

根据规范程度不同，实行"扶优限劣"式分类监管也是必要的，但优劣标准需能准确体现规范程度。

然而，《私募新规》主要是按规模大小论优劣，通过设置单只基金的规模门槛、单个投资者的投资规模门槛，来限制中小基金和自然人投资者。这种做法确实利于减轻监管部门的担责压力，但会严重影响行业活力。

目前，大型股权基金主要由政府基金和国有资本投资，个人投资者自然少，投资 300 万元以下的个人投资者自然更少。而对创投基金而言，规模大了不利于投早投小，因而适合"精而小"的基金；个人等民间投资者也主要只能投得起这样的小基金。所以，大幅抬高单只基金和单个投资者的投资规模门槛，最受伤的是创投基金及新兴的小型民营基金。

从国际经验看，创投基金及新兴小型基金规模虽小，却是支持创业创新的中坚力量、维持行业持续发展的源头活水。欧美私募基金业已很成熟，但每年有10% 左右老牌私募基金管理机构自行清算，每年又有 10% 左右新兴机构诞生。正是这部分新兴机构的不断诞生和由小到大，才维持了行业活力。

金融监管领域有个著名的"电梯理论"，意思是说，尚未进电梯者，总希望自己还能进电梯；但已经进入电梯的人，则总希望电梯早点关。面对老牌管理机

构和新兴机构的不同诉求，监管部门究竟该作何种抉择，恐怕只宜按照规范化程度的不同，来处理好扶优限劣与允许"精而小"基金发展的关系，避免以规模大小论英雄而影响整个行业发展的活力。

五、强制性准入门槛与市场化优胜劣汰机制之间的关系

在 2018 年前，我国股权基金经历了一段快速发展时光。因投资者更信任身边熟人，故有些熟人投资者的市场主体都成立了基金管理机构，导致机构数量多而散。

为促进私募基金高质量发展，适当设置强制性准入门槛未尝不可，但应以不影响市场活力为前提。同时，私募基金市场化程度高，宜更多发挥市场化优胜劣汰机制的作用。

股权基金管理不仅具有鲜明的"规模效应、品牌效应"，且需要"专业化运作、就近管理"。为适应高质量发展和建立个性化激励与约束机制的需要，通过集团化架构，设立行业性和区域性管理子公司来管理行业性和区域性基金，便成为最佳选择。从全球经验看，优秀管理机构如黑石、凯雷等，均是通过集团化路径，而实现规模化、品牌化。

由于集团化母公司能够有效控制各子公司，故还可发挥母公司的自我约束作用，实现规范化。所以，在美国，对集团化管理的私募基金管理机构，只需要母公司作为主管理人到监管机关注册并接受监管即可，子公司作为从属管理人则交由母公司进行自我约束，并共享母公司的统一风控资源。

然而，《私募新规》没有为合理的集团化管理明确可操作的路径，而是强调"不得出资设立分支机构"（第十九条），因而必然会影响通过集团化路径发挥市场化优胜劣汰机制的作用。由于是诉诸提高管理机构和投资者门槛，故必然影响市场活力。

笔者建议考虑准入门槛的适度性，同时为"集团化"这种能有效发挥市场化优胜劣汰作用的路径提供法律支撑。

六、监管目的与监管工具之间的关系

对私募基金实施适度监管的目的是防范过度使用杠杆导致系统性金融风险，防范管理人失信行为侵害投资人权益，并促进形成风险控制机制。但是，并非所有监管规则均可量化为具体指标或行为底线，有时不得不借助于操作工具做些适

当延伸。而一旦适当延伸，又可能误伤"好人"。所以，当监管规则作为工具，与其目的冲突时，就需按"目的重于工具，实质重于形式"原则，避免误伤"好人"，特别是不宜随意延伸。

例如，出于保障基金具有必要投资实力和抗风险能力的目的，按证券、股权、创投等不同领域规定"单只基金最小规模"是必要的。但是，同一领域基金按不同投资项目数量、投资者数量再分设不同规模标准，完全没有必要。

在我国，专项基金有广泛的市场基础。因为目前税制下，公司型基金面临双重征税，选择合伙型有利于避免双重征税，但投资者须放弃参与投资决策的权利。由于信用体系不健全，声誉约束机制未普遍建立，投资者担心基金管理人从事关联交易甚至利益输送。选择投资于已确定单一项目的专项基金，则相当于在投资每只基金前，就对项目作了投资决策。如单只专项基金金额适当，投资者还可通过投资多只专项基金分散风险。《私募新规》对专项基金设置了高规模门槛和单个投资者的高投资门槛，既不利于这类基金投早投小，也不利于高净值个人投资。

至于一人投资者基金，其并不属于投资基金范畴。因为投资基金必须是两个以上多数投资者集合出资，国际上通行的法律概念是"集合投资计划"。一个投资者的资产委托，其实只是"专户资产管理计划"。由于不存在投资基金那样的"双重委托"，投资者对管理机构的约束更直接，故监管上更宽松。在新加坡等不少国家，只有投资者达到一定数量才能被纳入"集合投资计划"；如是少数投资者出资形成的"集合投资计划"，只需参照"专户资产管理计划"进行监管。《私募新规》要求单个投资者委托的"专户资产管理计划"的规模不低于 1 亿元（第三十七条），这是剥夺了投资者自主选择更利于保护自身权益的投资方式的权利。

笔者建议尊重市场，对专项类创投基金、专户资产管理计划的规模门槛和投资者门槛，作重新考虑。

七、私募基金一般规则与创投基金特别规则之间的关系

私募证券基金（典型代表是对冲基金）和股权基金（典型代表是并购基金）通常需从事杠杆操作，易引发风险外溢。与之不同的是，创投基金通常不涉及杠杆操作，不会引发风险外溢。一是其通常选择具有较好成长性的创业企业进行投资，可望获得较高收益，故无须借助杠杆来提升资本回报率；二是所投资创业企业既缺乏可供抵押资产，也难以争取第三方担保，故想搞杠杆也很困难。因此，

境外均对创投基金实行差异化监管，美国等发达国家甚至豁免监管。

虽然《私募新规》比照《私募条例》为创投基金写了专门一章，但表述过于原则，支持长期资金投资、支持采取优先股等方式开展投资、适用差异化解禁期和减持节奏则是所有股权基金均已实行的政策，并无特别之处。基金的运作主体是管理机构，故境外针对创投基金的差异化监管主要体现在对创投基金管理机构，而我国目前是将创投基金管理机构与一般股权基金管理机构混在一起登记和监管。

笔者建议遵照《私募条例》关于创投基金专章的差异化监管原则，细化有关规定。特别是要明确对创投基金管理机构的差异化监管安排。

八、基本法规与配套性规章规则体系之间的关系

《私募条例》将我国有关私募基金的基本法律制度，从原来《私募办法》的部门规章层级，提升到了国务院行政法规层级。但是，《私募条例》毕竟只是纲领性的、原则性的。

由于私募基金具体监管规则涉及投资运作、合格投资者标准、资金募集、基金管理、基金托管、集团化管控、基金中介服务、基金信息披露、创投基金差异化监管等多个环节和方面，而各个不同环节和方面均有需要解决的不同问题，故以《私募条例》为纲，分别制定多部专门规章与规则更有可操作性和弹性。

此次《私募新规》将私募基金各个环节的规则糅合在一起，导致内容庞杂，又因担心篇幅过长而对诸多关键性内容仅做了原则要求，故缺乏针对性和可操作性。核心内容与《私募条例》的重复度高，主要是在《私募条例》基础上加码设置了高准入门槛。如《私募新规》发布实施，必将对私募基金发展带来全面严重影响，进而可能面临"要么废止，要么频繁修订"的尴尬局面。

笔者建议将《私募新规》立法思路调整为：依据《私募条例》所明确的基本原则，适应私募基金各个环节和方面需要解决的问题，分别制订"私募投资基金投资运作规定""私募投资基金合格投资者标准""私募投资基金资金募集规则""私募投资基金管理办法""私募投资基金托管办法""股权投资基金集团化管控操作指引""私募投资基金中介服务机构监管办法""私募投资基金信息披露指引""创业投资基金差异化监管规定"等专门规章和规则。

上述部门规章和规则成熟一个，出台一个，则不仅针对性更强，弹性更有保障，而且也相对容易。今后，某项部门规章或者规则即使修改，也只涉及某一部专门规章或规则，而不必影响全局。

私募基金投资者权益保护
——以基金托管人监督义务为视角

杨海晶　马汉祥[*]

一、问题的提出

我国私募基金市场的发展为投资人扩展了财富投资渠道，繁荣了资产市场，提高了直接融资的比重，为科技创新及实体经济发展提供资金来源。毋庸讳言，我国私募基金市场存在野蛮发展与无序扩张的现象。作为保障投资人权益、制衡管理人权利的关键一环，我国投资基金行业设置托管人，目的在于构建管理人负责基金的投资运作，托管人负责基金财产的保管并监督投资人的投资运作体系，以防止管理人滥用权利侵害投资人合法权益，保障基金资产的安全。[①]

在实践中，当私募产品不能实现预期收益甚至亏损时，特别是因基金管理人及其控制控股股东或实际控制人卷款潜逃或挥霍基金资产的行为导致投资者利益受损时，基于赔偿能力的差异，投资者在管理人失联或者丧失执行能力之后，投资人往往都会要求基金托管人承担赔偿责任。而对于基金托管人责任的承担，司法裁判机关主要是基于托管人未履行或未适当履行监管义务为由判决托管人承担一定比例的补充赔偿责任。但是，对于托管人监督义务的认定标准，裁判机构却未形成统一的裁判标准，究其原因在于，在基金成立后对外投资过程中对托管人的监管职责难以区分，如在基金管理人进行违法或者违规时，而托管人又按照管理人投资指令划拨资金从而导致投资人损失时，托管人是否应承担相应的赔偿责任。这便是实务中最常争议的托管人对管理人的投资指令是否负有实质审查义务。因此，本文从司法实践裁决出发，先行梳理司法实践中关于托管人监督义务的争议之处，然后从法律上与理论上界定托管人监管义务之边界，从而为司法实践提供相对统一的托管人监督义务认定标准。

---

　　[*] 杨海晶，贵州贵达律师事务所高级合伙人；马汉祥，贵州贵达律师事务所律师。
　　[①] 周成，吴英姿. 基金投资托管人法律责任问题研究——以 15 个涉托管人责任案例为切入点 [J]. 湖南科技大学学报（社会科学版），2020（6）：114 – 120.

二、私募基金托管人的法律地位及职责

《证券投资基金法》第 36 条规定了基金托管人与基金管理人是否构成《中华人民共和国信托法》（以下简称《信托法》）第 32 条第 2 款规定的"共同受托人"，并导致基金托管人对投资人的损失承担连带赔偿责任人应当履行的 11 项职责①，以及第 37 条规定了当基金托管人发现基金管理人的行为违规时，有及时通知和报告的义务。② 其中，安全保管基金财产和监督管理人投资行为是托管人核心责任。③ 例如，第 36 条第 1 项至第 7 项是对安全保管基金财产责任的具体体现，第 36 条第 8 项、第 10 项和第 37 条则是实现监督管理人行为责任的具体体现。④ 但是《证券投资基金法》并未明确规定基金托管人与管理人承担的是共同受托职责。由此而产生的争议问题在于基金托管人与基金管理人是否构成《信托法》第 32 条第 2 款规定的"共同受托人"，并导致基金托管人对投资人的损失承担连带赔偿责任。⑤ 该问题实质涉及基金托管人法律地位及责任范围的问题。

首先，在私募基金架构中，托管人起到对管理人信用补充和权力制衡的作用。为规避基金管理人侵吞基金资产的道德风险，基于运用风险/物理隔离的原理，引入具有良好信用的证券、银行等金融机构担任托管人一职，并安全保管基金资产，将基金资产的所有、保管、执行与处分相分离，这不仅可以起到增强投资者信心，同时也弥补管理人信用短板的不足；而当投资人担心管理人利用信息不对称，借助专业技能损害其合法权益时，则运用权力制衡原理，引入全职而专业的托管人同步监督管理人的日常投资活动，可以有效打消投资者顾虑，起到约

---

① 《证券投资基金法》第 36 条：基金托管人应当履行下列职责：（一）安全保管基金财产；（二）按照规定开设基金财产的资金账户和证券账户；（三）对所托管的不同基金财产分别设置账户，确保基金财产的完整与独立；（四）保存基金托管业务活动的记录、账册、报表和其他相关资料；（五）按照基金合同的约定，根据基金管理人的投资指令，及时办理清算、交割事宜；（六）办理与基金托管业务活动有关的信息披露事项；（七）对基金财务会计报告、中期和年度基金报告出具意见；（八）复核、审查基金管理人计算的基金资产净值和基金份额申购、赎回价格；（九）按照规定召集基金份额持有人大会；（十）按照规定监督基金管理人的投资运作；（十一）国务院证券监督管理机构规定的其他职责。

② 《证券投资基金法》第 37 条：基金托管人发现基金管理人的投资指令违反法律、行政法规和其他有关规定，或者违反基金合同约定的，应当拒绝执行，立即通知基金管理人，并及时向国务院证券监督管理机构报告。

③ 黄伟峰，程俊杰. 私募基金涉诉纠纷疑难问题研究［J］. 法律适用，2023（4）.

④ 需要说明的是，《证券投资基金法》第 2 条明确规定了公募或私募的证券投资基金适用该法，那么对于私募股权投资基金等非证券投资基金的托管人职责是否适用该法的规定呢？《私募投资基金备案须知》中并未区分非证券投资基金和证券投资基金的区别，规定私募投资基金托管人应当严格履行《证券投资基金法》第三章规定的法定职责，实际上已为上述疑问作出解答。实践中《证券投资基金法》第 36 条与第 37 条的规定是法院审查托管人是否存在违规行为的主要依据。广东省深圳市中级人民法院（2018）粤 03 民终 16127 号民事判决中，案涉基金的投资目标是江苏某某新材料科技股份有限公司的股权，法院即援引《证券投资基金法》第 36 条第五项与第十项对于托管人承担责任的比例作出改判。

⑤ 《信托法》第 32 条第 2 款：共同受托人之一违反信托目的处分信托财产或者因违背管理职责、处理信托事务不当致使信托财产受到损失的，其他受托人应当承担连带赔偿责任。

束管理人权力滥用的效果。①

其次，托管人与管理人承担的法律责任不同。从职责分工看，管理人的职责主要是决策和实施投资行为，托管人的主要职责是保管基金财产和监督管理人的行为，以此贯彻"受托人职能分解"的《证券投资基金法》立法本意；从履职行为上看，管理人和托管人各自履职，并无共同处理相关事务的主观意思联络与客观上的联合行动。因此，要求基金管理人和托管人履行共同受托人职责不符合我国私募基金托管与管理功能相分离的制度规定。故管理人、托管人作为各自独立的民事主体，应当分别对各自的行为负责。如果二者在履职过程中因共同行为造成投资人损失，将因共同行为承担连带责任。② 需要明确的是，连带责任的承担是基于二者的共同侵权行为，并非源于共同受托人的身份。③

三、司法实践中基金托管人承担责任的具体情形分析

私募基金按照组织形式之不同可分为契约制、公司制和合伙制。在契约型私募基金中，托管人之职责主要是由投资者、管理人、托管人三方所签订的协议确定，因此管理人与托管人是依据协议向投资者承担违约责任。而在公司制、合伙制私募基金中，基金财产的托管是由合伙或者公司委托托管人进行托管。因此，投资人诉请托管人承担责任的请求权基础为合同违约和侵权行为。

在司法实践中，投资者均是以委托人未履行监管职责为由要求托管人承担赔偿责任。根据私募基金"募、投、管、退"的投资周期，托管人的监管职责也贯穿该投资流程，而对于该投资周期过程中托管人各阶段的监管义务具体的内容，司法裁判中未形成统一裁判标准，乃至有截然不同的裁判尺度。

1. 托管人在基金募集阶段之监管义务

现行法未明确将募集行为纳入托管人监管的范围，由此导致在实践中，托管人是否应对基金募集行为进行监管产生不同的司法判决。如在中国民生银行股份有限公司、史静合同纠纷一案中，法院认为，基金合同约定基金成立条件之一是投资者交付的认购金额不得低于 3500 万元，但在管理人仅在募集 300 万元时便宣告基金合同成立，并向托管人下达向投资目标公司付款 300 万元的投资指令，托管人收到并审核投资指令后即划出 300 万元。后投资者诉请管理人、托管人承

---

① 洪艳蓉. 论基金托管人的治理功能与独立责任 [J]. 中国法学，2019（6）.
② 黄伟峰，程俊杰. 私募基金涉诉纠纷疑难问题研究 [J]. 法律适用，2023（4）.
③ 王猛，焦芙蓉. 私募基金托管人的法律地位和责任边界——以投资人诉托管人侵权案为例 [J]. 中国证券期货，2019（4）.

担连带责任，法院认定托管人的行为构成违约，并判决托管人承担15%的赔偿责任。① 而在陆晓峰、中国农业银行股份有限绍兴越城支行侵权责任纠纷一案中，绍兴市中级人民法院认为，对于案涉基金未经备案的事实以及违法募集的行为，因托管人的义务仅是根据托管协议的约定对合伙企业托管账户进行审核托管，而对案涉基金的相关资质、募集行为不负有法定或约定的审查、监督义务，因此未认定托管人在基金募集过程中存在过错。②

2. 托管人在私募基金投资阶段之监督义务

托管人的监督义务主要分布在投资阶段，实务中对托管人监督义务的争议焦点在于托管人对管理人的投资指令是否负有实质审查的义务。对此，在司法实践中形成两种相反的裁判思路。在中国建设银行股份有限公司株洲市分行、中信银行股份有限公司长沙分行与株洲市华泰股权投资基金管理有限公司、李柏松等侵权责任纠纷案中，法院认为，被告中信银行长沙分行虽与原告不具有直接合同关系，但其作为华泰基金的托管人，其职责在于保障基金财产的安全，并负有监督基金管理人投资运作的义务，对基金投资人实际上有财产保管及代投资人监督基金运作的义务。故法院最终结合案件情况酌定托管人中信银行长沙分行承担40%的补充赔偿责任。③ 而在朱慧如与渤海银行股份有限公司、开源证券股份有限公司财产损害赔偿纠纷案中，法院认为，托管人是按照托管协议约定的程序，审核托管资产管理运用指令应具备的材料，从而对托管账户资金进行划拨，应认定其已勤勉尽职地履行托管职责。④ 在投资阶段，托管人监管义务的范围除了投资指令之外，对于托管人的监督范围是否包含管理人本身持续经营及其履行职责情况，即如果托管人未及时披露管理人异常经营情况或者虽然发现相关情况也及时向投资人披露相关情况的，托管人是否应当承担责任，法院也持相反的裁判思

---

① 参见（2018）粤03民终16127号民事判决书。募集阶段相似案例还有：易若芳、中国建设银行股份有限公司株洲市分行等与株洲汉江股权投资基金管理有限公司、唐太平等侵权责任纠纷［案号：（2019）湘02民终2409号］，在该案中，基金与银行签订托管协议，但是基金管人未注册，基金也未备案，但该银行仍根据管理人的指令划款，后该基金成为犯罪分子非法吸收公众存款罪的通道。因此，法院认为，被告建行株洲分行与被告光大银行长沙分行作为汉红基金的销售银行与托管银行，在对汉红基金的审查和监督职责上缺乏必要的关注，故二被告应在被告汉红基金的责任承担基础上承担补充赔偿责任；在中国光大银行股份有限公司本金分行等与陈慧萍委托理财合同纠纷案中［案号：（2019）京02民终8082号］，北京市第二中级人民法院认为托管人未审查基金合同是否生效、管理人是否取得投资权限，构成失职，从而判决托管人对投资者的损失承担全额的补充赔偿责任。

② 参见（2016）浙06民终4189号民事判决书。

③ 参见（2019）湘02民终2398号民事判决书。认定托管人对管理人投资运作负有实质性审查义务的案例还有（2020）鲁1311民初180号案件，在该案中法院认为，托管人与投资者之间存在委托法律关系，当管理人履职不当造成投资者损失时，托管人不能仅以承担保管义务为由免责。在国泰证券公司未提供其尽到谨慎勤勉托管义务的相关证据，也未履行其他任何重要托管义务，属于严重的失职或积极帮助行为，对投资者的损失应承担民事赔偿责任。

④ 参见（2020）陕0113民初10080号民事判决书。认为托管人的义务仅为形式审核，仅须对划款指令进行表面性一致审查的案例还有（2019）鲁01民终8544号案例，以及上文提到的陆晓峰、中国农业银行股份有限绍兴越城支行侵权责任纠纷一案。

路。在上诉人太平洋证券股份有限公司与被上诉人高刚强、原审被告南京中乾融投股权投资基金管理有限公司合同纠纷案中，一审法院认为，管理人被取消私募资质，却又未能选任新的基金管理人，在基金合同已经出现约定终止的情形下，托管人应监督管理查询管理人对基金财产的投资运作；托管人不仅未完全履行风控措施，且对项目方公司的破产情况亦不知情，其行为对投资者的损失以及损失的扩大具有关联性，因此，应承担一定责任。故一审法院判决托管人承担 15%的补充赔偿责任。[1] 而在张青慧、江苏中杏艺禾资本管理有限公司与第一创业证券股份有限公司、王福斌等财产损害赔偿纠纷案中，法院认为，第一创业证券公司作为基金托管人，根据法律规定及案涉基金合同约定，其义务主要在于安全保管基金财产，相应信息披露义务仅限于对基金管理人编制的基金资产净值、基金份额净值、基金份额申购赎回价格、基金定期报告和定期更新的招募说明书等向投资者披露的基金相关信息进行复核确认。据此，基金托管人第一创业证券公司对于基金管理人中杏艺禾公司撤销基金备案事项，不负有信息披露之法定及约定义务。另张青慧未提交证据证明第一创业证券公司知晓中杏艺禾公司撤销基金备案事项，故第一创业证券公司对于张青慧的损失并无过错。张青慧要求第一创业证券公司对其损失承担赔偿责任的上诉主张，无事实和法律依据，本院不予支持。[2]

3. 托管人在私募基金投后管理阶段之监督义务

投后管理段，托管人已按照管理人的投资指令将基金财产从其账户划出，基金财产已不在托管人控制的范围，托管人不再是基金财产的保管者，无法控制资金的流向，故托管协议一般会约定托管人不再承担安全保管的职责。但该阶段，托管人仍应当按照法律规定与合同约定履行与基金托管业务活动有关的信息披露职责，对基金财务会计报告、中期和年度基金报告出具意见，复核、审查基金管理人计算的基金资产净值，按照规定召集基金份额持有人大会等。[3]

4. 托管人在私募基金退出阶段之监督义务

现行相关规范性文件中对私募基金的退出并无明确规定，该事项属于民事主体自治事项，对于托管人的责任，以托管协议的约定为准，若基金合同仅约定由

---

[1] 参见（2020）苏 01 民终 3990 号之一民事判决书。
[2] 参见（2020）苏 01 民终 5949 号民事判决书。
[3] 在未披露月报情况下，仍未尽到审查基金资产净值，监督投资运作，召集投资者代表大会等义务，即未履行基金托管人的任何重要义务，属于严重失职或者积极帮助行为，造成投资者的投资款损失，依法应承担民事赔偿责任。参见（2020）鲁 1311 民初 180 号民事判决书，但是该判决在二审程序中，二审法院以无管辖权为由裁定撤销一审判决，驳回原告起诉。参见山东省临沂市中级人民法院（2020）鲁 13 民终 5747 号民事判决书。

管理人承担组建清算小组的责任，托管人仅为清算小组成员，则投资人无权以托管人未组建清算小组为由主张违约赔偿。①

四、基金托管人监督义务之边界

完整的责任制度应确定责任范围、归责原则及免责情况。域外托管人监督职责规定详细，包括基金投资范围、产品结构、投资比例、收益分配、底层投资协议、确权转移、对交易进行监控并对异常交易进行调查、对交易流程及程序进行事后验证等。基金托管人的职责范围是托管制度的重要内容，该制度在《证券投资基金法》等法律法规以及监管部门、自律组织的各项规范性文件中均有规定，如证监会颁布的《证券投资基金托管业务管理办法》第17条至第23条，基金业协会颁布的《私募投资基金信息披露管理办法》第10条和《契约型私募投资基金合同内容与格式指引》第25条，中国银行业协会颁布的《商业银行资产托管业务指引》（以下简称《托管业务指引》）第12条等条文中。特别是《托管业务指引》第15条明确托管职责仅限于法律法规规定和托管合同约定，通过反面列举的方式明确了托管职责所不包含的内容。

在投资者对于基金托管人的权利主张中，法院对于托管人的监督义务范围的认定可根据在私募基金运作过程中的收益与风险相符合原则以及意思自治原则，即基金托管人的职责范围原则上限于相关法律法规的明确规定以及基金合同、托管合同的具体约定，在适用顺序上为：私募基金合同对托管人的监督义务范围以及义务程度有明确约定的，则按照协议约定的内容确定托管人的义务，如托管人是否对投资指令承担实质审查义务，若基金合同对托管人的监督义务未作出明确约定的，则按照基金合同的约定为准；而对于基金合同没有明确的约定的情形，司法裁判机关即可参照部门规章、自律组织的各项规范性文件认定托管人的监督义务及其程度，毕竟私募基金是一项专业的投资活动，投资者、基金管理人、托管人对于行业规定理应了解，按照行业规定认定相关主体之间的责任也符合各自的预见范围之内；若行业规范也未作出规定情形的，可以类推适用《中华人民共和国民法典》第1198条的经营者、管理者或组织者未尽到相应安全保障义务的，承担相应的补偿责任。简而言之，非因法律明确规定或合同明确约定，托管人不应承担不利的责任。

---

① 相关案例可参见山东省济南市铁路运输中级法院（2020）鲁71民初147号民事判决书。

浅谈刑法视角下私募类非法集资的法律规制

陈顺昌[*]

一、私募的本土化演变

"私募"[①] 一词，起源于美国《1933 年证券法》中的私募发行注册豁免，又称非公开发行，与公募发行相对。根据美国《1933 年证券法》的规定[②]，任何人不得出售或交付未经证券交易委员会注册登记的证券，除非符合法定豁免条件，即不涉及公开发行之发行人的交易。由此可知，在美国私募被界定为，免于向美国证券交易委员会注册的以非公开方式向特定对象发行证券的行为，其核心与本源在于注册登记豁免[③]。

我国《中华人民共和国证券法》《中华人民共和国公司法》《中华人民共和国证券投资基金法》等法律没有对私募的明确定义，但其中的"定向发行"却与私募的本义相似，具体包括定向募集股份与定向发行债券两种融资模式，且二者均为面向特定投资者募集资本，有别于面向社会公众的募资行为。2011 年，国家发改委发布的《国家发展改革委办公厅关于促进股权投资企业规范发展的通知》中规定："股权投资企业的资本只能以私募方式，向特定的具有风险识别能力和风险承受能力的合格投资者募集。"同时，还明确了私募融资的运作方式"不得公开或变相公开"，并且"须向投资者充分揭示投资风险及可能的投资损失"。2013 年，修订后的《证券投资基金法》结束了私募基金处于灰色领域的尴尬境地，明确了私募基金法律主体地位，单独增设了对"非公开募集基金"进行了相应的规定。2014 年，中国证监会发布的《私募投资基金监督管理暂行办法》进一步规定了私募的监管方式，主要内容为私募基金的设立与发行免于行政审批，但应根据基金业协会的规定，向其申请登记备案。

综上所述，在我国私募是指面向特定合格投资者非公开筹集资金的合法融资

---

* 陈顺昌，男，诉讼法学硕士，上海市公安局经济犯罪侦查总队，科长。

① 王荣芳．合法私募与非法集资的界定标准［J］．政法论坛，2014（6）．

② 美国《1933 年证券法》（Securities Act of 1933）证券法第 4（2）条，1964 年该法被修订之前，在证券法第 4（1）条。

③ 郭雳．发展规范我国私募发行的分析［J］．证券市场导报，2003（8）．

行为，它区别于面向公众的公募行为，更有别于吸收公众资金、危害金融秩序的非法集资行为。私募基金是指通过非公开方式、向特定的投资者募集资金而形成的投资组织，由基金管理人受托管理，基金投资人按约定或按其出资比例享受投资收益和承担投资风险。

二、私募类非法集资释义

（一）非法集资行为的变迁

根据意大利经济学家吉奥泽的地下经济学说[①]，发展中国家经济发展过程中由于社会资源分配不均会出现经济二元性问题，金融的二元化因此而滋生发展，地下金融将与正规金融相伴并成为社会投融资的重要渠道。在我国，伴随市场经济改革的推进和资本市场的发展，在社会投融资渠道不充分完善的客观条件下，非法集资活动十分猖獗，从线下到线上募集，从P2P向私募传导，涉案金额、损失金额以及受损人数体量均不断膨胀，社会危害性大，更给人民群众的"钱袋子"带来了极大的威胁。非法集资类犯罪涉及罪名中适用最为广泛的为非法吸收公众存款罪。[②]

（二）非法集资特征的丰富

非法集资具有非法性、公开性、利诱性与社会性等特征。基于探究私募类非法集资刑法规制路径的角度，从非法集资的运作方式上剖析其特征，可分为集资手段的多样性、集资运作的虚假性及集资过程的多重违法性，进一步丰富了非法集资的特征。

1. 集资手段的多样性

2010年《最高人民法院关于审理非法集资刑事案件具体应用法律若干问题的解释》（以下简称《非法集资若干问题解释》）中所列举的集资手段体现了非法集资活动多样性的特点，这一特点令不法分子在募集资金手段方式上有极大的选择余地。理论上，但凡是合法的投融资平台或工具都可以被不法分子利用。在以契约自由为核心的市场经济背景下，经济主体的逐利性为非法集资的产生与发展提供了经济土壤。集资手段的多样性可细化为以下两个层面的内容：一是宏观

---

① 郭子坤. 私募型非法集资的刑法规制 [D]. 上海：华东政法大学，2015.
② 彭冰. 非法集资活动的刑法规制 [J]. 中国法学，2008 (4).

上的复杂可变性，种类繁多的集资手段使得非法集资活动形成庞大复杂的集合体并且随着投融资方式、工具的推陈出新而不断更替变化，如私募类中的非法集资犯罪投资方式从传统的证券投资转为对环保、低碳、新能源等行业待上市公司的股权投资，或者投资不良资产等。刑事法律的天然滞后性，尤其对非法集资的规制在复杂可变的运作手段面前更为突显。二是微观上的灵活性，行为人往往灵活使用多种隐蔽方法，打非法集资的"擦边球"，以此逃避行政监管与刑事处罚，如借私募合格投资人规避不特定对象，以假借路演规避宣称等。刑事法律在面对纷繁多样的非法集资手段时，显现出一定不健全性。

2. 集资运作的虚假性

运作的虚假性指募集资金过程中通过虚假手段欺骗监管部门与投资者，进而吸收公众资金。这一特征主要体现在非法吸收公众存款罪、集资诈骗罪之中。具体而言，非法吸收公众存款罪中募资运作的虚假性，主要体现在经营形式的虚假和宣传内容的虚假两个方面。一方面，非法集资者借用合法经营形式或直接造假成立非法经营实体，其组织结构上均体现出虚假性，目的在于逃避监管，提升自身融资实力的可信度。如私募类非法集资，对公司募资端、投资端的互相抬高宣传造势，或者表面上设立形式合法的 SPV 公司而私下却是用来建立资金池进行自融，又或假借基金管理人的独立管理虚构投资情况而背后擅自挪用资金等。另一方面，非法集资者在集资时作出"还本付息"的虚假承诺，以此蒙骗投资人，达到吸收公众存款的目的。如私募类非法集资会规避保本保息的表述，使用"类固定收益"等其他词语，而实际为许诺固定收益等。《非法集资若干问题解释》规定了构成非法吸收公众存款的必备要件，其内容包括：未经有关部门依法批准或者借用合法经营的形式吸收资金；承诺在一定期限内以货币、实物、股权等方式还本付息或者给付回报。这里的未经批准、借用合法经营形式与承诺回报均反映出集资者主体资格或集资信息的虚假性。由此可见，上述两个方面行为的虚假性已构成非法吸收公众存款的必备要件。

3. 集资过程的多重违法性

非法集资各类犯罪基本可认定为法定犯（集资诈骗罪包含部分自然犯属性），是市场经济发展的产物，损害的共同客体是国家的金融管理秩序。因为法定犯具有双重违法性的特点，其不仅违反刑事法律规范，而且违背行政规定，构成非法集资犯罪的必要条件是行为人的募资行为违反金融管理法律规定。如私募型非法集资首先违背的是《证券投资基金管理暂行办法》关于投资者资格、私募行为的规定。此外，非法集资活动的外在形式为不法分子与投资者签订的投资协议或借贷协议，用以明确双方权利义务，包含或者变相承诺"还本付息"等条款。这一协议全部或部分条款的效力与司法实践中对非法集资刑事案件的定性密切相关，但无论定性如何，均会依据《民法典》规定做出协议无效的判断，因此非法集资往往涉及民事违法。全过程来看，非法集资犯罪通常是集资者的行为首先违反了国家的民事、经济、行政法律（法规），其次才有违法行为的危害性逐渐升级到触犯刑法的程度，但这其中的界限不容易区分清楚，在处理上容易与一般民事、经济纠纷相混淆。多重违法性要求有关非法集资的不同法律规范合理衔接，明确刑事违法与行政违法的边界。

三、私募类非法集资的诱因

私募类非法集资主要是假借私募而实为非法集资，或者私募活动违反行政规定或触犯刑法而构成非法集资的行政或刑事违法行为。比较私募与非法集资，二者有质的不同。私募采用的是私下募集、面向特定投资者的集资方式，区别于非法集资的公开宣传、面向不特定投资者募集资金。但由于私募与非法集资在构成要件上具有相似性，二者的区分边界并不明确，这使得私募类非法集资案件的发生存在较大的可能性。具体而言，一是非法集资与私募均表现为未经有权机关审核批准的融资行为。非法集资系行为人未经行政机关批准非法设立募资机构或假借合法经营形式吸收资金；而私募发行享受行政审批豁免，仅需在基金业协会登记备案，形式上亦表现为未经批准。二是二者行为上均可能表现为面向投资者发售股票、债券、股份的形式并与投资者签订投资协议。实践中，假借基金形式、虚假转让股权与发售虚构债券已成为不法分子非法集资的惯用手段。三是二者在募资过程中均会向投资人承诺回报收益。非法集资者通常会承诺或变相承诺保本付息，私募中募资人为了募集更多资金也会就回报尽力向投资者作出承诺或宣传，这使得二者较易发生混淆。

实践中常见的私募与非法集资相混淆，同时也是诱发私募类非法集资案件发生的情形主要有以下几类。

（一）宣传范围与对象上的混淆

法律严禁通过媒体、网络等途径向社会公众宣传集资项目，但口口相传、亲友互传等方式却未被禁止。在募资手段日趋多样性的背景下，私募与非法集资的推介方式在众多方面表现出较强的相似性，现有立法难以明确二者边界。另外，集资人为了扩大私募项目影响进而吸收更多投资者资金的逐利动机更使私募有趋向违反法律关于募资宣传形式、对象的规定进而演变为非法集资的可能。如私募类非法集资中出现委托渠道进行代销，通过路演、答谢会进行宣传等。

（二）代持关系引发的混淆

私募融资的显著特点之一为法律对投资者资格提出较高要求，即投资单只私募基金的金额必须超过 100 万元。为了满足这一条件，资金有限的投资者往往集合多名投资者的资金参与私募，进而形成了代持人与实际投资人之间的代持关系。代持关系造成了投资者人数与投资者资格双重不可控的局面，给私募融资带来了巨大的刑事法律风险。一旦超过法律规定的人数上限，私募很可能转变为面向不特定投资者的非法集资行为。如私募类非法集资案件中出现投资人拼单的情形等。

（三）虚假信息造成的混淆

私募豁免于行政审批，因而有相较于公募等融资手段更为自由的发展空间，但也正因此，私募集资者需要更为严格遵循"诚实信用"等民事法律原则以保护投资者利益。但实践中募资者为了募集更多资金经常在项目信息上打法律"擦边球"，营造高获利无风险的假象，涉嫌欺诈投资人。比如，宣传中默认承诺保本付息；投资合同书外私下签订承诺固定收益的协议；故意隐瞒甚至发布虚假项目信息等。此类在募资信息上弄虚作假的行为使私募游走在非法集资的边缘，极易触碰非法吸收公众存款罪或集资诈骗罪的红线，使刑事法律风险剧增。如私募类非法集资案件中变相以"类固定收益"等表述用以承诺保本收益，设置虚假投资标的进行资金募集等。

（四）设立资金池造成的混淆

私募基金管理应坚持专款专用专管原则，并且将其贯穿整个"募投管退"过程。私募募集的资金首先应该由银行、券商进行托管，基金管理人在运作的过程中也应按要求进行专款专用，且与基金管理人的财产应进行严格的区分。但在资金的实际运营过程中，有些私募公司并没有严格遵照专业化的程序，对基金没有进行专款专用，也没有交由银行券商代为管理，设置资金池造成资金混同，实质形成自融。

四、私募类非法集资犯罪的刑法规制现状

涉私募的非法集资犯罪主要为非法吸收公众存款罪与集资诈骗罪为主。刑事

立法采用了刑法典与附属刑法规定相结合的立法模式。[①] 具体而言，刑法典明确规定了非法吸收公众存款罪与集资诈骗罪的罪状、法定刑与加重情节。同时，在《中华人民共和国商业银行法》《证券投资基金法》与《非法金融机构和非法金融业务活动取缔办法》（已废止）等法律法规中又规定了几种非法集资行为的定性标准与法律责任。[②]

根据《中华人民共和国刑法》（以下简称《刑法》）第176条与第192条之规定，行为人非法吸收或变相吸收公众存款，扰乱金融秩序的，构成非法吸收公众存款罪，而以非法占有为目的，使用欺诈手段非法集资，数额较大的，则构成金融诈骗罪。司法实践中认定构成非法吸收公众存款必须满足四要件，即非法性、公开性、利诱性、社会性。对于金融诈骗罪的认定，行为人必须在募资中存有非法占有集资款的目的，以此区别于非法吸收公众存款罪。在追诉标准与量刑上，集资数额与募资对象人数为主要依据，而法定刑根据情节轻重从三年以下有期徒刑或拘役到无期徒刑或死刑不等，同时并处罚金。

实践中，私募类非法集资刑事案件多发于私募融资活动较为活跃的地区，如北京、上海、广州、深圳等。根据2007年国务院颁布的《处置非法集资部际联席会议制度》与《处置非法集资部际联席会议工作机制》，对于非法集资采取"三统两分"处理模式。相较于传统非法集资类案件的处理，私募类非法集资案件在处置过程中亟待解决特有的实践难题，如私募类非法集资刑事案件因私募备案而被广大投资人认定为有政府认可，因募资及投资环节涉及众多公司及投资标的，案情普遍较为复杂，跨地域募集资金问题突出，私募性质需行政监管部门配合前置认定，区域涉众维稳压力大等。

五、私募类非法集资犯罪的刑法规制困境

（一）刑法适用缺乏针对性

《刑法》及相关司法解释对非法吸收公众存款活动的规制依据均采取了同一标准，即构成非法吸收公众存款需要同时满足非法性、公开性、利诱性、社会性四个条件。然而私募与相对于公募最主要的区别之一"面向合格投资者"却并未被纳入刑法的评价范围。相关解释将"造成特别恶劣社会影响或者其他特别严重

[①] 刘宪权. 金融犯罪刑法学专论［M］. 北京：北京大学出版社，2010.
[②] 刘鑫. 论民间融资的刑法规制［D］. 上海：华东政法大学，2012.

后果"作为"数额巨大或其他严重情节"的兜底条款,但这是从社会影响特别是社会稳定的角度评价非法集资的后果,并没有区别一般投资者与合格投资者抗风险能力的差异,在司法实践中也明显具有实施结果的不确定性。如对同样人数进行非法集资,私募类因投资金额起点高,导致所谓合格投资者的损失明显大于普通投资者的损失。但因为两者抗风险能力的差异,换一个角度说,对普通投资者的侵害有可能更严重于所谓的合格投资者。由此,法益侵害更为严重的行为却因量刑标准取决于损失金额的缺陷而可能被处以较轻刑罚。刑法忽视了私募这一融资方式的特殊性,与罪责相适应原则未完全匹配,打击私募型非法集资与打击非私募型非法集资的社会效果必然未能统一。

(二)行政查处缺乏有效性

《刑法》扮演维护社会秩序的最后一道防线的角色,具有所谓第二次的性质。[①] 只有其他社会统制手段不充分时,才有动用《刑法》的必要。[②] 这也是《刑法》谦抑性的体现。但是,现行《刑法》对私募非法集资活动的规制有扩大化的趋向,扩大化表现为刑事规制手段几乎完全取代了原应由行政规制手段所占的前期主力地位,成为打击非法集资违法犯罪行为的主要法律规范。对私募类非法集资的刑事规制主要体现为《刑法》及相关司法解释所规定的非法吸收公众存款罪与金融诈骗罪;对私募的行政规制主要有 2013 年开始施行的《证券投资基金法》与 2014 年证监会颁布的《私募投资基金管理暂行办法》以及基金业协会2014 年发布的《私募投资基金管理人登记和基金备案办法(试行)》。《证券投资基金法》中私募所规范的是投资对象为股票、期货与债券的证券投资基金,而大量存在迅速发展更可能涉嫌非法集资的私募股权投资基金只能由《私募投资基金管理暂行办法》予以规范。根据《私募投资基金管理暂行办法》,私募基金需登记备案,不得公开宣传,不得面向公众,不得承诺保本付息,并规定了违反上述规范的行政责任,即责令改正、予以警告并处罚款。可以看出,《私募投资基金管理暂行办法》对上述行为的规范是为了防范募资过程中可能出现的非法集资活动,但其对非法集资行为的处罚力度非常薄弱:罚金过低,缺少没收违法所得、剥夺从业资格等严厉有效的措施。这无疑强化了集资者的投机心理,降低了违法成本,加上私募融资对信息传播广泛性的固有需求,在经济人逐利性的驱使下,各种投机取巧、打非法集资"擦边球"的行为层出不穷。如通过亲友互传扩大融

---

① 大塚仁. 犯罪论的基本问题 [M]. 冯军,译. 北京:中国政法大学出版社,1993.
② 平野龙一. 刑法总论一 [M]. 东京:东京有斐阁,1972. 转引自陈兴良. 刑法谦抑的价值蕴含 [J]. 现代法学,1996 (3).

资对象范围，投资协议外私下签订保本付息承诺书，为获取高额利息拼单提高收益比例等违规甚至违法形式不一而足。私募类非法集资因此经常游走在行政违法与刑事犯罪之间的灰色地带，造成行刑衔接的空白。而行刑衔接的空白正是促使融资行为入罪扩大化的动因，并给刑法规制带来现实困境。刑法往往是在行政法律调控乏力，行政机关难以处理非法集资危害导致的失控局面产生时才介入以恢复正常的社会秩序。

行政不作为与行政管制乏力影响了《刑法》对私募类非法集资的规制，使得对非法集资行为犯的惩处变成为唯造成损失的结果论。缺乏必要的行政查处，一方面，放任纵容了私募类非法集资的发展，加大了投资者对行政监管部门的不满；另一方面，造成行刑衔接的形同虚设。《刑法》对私募类非法集资的介入是事后介入，有明显的滞后性，损害结果已然发生，依靠《刑法》只能弥补损失、震慑犯罪，不能正面引导督促募资者规范行为。

六、私募类非法集资犯罪刑法规制路径

（一）建立分类治理的模式

私募类非法集资可以分为假借私募而实为非法集资与私募基金运作不规范，涉嫌非法集资两种情况，《刑法》在对其进行规制时要区别对待。对于前者，由于其以非法集资牟取利益为目的，没有合理的融资需求，融资需求具有非法性，募资者往往不会节制募资投资活动，并对集资款的损失采取放任态度，主观恶性强，行为明确符合非法集资的特征，造成的损失普遍严重且难以挽回，并且因为合理融资需求的欠缺更易产生非法占有，进而高概率由非法吸收公众存款罪演化为金融诈骗罪。对于后者，募资者因发起设立的是合法私募基金，只是在具体操作上出于吸引更多客户、筹集更多资金的需要而触碰非法集资的红线。从主体看，这类募资者一般具有较高的投融资专业知识技能，有能力管控所筹集资款；从主观看，募资者对投融资活动理性节制，很少出现非法占有目的；从行为看，募资者的违规往往是打非法集资的"擦边球"，判断上较为困难，但这也从另一侧面说明非法集资法律规范不够缜密健全，募资者有时对自己的行为性质的认识并不明确；从结果上看，因为是合法的私募基金进行投融资活动，造成的损害结果有可控性，且相对假借私募而实为非法集资情形的损害结果小得多。

因此，对私募运作不规范、涉嫌非法集资的情况，《刑法》规制要慎之又慎，必须把其区别于假借型非法集资予以对待，力避《刑法》介入的提前与过度化，

并且在处刑上体现出差异，从轻处罚，做到罪责相适应，进而达成以是否有合理融资需求为依据来分类治理私募型非法集资的刑法规制模式，实现保护民间融资活动与维护金融秩序的平衡。

（二）发挥行刑衔接的本义

非法集资刑法规制的纠偏不仅是对《刑法》规范内容的纠正，更重要的是对刑法规制所扮角色的重新界定。当前《刑法》在私募类非法集资案件实施过程中常常遇到尴尬情况，如不能依据法律规定在犯罪起始阶段有效介入、遏制非法集资，而是在集资资金链断裂、管理人失联后充当终结者的角色，成为安抚民心收拾残局的工具，而未体现刑法规制的独立性。刑法规制独立性的偏离与行政监管缺失有一定的关联。行政监管充分发挥管理职能，对违法违规私募及时开展行政稽查，对涉嫌犯罪问题及时移送，也就是《刑法》在规制非法集资时所扮演的不应只是终结者的角色，在犯罪起始阶段也应有遏制的必要性与可能性。尤其行政监管部门相对公安机关在发现非法集资并及时查处方面理应更及时有效，行刑有效衔接可将私募类非法集资扼杀在萌芽或起步阶段，以避免损失进一步扩大给金融秩序带来更大的危害。

《私募投资基金监督管理条例》要点解读

陈　胜[*]

《私募投资基金监督管理条例》整合近年来私募基金行业的先进监管经验和自律规范，以防范行业重大风险为基础要求，通过相关制度构建，发挥私募基金行业服务实体经济、支持科技创新的作用。

《私募投资基金监督管理条例》（以下简称《条例》）自 2023 年 9 月 1 日起施行。历经十年的打磨，《条例》在行政法规的层面填补了私募投资基金（以下简称"私募基金"）监管规则的空白，推进了监管的法治化、规范化，具有里程碑式的意义。《条例》的出台，对保护投资者及相关当事人合法权益，推进私募基金行业规范健康发展、防范化解风险，充分发挥私募基金服务实体经济、促进

＊ 陈胜，北京大成（上海）律师事务所高级合伙人、西北政法大学金融与法律研究院副院长，中央财经大学法学博士、复旦大学经济学博士后。

科技创新具有重要的积极意义。

一、《条例》的出台是私募行业发展的必然要求

近年来，我国私募基金行业发展迅速，体量逐渐增大。据中国证券投资基金业协会（以下简称"基金业协会"）统计，截至 2023 年 5 月，我国已登记的私募基金管理人达到 2.2 万家，私募基金超 15.3 万只，基金规模在 21 万亿元左右，私募基金整体规模居全球前列。随着行业的发展，与私募基金相关的风险和问题逐渐暴露，制定具有法律效力的配套监督管理规则的需求日益增强。

《条例》在行政法规层面强化了私募基金监管规则的体系性。《条例》明确了指导私募基金行业运行的上位法，以行政法规的形式固定了当下对私募基金的主要监管要求，并将违反相关规定的法律责任提高到了行政法规对应的层次。《条例》的颁布，在私募基金领域形成了以《中华人民共和国证券投资基金法》（以下简称《证券投资基金法》）、《条例》为顶层制度设计，证监会《私募投资基金监督管理暂行办法》《关于加强私募投资基金监管的若干规定》等部门规章及规范性文件为具体执行骨干，中基协《私募投资基金登记备案办法》行业自律规则为配套的较为完整的监管规则体系。

《条例》充分反映了对私募基金行业的监管需求。自《条例》首次被纳入国务院立法计划至今已有近十年的时间。在私募基金规范发展的进程中，监管部对私募基金本身存在的风险和可能的违法违规问题产生了一定的认识，并积累了相关的经验；私募基金行业自身也根据长期实践，形成了相应的行业运行规范。《条例》充分吸取上述意见，基于市场改革深化需要及行业发展的客观要求，以上位法的形式对得到高度关注的问题予以明确。比如，《条例》认可了私募股权基金和私募创投基金的法律地位，填补了 2015 年修正的《证券投资基金法》的空白；《条例》还充分认可并支持私募基金在服务实体经济、支持创业创新等方面发挥的积极作用，首次以创业投资基金专章的形式，对符合条件的私募基金作出国家予以支持的承诺。

二、《条例》在体系和内容上的亮点

《条例》共由 7 章 62 条组成，其内容涵盖私募基金管理人和私募基金托管人的法定职责和禁止性行为、私募基金的资金募集和投资运作要求、国家对于创业投资基金的政策性承诺、证券监管机构的具体职权以及违规的法律责任等。从内

容来看，《条例》代替了《中央编办关于私募股权基金管理职责分工的通知》《中央编办综合司关于创业投资基金管理职责问题意见的函》，从行政法规的层面，明确证监会作为监督管理机构对私募股权和私募创投基金的职权。《条例》充分总结、提炼了私募基金行业现有的监管规则和行业自律规范，是以国务院行政法规的形式，对上述规则的一种"再确认"。这种法规制定模式，一方面确保了相应规则的合理性和可实践性，从而维护了法规的稳定性；另一方面提炼后的"再确认"也为今后证券监督管理机构和行业自律组织根据监管实际需要和行业发展情况，制定相应的实施细则等提供了充分的接口和空间。

三、《条例》重点规则解读

司法部、证监会负责人就《条例》答记者问时明确，《条例》一方面要抓住行业关键主体和关键环节，强化风险源头管控；另一方面还要发挥私募基金行业服务实体经济、支持科技创新的作用。在这一指导原则和总体思路下，《条例》当中以下四点内容值得重点关注。

（一）私募基金底层投资限制

《条例》第 24 条第 2 款对私募基金财产的运用方式作出了负面规定："私募基金财产不得用于经营或者变相经营资金拆借、贷款等业务。私募基金管理人不得以要求地方人民政府承诺回购本金等方式变相增加政府隐性债务。"该款第一句是对资金运用的原则性规定，第二句则是在第一句的大背景下，对压降地方政府债务目的的强调。

相较于证监会《关于加强私募投资基金监管的若干规定》和基金业协会2022 年发布的《私募股权、创业投资基金备案关注要点》中的类似规定，《条例》删除了上述两份文件规定的例外情形，即"以股权投资为目的，按照合同约定为被投企业提供 1 年期限以内借款、担保的除外"。

结合上述文件，笔者理解《条例》明确私募基金财产不得用于性质不符的非私募基金投资活动，包括资金拆借和担保，对上述行为进行了严格的禁止性表述。但如何认定"经营"或"变相经营"、具体行为是否会引起《条例》第 51条下的法律责任，则需要后续监管细则的明确和实践的检验。

（二）私募基金嵌套层级限制豁免

《条例》第 25 条规定："私募基金的投资层级应当遵守国务院金融管理部门

的规定。但符合国务院证券监督管理机构规定条件，将主要基金财产投资于其他私募基金的私募基金不计入投资层级。"该条反映了《条例》希望发挥私募基金支持实体行业作用、培育长期机构投资者的目的。

《关于规范金融机构资产管理业务的指导意见》（以下简称"资管新规"）规定金融机构发行的资管产品不得嵌套多层投资。但此前这一限制是否同样适用于私募基金并无明确结论。《条例》第25条明确了私募基金本身需遵资管新规中有关嵌套的要求。因此，笔者理解，目前实务中常见的私募基金嵌套行为可能受到进一步的规制。

《条例》第25条进一步规定了符合何种条件的私募基金可以被豁免嵌套层级计算。此前证监会就此并没有明确的规定。"将主要基金财产投资于其他私募基金的私募基金"这一表述，可能包括实践中的基金中基金（FOF）和募集层的联接基金。司法部、证监会负责人在《条例》答记者问中明确："对母基金、创业投资基金、政府性基金等具有合理展业需求的私募基金，《条例》在已有规则基础上豁免一层嵌套限制。"因此，笔者倾向于认为《条例》只允许豁免一层嵌套限制，不存在对无限嵌套的豁免；从立法目的上理解，这一规定是出于拓展基金的资金来源、提高投资灵活度而设定的，应主要适用于私募股权基金，而不应适用于私募证券基金。对《条例》第25条的理解与适用，还有待在后续的细则中予以明确。

（三）私募基金财产的募集

《条例》第17条规定："私募基金管理人应当自行募集资金，不得委托他人募集资金，但国务院证券监督管理机构另有规定的除外。"相较于2017年的《条例（征求意见稿）》和基金业协会《私募投资基金登记备案办法》中"基金管理人应当自行募集，或委托符合证监会规定的基金销售机构代为募集"的表述，《条例》排除了委托基金销售机构代销的正向表述。

笔者理解，《条例》第17条并不意味着基金销售机构不得从事代销活动。一方面，《条例》肯定了私募基金在服务居民财富管理等方面发挥的重要积极作用，对私募基金加强监管的要求与基金销售机构代销，二者原则上不相冲突；另一方面，现行有效的《公开募集证券投资基金销售机构监督管理办法》第六章仍保留了基金销售机构可以销售私募证券基金的规定。笔者认为，采用这种表述，主要是出于为今后政策调整预留空间的考量。

此外，《条例》第20条新增了"不得以私募基金托管人名义宣传推介"的规定。这一点与中国银行业协会《商业银行资产托管业务指引》中相关规定保持一致。

（四）私募基金财产的标识

《条例》第 21 条规定："私募基金管理人运用私募基金财产进行投资的，在以私募基金管理人名义开立账户、列入所投资企业股东名册或者持有其他私募基金财产时，应当注明私募基金名称。"私募基金财产应具有独立性。为实现《条例》第 16 条规定的"私募基金托管人应当依法建立托管业务和其他业务的隔离机制"，对私募基金财产进行标识是重要的前提。但是，此前我国尚未建立私募基金财产登记制度，也尚不承认私募基金财产作为财团法人的民事法律主体地位。《条例》规定在开立的账户、股东名册或者持有其他私募基金财产时注明私募基金名称，有助于间接实现私募基金财产的独立性公示。

目前，已有部分地区就私募基金财产登记制度展开相应的先行试点。在深圳市，基金管理人运用契约型私募基金投资企业的，在登记为被投资公司股东或合伙人时，可以在备注中表明其所代表的"契约型私募基金产品"的形式，并予以公示。随着试点的推进和经验的总结，笔者乐观估计，后续可能在更大范围内推行、完善私募基金财产的标识与登记。

《条例》整合了近年来私募基金行业的先进监管经验和自律规范，以防范行业重大风险为基础要求，通过相关制度构建，力图发挥私募基金行业服务实体经济、支持科技创新的作用。《条例》的公布标志着私募基金监管制度的相对完善，对行业具有里程碑意义。目前，《条例》中部分规定尚属概括性与原则性。《条例》如何在既定方向上实现对私募基金及其相关人的明确指导与有效监管，可能对现有的私募基金架构安排产生何种影响，如何更好发挥私募基金在中国特色现代资本市场中的作用，均有待国务院及证券监督管理机构结合其他有关法律法规、部门规章，对配套规则进一步细化与完善。

我国私募基金穿透式监管之适用研究

赵姿昂[*]

2016 年，中央在官方文件中明确提出了"穿透式"监管的理念，由此衍生

---

   [*] 赵姿昂，中央民族大学法学院讲师，研究生导师，法学博士。美国斯坦福大学、英国牛津大学法学院访问学者。研究方向：金融法，商法。

出一个金融监管领域的特有概念，即穿透式监管。2017 年，穿透式监管被扩展到了金融业务的各个层面，金融监管部门也在诸多监管文件中，多次使用"穿透式监管"的字样。不过，这一监管理念目前依然无法形成对资产管理行业的有效规制。故司法实务在借鉴穿透式监管这一理念的基础上，逐渐建立起穿透式审判的裁判思维，以期解决实践中不断涌现的资产管理纠纷。2019 年，全国法院民商事审判工作会议明确指出，要对金融创新业务实行"穿透式监管"，正确认定多层嵌套交易合同下的真实交易关系。同年，最高人民法院印发《全国法院民商事审判工作会议纪要》（以下简称《九民会议纪要》），要求各级法院要"通过穿透式审判思维，查明当事人的真实意思，探求真实法律关系"。

穿透式审判在金融审判领域有很强的适用价值和空间，在金融案件中，经常出现复杂多样的法律关系，导致多层嵌套等问题，涉案资金链冗长，不仅扰乱正常金融监管秩序，还容易被当事人利用从而损害他人利益。[①] 习近平总书记强调，维护金融安全，是关系我国经济社会发展全局的一件带有战略性、根本性的大事。本文以私募基金的穿透式监管为视角，论述私募基金穿透式监管的内容及影响。

一、穿透式监管的概念及提出

穿透式监管是在已有的行为监管和功能监管理论基础之上发展出的监管方法。金融业务或金融行为具有跨行业、跨市场交叉性特征。穿透式监管穿透了金融产品呈现的表象形态，把资金来源、资金流通中间环节与资金的最终去向进行连接起来，结合金融业务和交易行为的实质，对金融机构的业务和行为进行全流程的监管，根据产品的实质功能和法律属性而非表面形态来确定真实的监管主体和适用规则，判断金融业务和行为的真实性质。作为一种监管方法，其依照"实质重于形式"的监管原则解决了金融业务或金融行为经过多个通道或多次嵌套时，对行为类型的判断。[②]

2018 年 4 月 27 日，中国人民银行、中国银行保险监督管理委员会、中国证券监督管理委员会、国家外汇管理局联合印发了《关于规范金融机构资产管理业务的指导意见》，标志着资管业务正式进入统一监管时代。

2020 年以来，中基协持续更新私募登记材料清单，以便利申请机构对照准备相关登记材料。为进一步提高监管透明度，中基协最新修订版登记申请材料清

① 张华宇．资管行业差异化发展之路［J］．中国金融，2017（23）．
② 王兆星．机构监管与功能监管的变革——银行监管改革探索之七［J］．中国金融，2015（3）．

单对私募登记进行穿透式管理，并进一步明确诚信要求。2023 年，中基协发布《私募基金管理人登记申请材料清单（2023 年修订）》，并自 2023 年 5 月 1 日起施行。例如，对于实际控制人，文件明确要求控股股东、普通合伙人、实际控制人为自然人的，应当提交材料说明其负债情况；控股股东、普通合伙人、实际控制人为非自然人的，应当提交最近一年经审计的财务报告。这体现了穿透式监管的要求。

穿透式监管相关文件如表 C1 所示。

表 C1　　　　　穿透式监管相关文件（按照时间先后顺序排列）

发布时间	发布单位	发布文件名称
2014 年 8 月	原证监会	《私募投资基金暂行管理办法》
2016 年 10 月	国务院办公厅	《互联网金融风险专项治理工作实施方案》 《关于开展银行业"监管套利、空转套利、关联套利"专项治理工作的通知》 《关于规范银信类业务的通知》
2017 年 3 月	原银监会	《关于集中开展银行业市场乱象整治工作的通知》 《关于银行业风险防控工作的指导意见》
2018 年 3 月	中国人民银行、原保监会、证监会、国家外汇管理局	《关于规范金融机构资产管理业务的指导意见》
2018 年 9 月	原银保监会	《商业银行理财业务监督管理办法》
2019 年 11 月	最高人民法院	《全国法院民商事审判工作会议纪要》
2020 年 1 月	原银保监会	《信托公司股权管理暂行办法》
2021 年 11 月	原银保监会	《保险集团公司监督管理办法》
2022 年 1 月	原银保监会	《银行保险机构关联交易管理办法》
2023 年 7 月	国务院	《私募投资基金监督管理条例》
2023 年 11 月	国家金融监督管理总局	《商业银行资本管理办法》

二、我国私募基金案件穿透式监管现状

在私募基金发展过程中，常出现的不合规问题如备案手续、信息披露、基金管理原则等，甚至会发生"伪私募"等乱象。穿透式监管体现在对投资者进行实质性核查而非形式性核查，防止私募机构以产品嵌套、合伙、契约等形式突破私募人数的限制，防止私募产品公募化。通过对于案例收集研究发现，对于私募基金适用穿透式监管进行审查，具有以下几种常见情形。

第一，认定以虚假意思表示实施的民事法律行为无效。通过相关判例的梳理，法院在审理金融案件过程中发现当事人交易目的、交易性质与文件表面约定不一致时，该类案件中，法院在审查案件过程中发现当事人真实意思表示与表面上交易文件的记载或实际交易行为不一致，从而援引《民法典》第146条关于隐藏民事法律行为的法律效力规则，认定以虚假的意思表示实施的民事法律行为无效，从而重新界定各方当事人的实质法律关系，即"名为视为"的认定模式。例如，"名为买卖视为借贷""名为合伙视为借贷""名为债权转让和不良资产合作清收视为借贷"等。①

第二，当事人虚假意思隐藏真实交易违反法律、行政法规的强制性规定，或严重违反监管规定损害社会公共利益，从而援引《民法典》第153条，以案涉民事法律行为违反法律、行政法规的强制性规定，或违反公序良俗，认定法律关系无效。

第三，非公开发行证券中的穿透式核查。我国市场中非上市公司居多，但融资需求旺盛。根据《证券法》规定，非上市公司只能采用非公开募集的方式筹集资金，未经依法核准，任何单位和个人不得公开发行证券。对于上市公司而言，除了公开募集资金外，也可以采用非公开的募集方式。基于现行法律法规的规定，对于非公开发行的证券，融资公司有必要对私募基金投资者进行穿透式核查。如果融资基金是契约型或合伙型基金，融资公司与私募机构签署融资协议穿透后的基金最终投资者人数超过非公开发行规定的200人，那么可以认定为融资公司实质上进行了变相的公开发行证券。而根据《证券法》第188条、第189条，公司未经法定机关核准，擅自公开或者变相公开发行证券的，将会受到责令停止发行、处以罚款、依法被取缔、被警告等行政处罚。

2022年9月16日，中基协对近期发现不符合私募基金备案要求的案例进行了公示，包括投资者不具备实缴出资能力、"借道"私募基金进行监管套利、与"黑中介"联合开展违规业务共三种情形。深圳证监局则在7月中旬发布的《深圳私募基金监管情况通报》中指出了私募监管发现的三大典型问题：一是未经登记开展私募业务；二是买"壳"、卖"壳"屡禁不止；三是私募基金管理人管理未备案的私募基金。2021年1月，证监会发布《关于加强私募投资基金监管的若干规定》，私募监管新规正式开始实施。2021年7月，中办、国办印发《关于依法从严打击证券违法活动的意见》，提出强化私募违法行为的法律责任。在

---

① 张盼，朱羿锟. 金融监管视阈下资管产品多层嵌套交易结构的法律规制研究 [J]. 经济法论坛，2019，23（2）：119-134.

2022 年 4 月召开的私募基金与区域性股权市场监管、打非与清整工作会议中，证监会表示，要完善私募基金监管规则，优化私募基金监管和服务，稳妥化解行业风险，推动行业健康发展等。针对底层私募股权机构稳步实施穿透式监管，北京、上海、天津、浙江、四川、深圳等地证监局先后对私募股权公司违规行为下达罚单，涉及管理未备案基金、向不合格投资者募集资金、未及时向投资者披露基金投资组合等问题。从公布的处罚信息来看，被处罚机构最常见的问题是没有履行信息披露义务或者没有充分履行信息披露义务。中基协要求的信息披露，不仅包括产品的重大信息变更和涉及投资者利益的重大事项，还包括所管理产品投资团队高级管理层变更信息、产品备案信息、法规信息、定期报告等。

中基协的监管中还包括对于募集资金行为的监管和对备案的监管，其中对于募集资金行为的监管，主要关注公示是否合规，是否存在公开公示或夸大公示，是否存在保证本金和收益的承诺或变相承诺。以及对合格投资者的确认，投资者是否符合《证券基金法》对合格投资者的要求标准。在备案过程中，主要关注备案材料的真实、准确、完整性，投资行为是否按照基金合同约定真实进行，以及在无托管情况下，是否明确了保障私募股权基金财产安全的制度措施和争议解决机制。

近期，华软新动力等私募 FOF 和云南信托等信托机构，募集资金数十亿元，投向私募基金优先份额。其中，华软新动力旗下产品合计约 20 亿元投向汇盛资产的产品，汇盛资产先前声称自己是做量化对冲策略，实则直接将资金投向瑜瑶投资产品，瑜瑶投资再次下投，经过多重嵌套后，最终穿透到一只没有托管人的磐京股权投资基金。该案例底层私募净值长期造价，多层嵌套导致托管失效，风控失灵。[①]

资管新规发布后私募机构因资金池和承诺收益等违规行为而受到处罚的案例也并不少见，其中鸿坤资产管理（上海）有限公司和北京磐晟投资管理有限公司未按约定履行信息披露义务，实际运作情况与备案信息不符，在穿透式管理的审查下发现其隐瞒信息，受到了中基协的处罚。[②] 还有基金公司因违反穿透式监管而被取消中基协会员资格，据深圳证监局通报，万鼎富通与某集团合作的基金业务，在商业本质上是私募基金通道业务，基金的投资人来源、投资对象、投资方式、投资金额、退出渠道等实操环节均由某集团指定或控制，万鼎富通仅负责基金的设立和运营，未实际勤勉尽职履行管理人职责。并且，万鼎富通管理的私募基金产品与某集团控制的相关企业资金，共同在相关有限合伙企业账户内发生大

---

① 参见：多层套嵌托管失效风控失灵多家机构"踩雷"拷问底层资产真实性 [N]. 中国证券报·中证网, 2023 – 11 – 20.

② "投资变借贷"、违规保本保收益, 2 家私募及 3 位高管遭罚 [N]. 每日经济新闻, 2023 – 08 – 23.

量频繁资金往来，存在将部分后续投资者的资金通过相关有限合伙企业账户转至基金募集账户，并向前期投资者进行收益分配的情形。监管部门通过穿透审查发现事实，并判明性质，认为相关行为构成从事"募新还旧"的资金池业务，对万鼎富通和其两位高管依据《基金法》做出处罚。[①]

三、穿透式审判在私募基金适用的关键问题

（一）刚性兑付

针对刚性兑付问题，在《私募投资基金监督管理暂行办法》《关于规范金融机构资产管理业务的指导意见》《私募投资基金备案须知》中均明确要求禁止刚性兑付，本质原因在于刚性兑付增加了金融系统性的风险，导致私募基金行业的不公平竞争。而刚性兑付对于合同效力的影响问题，在《九民会议纪要》第92条予以明确，即对于保底或者刚兑条款的合同，人民法院应当认定该条款无效。安信信托股份有限公司、湖南高速集团财务有限公司营业信托纠纷案件[②]作为法院援引《九民会议纪要》上述规定的第一案，法院第一层面以案涉《信托受益权转让协议》《补充协议》违反了《信托法》第三十四条"受托人以信托财产为限向受益人承担支付信托利益的义务"的规定，认为协议无效；第二层面则直接援引了《九民会议纪要》第92条，认为双方签订的《信托受益权转让协议》《补充协议》的约定显然是保本保收益的约定，属于刚性兑付的约定，认定该两协议无效。笔者认为，因本案合同存在违反其他法律强制性规定的情形，尚不能直观反映法院对刚性兑付问题的审理逻辑。而在中天钢铁集团有限公司与三度星和（北京）投资有限公司证券投资基金交易纠纷案件中[③]，法院则通过援引了《私募投资基金监督管理暂行办法》中第15条关于禁止刚性兑付的规定，认为虽然违反规范性文件一般情况下不影响合同效力，但该规范性文件的内容涉及金融安全、市场秩序、国家宏观政策等公序良俗的，应当认定合同无效。最终认为案涉《泽芯8号补充协议》中相关保底条款之约定，违背了市场经济基本规律和资本市场规则，也违背了公平原则，该条款本身无效，但并不导致《补充协议》整体无效。由此可见，虽然《九民会议纪要》直接明确了涉及刚性兑付的合同约定无效，但法院审理刚性兑付问题的内在逻辑还是基于刚性兑付的约定不但违反监

[①] 中基协处分〔2023〕200号，来源于中国证券投资基金业协会网站。
[②] 见（2020）湘民终1598号判决书。
[③] 见（2021）京民终59号判决书。

管要求，而且有损金融安全、市场秩序，违反"公序良俗"，从而认定约定无效。且若合同的其他约定是当事人的真实意思表示，并不存在违反法律、行政法规的强制性规定，不损害金融安全、市场秩序，刚性兑付条款的无效效果，并不及于其他合同约定，更不会导致合同整体无效。

（二）通过名义持有人穿透实际持有人

在实践中存在大量代持和代理人持有私募基金的情况，对于不符合投资人资格条件的实际持有人，通过代理人持有的方式签订代理人持有协议，投资私募股权基金。在合同法中认为股权代持和借名合同都是法律行为，当事人通过协商达成一致协议就构成合同成立，但在公法监管角度，借名合同和代持合同是通过规避法律对合格投资者资格的强制性规定来掩盖实际持有人的非法投资。此前的监管环境较为宽松，监管部门对这种代持行为疏于监管，出现了大量代持人违法持有资管产品的行为，如果不及时进行监管纠正，可能导致大量不合格投资者将涌入私募市场，如果不合格投资者的资产规模或风险承受能力要求体量过大，可能导致金融风险的发生，产生群体性事件，因此通过穿透式监管，必须穿透名义持有或借用的法律关系，找出实际投资人，并将代名人股份归还给实际持有人。这样可以消除隐患，实现监管目标。

（三）穿透私募基金底层资产

目前，私募基金的两大特征是通道业务和多层嵌套，因此对底层资产的穿透最重要的是解决通道和多层嵌套的问题，数据显示，通道资管计划已占到资管行业的 60%，私募股权基金最为明显。[①] 银行理财等一些理财产品经常向私募股权基金借款，以达到资本脱衡的目的。这样的通道操作不仅增加了监管的难度，而且容易诱发系统性金融风险，最致命的是可能导致发生监管套利，因此必须坚持将核查渗透到底层资产，深入穿透深层资产。在统一监管标准时，可以参照资管新规的规定，允许资管产品保留一层渠道业务，不得以规避监管为目的的投资范围和杠杆约束。对于多层嵌套的问题，要坚持消除多层嵌套，私募股权基金多层嵌套会导致人为地拉长交易链条，增加交易结构的复杂性，而资金在嵌套结构中的流动可以规避监管，流入某些禁止的领域；金融机构在每一层的嵌套过程中增加了杠杆率，而杠杆的畸形性在每一层嵌套后被放大，一旦其中一层嵌套崩溃，将影响整个链条并引发风险，由于监管部门在嵌套监管上存在滞后性，因此应坚

---

① 段国圣，段胜辉．资产管理业发展的嬗变与未来发展趋势［J］．清华金融评论，2019（2）．

持消除私募基金等资管产品的多层嵌套。

四、我国私募基金穿透式审判适用的建议

（一）加强信息披露规定要求

从处罚案例上看，信息披露的内容要求越来越细致，不再是以往简单的信息告知即可，目前要求将基金从成立，到运作期，再到退出期，全过程的涉及投资者利益信息予以披露。对于最终投资者，一是穿透核查投资者人数，禁止突破200人的人数限制。私募基金的特殊之处在于投资主体非公众化以及募资渠道非公开化，因此，《证券法》明确规定，公募基金和私募基金的投资人数量应当以200人为上限进行区分，渗透监管也应当保持与《证券法》相同的刚性要求，确保最终投资人不得超过投资人人数的底线。我国监管部门可以借鉴美国《1940年投资顾问法》，对投资者数量的核查对机构投资者背后的自然人和法人是清楚的，即使作为投资人的资产管理计划，当其投资达到一定水平时，也必须渗透到其背后的个人投资者中，从而摸清实际投资人的真实数量，实现穿透式监管。

（二）注意审查边界

在商事交往过程中，商事外观主义作为重要原则，其本质上与商事行为具有标准性、独立性、要式性等特点相关。若司法对于金融交易进行过度干预，必然会影响金融市场的创新性发展，也会一定程度上打破金融市场参与者的稳定预期。穿透式监管不是无界限的"一查到底"，例如，在非标产品中，产品管理人所监督的资金走向，应限于与融资人共管账户的范围内，如果超出这个范围，管理人不再控制第三方乃至第四方的账户，也就不具备进一步监管的条件，同样也就不应该继续承担监管义务。但实际上，正是在管理人本身所负有监管义务的范围之内，如果管理人审查了交易的合同、发票、收发货记录等文件，且能确认其真实性，则应当认为产品的资金完成了使命，进行了合法合理的交易，不应再进行进一步的穿透审查。在私募基金穿透式审判适用过程中，"穿透式审判思维"确实有利于防范和化解金融风险，但司法审判也不能对于商事交易进行过度干预，损害金融市场的创新性，有碍金融市场的发展。

（三）完善私募基金穿透式监管规范依据

虽然穿透式监管在金融监管领域已经得到认可和接受，也得到了许多监管主

体出台的相应政策文件的确定，但目前，一是我国的穿透式监管仍然只停留在法规的法律层面，没有触及基本法律的阶层，无法充分发挥基本法在法律文件中的框架协调和统一作用。二是使得渗透监管在私募监管领域仍被定义为一个实用概念，而非具有明确内涵的法律概念。因此，完善私募基金穿透式的首要任务是提高监管依据的效力水平，填补法律空白。

可以通过在监管法律中增设私募基金监管的相关条款，针对私募基金问题设立专门章节或专门条款，对我国私募基金行业现行的功能监管及穿透式监管定性予以明确，而后依据法律定位明确相应的监管权限、监管主体、行为方式、责任结果等核心要件。

五、结　语

大资管时代的到来，除给金融市场带来繁荣红利的同时，也给金融监管带来了很严峻的考验和挑战。私募基金作为资管行业中重要组成部分，对我国的金融发展走向起着关键作用，私募基金的监管转型也备受关注。私募基金监管创新理念体现了对跨行业交叉和多层嵌套的适应性。我国将穿透式监管适用于私募基金以来，在实践中取得了相当的成效，对于维护保障金融消费者以及防范化解金融风险都有很大帮助。但是穿透式监管至今仍未达到与功能监管、分业监管等其他监管模式对等的法律地位，其尚未被任何国家、任何组织正式认定为一种法定的金融监管模式。我国现阶段虽将穿透式监管适用于私募基金在内的资管领域，但也仅仅是将其作为一种辅助监管功能实现的监管方式。我国新修订的《证券法》明确将职能监管作为未来监管模式的发展方向，并未涉及目前实施的穿透式监管，因此未来穿透式监管的发展仍有待进一步研究和探讨。

私募基金管理人违反忠实义务责任规制及裁判路径

周家明　华慧敏[*]

私募基金是指以非公开方式向特定投资者募集资金并以特定目标为投资对象的投资基金，该特定投资者与私募基金的管理人之间系信义关系，即投资人基于

＊　南京市中级人民法院。

对管理人业务能力和职业操守的信任，将财产和权利全部交给管理人，对财产不再享有控制权；管理人提供专业的资产管理服务，享有对财产的全部控制权。在双方信息严重不对称的情况下，管理人很可能会出现滥用权利和怠于履行义务的情况[1]，例如，通过修改合同条款、隐瞒或提供虚假信息、擅自挪用基金财产等行为，为自己谋利和损害投资者利益。同时投资人也可能会因涉及财产较多等情况怠于监督，因此我们需要通过具有强制力的私法规则来约束基金管理人的行为。其中管理人的信义义务以信义关系为基础，贯穿私募基金的全过程，而忠实义务又是信义义务的核心，因此是破解私募基金风险的关键。[2]

一、私募基金管理人忠实义务的规制渊源

（一）英美法系的起源规定

信义义务的概念起源于英国法并产生于信托关系中，此时信义义务一般单指忠实义务。为了使信托受益人的权利获得切实保护，信托受托人的忠实义务在衡平法中得以确立。后来，信托被广泛应用于商事领域，形成了以忠实义务为核心的信托传统。直至今日，除了信托关系、公司董事、代理人以及合伙人四种类型的法律关系蕴含信义义务外，监护人与被监护人、律师与客户、破产清算人与债权人、银行与客户、投资顾问与委托人之间都被逐步确认存在信义关系，且仍处于不断扩张的状态。[3] 美国法则进一步发展并丰富其内涵，将信义义务的内容拓展至忠实义务和注意义务两种。

当前的英美法理论，通常将忠实义务理解为控制受托人裁量权[4]，即投资标的往往被限制在较窄的范围内，以免受信人滥用裁量权。美国《信托法重述》界定的忠实义务则是受托人只能为了受益人的利益，不能为自己、第三人的利益行事。然而次贷危机之后，为了度过经济危机并扶持创投企业，美国政府试图通过放宽对私募基金的监管、设置宽松的注册制度、扩大受信人的自由裁量权，以缓解中小微企业的融资压力。[5] 由此可见，美国法中会根据市场环境以及社会群体的倾向不断调整信义义务与自由裁量权的动态平衡关系，之后也通过奥巴马政府

---

① 肖宇. 股权投资基金治理机制研究——以有限合伙制基金为中心 [J]. 社会科学研究，2010（3）.
② 王涌. 信义义务是私募基金业发展的"牛鼻子" [J]. 清华金融评论，2019（3）.
③ 张路. 诚信法初论 [M]. 北京：法律出版社，2013：24.
④ 姜雪莲. 忠实义务的功能：以学说为中心 [J]. 中国政法大学学报，2016（4）.
⑤ 许多奇. 论全周期视野下私募基金管理人的信义义务 [J]. 武汉大学学报（哲学社会科学版），2022（5）.

颁布信托规则、第五巡回法院驳回该信托规则、美国证券交易委员会颁布最佳利益条例等方式尝试解决利益冲突等问题。

（二）德日法中的忠实义务借鉴

德国法框架下的忠实义务表现为以诚实信用原则为依据的诚实义务，其内涵相当于英美法中的忠实义务，如禁止利益冲突以及禁止竞业业务，例如，《德国商法》第 6 条规定不得以自己或第三人的计算经营使用人的业务，《德国民法》第 181 条规定禁止代理人的自我交易和双方代理，避免委托人与代理人之间发生利害冲突的可能性、避免利益冲突。此外，德国学者也在努力扩大诚实信用原则的适用范围，并发展独立于诚实信用原则的诚实义务，例如，《德国民法》第 675 条规定的一般的委托、事务管理合同，受托人、事务管理人是否应当受到诚实义务的约束，有的学者主张应该承认委托等关系中存在特殊的诚实义务等。①

日本法与德国法的规定相类似，日本《信托法》第 30 条中规定了受托人的忠实义务，但是并未对其含义和内容做出界定，在其学术界，对于忠实义务的理解与英美法是相同的。以这样的忠实义务为前提，日本《信托法》第 31 条规定了禁止受托人与受益人的利益冲突行为，第 32 条规定了受托人的竞合行为等，但存在与善管义务边界模糊的问题。②

（三）我国忠实义务的发展脉络

我国私募基金的发展相较于公募基金有所迟缓，2003 年《证券投资基金法》只对公募证券投资基金的基金管理人义务作出了原则性规定。2004 年 2 月，深圳国际信托投资公司发行了"深国投·赤子（中国）集合资金信托"，这是国内第一个由私募机构作为投资顾问的私募基金产品。之后忠实义务的规定陆续分布在《中华人民共和国信托法》《中华人民共和国公司法》《中华人民共和国证券法》等多部商事法律中，但适用范围有限，尤其不适用于有限合伙形式私募基金的基金管理人。直至 2013 年 6 月，《中华人民共和国证券投资基金法》将私募基金纳入协调范围，构建了与公开募集有所区别的制度框架，中国私募基金进入了阳光化的发展阶段。2014 年 8 月，证监会出台了《私募投资基金监督管理暂行办法》，在该办法第 4 条中对基金管理人的义务做了原则性规定："应当恪尽职守，履行诚实信用、谨慎勤勉的义务。私募基金从业人员应当遵守法律、行政法规，

---

① 李继霞，罗心晔. 我国私募基金管理人信义义务之检视 [J]. 新经济，2023（3）.
② 楼建波，姜雪莲. 信义义务的法理研究——兼论大陆法系国家信托法与其他法律中信义义务规则的互动 [J]. 社会科学，2017（1）.

恪守职业道德和行为规范。"其他的义务散见于资金募集、投资运作各章之中。之后，证券投资基金业协会于 2014 年 12 月发布《基金从业人员执业行为自律准则》，大体建立起了我国对私募基金管理人行为的规范体系。[1] 2023 年 7 月，《私募投资基金监督管理条例》出台，该条例作为我国私募投资基金行业的首部行政法规，对于私募基金管理人的忠实义务也做了相应的规定。

二、私募基金管理人忠实义务的内容剖析

（一）忠实义务的基本内涵与特征

信义义务以双方当事人之间的信义关系为基础，即一方当事人基于对另一方当事人的信任，将财产和权利全部或部分交给另一方当事人，由此另一方当事人需要承担一定的义务。该义务分为忠实义务和注意义务两种。忠实义务是对基金管理人的"道德要求"，要求管理人应绝对忠实于受托目的与受益人的利益，不得违背委托人利益最大化的原则，是一种消极义务。[2] 而注意义务则是对基金管理人"能力"方面的要求，是一种积极义务，基金管理人在作出经营决策时应当审慎、勤勉，并具有专业水平。[3]

忠实义务具有刚性特征，也即法律强制性义务，它不同于可以基于当事人意思自治而变更或排除的任意性规范。在不同的条件下，忠实义务的严格程度会有所不同，例如，委托财产与委托权利的分离程度、受市场环境影响的大小等。

（二）不同形式基金组织的忠实义务

私募基金包含公司制、契约型和有限合伙制三种组织形式，私募基金采取哪种组织形式主要受以下几个方面因素的影响：一是投资人希望参与投资决策机制的深度。公司型私募基金的投资者往往能发挥更大主导作用，契约型基金的投资者往往是通过信息披露的形式被动地了解私募产品和项目信息，有限合伙形式则介于两者之间。二是投资登记和市场准入方面的特殊要求。投资未上市公司股权需要办理企业变更登记，若以契约型基金进行投资，该股东到底是登记为管理人还是私募基金存在争议，而投资有限合伙企业和投资有限责任公司可以解决投资标的登记问题，且前者比后者更方便，年度备案的披露要求也更为宽松，具备更

[1][3] 肖宇，许可. 私募股权基金管理人信义义务研究 [J]. 现代法学，2015（6）.
[2] 吴寒. 私募基金管理人的信义义务边界刍议 [J]. 中外企业文化，2022（11）.

高的隐私水平。三是税负水平。公司型私募基金投资运作除缴纳增值税外，投资收益还须缴纳 25% 的企业所得税，若再向投资者分红，还要缴纳个人所得税，而合伙不具有法人资格，可以有效避免双重所得税的收缴。当然，契约型基金的税额在三者中最低。① 基于上述诸多因素的考量，有限合伙制是目前最为主流的形式。投资人作为有限合伙人认缴绝大部分的出资但不参与具体运营管理，以出资额为限承担有限责任；基金管理人担任普通合伙人，负责基金投资运作事务，对基金债务承担无限连带责任。

不同组织形式下私募基金的忠实义务存在表现形式的区分：在公司制私募基金组织架构中，公司管理者通常仅对股东而非其他债权人承担忠实义务，而公司董事对于股东的忠实义务也正是私募基金忠实义务的体现②；有限合伙型基金管理人具有类似受托人的法律地位，所承担的义务也是类似于受托人的信义义务；契约型基金又叫作信托型基金，管理人和投资者的关系体现的是信托法上的信义关系。③ 由此可见，无论是哪一种形式，管理人和投资者之间的关系都是信义关系，只是可能会出现管理人的水平高低以及违反义务类型、程度的差异。因此从本质上来说，不管是何种形式下的私募基金，管理人都应当对投资者负有同等的忠实义务。

（三）基金运营不同阶段对忠实义务的要求

1. 私募基金融资阶段

在私募基金的融资阶段，基金管理人需要承担禁止欺诈义务与公平对待义务。

所谓禁止欺诈义务指的是基金管理人在向潜在投资人推销或路演时须全面、客观反映私募股权基金的相关重要事实，包括重要特性和投资方向、既往业绩、投资回报、利润分配和或有风险等，语言表述应当真实、准确和清晰，不得违规承诺收益或者承担损失，不得夸大或者片面宣传业绩，违规使用安全、保证、承诺、保险、避险、有保障、高收益、无风险等与私募投资基金风险收益特性不匹配的表述。④ 相应地，我国《私募投资基金监督管理条例》第 32 条也规定了私募基金管理人不得向投资者承诺投资本金不受损失或者承诺最低收益，该义务也有助于打击以私募基金为名义进行非法集资的活动。

2. 私募基金投资阶段

在私募基金的投资阶段，基金管理人需要承担公平交易义务与正当交易义务。

① 许多奇. 论全周期视野下私募基金管理人的信义义务［J］. 武汉大学学报（哲学社会科学版），2022（5）.
② 邢会强. 金融机构的信义义务与适合性原则［J］. 人大法律评论，2016（3）.
③ 张润竹. 私募基金管理人信义义务规则司法适用研究［D］. 南京：南京大学，2020.
④ 陈宝富，周少怡. 私募与非法集资犯罪的边界［J］. 法学，2013（11）.

传统的公平交易义务理论以禁止冲突规则和禁止获益规则为核心，解决的是私募基金投资过程中的利益冲突问题，包括自我交易和共同交易等。自我交易是指基金与管理人进行直接或间接的交易，或者管理人与基金的交易有利害关系。共同交易是指基金管理人管理的多只基金存在同向的利益关系，可能出现利益争夺的情形。另外，这种利益冲突禁止还表现在管理人与基金托管人不得为同一机构，不得相互出资或持有股份，以使托管人能起到对管理人的监督作用。① 但是在现代的"公平交易义务"理论中，法律规制的标准从"唯一利益"走向了"最佳利益"。即如果这种交易行为虽然对基金管理人有好处但是并不危害投资人的利益，或者投资人予以允许，则没有必要禁止。我国《证券投资基金法》的最新修订版也体现了这一理念，其取消了以前禁止证券投资基金相关人员从事证券交易的规定，并在第17条、第21条、第73条规定了，基金管理人在以基金份额持有人利益优先的原则下，可以买卖与其有利害关系的证券或从事重大关联交易，该理念也更适用于私募基金的实践。

正当交易义务指的是基金管理人在基金运作过程中应当遵守法律底线，不得违反证券相关法律规定，破坏经济、金融秩序。具体违法行为包括但不限于侵占、挪用私募基金财产，利用职务便利以收取咨询费等名义牟取非法利益，利用未公开信息进行"老鼠仓交易"或泄露未公开信息给他人从事交易，从事内幕交易、操纵证券期货市场及其他不正当交易活动。

3. 私募基金管理阶段

在私募基金的管理阶段，基金管理人需要承担不转移管理义务与信息披露义务。

不转移管理义务是指基金管理人必须亲自执行管理事务，在未经投资人一致同意或没有正当理由的情况下，不得再委托第三人代为履行。私募基金合同中的关键人条款就是不转移管理义务的表现，当原来约定的管理人或团队中的核心人物从基金离职，或者无法将时间和精力投入该基金时，投资人可以中止后续投资，直到被认可的新管理人出现。此外，在实践中，基金通常会聘请专业的基金管理公司进行基金实际运营，在这种情况下，基金管理公司的选择与任免应得到全体投资人的同意才能有效。②

此外，基金管理人还应当负有信息披露义务，《私募投资基金监督管理暂行办法》第24条规定："私募基金管理人、私募基金托管人应当按照合同约定，如

---

① 梁清华. 论我国私募基金托管人制度的重构［J］. 暨南学报（哲学社会科学版），2014（10）.
② 肖宇，许可. 私募股权基金管理人信义义务研究［J］. 现代法学，2015（6）.

实向投资者披露基金投资、资产负债、投资收益分配、基金承担的费用和业绩报酬、可能存在的利益冲突情况以及可能影响投资者合法权益的其他重大信息，不得隐瞒或者提供虚假信息。信息披露规则由基金业协会另行制定。"

4. 私募基金退出阶段

在私募基金的退出阶段，基金管理人需要承担有效退出义务。虽然管理者未按约定进行清算主要体现的是注意义务也即勤勉义务的内容，但是忠实义务的履行应当贯穿私募基金运行的全过程，以达到有效退出的目的。

私募基金的投资退出存在多种选择。从是否存在交易对手的角度出发，可以分为无交易对手的退出（被投资企业首次公开发行股票或企业解散清算）与有交易对手的退出（股权转让）。① 就前者而言，基金管理人主要负有合法行事义务，无论是国内上市还是境外上市，无论是破产清算还是解散清算，被投资企业均面临纷繁复杂的监管规定，都需要遵循具体细微的程序要求，基金管理人对此应最大程度促使基金和企业严格依法行事。就后者而言，基金管理人主要负有公平交易义务。除了防范前文所述的利益冲突外，更有必要从实质上对转让价格是否"公平"作出判断。

三、违反忠实义务的司法裁判路径

（一）违反忠实义务的裁判基础

1. 明确请求权基础与归责原则

私募基金案件的案件事实往往存在违约和侵权的竞合，因此原告需明确请求权基础。一般情况下，原告在起诉时对请求权基础已作出选择，但有时候原告为了最大可能实现其诉讼利益，可能会坚持依据违约的请求权基础的同时将分属不同法律关系的若干主体作为被告提起诉讼，此时法院应向原告进行释明，由其进行选择。在具体的归责原则上，虽然《证券投资基金法》并未明确过错原则，但立足于私募基金"卖者尽责、买者自负"的运行机理，管理人的过错均是其承担违约或者侵权责任的前提，因此，归责原则适用过错原则更为适宜。②

---

① 沈伟. 中国公司法真的能"孵化"私募投资吗？——一个基于比较法语境的法经济学分析［J］. 当代法学，2014（3）.
② 潘娟，刘欢. 私募基金类案件的审理难点与裁判思路［J］. 山东法官培训学院学报（山东审判），2022（1）.

2. 合理分配举证责任

举证责任分配是案件审判需要解决的基础性问题之一。鉴于投资人与管理人在交易信息、专业知识等方面具有不对称性，即案件事实的证明材料往往掌握在管理人手中，因此该类案件应根据《九民纪要》第 75 条、第 94 条的规定，由投资者对购买基金产品、遭受的损失等事实承担举证责任；由管理人对其履行了适当性义务、忠实义务和勤勉义务承担举证责任。此外，对于合同约定缺失而投资者又无法证明的情形，也应转由基金管理人承担举证责任。

（二）违反忠实义务的情形认定

1. 基金运营过程中违反忠实义务的认定

基金运营过程主要包括基金的募集、投资与管理三个阶段，在这三个阶段中，公平对待义务、公平交易义务以及信息披露义务是投资人在司法实践中起诉的重点。因具体情形的不同会存在不同的判决结果，详情见表 1。

表 1 穿透式监管相关文件（按照时间先后顺序排列）

案号	义务	具体情形	法院认定及理由
（2020）粤 0391 民初 2174 号	公平对待义务	案涉管理人同时管理了两只投向相同的基金，其中一只基金的投资人以管理人未在相同时点抛售基金所持有的上市公司股份	不违反忠实义务。由于基金内部机制、投资人的风险承受能力存在差异，因此法院认为管理人作出不一样的判断具有合理性
（2020）鲁 71 民初 151 号	公平对待义务	基金管理人先向同期及在后的投资者分配	法院认定违反忠实义务，违反了平等分配权
（2020）粤 03 民终 22461 号	公平交易义务	投资人以管理人未按期指令于解禁后立即抛售，主张管理人对该资管计划造成的经济损失承担差额赔偿义务	一审法院判定管理人赔偿，二审法院从公平交易原则入手，判定管理人考量了其他产品的"公平交易"因素，依法履职
（2020）粤 01 民终 15306 号	信息披露义务	甲公司在基金单位累计净值低于 0.8 时未履行通知义务	法院认定违反忠实义务，但投资者也存在过错
（2019）沪 0115 民初 68308 号	信息披露义务	基金管理人未披露风控措施	法院认定不违反忠实义务，风控措施并非合同约定的披露范畴，且风控措施不是影响投资人重大利益的重要事项，且法律并未规定管理人需要公开风控措施
（2018）京 03 民终 13862 号	信息披露义务	基金管理人未提供证据证明其按照合同的约定履行了信息披露义务	法院认定违反忠实义务，但投资损失的主要原因系市场波动

由此可见，由于资产管理市场的专业性，在司法实践中法官往往会结合案情

对管理人是否违反忠实义务以及违反程度进行综合性认定，并未苛责管理人僵化遵守该项义务，而是赋予了管理人合理的操作上的能动性。例如，公平对待义务中的"公平"并非形式公平，即要求管理人对不同的基金采取完全相同的行为，事实上，在投资人、基金情况不同的情况下，管理人采取适当差异化的投资策略也是被允许的。此外，信息披露义务的范围也并非全部事项，会根据合同约定、法律规定以及是否影响投资人利益进行综合判断。

2. 基金退出阶段违反忠实义务的认定

基金退出清算时违反忠实义务的认定情况颇为复杂，主要依靠法官的主观裁量，需具体问题具体分析：一是私募基金合同清算条款规定不够明晰的情况下，管理人可能会通过延长期限、债转股等方式避免清算，也可能会主张未能清算的原因是股权无法变现，而非主观过错从而逃避责任。二是部分基金管理人的义务履行能力和诚信意识不足，例如，因自身水平不够或者非诚信行为导致投资者退出条件未充分满足从而损害投资者利益，甚至又会在诉讼中以退出条件未满足为由对投资者退出请求进行抗辩①。三是部分投资者对于投资的预期过高导致私募基金不能清算。在这种情况下，投资者倾向于认为前述情况系由于管理人未尽忠实义务所致。但是基金管理人的忠实义务更多强调的是过程性义务而非结果性义务，投资人如因基金的最终投资结果未达到预期，即要求管理人承担责任，也与"卖者尽责，买者自负"的精神不相符合。

（三）违反忠实义务赔偿责任的认定

1. 赔偿责任的主体确立

私募基金在募集、投资、管理和退出阶段往往会存在不同的参与主体，因此该类案件的被告除了管理人之外，还会涉及托管人、外包服务机构、代销机构、底层实际用款人等，投资者为了最大可能实现其诉求，会要求其他主体承担连带赔偿责任。

以张某某与甲信托、乙资管公司之间的侵权责任纠纷［（2019）京 0105 民初 87360 号］一案为例。在该案中，甲信托以不应主动管理为由，对投资人的资金损失持放任态度，未尽到谨慎有效管理并维护受益人最大利益的法律义务，因此法院判决其应与资管公司承担连带赔偿责任。但是该判决引起了学术界和司法界的争议，现已发回重审。有学者认为，基金管理人和托管人的责任应当进行区分。由于《证券投资基金法》规定托管人的信义义务不得约定排除，因此可能会

---

① 江西省南昌市东湖区人民法院（2020）赣 0102 民初 697 号民事判决书。

得出"托管人承担连带责任"的法律适用效果。[①] 但实际上负责保管财产和监督职责的托管人，与负责决策和实施投资行为的管理人各司其职，如果严格施加"共同连带责任"，易使托管人丧失托管热情，与基金管理人之间推诿责任，或尽量在文件中限缩己方义务，反而不利于忠实义务的贯彻和落实。[②]

该案之后，托管人及其他主体的赔偿责任也引起了各界关注。值得明确的是，在现行法律规范配置下，托管人不负有处置基金风险的义务，不应为管理人的失职而买单；外包服务机构在按约履行了基金运营服务义务的情况下，也不应对投资后果承担责任；而实际融资者不属于合同相对方，大多不需要向个体投资者进行赔付。代销机构的情形则相对特殊，由于在基金募集阶段，代销机构主要负责向合格投资者宣传推介产品，因此其负有信息披露与风险提示的义务，需要承担一定的责任。[③]

2. 赔偿责任的范围确定

赔偿责任的范围通常是投资者的实际损失，也即管理人违反忠实义务所获得的利益，对此，司法实践中，一般认为投资者可以请求将管理人违反忠实义务所获利益归入基金财产，而在管理人未取得全体投资者或者投资者认可的决策机制同意，擅自将私募基金财产直接或间接投资于私募基金管理人、控股股东、实际控制人及其实际控制的企业或项目，甚至直接或者间接侵占、挪用私募基金财产的情况下，可以按照基金合同约定的赔偿方法进行，如果没有约定的，除应归还基金财产外，还应按照全国银行间同业拆借中心公布的一年期贷款市场报价利率计算资金占用利息。《私募投资基金监督管理条例》第55条、第58条也规定了相应的行政责任。当然，在管理人财产不足以同时支付的情况下，应先承担民事责任，从而最大限度地保护投资者。

在管理人完全违约或者违反义务的情况下，投资者的实际损失通常为投资人的所有投资本金及其占用期间的利息。在复杂情况下，基金的清算结果成为认定投资损失或者获益的重要依据。但是在实践中，管理人常以各种理由推迟清算，并以未经清算不能确定投资者的实际损失为由进行免责抗辩。[④] 因此，在这种情况下，可以先进行赔偿认定，待清算后再扣除相应的金额，否则不利于投资者利益的合法保护。

---

① 洪艳蓉. 论基金托管人的治理功能与独立责任 [J]. 中国法学，2019（6）.
② 许多奇. 论全周期视野下私募基金管理人的信义义务 [J]. 武汉大学学报（哲学社会科学版），2022（5）.
③ 潘娟，刘欢. 私募基金类案件的审理难点与裁判思路 [J]. 山东法官培训学院学报（山东审判），2022（1）.
④ 孔燕萍. 私募基金管理人及控股股东违反信义义务之赔偿责任 [J]. 人民司法，2023（2）.

3. 赔偿责任的比例认定

赔偿责任的比例则可结合基金管理人的过错程度予以认定，通常分为完全赔偿责任、主要赔偿责任和次要赔偿责任。

在管理者未履行义务或者违反义务，并且该违反义务的行为与损害结果存在主要因果关系的情况下，通常由其承担投资者的全部损失，例如，在甲基金、乙公司与刘某某其他合同纠纷上诉案 ［（2020）沪 74 民终 1046 号］ 中，基金管理人未对基金的最终投向履行谨慎尽调义务，后基金投向被证明为违法项目，基金无法正常退出，法院判决管理人返还投资本金及资金占用损失。在周某诉甲资管、乙集团其他合同纠纷案 ［（2021）沪 74 民终 375 号］ 一案中，由于管理人在投资阶段未对投资范围内的投资标的履行尽调义务，在管理阶段未对基金财产尽到有效管理义务，因此法院判决管理人甲资管赔偿投资人所有投资款、认购费，并按同期银行贷款利率计收资金占用费。

此外，司法实践中也存在由管理人承担次要责任的情形，也即承担 20% ~ 30% 的赔偿责任。由于私募基金具备一定的市场性，因此市场波动也可能会成为损失的主要原因。例如，在彭某与甲信托之间的营业信托纠纷 ［（2018）京 03 民终 13862 号］ 一案中，虽然管理人未履行信息披露义务，导致投资人丧失现金补仓的选择权，但是彼时恰逢股灾，因此法院认定市场波动系投资损失的主要原因，管理人履职不当系次要原因。在甲银行与乙信托之间的营业信托纠纷 ［（2020）京 02 民初 302 号］ 一案中，经分配信托收益后，甲银行的损失金额为 17873 余万元，最终法院综合考虑乙信托未能勤勉尽责管理信托事务的整体情况和股票市场风险等因素，酌定乙信托赔偿甲银行信托资金损失 3000 万元。而投资人在私募基金运行过程中并非全无过错，例如，在吴某某与甲公司之间委托理财合同纠纷 ［（2020）粤 01 民终 15306 号］ 一案中，由于投资人自身未积极配合管理人履行通知义务导致管理人存在通知障碍，因此法院判决管理人承担次要赔偿责任。

四、结　语

信义义务是防止私募基金管理人滥用权利和财产，保护投资人利益的核心私法规范，其中忠实义务是信义义务的核心，具有刚性的特征。忠实义务起源于英美法系，在大陆法系国家有不同的发展，我国则以上述两种法系的忠实义务为基础，并结合自身国情与市场特点，逐步出台《证券投资基金法》《私募投资基金监督管理暂行办法》《私募投资基金监督管理条例》等多部法律规范，对忠实义务的概念与承担的责任进行了界定。忠实义务在不同的基金组织形式以及基金的融资、投资、管理和退出等环节有其不同的侧重点与表现形式，综合来说存在禁止欺诈义务、公平对待义务、公平交易义务、正当交易义务、不转移管理义务、信息披露义务以及有效退出义务七种。在司法实践中，由于违反忠实义务的情形错综复杂，因此在裁判标准设定上存在难点，在明确请求权基础、归责原则以及举证责任分配的前提下，需要结合相关法律规范规定，并借鉴学者以及优秀司法判例的做法，逐步确立起具体情况下违反忠实义务的认定标准以及相应的赔偿责任。此外，为了更好地促进忠实义务的司法实践，建议私募基金管理人在私募基金募集和运作之初，确定合适的法律关系性质和私募基金组织形态，并在协议中明确管理人权利义务的内涵和外延、设计合理适恰的条款、违约责任和损害赔偿计算以及争端解决方式，以促进忠实义务在司法实践中的切实履行。

参考文献

肖宇. 股权投资基金治理机制研究——以有限合伙制基金为中心［J］. 社会科学研究，2010（3）.

王涌. 信义义务是私募基金业发展的"牛鼻子"［J］. 清华金融评论，2019（3）.

张路. 诚信法初论［M］. 北京：法律出版社，2013.

姜雪莲. 忠实义务的功能：以学说为中心［J］. 中国政法大学学报，2016（4）.

许多奇. 论全周期视野下私募基金管理人的信义义务［J］. 武汉大学学报（哲学社会科学版），2022（5）.

肖宇，许可. 私募股权基金管理人信义义务研究［J］. 现代法学，2015（6）.

李继霞，罗心晔. 我国私募基金管理人信义义务之检视［J］. 新经济，2023（3）.

楼建波，姜雪莲. 信义义务的法理研究——兼论大陆法系国家信托法与其他法律中信义义务规则的互动［J］. 社会科学，2017（1）.

吴寒. 私募基金管理人的信义义务边界刍议［J］. 中外企业文化，2022（11）.

邢会强. 金融机构的信义义务与适合性原则［J］. 人大法律评论，2016（3）.

张润竹. 私募基金管理人信义义务规则司法适用研究［D］. 南京：南京大学，2020.

陈宝富，周少怡. 私募与非法集资犯罪的边界［J］. 法学，2013（11）.

梁清华. 论我国私募基金托管人制度的重构［J］. 暨南学报（哲学社会科学版），2014（10）.

沈伟. 中国公司法真的能"孵化"私募投资吗？——一个基于比较法语境的法经济学分析［J］. 当代法学，2014（3）.

洪艳蓉. 论基金托管人的治理功能与独立责任［J］. 中国法学，2019（6）.

孔燕萍. 私募基金管理人及控股股东违反信义义务之赔偿责任［J］. 人民司法，2023（2）.

潘娟，刘欢 . 私募基金类案件的审理难点与裁判思路 ［J］. 山东法官培训学院学报（山东审判），2022（1）.

对"金融消费者"误解的澄清
——评金融监管总局 2024 年 1 号公告

陈　胜* 杨景逸**

一、2024 年 1 号公告内容概述

2024 年 6 月 28 日，国家金融监督管理总局（以下简称"金融监管总局"）和中国人民银行（以下简称"央行"）、国家证券监督管理委员会（以下简称"证监会"）联合发布了 2024 年第 1 号《关于金融消费者权益保护相关工作安排的公告》（以下简称"2024 年 1 号公告"）。

2024 年 1 号公告就金融消费者权益保护（以下简称"金融消保"）工作提出了四个方面的安排，包括金融消保的统筹与协调机制、金融消费者投诉事项的分工、金融消费者信访举报事项的分工、对金融机构的消费者保护工作要求。

具体来说，金融消保由原来的多部门监管变为金融监管总局统筹负责，金融监管总局、央行、证监会建立工作协调机制。金融消费者、投资者的投诉、信访、举报事项按照公告安排和各机构法定职责分别接收办理。

二、自媒体对 2024 年 1 号公告的一种"误读"

在金融监管总局成立并统筹负责金融消保工作前，金融消保、投资者保护由各金融监管部门分头监管，证监会对于股民、基民的保护通常使用的是投资者保护这一概念。

因此，不少自媒体在 2024 年 1 号公告发布后，就其中提到的"金融消费者"一词，戏谑地表示"股民、基民摇身一变，成为金融消费者""购买理财、信

---

* 陈胜，北京大成（上海）律师事务所高级合伙人，中央财经大学法学博士、复旦大学经济学博士后。

** 杨景逸，北京大成（上海）律师事务所律师。

托、股票等金融产品，不能算作亏损，而是金融消费""韭菜党有了新名称"等。

我们认为，自媒体平台和网民的此类夸张解读显然是针对当前证券投资市场疲弱环境的"借题发挥"。

其一，国务院办公厅在 2015 年发布的《关于加强金融消费者权益保护工作的指导意见》就要求人民银行、银监会、证监会、保监会按照职责分工，密切配合，切实做好金融消费者权益保护工作。国办指导意见所指的金融消费者便包括证监语境下的"投资者"，也即"投资者"可视为广义上的金融消费者，此说法由来已久。

其二，2024 年 1 号公告的相关工作安排并非最近横空出世，而是在 2023 年党和国家机构改革方案中就有涉及，即金融监管总局成立后，央行有关金融消费者保护职责、证监会的相关投资者保护职责划入金融监管总局（具体可见我们的另一篇文章《金融监管机构统合背景下的消费者及投资者权益保护制度的完善》）。

其三，即使机构改革方案中提出金融消保职能统合的设计，2024 年 1 号公告的正文中仍然保留了"投资者"的表述，并且证券期货基金业投资者投诉、举报、信访事项仍然由证监会按照法定职责和监管权限接收办理。网络上所谓的"2024 年 1 号公告重新定义投资者"的言论有哗众取宠之嫌。

三、我们对接下来金融消保工作机制的几点思考

2023 年，金融监管总局成立伊始同样联合央行、证监会发布了事关金融消保工作安排的 1 号公告《关于金融消费者反映事项办理工作安排的公告》（以下简称"2023 年 1 号公告"）。2023 年 1 号公告通知，金融消费者反映信访、举报、投诉事项的渠道、办理方式、告知等暂保持不变，金融消费者反映事项办理工作安排的调整，将及时另行公告。

2023 年 1 号公告是金融监管总局成立后对于金融消保工作的临时性过渡性安排，2024 年 1 号公告是金融监管部门在金融消保职责及投资者保护职责划转衔接背景下对于金融消保工作的总体部署安排。我们在评述 2023 年 1 号公告时就提出了"该如何将投资者保护制度融入金监总局的消保工作体系中的问题"（具体可见我们的另一篇文章《对于新时期金融消费者权益保护工作的几点思考——基于金融监管总局一号公告》）。如今，自媒体平台和广大投资者对于"金融消费者"一词的吐槽，无意中又凸显了这一重要问题。

虽然国家机构改革方案设计中提出由金融监管总局集中监管金融消保工作，投资者保护职责划入金融监管总局，但金融消保和投资者保护制度本是分立的，

监管法律依据各不相同，无法相互套用。例如，央行、原银保监会曾分别发布《中国人民银行金融消费者权益保护实施办法》《银行保险机构消费者权益保护管理办法》，而投资者权益保护作为《证券法》的基本原则贯穿了证券发行、交易、退市全环节。例如，原银保监会、央行、证监会均设有各自独立的投诉、举报以及信访程序，彼此既有共性亦有特殊性，没有统一适用的程序和制度。

我们认为，在金融消保及投资者保护统合立法及制度重构之前，投资者保护职能融入金融监管总局的消保工作体系中难免显得"水土不服"。所以，2024 年 1 号公告的折中安排也在情理之中，即证监会仍负责接收转办证券期货基金业的投诉事项，投资者反映的信访、举报事项也由证监会按照法定职责和监管权限接收办理。金融监管总局从制定发展规划和政策制度、完善金融消保体制机制、开展消费者教育等宏观层面统筹全局。

2024 年 1 号公告虽然确定了金融消保的统筹及协调联系机制，以及金融消费者反映信访举报投诉事项的职责分工安排。但金融消保协同监管仍有制度设计、规则适用等大量工作需要去做，甚至需要工商行政、公检法司等非金融经济部门的支持与配合。构建"大消保"工作格局，我们依然任重道远。

中国私募监管往何处去：有待商榷的政策

邵同尧[*]

近年来，监管部门对私募基金的监管力度不断加强，对私募基金的运作提出了更高要求。然而，从中国私募行业的现状来看，严监管的必要性值得商榷。

一、监管是否要考虑成本

从监管效率的角度看，对私募基金的监管涉及两类成本：直接成本和间接成本。直接成本涵盖证监会、各地证监局、中基协、地方金融局等监管机构所投入的资源，以及私募机构和私募基金直接承担的费用。美国有研究显示，假设私募基金管理人超额收益提取水平为 20%，并参考过去 30 年美国 PE 市场年均 11% 的收益率等核心参数后，作者估算出私募基金的边际合规成本是 54000 美元，私

---

* 邵同尧，投资公司董事长，经济学博士，管理学博士后。

募股权基金则为 84000 美元，对冲基金约为 30000 美元。

间接成本主要是监管影响了市场的自动调节机制而导致市场活力受到抑制，阻碍金融创新的发展，进而对金融市场、产业经济、科技创新带来的损失。而监管的收益表现为一种预期收益，即避免了私募基金市场不稳定产生的损失，换言之，私募监管的收益来自资源合理配置、创新持续发展、市场保持稳定，这些因素共同提升了社会收益水平，实现了帕累托改进。

在私募领域，监管力度与监管成本、监管收益之间存在一种动态关系，在监管宽松的阶段，监管带来的收益较大，成本相对较低，此时收益高于成本，监管从而促进了整体收益的提升。然而，随着监管力度的持续加强，监管带来的社会成本急剧上升，而收益上升的幅度持续降低并趋于稳定，突破临界点之后，监管带来的社会收益水平为负。因此，在私募基金的监管中，寻找一个平衡点，以实现监管成本与收益的最优化，至关重要，如图 C1 所示。

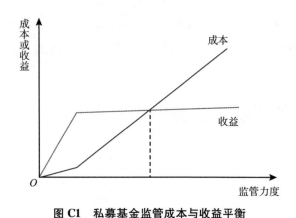

图 C1　私募基金监管成本与收益平衡

因此，从整个社会来看，并不是监管越严越好，而是存在一个最优临界点。但从实践来看，监管带来的社会成本不用监管者承担，而监管趋严对监管者有益，最终容易导致监管过度。

二、监管是否要动态调整

纵观美国金融监管史，金融监管经历了从加强到放松，再到加强的螺旋式发展历程，即"金融危机→强监管→金融自由化→松监管→金融危机"。相应地，私募基金监管也在松监管与强监管之间交替式演进。美国私募基金监管强调效率，以市场为主导原则，先认定所有证券发行与证券交易都需进行监管，再特别规定豁免条款或特例，即满足相应法定条件的集合投资工具既不用到监管当局注册登记，更无强制性信息披露要求，投资策略和运作方式也由管理人和投资者双方商定。

从我国私募基金的监管看，是在逐步趋严。然而，在此期间我国资本市场经历了注册制全面推行，科创板、北交所相继成立，以及中美贸易摩擦带来的国际形势重大变化和新冠疫情冲击等，国内外的经济环境、政策环境发生了巨大变化，私募行业同样如此，在这种背景下，是否需要对私募监管的方向进行一些调整？

三、严监管有必要吗

私募基金有以下几个显著特征：（1）募集方式非公开。私募基金不得采用公开或变相公开方式向不特定公众发行，明确区分了公募与私募的界限。（2）募集对象高门槛。私募基金从发行之初，其对象定位就不是中小投资者，而是具备一定资产规模，具有风险识别及承受能力的特定群体。（3）私募基金以私下募集的方式向特定投资者募集资金，即使造成损失也仅涉及小部分投资者，不会对公众利益及社会稳定产生较大影响。

从美国的情况看，自金融稳定监管委员会（FSOC）成立以来，没有任何一家私募管理机构被指定为系统重要性金融机构（SIFI）。

从中国的情况看，一是中国私募行业发展至今，无论是市场自发发展时期，还是受到监管之后，私募行业从未发生广泛的、系统性的风险事件。二是中国私募行业的规模远远小于美国，私募证券基金在资本市场总市值的占比也远小于美国。三是美国的私募基金以对冲基金为主，中国以私募股权基金为主，而私募股权基金很难对资本市场形成大的冲击。

考虑到私募基金的特性，以及中国私募行业的现状，是否有必要进行持续的、严格的监管？

以下两种情况容易被认为是私募基金需要进行严监管的理由。

（一）违法违规

从法律视角审视私募行业，私募行业最主要的违法行为是非法集资，非法集资涉及非法吸收公众存款罪和集资诈骗罪两种，根据我国法律规定，这两类案件的立案权均归属于犯罪行为发生地的公安机关。因此，打击非法集资不应是私募监管的出发点。非法集资可能会以私募基金的形式出现，但从违法本质来看，这些不法机构和个人会不择手段采用各种他们认为有利的方式进行犯罪活动，备案制起到的市场增信作用反而可能被不法分子所利用，成为他们借私募基金之名行非法集资之实的工具。因此，打击非法集资等犯罪行为不是私募监管的责任，也不是加强私募监管的缘由。

从违规的角度来看，私募行业的问题主要集中在违背证监会、中基协的相关规定上。监管尺度的把握在此显得尤为关键：若监管过于严格，规则细节繁多，可能会导致大量私募机构触犯规定而陷入违规境地；反之，若监管相对宽松，则违规行为可能会显著减少。这表明，违规现象的多少与监管的严格程度密切相关，违规行为的增多往往是监管趋严的结果，而非实施严监管的合理依据。

无论是从打击非法集资的犯罪角度，还是从处理违规行为的监管角度，都不应将严监管视为私募行业的出发点。监管应寻求在保障市场秩序、保护投资者利益与促进私募行业健康发展之间找到恰当的平衡点。

（二）良莠不齐

首先，从业人员和机构的专业素质良莠不齐是市场常态，一个行业不可能所有从业人员、机构都是最优的，私募行业如此，其他行业亦然。私募行业 2 万多家机构，近 20 万从业人员，管理规模 20 万亿元，机构、人员素质必然存在差异化。其次，私募行业高度市场化，市场本身具有筛选机制，机构或个人如果业绩差口碑坏，后期融资将会非常困难，甚至投资都不受欢迎。

四、监管的目标是什么

最常见的目标有以下几个。

（一）投资者保护

传统的美国监管框架以投资者保护为中心，但如果认为美国的注册披露制度主要是为了保护投资者，就无法解释为什么风险投资基金的管理人仍然得以豁免注册。对于投资于未上市公司股权的风险投资基金来说，其投资者难以从证券市场获得信息，投资者对管理人的监督能力尚且要低于其他类型的私募基金（如对冲基金），且将未上市公司股权作为投资标的也远不如流动性基金所投资的货币市场工具稳健。

虽然各国都会以投资者保护的名义进行监管，但私募行业的特性决定了监管的出发点和意义不限于此。

（二）提高透明度

从提高透明度的角度来看，私募行业有别于公募，更不同于上市公司，私募的透明度更低，这也是私募的优势之一，所以私募基金管理人、投资人并不希望将相关信息披露，并且这种披露还会增加成本。

（三）系统性风险

美国私募基金管理人注册制度的确立一定程度上是出于防范系统性风险的考虑，但该法案一直备受争议。从私募机构来看，迄今没有 FSOC 指定的系统重要性机构，所以私募基金带来系统性风险的证据不足。特朗普时期美国开始放松私募监管，2023 年美国证监会提出加强监管的措施，但 2024 年被法院判处违法。

从中国的情况看，私募基金主要是股权基金，美国则是对冲基金为主。美国的衍生品市场发达，杠杆应用多，而中国的衍生品市场不发达，对杠杆的使用限制较多。所以中国私募行业很难构成系统性风险要素，特别是私募股权行业，更难以对资本市场形成系统性冲击。

此外，政府介入市场的前提是双方博弈力量的严重失衡，或者在交易双方之外产生了负外部性。但是，在私募基金 GP 和 LP 的关系中，LP 的发言权大，双方不会形成力量严重失衡的局面。从负外部性来看，私募基金特别是私募股权基金很难构成系统性风险因素。因此，政府在私募市场的介入程度应该慎重。

五、监管是否要深入细节

监管进行细节管理的问题在于，市场在不断变化，细节变化的速度更快，但政策很难作出及时调整，从而导致政策快速失效，进而给行业带来负面影响。另外，制定细节规则需要对行业实际运营情况有深入的理解，这对监管来说非常具有挑战。以监管政策的相关例子进行分析。

（一）扶优限劣

私募机构的优劣很难判断，规模大不代表优，小亦非劣，私募机构优劣与规模无直接关联。优劣也不是简单的业绩对比，一是业绩是波动的，从很多基金经理的业绩来看，时高时低，前期业绩优秀并不代表接下来表现就好。二是很多股权基金的投资周期长，一个成功的早期项目可能要十几年才能体现，在这些项目未成功之前，基金业绩可能很差，但一旦某个项目成功，基金业绩则变得亮眼。

监管容易把规模和优劣对应，导致的结果是监管会扶持大机构、限制小机构，这种做法有失公平，从国际上普遍适用的原则应该是保护中小机构，这个原则在私募领域仍然适用，至少应该去公平对待不同规模的机构。总之，私募机构的优劣无须监管去评判，也不属于监管的职责范围。

（二）专项基金和盲池基金

中基协对基金规模的要求，盲池基金：（1）私募股权基金首期实缴资金不低于1000万元。（2）创业投资基金首期实缴资金不低于500万元，但应在备案后6个月内补足实缴出资至1000万元。专项基金：投资单一标的的私募基金，首期实缴资金不低于2000万元。

可以看出中基协对专项基金和盲池基金的区别对待。从理论上说，盲池基金风险更分散，但在中国的现实环境下，专项基金有其显著优点：（1）专项基金信息更透明，盲池基金的决策LP一般很难了解，从而有助于降低GP的道德风险。（2）投资人可以直接看到底层资产，从而可以基于资产情况进行判断。可投项目相当于经过了管理人和投资人的共同判断。（3）专项基金的资金使用效率更高，项目提前锁定，资金到账即可投出。（4）专项基金的费用一般要低于盲池基金。（5）专项基金的LP份额或老股转让相对盲池基金更容易，有助于S基金的发展。

从历史来看，盲池基金一直是主流基金模式，但没有数据能表明盲池基金的收益率更高。从风险分散来看，投资人将资金分散到多个专项基金或其他资产配置中，同样可以实现风险分散的目的。近年来，专项基金越来越被市场认可，逐渐成为股权基金的主要模式，这是市场自发发展的结果，监管无须对此类基金进行区别对待。

（三）募资的限制

基金的募集机构分为两类：一是私募基金管理人自行募集，也就是说只能销售自己发行并管理的基金产品，不能销售其他私募管理人的产品；二是基金销售机构。

基金销售机构主要包括商业银行、证券公司、期货公司、保险机构、证券投资咨询机构、独立基金销售机构以及证监会认定的其他机构。银行受资管新规影响，只有理财子公司可以从事相关业务，但受监管限制，银行从事代销的动力不强；证券公司、期货公司、保险公司的资管产品，需要先融资再投向私募基金，这些机构在私募产品方面融资能力有限，也很难投向私募股权；信托近年自身受冲击较大，短期内难以成为私募基金的资金来源；第三方财富公司陆续爆雷，融资能力几乎丧失；独立基金销售机构是专业从事公募基金及私募证券投资基金销售业务的机构，业务不限于私募，并且私募股权、创业投资基金不能由独立基金销售机构代销。总之，基金销售机构代销私募基金的动力不足，能力有限，并且基本不销售私募股权基金。

私募机构自建销售团队的投入大，并且销售团队只卖本公司的产品，投入产出不成正比，所以这种模式天然不适合私募行业。从国内外的情况看，私募融资由社交关系网络来发展投资人的现象很普遍，机构投资人也可能是中间人牵线搭桥促成。私募行业是信任的传递，中间人的作用至关重要。所以，监管不用在这方面限制太严格，坚守合格投资人的底线，其他方面可以适当放松。

（四）管理机构的人数和特定人员的要求

对大量的中小私募基金机构而言，限定人数和特定人员的背景要求，只会增加机构的运营成本，而难以带来实际意义。行业有周期，小公司在行业低谷裁减人员，控制成本费用支出是普遍做法，这个阶段生存是第一要务。待形势好转，公司业务扩张，自然会进行人员扩充。私募基金机构的能力和人员数量没有太大关系，私募基金的募集、投资最主要取决于核心人员。

（五）对产品结构的限制

当前对产品结构限制主要为以下两种方式：一是规定结构化产品优先劣后的比例不能超过 1：1；二是结构化产品不容易通过备案。纵观美国市场，杠杆是一个非常重要的工具，20 世纪 80 年代以科尔伯格·克拉维斯·罗伯茨（KKR）、凯雷为代表的并购基金成立，利用杠杆大力发展市盈率（PE），掀起杠杆收购热潮，金融工程等资本运作手段大显身手。在杠杆的使用和杠杆比例的问题上，市场机构完全有能力自行判断，当前，一级市场基本没有杠杆，金融市场没有复杂的衍生品，适当放宽杠杆对资本市场不会构成系统性风险。

（六）专业化运营

一些基金管理机构从事财务顾问业务，被中基协认定为违背专业化运营原则而受到处罚。实际上，财务顾问和基金有着紧密关系。比如，跟上市公司的合作，一开始就成立并购基金/产业基金难度太大，这时以财务顾问切入合作是双方容易接受的方式。在经过一段时间的磨合后，双方再成立并购基金/产业基金会更为容易，这类案例在实践中不少。另外，在行业低谷期，基金管理机构在合法范围内赚取财务顾问收入，以此去维持公司正常运营，监管对此应该有一定的包容度，不宜把专业化运营的标准限制太严。

（七）其他

对从业人员背景的限制。有些人员因为互联网借贷平台（P2P）等工作经历，即便个人没有受到处罚，也可能难以通过中基协的备案要求。很多 P2P 从业人员也是受害者，如果在职业方面对其差别对待，有失公平。如果他们受到法律的制裁，中基协也可以按照几年禁入等制度进行明确。

对个人投资人的歧视。从规定来看，投资人为合格投资人即可，但在实务中，托管机构会限制自然人数量，数量多的基金无法进行托管。中基协备案时对自然人数量多的基金可能会反复反馈，甚至不让通过备案。实际上，由于我们有合格投资人标准，这些自然人投资人都是一些有实力的个体或企业家，本身用企业作为主体投资不是问题，以自然人名义投资主要是从税收、操作便利性等方面考虑。

六、总结

私募基金的监管，面临着诸多挑战与抉择。首先，有效的监管确实能够维护市场秩序，保护投资者利益，但过高的监管成本也会给被监管者造成压力。因此，在制定监管政策时，必须在成本与效益之间找到恰当的平衡点，确保监管既不过度也不缺失。监管的动态调整同样至关重要，随着市场环境的不断变化，私募行业也在持续发展，监管政策必须紧跟时代步伐，灵活应对新的挑战。

同时，监管也需要找到在保障市场秩序、保护投资者利益与促进私募行业健康发展之间的平衡点。在打击非法集资和处理违规行为的同时，不应将此视为私募行业严监管的出发点，严监管也并非一成不变，应充分考虑私募基金的特性和中国市场的实际情况，避免过度监管和政府不必要的介入，顺应市场发展趋势，推动私募基金行业的持续繁荣。

附录 D 《中国私募基金年鉴（2024）》优秀私募基金管理人收录

表 D1   优秀私募基金管理人（股权类）

序号	管理人名称	成立时间（年）	管理人规模	在运作产品数（个）	全职员工数量（人）	注册地
1	保利（横琴）资本管理有限公司	2015	50 亿~100 亿元	73	50	广东省
2	北京股权投资发展管理有限公司	2009	50 亿~100 亿元	4	11	北京市
3	北京厚朴融灏资本投资管理有限公司	2016	50 亿~100 亿元	9	11	北京市
4	北京华控投资顾问有限公司	2008	20 亿~50 亿元	14	25	北京市
5	北京惠每私募基金管理合伙企业（有限合伙）	2018	20 亿~50 亿元	8	16	北京市
6	北京汽车集团产业投资有限公司	2012	5 亿~10 亿元	2	36	北京市
7	北京盛景嘉成投资管理有限公司	2011	50 亿~100 亿元	58	49	北京市
8	北京首钢基金有限公司	2014	100 亿元以上	1	80	北京市
9	北京泰康投资管理有限公司	2016	20 亿~50 亿元	5	15	北京市
10	北京熙诚金睿股权投资基金管理有限公司	2018	50 亿~100 亿元	6	34	北京市
11	北京亦庄国际产业投资管理有限公司	2013	100 亿元以上	10	66	北京市
12	成都先进资本管理有限公司	2018	100 亿元以上	3	58	四川省
13	诚通基金管理有限公司	2016	100 亿元以上	6	103	北京市
14	春华秋实（天津）股权投资管理有限公司	2011	100 亿元以上	26	10	天津市
15	德同（上海）私募基金管理股份有限公司	2009	50 亿~100 亿元	10	6	上海市
16	福建省安芯投资管理有限责任公司	2016	20 亿~50 亿元	4	18	福建省
17	工银资本管理有限公司	2018	100 亿元以上	41	69	北京市
18	广东恒健资产管理有限公司	2013	50 亿~100 亿元	12	21	广东省
19	广东温氏投资有限公司	2011	20 亿~50 亿元	21	7	广东省
20	广东粤财基金管理有限公司	2016	100 亿元以上	10	40	广东省
21	广州金控基金管理有限公司	2011	50 亿~100 亿元	35	28	广东省

序号	管理人名称	成立时间（年）	管理人规模	在运作产品数（个）	全职员工数量（人）	注册地
22	广州盈蓬私募基金管理有限公司	2017	50 亿~100 亿元	53	34	广东省
23	广州越秀产业投资基金管理股份有限公司	2011	100 亿元以上	55	92	广东省
24	国家电投集团产业基金管理有限公司	2015	100 亿元以上	31	33	广东省
25	国科嘉和（北京）投资管理有限公司	2011	100 亿元以上	5	29	北京市
26	国科私募基金管理有限公司	2018	50 亿~100 亿元	9	53	北京市
27	国寿股权投资有限公司	2016	100 亿元以上	4	79	上海市
28	国投创合基金管理有限公司	2015	100 亿元以上	1	43	北京市
29	国投创新投资管理有限公司	2009	100 亿元以上	8	18	北京市
30	国投创益产业基金管理有限公司	2013	100 亿元以上	7	71	北京市
31	国投招商投资管理有限公司	2017	100 亿元以上	4	80	河北省
32	国网英大产业投资基金管理有限公司	2019	100 亿元以上	13	46	北京市
33	杭州东方嘉富资产管理有限公司	2016	50 亿~100 亿元	37	36	浙江省
34	合肥产投资本创业投资管理有限公司	2017	100 亿元以上	26	42	安徽省
35	河南中原联创投资基金管理有限公司	2015	50 亿~100 亿元	34	60	河南省
36	弘毅私募基金管理（天津）合伙企业（有限合伙）	2008	100 亿元以上	17	41	天津市
37	湖北小米长江产业投资基金管理有限公司	2017	100 亿元以上	1	11	湖北省
38	湖南省财信产业基金管理有限公司	2001	100 亿元以上	32	148	湖南省
39	华宝（上海）股权投资基金管理有限公司	2016	50 亿~100 亿元	3	38	上海市
40	华创汇才投资管理（北京）有限公司	2011	100 亿元以上	15	18	北京市
41	华盖资本有限责任公司	2012	50 亿~100 亿元	15	10	北京市
42	华芯原创（青岛）投资管理有限公司	2016	100 亿元以上	36	8	山东省
43	华映资本管理有限公司	2013	50 亿~100 亿元	12	5	江苏省
44	嘉兴自知股权投资管理有限公司	2015	10 亿~20 亿元	2	5	浙江省
45	建信（北京）投资基金管理有限责任公司	2011	100 亿元以上	56	64	北京市
46	建信股权投资管理有限责任公司	2014	100 亿元以上	3	84	广东省
47	建信金投私募基金管理（北京）有限公司	2018	100 亿元以上	18	38	北京市
48	交银资本管理有限公司	2018	100 亿元以上	29	20	上海市
49	金浦产业投资基金管理有限公司	2009	50 亿~100 亿元	7	47	上海市
50	摩根士丹利（中国）股权投资管理有限公司	2011	20 亿~50 亿元	7	15	浙江省
51	南京扬子江投资基金管理有限公司	2014	50 亿~100 亿元	9	20	江苏省
52	宁波高成厚德股权投资管理有限公司	2018	20 亿~50 亿元	7	13	浙江省

序号	管理人名称	成立时间（年）	管理人规模	在运作产品数（个）	全职员工数量（人）	注册地
53	农银资本管理有限公司	2018	100 亿元以上	18	22	上海市
54	平安资本有限责任公司	2016	100 亿元以上	29	25	上海市
55	普洛斯（珠海）股权投资管理有限公司	2017	100 亿元以上	19	15	广东省
56	青岛国信创新股权投资管理有限公司	2016	50 亿~100 亿元	7	14	山东省
57	人保资本股权投资有限公司	2018	50 亿~100 亿元	4	45	北京市
58	山东省财金资本管理有限公司	2016	50 亿~100 亿元	4	28	山东省
59	陕西航天国华私募基金管理有限公司	2011	20 亿~50 亿元	2	16	陕西省
60	上海复星创富投资管理股份有限公司	2007	100 亿元以上	28	75	上海市
61	上海国盛资本管理有限公司	2018	100 亿元以上	45	43	上海市
62	上海甲辰私募基金管理有限公司	2012	50 亿~100 亿元	26	24	上海市
63	上海联新资本管理有限公司	2015	50 亿~100 亿元	9	32	上海市
64	上海临港科创投资管理有限公司	2019	50 亿~100 亿元	13	23	上海市
65	上海瑞力投资基金管理有限公司	2011	20 亿~50 亿元	14	30	上海市
66	上海正心谷投资管理有限公司	2015	100 亿元以上	31	35	上海市
67	上海中平国璠资产管理有限公司	2016	100 亿元以上	18	25	上海市
68	上海自友投资管理有限公司	2015	100 亿元以上	14	12	上海市
69	深圳市达晨财智创业投资管理有限公司	2008	100 亿元以上	36	119	广东省
70	深圳市恒信华业股权投资基金管理有限公司	2014	20 亿~50 亿元	11	19	广东省
71	深圳市华润资本股权投资有限公司	2013	50 亿~100 亿元	13	83	广东省
72	深圳市时代伯乐创业投资管理有限公司	2011	20 亿~50 亿元	60	43	广东省
73	深圳市投控资本有限公司	2016	100 亿元以上	16	42	广东省
74	深圳同创伟业资产管理股份有限公司	2010	100 亿元以上	13	28	广东省
75	四川发展产业引导股权投资基金管理有限责任公司	2015	100 亿元以上	6	54	四川省
76	苏州股权投资基金管理有限公司	2017	100 亿元以上	7	16	江苏省
77	天堂硅谷创业投资集团有限公司	2000	20 亿~50 亿元	61	32	浙江省
78	兴富投资管理有限公司	2015	50 亿~100 亿元	23	16	西藏自治区
79	阳光融汇资本投资管理有限公司	2015	100 亿元以上	10	16	福建省
80	一村资本有限公司	2015	5 亿~10 亿元	7	6	上海市
81	元禾璞华（苏州）投资管理有限公司	2018	50 亿~100 亿元	2	9	江苏省

序号	管理人名称	成立时间（年）	管理人规模	在运作产品数（个）	全职员工数量（人）	注册地
82	招商局创新投资管理有限责任公司	2015	100 亿元以上	9	40	广东省
83	招银国际资本管理（深圳）有限公司	2014	100 亿元以上	47	55	广东省
84	浙江富浙私募基金管理有限公司	2018	100 亿元以上	14	23	浙江省
85	中保投资有限责任公司	2015	100 亿元以上	26	96	上海市
86	中电产融私募基金管理有限公司	2018	100 亿元以上	5	25	天津市
87	中芯聚源私募基金管理（上海）有限公司	2014	100 亿元以上	16	28	上海市
88	中信资本（天津）投资管理合伙企业（有限合伙）	2009	100 亿元以上	14	7	天津市
89	重庆两江股权投资基金管理有限公司	2013	100 亿元以上	28	36	重庆市
90	重庆渝富资本股权投资基金管理有限公司	2014	100 亿元以上	14	36	重庆市
91	珠海德弘私募基金管理有限公司	2017	50 亿~100 亿元	8	5	广东省
92	珠海高瓴私募基金管理有限公司	2013	100 亿元以上	68	35	广东省
93	珠海格力股权投资基金管理有限公司	2017	20 亿~50 亿元	11	48	广东省
94	珠海佑柏私募基金管理有限公司	2016	50 亿~100 亿元	10	6	广东省

注：1. 中国私募基金年鉴编委会通过 20 + 维度进行综合评分得出部分优秀私募管理人，不作为投资建议和依据。

2. 若创业投资基金产品数量占该管理人总产品发行量 50% 以上则划分为创投类，反之为股权类。

3. 表内数据源自中国证券投资基金业协会，由中国私募基金年鉴编委会整理。

表 D2　　　　　　　　　　　优秀私募基金管理人（创投类）

序号	管理人名称	成立时间（年）	管理人规模	在运作产品数（个）	全职员工数量（人）	注册地
1	北京方圆金鼎投资管理有限公司	2014	20 亿~50 亿元	52	43	北京市
2	北京朗姿韩亚资产管理有限公司	2016	20 亿~50 亿元	50	25	北京市
3	北京联想之星未来投资管理有限公司	2016	50 亿~100 亿元	6	25	北京市
4	北京磐茂投资管理有限公司	2018	100 亿元以上	27	12	北京市
5	北京险峰长青投资咨询有限公司	2014	20 亿~50 亿元	5	31	北京市
6	北京芯动能投资管理有限公司	2015	50 亿~100 亿元	8	22	北京市
7	北京愉悦资本投资管理有限公司	2015	20 亿~50 亿元	2	5	北京市
8	北京云晖私募基金管理有限公司	2015	50 亿~100 亿元	74	12	北京市
9	北京中科创星创业投资管理合伙企业（有限合伙）	2017	50 亿~100 亿元	12	48	北京市

序号	管理人名称	成立时间（年）	管理人规模	在运作产品数（个）	全职员工数量（人）	注册地
10	北京紫荆华信投资管理中心（有限合伙）	2014	20 亿～50 亿元	6	5	北京市
11	博睿瑜业（上海）股权投资管理有限公司	2017	50 亿～100 亿元	14	9	上海市
12	成都博源投资管理有限公司	2008	10 亿～20 亿元	13	15	四川省
13	广东粤科创业投资管理有限公司	2006	20 亿～50 亿元	29	38	广东省
14	广州穗开股权投资有限公司	2017	20 亿～50 亿元	16	26	广东省
15	国科创业投资管理有限公司	2017	50 亿～100 亿元	5	42	广东省
16	海富产业投资基金管理有限公司	2004	50 亿～100 亿元	4	34	上海市
17	合肥兴泰资本管理有限公司	1997	20 亿～50 亿元	12	49	安徽省
18	红杉资本股权投资管理（天津）有限公司	2008	100 亿元以上	96	11	天津市
19	基石资产管理股份有限公司	2008	50 亿～100 亿元	15	9	广东省
20	嘉兴蓝驰投资管理有限公司	2016	50 亿～100 亿元	13	5	浙江省
21	江苏毅达股权投资基金管理有限公司	2014	100 亿元以上	18	72	江苏省
22	金雨茂物投资管理股份有限公司	2009	20 亿～50 亿元	8	15	江苏省
23	君联资本管理股份有限公司	2003	100 亿元以上	68	45	北京市
24	凯联（北京）投资基金管理有限公司	2014	50 亿～100 亿元	73	35	北京市
25	昆仲（深圳）股权投资管理有限公司	2016	20 亿～50 亿元	9	13	广东省
26	拉萨经济技术开发区顺为资本投资咨询有限公司	2015	100 亿元以上	13	11	西藏自治区
27	南京动平衡投资管理有限公司	2015	20 亿～50 亿元	11	17	江苏省
28	宁波保税区凯风创业投资管理有限公司	2018	20 亿～50 亿元	22	20	浙江省
29	宁波梅花天使投资管理有限公司	2014	50 亿～100 亿元	25	10	浙江省
30	浙江蔚来新能私募基金管理有限公司	2016	20 亿～50 亿元	8	10	浙江省
31	启赋私募基金管理有限公司	2013	20 亿～50 亿元	25	19	海南省
32	前海方舟资产管理有限公司	2015	100 亿元以上	12	39	新疆维吾尔自治区
33	青岛海立方舟股权投资管理有限公司	2015	10 亿～20 亿元	9	14	山东省
34	清控银杏创业投资管理（北京）有限公司	2015	100 亿元以上	5	17	北京市
35	山东省高新技术创业投资有限公司	2000	20 亿～50 亿元	9	63	山东省
36	陕西省成长性企业引导基金管理有限公司	2015	20 亿～50 亿元	17	31	陕西省
37	上海常春藤投资有限公司	2007	20 亿～50 亿元	12	19	上海市
38	上海朝希私募基金管理有限公司	2015	20 亿～50 亿元	55	29	上海市

序号	管理人名称	成立时间（年）	管理人规模	在运作产品数（个）	全职员工数量（人）	注册地
39	上海辰韬资产管理有限公司	2014	20 亿 ~ 50 亿元	35	15	上海市
40	上海方广投资管理有限公司	2012	50 亿 ~ 100 亿元	11	28	上海市
41	上海复健股权投资基金管理有限公司	2019	50 亿 ~ 100 亿元	11	39	上海市
42	上海国方私募基金管理有限公司	2017	100 亿元以上	14	33	上海市
43	上海好臻投资管理有限公司	2015	50 亿 ~ 100 亿元	74	23	上海市
44	上海纪源私募基金管理有限公司	2017	50 亿 ~ 100 亿元	14	16	上海市
45	上海稼沃投资有限公司	2015	20 亿 ~ 50 亿元	25	14	上海市
46	上海君桐股权投资管理有限公司	2015	20 亿 ~ 50 亿元	66	12	上海市
47	上海科创中心股权投资基金管理有限公司	2017	100 亿元以上	8	36	上海市
48	上海礼颐投资管理合伙企业（有限合伙）	2014	100 亿元以上	7	8	上海市
49	上海临芯投资管理有限公司	2015	50 亿 ~ 100 亿元	101	30	上海市
50	上海磐霖资产管理有限公司	2010	20 亿 ~ 50 亿元	20	7	上海市
51	上海上汽恒旭投资管理有限公司	2019	100 亿元以上	56	32	上海市
52	上海尚顾投资管理合伙企业（有限合伙）	2012	100 亿元以上	62	47	上海市
53	上海盛宇股权投资基金管理有限公司	2009	20 亿 ~ 50 亿元	14	19	上海市
54	上海曜途投资管理有限公司	2015	20 亿 ~ 50 亿元	9	17	上海市
55	上海涌铧投资管理有限公司	2001	100 亿元以上	36	43	上海市
56	上海有为至临投资管理有限公司	2018	10 亿 ~ 20 亿元	5	7	上海市
57	上海云畔投资管理有限公司	2015	20 亿 ~ 50 亿元	17	33	上海市
58	上海张江科技创业投资有限公司	2004	10 亿 ~ 20 亿元	3	41	上海市
59	上海自贸区股权投资基金管理有限公司	2015	50 亿 ~ 100 亿元	26	30	上海市
60	深圳国中创业投资管理有限公司	2015	100 亿元以上	1	19	广东省
61	深圳华业天成投资有限公司	2016	20 亿 ~ 50 亿元	12	6	广东省
62	深圳市创新投资集团有限公司	1999	100 亿元以上	3	172	广东省
63	深圳市东方富海创业投资管理有限公司	2008	100 亿元以上	23	22	广东省
64	深圳市分享成长投资管理有限公司	2013	50 亿 ~ 100 亿元	29	26	广东省
65	深圳市高捷金台创业投资管理有限公司	2014	10 亿 ~ 20 亿元	9	14	广东省
66	深圳市高新投人才股权投资基金管理有限公司	2016	20 亿 ~ 50 亿元	4	10	广东省
67	深圳市合创资本管理有限公司	2015	20 亿 ~ 50 亿元	13	23	广东省
68	深圳市前海青松创业投资基金管理企业（有限合伙）	2013	20 亿 ~ 50 亿元	7	19	广东省
69	深圳市投控东海投资有限公司	2015	50 亿 ~ 100 亿元	49	64	广东省

序号	管理人名称	成立时间（年）	管理人规模	在运作产品数（个）	全职员工数量（人）	注册地
70	深圳市倚锋投资管理企业（有限合伙）	2012	20 亿～50 亿元	32	32	广东省
71	深圳市紫金港资本管理有限公司	2014	10 亿～20 亿元	46	17	广东省
72	深圳天图资本管理中心（有限合伙）	2012	100 亿元以上	19	44	广东省
73	苏州高新创业投资集团有限公司	2008	20 亿～50 亿元	11	23	江苏省
74	苏州工业园区元禾辰坤股权投资基金管理中心（有限合伙）	2012	100 亿元以上	16	48	江苏省
75	苏州工业园区元生创业投资管理有限公司	2013	20 亿～50 亿元	4	8	江苏省
76	苏州金沙江朝华创业投资管理有限公司	2015	20 亿～50 亿元	7	13	江苏省
77	苏州启元股权投资管理合伙企业（有限合伙）	2012	100 亿元以上	21	15	江苏省
78	苏州松毅创业投资管理有限公司	2016	20 亿～50 亿元	7	11	江苏省
79	苏州同源创业投资管理有限公司	2011	100 亿元以上	8	18	江苏省
80	苏州元禾控股股份有限公司	2001	100 亿元以上	10	70	江苏省
81	天津创业投资管理有限公司	2003	20 亿～50 亿元	35	29	天津市
82	天津金星创业投资有限公司	2013	50 亿～100 亿元	16	8	天津市
83	西安中科创星创业投资管理有限公司	2017	20 亿～50 亿元	7	13	陕西省
84	易科汇（青岛）私募基金管理有限公司	2015	20 亿～50 亿元	25	15	山东省
85	元禾厚望（苏州）私募基金管理有限公司	2017	50 亿～100 亿元	25	19	江苏省
86	粤港澳大湾区共同家园发展基金管理有限公司	2018	20 亿～50 亿元	7	15	广东省
87	浙江普华天勤股权投资管理有限公司	2011	100 亿元以上	69	14	浙江省
88	浙江容亿投资管理有限公司	2015	20 亿～50 亿元	10	22	浙江省
89	浙江银杏谷投资有限公司	2013	50 亿～100 亿元	21	18	浙江省
90	中国风险投资有限公司	2000	10 亿～20 亿元	2	11	北京市

注：1. 中国私募基金年鉴编委会通过 20＋维度进行综合评分得出部分优秀私募管理人，不作为投资建议和依据。

2. 若创业投资基金产品数量占该管理人总产品发行量 50％以上则划分为创投类，反之为股权类。

3. 表内数据源自中国证券投资基金业协会，由中国私募基金年鉴编委会整理。

表 D3　　　　优秀私募基金管理人（证券类—股票策略）

序号	管理人名称	成立时间（年）	管理人规模	在运作产品数（个）	全职员工数量（人）	注册地
1	北京晨乐资产管理有限公司	2016	5 亿～10 亿元	33	21	北京市
2	北京积露资产管理有限公司	2015	10 亿～20 亿元	36	9	北京市

续表

序号	管理人名称	成立时间（年）	管理人规模	在运作产品数（个）	全职员工数量（人）	注册地
3	北京神农投资管理股份有限公司	2009	10 亿～20 亿元	38	18	北京市
4	北京泰舜资产管理有限公司	2015	10 亿～20 亿元	28	24	北京市
5	北京微观博易私募基金管理有限公司	2015	20 亿～50 亿元	71	35	北京市
6	北京象渊私募基金管理有限公司	2016	10 亿～20 亿元	13	11	北京市
7	广东正圆私募基金管理有限公司	2015	50 亿～100 亿元	207	40	广东省
8	海南盛冠达私募基金管理有限公司	2013	20 亿～50 亿元	119	26	海南省
9	海南世纪前沿私募基金管理有限公司	2015	100 亿元以上	355	50	海南省
10	杭州龙旗科技有限公司	2011	100 亿元以上	149	57	浙江省
11	九坤投资（北京）有限公司	2012	100 亿元以上	535	179	北京市
12	茂源量化（海南）私募基金管理合伙企业（有限合伙）	2013	100 亿元以上	230	18	海南省
13	宁波幻方量化投资管理合伙企业（有限合伙）	2016	100 亿元以上	452	67	浙江省
14	宁波平方和投资管理合伙企业（有限合伙）	2015	20 亿～50 亿元	89	29	浙江省
15	青骊投资管理（上海）有限公司	2015	20 亿～50 亿元	49	19	上海市
16	上海复胜资产管理合伙企业（有限合伙）	2015	50 亿～100 亿元	58	23	上海市
17	上海佳期私募基金管理有限公司	2014	100 亿元以上	181	73	上海市
18	上海金曼私募基金管理有限公司	2007	5 亿～10 亿元	19	14	上海市
19	上海君犀投资管理有限公司	2015	20 亿～50 亿元	40	13	上海市
20	上海珺容投资管理有限公司	2011	20 亿～50 亿元	13	5	上海市
21	上海开思私募基金管理有限公司	2009	50 亿～100 亿元	42	27	上海市
22	上海弥远投资管理有限公司	2015	5 亿～10 亿元	27	12	上海市
23	上海磐耀资产管理有限公司	2014	20 亿～50 亿元	82	25	上海市
24	上海千象资产管理有限公司	2014	50 亿～100 亿元	275	55	上海市
25	上海锐耐私募基金管理有限公司	2015	5 亿～10 亿元	24	13	上海市
26	上海睿扬投资管理有限公司	2012	50 亿～100 亿元	68	14	上海市
27	上海思勰投资管理有限公司	2016	100 亿元以上	251	43	上海市
28	上海天演私募基金管理有限公司	2014	100 亿元以上	206	91	上海市
29	上海天倚道投资管理有限公司	2005	10 亿～20 亿元	45	26	上海市
30	上海稳博投资管理有限公司	2014	100 亿元以上	261	68	上海市
31	上海甄投资产管理有限公司	2014	20 亿～50 亿元	47	18	上海市
32	上海证大资产管理有限公司	2010	20 亿～50 亿元	29	16	上海市

续表

序号	管理人名称	成立时间（年）	管理人规模	在运作产品数（个）	全职员工数量（人）	注册地
33	深圳诚奇资产管理有限公司	2013	100 亿元以上	243	41	广东省
34	深圳大禾投资管理有限公司	2016	20 亿～50 亿元	54	16	广东省
35	深圳嘉石大岩私募证券基金管理有限公司	2013	20 亿～50 亿元	48	36	广东省
36	深圳前海博普资产管理有限公司	2015	50 亿～100 亿元	104	29	广东省
37	深圳市大道投资管理有限公司	2014	20 亿～50 亿元	56	25	广东省
38	深圳市华安合鑫私募证券基金管理有限公司	2015	50 亿～100 亿元	37	23	广东省
39	深圳市康曼德资本管理有限公司	2013	50 亿～100 亿元	118	16	广东省
40	深圳市林园投资管理有限责任公司	2006	100 亿元以上	260	37	广东省
41	深圳市同威投资管理有限公司	2008	0～5 亿元	12	5	广东省
42	玄元私募基金投资管理（广东）有限公司	2015	100 亿元以上	207	47	广东省
43	衍盛私募证券投资基金管理（海南）有限公司	2014	20 亿～50 亿元	69	23	海南省
44	因诺（上海）资产管理有限公司	2014	100 亿元以上	271	117	上海市
45	浙江银万私募基金管理有限公司	2010	20 亿～50 亿元	105	38	浙江省

注：1. 中国私募基金年鉴编委会通过 20＋维度进行综合评分得出部分优秀私募管理人，不作为投资建议和依据。

2. 表内数据源自中国证券投资基金业协会，由中国私募基金年鉴编委会整理。

表 D4　　　　　　　优秀私募基金管理人（证券类—债券策略）

序号	管理人名称	成立时间（年）	管理人规模	在运作产品数（个）	全职员工数量（人）	注册地
1	北京柏治投资管理有限公司	2015	10 亿～20 亿元	24	20	北京市
2	北京高熵资产管理有限公司	2013	20 亿～50 亿元	31	12	北京市
3	北京乐瑞资产管理有限公司	2011	100 亿元以上	49	43	北京市
4	上海恒基浦业资产管理有限公司	2011	50 亿～100 亿元	56	24	上海市
5	上海利位投资管理有限公司	2015	50 亿～100 亿元	57	37	上海市
6	上海睿亿投资发展中心（有限合伙）	2016	10 亿～20 亿元	38	28	上海市
7	上海洮利私募基金管理有限公司	2015	10 亿～20 亿元	38	11	上海市
8	上海银叶投资有限公司	2009	100 亿元以上	284	59	上海市
9	上海竹润投资有限公司	2015	20 亿～50 亿元	104	62	上海市
10	深圳前海玖瀛资产管理有限公司	2015	50 亿～100 亿元	37	16	广东省
11	深圳市白鲸投资管理有限公司	2016	10 亿～20 亿元	25	26	广东省

序号	管理人名称	成立时间（年）	管理人规模	在运作产品数（个）	全职员工数量（人）	注册地
12	万柏私募基金管理有限公司	2015	50亿~100亿元	30	17	北京市
13	远信（珠海）私募基金管理有限公司	2014	50亿~100亿元	128	42	广东省

注：1. 中国私募基金年鉴编委会通过20+维度进行综合评分得出部分优秀私募管理人，不作为投资建议和依据。

2. 表内数据源自中国证券投资基金业协会，由中国私募基金年鉴编委会整理。

表 D5　　　　　优秀私募基金管理人（证券类—期货策略）

序号	管理人名称	成立时间（年）	管理人规模	在运作产品数（个）	全职员工数量（人）	注册地
1	北京华澄私募基金管理有限公司	2015	0~5亿元	23	6	北京市
2	广东宏锡基金管理有限公司	2015	20亿~50亿元	82	24	广东省
3	江苏兆信私募基金管理有限公司	2009	10亿~20亿元	48	48	江苏省
4	京华世家私募基金管理（北京）有限公司	2016	20亿~50亿元	80	17	北京市
5	上海量魁私募基金管理有限公司	2015	20亿~50亿元	96	29	上海市
6	上海双隆投资有限公司	2007	10亿~20亿元	39	19	上海市
7	上海宣夜投资管理有限公司	2015	10亿~20亿元	59	28	上海市
8	上海筑金投资有限公司	2010	5亿~10亿元	27	25	上海市
9	深圳博普科技有限公司	2012	50亿~100亿元	88	40	广东省
10	深圳裕锦私募证券基金管理有限公司	2016	10亿~20亿元	33	19	广东省

注：1. 中国私募基金年鉴编委会通过20+维度进行综合评分得出部分优秀私募管理人，不作为投资建议和依据。

2. 表内数据源自中国证券投资基金业协会，由中国私募基金年鉴编委会整理。

表 D6　　　　　优秀私募基金管理人（证券类—多市场）

序号	管理人名称	成立时间（年）	管理人规模	在运作产品数（个）	全职员工数量（人）	注册地
1	北京平凡私募基金管理有限公司	2015	10亿~20亿元	27	19	北京市
2	北京源沣投资管理有限公司	2015	5亿~10亿元	11	7	北京市
3	歌斐诺宝（上海）资产管理有限公司	2013	100亿元以上	156	47	上海市
4	横琴广金美好基金管理有限公司	2016	50亿~100亿元	129	40	广东省
5	江苏汇鸿汇升投资管理有限公司	2006	20亿~50亿元	76	46	江苏省

续表

序号	管理人名称	成立时间（年）	管理人规模	在运作产品数（个）	全职员工数量（人）	注册地
6	南京盛泉恒元投资有限公司	2014	100 亿元以上	112	54	江苏省
7	厦门博孚利资产管理有限公司	2015	50 亿～100 亿元	203	32	福建省
8	山东天宝私募基金管理有限公司	2015	20 亿～50 亿元	90	124	山东省
9	上海半夏投资管理中心（有限合伙）	2015	100 亿元以上	58	18	上海市
10	上海黑翼资产管理有限公司	2014	100 亿元以上	262	85	上海市
11	上海牧鑫私募基金管理有限公司	2014	20 亿～50 亿元	59	23	上海市
12	上海申毅投资股份有限公司	2004	20 亿～50 亿元	109	21	上海市
13	上海通怡投资管理有限公司	2015	100 亿元以上	156	23	上海市
14	上海潼骁投资发展中心（有限合伙）	2014	20 亿～50 亿元	35	51	上海市
15	上海文谛资产管理有限公司	2016	5 亿～10 亿元	40	13	上海市
16	上海鑫岚投资管理有限公司	2015	0～5 亿元	19	15	上海市
17	上海翼丰投资管理有限公司	2015	0～5 亿元	17	10	上海市
18	上海展弘投资管理有限公司	2014	100 亿元以上	117	39	上海市
19	上海致同投资管理有限公司	2010	10 亿～20 亿元	40	18	上海市
20	上海众壹资产管理有限公司	2014	20 亿～50 亿元	73	19	上海市
21	上海珠池资产管理有限公司	2014	20 亿～50 亿元	118	24	上海市
22	深圳凤翔私募证券基金管理有限公司	2013	20 亿～50 亿元	17	8	广东省
23	深圳国源信达资本管理有限公司	2015	20 亿～50 亿元	40	17	广东省
24	深圳市优美利投资管理有限公司	2014	20 亿～50 亿元	102	46	广东省
25	深圳中安汇富私募证券基金管理有限公司	2015	5 亿～10 亿元	12	13	广东省
26	浙江白鹭资产管理股份有限公司	2015	50 亿～100 亿元	123	43	浙江省
27	浙江元葵资产管理有限公司	2015	5 亿～10 亿元	35	6	浙江省

注：1. 中国私募基金年鉴编委会通过 20＋维度进行综合评分得出部分优秀私募管理人，不作为投资建议和依据。

2. 在多个策略均有产品且分值较高划分为多市场类。

3. 表内数据源自中国证券投资基金业协会，由中国私募基金年鉴编委会整理。

后　　记

2023 年初起，在中国私募基金年鉴（以下简称"年鉴"）编委会主任黄运成、联席主任刘健钧、执行主任胡安泰的共同领导下，为了编好年鉴，陆续成立了数据中心、法律中心、研究中心、媒体中心以及秘书处，还邀请了多家相关机构进入编委会，以确保年鉴编撰工作的专业性及顺利完成。

年鉴共十章，黄运成、刘健钧和胡安泰三位主任组织领导了年鉴全过程的编撰、修改和完善工作。特邀顾问李迅雷给予了宏观方面的专业指导和相关资源的引荐，特邀顾问陈道富多次参与编委会会议，在年鉴大纲、年鉴定位及具体章节方面给予了详细指导。胡安泰主任具体执行了年鉴编撰的相关工作。大家经过反复讨论，几易其稿，最终确定了大纲。第一章由刘健钧主任主要执笔，泰山基金发展研究院和青岛市中鉴基金研究院（以下简称"研究院"）、张胜、周颖共同参与了撰写。第二章至第七章及第十章由研究院整体完成。在研究院领导的具体指导下，由孙雅新执笔，杨沐、王燕嘉制图。第八章由北京市大地律师事务所私募基金和股权投资专业委员会刘洪国主任、王一萍律师执笔，冯一然、杨沐、马舒妍搜集和整理相关案例和数据。第九章由中央财经大学私募投资基金研究中心李俊峰主任、吴楷副主任执笔。附录 A 在黄运成主任的指示下，由研究院制表完成。附录 B 由研究院杨沐搜集整理形成初稿，张胜修订。附录 C 由《中国金融》《中国法学会证券法学研究会 2024 年年会电子论文集》及邵同尧供稿，黄运成主任和刘健钧主任审稿，李俊峰、刘洪国与作者沟通授权。研究院侯祥银院长、孙延辉副院长、鹿昊联席秘书长和山东省大数据研究会石玉峰理事长从年鉴立项到年鉴发布，给予了长期的专业和资源支持。北京海峰科技有限公司在林虹董事长带领下，多次参与大纲讨论并就相关数据、托管及服务机构信息及优秀私募评分表给予了专业支持。深圳价值在线信息科技股份有限公司苏梅董事长就年鉴架构提出完善建议并安排研究人员进行了通篇校对。云通数科在私募证券类基金数据方面给予了专业支持。张胜多次参与讨论并结合实战经验给出专业建议及参与相关章节的修订。孟一、罗浩多次参与讨论并结合自身实践经历在年鉴相关注意事项及延伸出的媒体定位上献计献策，积极整合各类资源。西安交通大学客座教授景川、青骊投资总经理苏雪晶为年鉴进行了相关专业资料和资源的整合。清华大学深圳研究生院林健武教授、复旦大学刘庆富教授和山东财经大学副校长彭红枫教授在年鉴的框架设计和长期规范方面给予了专业指导。北京海峰科技王白斌、李相林、王玉珏，北京盈科律师事务所李梦欣、杜杨，北京大地律师事务所冯一然，北京创业投资协会刘克峰，北京基金协会郭薇，济南基金业协会李晓华，云通数科钱晨，开源证券高晓东也多次参加成稿讨论并给出专业建议和意见，研究院承担了每次编委会会议的纪要、日常沟通及统稿整理。

编委会的编纂工作得到了中国上市公司协会学术顾问委员会、中国证券投资基金业协会、中国期货业协会、国家发展和改革委员会宏观经济杂志社、青岛市市委金融办、青岛市市南区财政局、经济科学出版社应用经济分社、北京基金业协会、北京创业投资协会、济南基金业协会、四川省股权与创业投资协会、陕西省证券投资基金业协会、湖南省股权投资协会以及社会各界的参与、关注及各种支持，在此一并表示诚挚的感谢。

年鉴的顺利完稿离不开编委会各位成员的辛勤付出，在编纂过程中编委会也有更多进一步的思考，鉴于时间、数据、人员等原因，成果与初衷尚有一定距离，期待在下一期年鉴编撰中再予以提高补充。数据和客观投资事件是年鉴的核心，编委会在接下来的时间里，也将展开一系列尽调活动来扩展相关信息。目前，已依法备案为行业平台并认证了"中国私募基金年鉴编委会"官方公众号。我们致力于将年鉴打造成：（1）全面准确系统描述行业发展状况的信息平台；（2）政府决策和学界研究的数据服务平台；（3）私募基金及相关行业的交流与合作平台；（4）卓越私募基金机构形象展示平台；（5）基金业及相关行业的风险监测平台。

中国私募基金年鉴编委会

2024 年 12 月